*Diante do extremo*

FUNDAÇÃO EDITORA DA UNESP

*Presidente do Conselho Curador*
Mário Sérgio Vasconcelos

*Diretor-Presidente*
Jézio Hernani Bomfim Gutierre

*Superintendente Administrativo e Financeiro*
William de Souza Agostinho

*Conselho Editorial Acadêmico*
Carlos Magno Castelo Branco Fortaleza
Henrique Nunes de Oliveira
João Francisco Galera Monico
João Luís Cardoso Tápias Ceccantini
José Leonardo do Nascimento
Lourenço Chacon Jurado Filho
Paula da Cruz Landim
Rogério Rosenfeld
Rosa Maria Feiteiro Cavalari

*Editores-Adjuntos*
Anderson Nobara
Leandro Rodrigues

Tzvetan Todorov

# *Diante do extremo*

Nova edição

Tradução
Nícia Adan Bonatti

© 1991 Éditions du Seuil
© 2013 Editora Unesp

Título original: *Face à l'extreme*

Cet ouvrage, publié dans le cadre du Programme d'Aide à la Publication 2015, a bénéficié du soutien de l'Institut Français du Brésil.

Este livro, publicado no âmbito do Programa de Apoio à Publicação 2015, contou com o apoio do Instituto Francês do Brasil.

Direitos de publicação reservados à:
Fundação Editora da Unesp (FEU)
Praça da Sé, 108
01001-900 – São Paulo – SP
Tel.: (0xx11) 3242-7171
Fax: (0xx11) 3242-7172
www.editoraunesp.com.br
www.livrariaunesp.com.br
feu@editora.unesp.br

Dados Internacionais de Catalogação na Publicação (CIP)
Odilio Hilario Moreira Junior CRB-8/9949

T639d
Todorov, Tzvetan
  Diante do extremo / Tzvetan Todorov; traduzido por Nícia Adan Bonatti. – São Paulo: Editora Unesp, 2017.

  Tradução de: *Face à l'extreme*
  ISBN: 978-85-393-0681-7

  1. Holocausto. 2. Campos de concentração. I. Bonatti, Nícia Adan. II.Título.

2017-229                              CDD 940.5318
                                      CDU 94(430)

Editora afiliada:

*À minha mulher*

# *Sumário*

**Prólogo**

Viagem a Varsóvia . *11*

Um lugar para a moral? . *49*

**Nem heróis nem santos**

Heroísmo e santidade . *71*

Dignidade . *89*

Cuidado . *107*

Atividade do espírito . *137*

**Nem monstros nem feras**

Pessoas ordinárias . *179*

Fragmentação . *233*

Despersonalização . *259*

   Gozo do poder . *291*

**Diante do mal**

   Não violência e resignação . *315*

   As formas de combate . *339*

   Narrar, julgar, compreender . *363*

**Epílogo**

Referências bibliográficas . *447*

Índice onomástico . *455*

# Prólogo

## *Viagem a Varsóvia*

### Visitas de domingo

Tudo começou bem simplesmente, em novembro de 1987. Um amigo nos convidara para mostrar-nos alguns monumentos não tombados de Varsóvia; aceitamos de imediato, contentes por escapar do programa em que o colóquio oficial nos engessava, razão ou pretexto para nossa presença naquela cidade. Essas eram as circunstâncias que nos levaram, num domingo ao meio-dia, à igreja em que o padre Popieluszko oficiara — esse padre próximo do Solidariedade, assassinado pelos serviços secretos — e onde agora se encontrava sua tumba. Havia com o que se impressionar, de fato. O pátio da igreja já era como o enclave de um país dentro de outro, transbordando de bandeirolas e de cartazes que não se viam em nenhuma outra parte. No interior, no semicírculo do coro, uma exposição apresentava a vida do suplicado; cada vitrina, cada etapa de sua carreira, era como uma estação de sua *via crucis*. Viam-se imagens de multidões ou de encontros individuais, em seguida um mapa do estado-maior mostrando seu último percurso; por fim, uma foto da ponte da qual ele tinha sido lançado no rio. Pouco além, um crucifixo com Popieluszko no lugar de Cristo. Fora, a lápide de pedra e, em torno dela, um traçado do território da Grande Polônia (estendendo-se por sobre a Lituânia e a Ucrânia) desenhado por pesadas correntes que bordejam as pedras maciças. Em tudo, uma densidade de emoção de dar um nó na garganta. Ao redor, a multidão sem fim: o cerimonial acabara, então esperamos muito tempo para que a maré humana se espalhasse para fora e para que pudéssemos entrar, mas, quando o fizemos, constatamos que, como um milagre, a igreja continuava cheia de gente.

De imediato, não pude evitar comparar essa situação com aquela de nossa visita precedente, nessa mesma manhã, ao cemitério judeu de Varsóvia. Estávamos sós. Mal havíamos deixado a alameda central e já mergulhávamos numa confusão indescritível: algumas árvores haviam crescido entre as tumbas, as ervas daninhas as haviam invadido, apagando os limites e as separações; por sua vez, as lápides estavam enfiadas na terra, seguindo os caixões. Subitamente compreendíamos, por contraste, que os outros cemitérios eram lugares de vida, dado que o passado neles permanecia presente, enquanto ali as tumbas, petrificação da lembrança, por sua vez morriam. O extermínio dos judeus durante a guerra, lembrado por alguns monumentos na entrada do cemitério, tivera esse efeito adicional: matar pela segunda vez os mortos anteriores, aqueles do século XIX; a partir de então, não houve mais memória que eles pudessem habitar. Reinava um enorme silêncio, e apesar disso as vozes não circulavam: mal havíamos entrado no cemitério, perdemo-nos uns dos outros; as árvores que haviam crescido entre os túmulos impediam que nos víssemos, e nossos chamados ficavam sem resposta. Depois nos encontramos, também subitamente, e voltamos a vaguear em silêncio, parando diante de monumentos funerários que brotavam dessa floresta.

Havia uma continuidade entre essas duas metades da manhã, uma continuidade da emoção, e também um contraste que eu percebia confusamente, mas não conseguia formular. Voltando a Paris alguns dias depois, eu continuava a colidir com uma inquietação indefinível, nascida dessa incompreensão. Para sobrepujá-la, quis ler alguns livros que contam histórias polonesas. Durante minha estadia falaram-me, em duas ocasiões distintas, de duas obras que poderiam me interessar. Será que a chave de meu enigma, do ligeiro mal-estar criado em mim pelas duas visitas, poderia ser encontrada nesses livros, mencionados em circunstâncias diferentes, mas no decorrer da mesma viagem? Fui procurá-los, então, e neles mergulhei. Eles falavam de dois acontecimentos da história recente, a insurreição do gueto judeu de Varsóvia, em 1943, e a insurreição de Varsóvia, em 1944. Pareceu-me então que o passado poderia esclarecer o presente; desejei saber mais, e busquei ainda outros textos que descrevessem os mesmos fatos. Eis o que encontrei.

## Varsóvia em 1944

O primeiro dos dois livros se chama *Varsovie 44. L'insurrection* [Varsóvia 44. A insurreição]. Ele é composto por entrevistas, conduzidas por Jean-François Steiner, com participantes da sublevação do verão de 1944, ou com testemunhas, ou com peritos da história polonesa, tudo entremeado por diversos documentos da época e de excertos de obras literárias. Isso forma uma extensa montagem de textos que gira em torno da seguinte questão: como foi tomada a decisão de se insurgir? Por meio da minuciosa narrativa da escalada das paixões e do encadeamento dos acontecimentos, apreendi uma reflexão sobre o heroísmo. Os insurgentes seguramente eram heróis; contudo, além disso, certo fascínio pelos valores heroicos exercido sobre seus espíritos parece ter desempenhado um papel decisivo na própria explosão da revolta e em seu desenrolar. Esse espírito heroico parecia ter agido como uma droga, mantendo os combatentes em estado de exaltação, ajudando-os, assim, a suportar as mais duras provas.

Mas o que é o heroísmo?, questionava-me enquanto lia. Em relação à grande antinomia subentendida pelas condutas humanas, a da necessidade e a da liberdade, ou ainda a da lei impessoal e da vontade individual, o heroísmo se encontra sem dúvida do lado da liberdade e da vontade. Numa situação em que, aos olhos das pessoas comuns, não há escolha, em que se deve apenas curvar-se às circunstâncias, o herói se insurge contra essas aparências e, por um ato que justamente escapa ao ordinário, consegue coagir o destino. O herói é o contrário do fatalista, ele se encontra do lado dos revolucionários e em oposição aos conservadores, dado que não tem nenhum respeito particular pelas regras já estabelecidas e acredita que todo objetivo pode ser alcançado, desde que se seja dotado de uma vontade suficientemente forte.

Os dirigentes da insurreição de Varsóvia, os responsáveis pelo seu desencadeamento, agem em conformidade com esse espírito heroico. Segundo as lembranças dos sobreviventes, Okulicki, o chefe das operações (cujo destino será particularmente trágico: ele morrerá não pelas balas hitleristas, como teria desejado, mas nas prisões stalinistas, que ele temia acima de tudo), desde o início já se punha sob a ótica do herói. "Ele queria que as coisas fossem como devem ser, e não aceitava que se dessem de outra forma."[1] Seu interesse pelo *dever-ser* é muito maior, em sua visão, que o próprio ser. O mesmo ocorre com Pelczynski, chefe do estado-maior do Exército do Interior (aquele que lidera a insurreição, ligado a Londres, e não a Moscou, assim como o pequeno Exército Popular): ele faz parte das testemunhas interrogadas por Steiner trinta anos depois. "Sabíamos que a Polônia estava condenada, mas não podíamos aceitar tal veredito", recorda ele.[2] Por sua vez, o general Bor-Komorowski, comandante do Exército do Interior, lembra-se de que, na véspera dos acontecimentos, havia afastado por completo de sua mente a ideia de que a insurreição não pudesse ter sucesso: as coisas serão como devem ser.[3] Quando, após o início dos combates, foi anunciado ao coronel Monter (comandante militar para a região de Varsóvia) que um bairro havia caído nas mãos dos alemães, ele retrucou: "Não aceito essa afirmação!".[4] Eis a característica do herói: ele pode saber que seu ideal é irrealizável (a Polônia não pode escapar — por sua posição no mapa, assim como pelas forças militares presentes — à ocupação soviética); contudo, como o deseja acima de tudo, usará todas as suas forças para atingi-lo.

---

1 Steiner, *Varsovie 44*, p.101.
2 Ibid., p.241.
3 Ciechanowski, *The Warsaw Rising of 1944*, p.247
4 Zawodny, *Nothing but Honour*, p.22.

Pelczynski erige esse princípio heroico como uma espécie de código de honra militar: "Para um soldado, toda ordem é executável, se ele tiver vontade".[5] Não há que se distinguir entre ordens razoáveis e absurdas, entre aqueles que dão e os que não dão conta da situação, mas apenas entre a presença ou a ausência de uma dose suficiente de vontade. Tal era, ao que parece, a tradição militar polonesa. Um general de antes da guerra explicara a seus subordinados que a falta de meios materiais sempre podia ser compensada por um esforço da vontade, pela capacidade dos combatentes de se sacrificar. "Façam uma equalização entre a munição e o sangue polonês e, sempre que aquela lhes faltar, substituam-na por este".[6] E foi mesmo dessa maneira que reagiu Okulicki: um pedaço de pau, uma garrafa bastarão contra os tanques alemães, disse ele, desde que estejam nas mãos de poloneses decididos. Também Pelczynski dirá mais tarde: "Vimos que eles nos eram superiores no plano material. Entretanto, [...] os poloneses tinham a vantagem de uma moral melhor". Além disso, os poloneses não seriam os únicos a ter escolhido esse caminho: "Quando o povo de Paris marchou sobre a Bastilha, não se deteve para contar seus porretes".[7]

Os heróis preferem então, é o mínimo que podemos dizer, o ideal ao real. Durante a insurreição de Varsóvia, esse ideal carrega diversos nomes. Poderíamos afirmar que eles lutam para que Varsóvia viva (livre). Porém, com frequência, eles sobem mais um degrau e chamam esse ideal de "pátria". É preciso lutar, diz

---

5 Steiner, op. cit., p.112.
6 Ibid., p.122.
7 Ciechanowski, op. cit., p.261.

Okulicki, "sem dó de nada nem de ninguém, tendo no fundo do nosso coração um único pensamento: a Polônia".[8] Não basta dizer que o ideal é a nação, pois ela tanto pode ser identificada a um conjunto de seres humanos, meus próximos, meus compatriotas, quanto a um certo número de lugares, de caminhos, de casas; mas essa interpretação é explicitamente afastada por Okulicki: não se pode, ele declara, hesitar em desencadear a insurreição "sob o pretexto de salvar algumas vidas humanas ou algumas casas".[9] Aqui não se trata de salvar os varsovianos, mas a ideia de Varsóvia, nem os poloneses individuais, nem as terras polonesas, mas uma abstração chamada Polônia. "Para nós, disse outro chefe militar da insurreição, a Polônia era objeto de um verdadeiro culto. Nós a amávamos mais que a um simples país: como a uma mãe, uma rainha, uma virgem".[10] O país é deificado (e feminizado) – para tanto, foi preciso afastar muitos traços reais.

Não é, portanto, o povo que se deve salvar, mas algumas de suas qualidades: sua vontade de liberdade, seu desejo de independência, o orgulho nacional. "Se não lutarmos, afirma Pelczynski, a nação polonesa corre o risco de um terrível desmoronamento moral."[11] Em outra ocasião, ele declara que "uma vez que era impossível defender os valores materiais, devíamos nos ater aos valores morais".[12] Sosnkowski, comandante-chefe de Londres, também afirma (numa carta ao Primeiro Minis-

---
8 Steiner, op. cit., p. 108.
9 Ibid., p.108.
10 Ibid., p.31.
11 Ibid., p.121.
12 Ciechanowski, op. cit., p.277.

tro Mikolajczyk): "Na vida das nações, os gestos de desespero são por vezes impossíveis de serem evitados, tendo em vista os sentimentos compartilhados pela população, o simbolismo político desses gestos e o significado moral de que se revestem para a posteridade".[13] Os indivíduos devem morrer para que os valores morais e políticos sobrevivam. Isso também quer dizer que alguém deve definir o que é moral e o que não o é, e julgar, pelo viés da História e do futuro, qual a marcha a ser seguida no presente.

Contudo, a abstração representada pela "Polônia" nem sempre basta: a própria Polônia deve ser imolada aos pés de um ideal ainda mais afastado: o Ocidente, o qual, por sua vez, encarna a civilização, ou até mesmo o "Homem". Os russos representam a barbárie, e a Polônia é o último bastião passível de detê-los. Assim, torna-se possível sacrificar um número indeterminado de vidas de homens em nome da defesa do Homem. Sosnkowski expressa (numa carta a Bor-Komorowski) o desejo de transformar a questão polonesa em "problema para a consciência mundial, um banco de ensaio para o devir das nações europeias".[14] O próprio Bor rememora: "Pensávamos que a luta para salvar Varsóvia devia suscitar uma resposta do mundo".[15] Okulicki justifica a insurreição da mesma maneira: "Era preciso um esforço que despertasse a consciência mundial".[16] A insurreição é um sacrifício cujo destinatário pode ser descrito como algo que se distancia cada vez mais – Varsóvia, a Po-

---

13 Ibid., p.158.
14 Ibid., p.185.
15 Ibid., p.269.
16 Ibid., p.211.

lônia, o Ocidente, o mundo –, mas que continua sempre a ser impessoal: sacrificamo-nos por ideias, não por seres. No final das contas, somente o absoluto é suscetível de satisfazer esses espíritos heroicos.

Na vida do herói, algumas qualidades humanas são mais valorizadas que outras. A primeira talvez seja a fidelidade a um ideal – fidelidade apreciada em si mesma, independentemente da natureza desse ideal (por isso podemos admirar um inimigo herói). Nesse sentido, o herói é o contrário do traidor: ele jamais trairá, quaisquer que sejam as circunstâncias (sem dúvida, um resíduo do código de honra cavalheiresco). Dessa forma Okulicki, quando preso e interrogado pela polícia secreta soviética, permanecerá em silêncio, o que sem dúvida implica também grande capacidade de resistência física. O herói é solitário, por duas razões: de um lado, ele combate mais por abstrações que por indivíduos; de outro, a existência de seres próximos a ele o tornaria vulnerável. A educação de um herói é um aprendizado da solidão e também, é claro, de um endurecimento da coragem. O ato corajoso é mesmo a manifestação mais direta do heroísmo. Okulicki ainda aqui pode servir de exemplo: durante uma batalha, ele se oferece como voluntário para atacar o abrigo de uma metralhadora inimiga; carregado de granadas, ele se lança no campo descoberto. A coragem não é então nada além que a capacidade de arriscar sua vida para atingir um objetivo. A vida não é o valor supremo e pode mesmo ser sacrificada a qualquer momento. Quando o objetivo está ausente ou é insignificante, a bravura se transforma em bravata: arrisca-se à morte sem tirar desse ato um resultado qualquer. Assim, Okulicki detesta se esconder: "As bombas e os obuses caíam por todo lado, as raras pessoas que cruzávamos avançavam aos saltos, de abrigo em abrigo; ele andava pelo meio da calçada, como se não se desse conta do perigo".[17] Reciprocamente, a falta de coragem é aquilo que, nos outros, os heróis mais desprezam.

O herói está então pronto para sacrificar tanto sua vida quanto a dos outros, se esse sacrifício servir ao objetivo pretendido. Mesmo essa restrição cai por terra no instante em que se decide focar num destinatário tão distante como a História ou a humanidade: as quais jamais correriam o risco de vir desmentir as esperanças heroicas. Esse é o motivo pelo qual os chefes militares da revolta decidiram começá-la "qualquer que fosse o preço".[18] Na ausência de um destinatário concreto, o combate se torna um fim em si mesmo, pois é a prova irrefutável do espírito heroico daqueles que o levam a cabo. É preciso lutar, "mesmo que o combate que nos espera seja desesperador": esse já era o preceito do primeiro comandante do Exército do Interior, Grot-Rowecki.[19] "Seremos todos massacrados, prognostica um dos participantes no momento dos acontecimentos, mas ao menos teremos combatido."[20] E Pelczynski, em retrospecto, comentou: Era nosso dever lutar. Era a única coisa que contava, a meu ver".[21]

Okulicki se entrega a cálculos mais elaborados: se a revolta for desencadeada e os russos ajudarem os insurrectos, a aposta está ganha. Contudo, se eles não intervierem e deixarem os ale-

---

17 Steiner, op. cit., p.98.
18 Ibid., p.215.
19 Ciechanowski, op. cit., p.137.
20 Steiner, op. cit., p.190.
21 Ibid., p.241.

mães massacrarem-nos, ela também não será perdida: Varsóvia será arrasada, muitos poloneses morrerão, mas, forçosamente, a perfídia soviética será escancarada, pois as potências ocidentais iniciarão a Terceira Guerra Mundial, contra os russos, e dos escombros nascerá uma nova Polônia... Suas predições se mostraram em parte justas: o exército russo não apoiará essa revolta, que é mais dirigida contra ele que contra os alemães; estes sufocarão a rebelião, matando 200 mil pessoas, deportando 700 mil e arrasando Varsóvia. Contudo, a Terceira Guerra Mundial não ocorrerá, e a Polônia ficará tão submetida à União Soviética quanto o teria se a revolta não tivesse acontecido – portanto, o objetivo não foi atingido. Mas, se o fosse, o preço pago teria sido justificado? Quais são os atos que é preciso realizar "qualquer que seja o preço"?

Os dirigentes da rebelião agem como se obedecessem ao preceito: é melhor ser morto que vermelho (comunista).[22] Eles acreditam estar diante destas alternativas: revoltar-se e morrer, ou permanecer vivos e se submeter – e preferem a primeira. Okulicki declara: "Para um polonês, mais vale morrer que ser covarde";[23] e alguém disse a respeito de Pelczynski: "Uma vez que ele subitamente percebeu que só tinha como alternativas se render ou morrer, escolheu morrer".[24] Bor-Komorowski também prefere a ação, mesmo que condenada ao fracasso, à espera passiva. Monter traduz esse estado de espírito numa ordem

---

22 Referência ao slogan do mundo capitalista, difundido na Inglaterra e nos EUA durante a Guerra Fria, com relação à eventualidade de um confronto nuclear com os soviéticos: "better dead than red". (N.E.)
23 Ibid., p.107.
24 Ibid., p.238.

dirigida aos defensores de Mokotow (bairro de Varsóvia), no 56º dia de combate: "É proibido retirar-se".[25] Tal atitude heroica exige respeito. Mas ao mesmo tempo podemos nos perguntar se a alternativa assim formulada corresponde apropriadamente às possibilidades reais. "Vermelho" não se contrapõe a "morte", mas somente a "branco", "marrom" ou "negro"; e somente os vivos têm uma cor. Um dos combatentes que não concordava com o desencadeamento da rebelião observa: "Se um dia não pararmos todos de querer morrer pela Polônia, em breve não haverá sequer um polonês para habitá-la".[26] E uma vez mortos os heróis da revolta, Varsóvia se tornou, apesar de tudo, "vermelha".

De fato, para o heroísmo, a morte tem um valor superior ao da vida. Somente a morte – a sua própria, assim como a dos outros – permite atingir o absoluto: sacrificando sua vida, prova-se que se dá mais valor ao seu ideal que a ela. "No nível de exigência absoluta em que o desespero os tinha levado, não havia outra solução senão a morte".[27] A vida – confrontada com as exigências do absoluto – aparece necessariamente como uma espécie de mistura pouco satisfatória. "Os heróis não são feitos para viver", constata uma testemunha.[28] Entretanto, poderíamos nos perguntar se vida e morte não se opõem também de outra maneira. Em certas circunstâncias excepcionais, e a rebelião de Varsóvia é uma delas, a morte pode ser compreensível, em particular se acreditamos na ressurreição das almas, mas mesmo que

---

25 Zawodny, op. cit., p.22.
26 Steiner, op. cit., p.108.
27 Ibid., p.230.
28 Ibid., p.11.

não: a morte permanece uma desconhecida, e por isso mesmo fascina; perder a vida é colocar toda sua coragem em um único gesto. A vida pode exigir certa coragem todos os dias, a todo instante; ela também pode ser um sacrifício, mas que nada tem de resplandecente – se devo sacrificar meu tempo e minhas forças, sou obrigado a permanecer vivo. Nesse sentido, viver se torna mais difícil que morrer.

Aqueles que, na época da insurreição, se opõem ao seu projeto, não o fazem em nome de um slogan que seria a inversão pura e simples do princípio heroico; eles não dizem: melhor vermelho que morto, mais vale ceder que se sacrificar. Apesar disso, é o que seus adversários queriam que se acreditasse. Tendo ouvido as objeções, "Okulicki começou por nos tratar como covardes, dizendo que emperrávamos a decisão porque não tínhamos a coragem de lutar".[29] Assim, ninguém pode protestar. "Praticamente não ousávamos criticar qualquer proposição, por medo de passarmos por covardes ou traidores."[30] Essa última fórmula é reveladora: podemos agir como heróis por medo de passarmos por covardes. O herói não está forçosamente a salvo do medo, mas este é de uma espécie particular: ele tem medo de ter medo, e este sentimento domina e dissipa todos os outros.

Aqueles que não concordam com Okulicki não optam então pelo outro termo da mesma alternativa, mas por uma alternativa diferente. Um deles diz, diante de Steiner, que a escolha real era entre "um ato político e militar sério" e "um suicídio perpetrado pelos chefes irresponsáveis que se escondiam na

---

29 Ibid., p.248.
30 Ibid., p.171.

morte gloriosa por não terem a coragem de afrontar as dificuldades da vida".[31] Para ele, a coragem de viver é mais rara – e mais preciosa – que a coragem de morrer. E outro introduz o termo de "responsabilidade".[32] A política e a guerra não devem ser conduzidas em nome daquilo a que se chamou de ética da convicção, pois elas não são questões de princípio: não basta acreditar em algo para que sua aplicação seja benéfica para toda a comunidade. Ao contrário, é preciso prever as consequências: levar em conta o desenrolar real, e não somente o desejado, dos acontecimentos. A palavra "responsabilidade" encontra aqui seu sentido primeiro: um comandante responde *pela* vida ou *pelo* bem-estar de seus comandados; e, ao mesmo tempo, responde *aos* apelos provenientes de múltiplas fontes.

O mundo dos heróis – e é provavelmente aí que reside sua fraqueza – é um mundo unidimensional, que só comporta dois termos opostos: nós e eles, amigo e inimigo, coragem e covardia, herói e traidor, preto e branco. Esse sistema de referências convém a uma situação orientada para a morte, mas não àquelas da vida. Em Varsóvia, em 1944, não são apenas as forças do bem e do mal que se confrontam. Há os russos e os alemães, o Exército do Interior e o Exército Popular, o governo no exílio e a população civil. Numa situação tão complexa quanto essa, a melhor solução – mas que no caso, e infelizmente, é apenas a menos pior – passa mais pela escuta atenta de todos que pela fidelidade inabalável ao seu próprio ideal. Nesse sentido, os valores da vida não são absolutos: a vida é diversa, toda situação é heterogênea; assim, as escolhas feitas são resultado não

---

31 Ibid., p.221.
32 Ibid., p.249.

de concessões ou de compromissos covardes, mas de uma consideração dessa multiplicidade.

Essa atitude não heroica, no entanto, tem um inconveniente: ela não serve às narrativas, ou pelo menos àquelas de cunho clássico. Ora, a função narrativa é indispensável em toda sociedade. De fato, os heróis se inspiram invariavelmente num exemplo livresco ou legendário, aprendido durante a juventude – e, no calor de sua ação, já preveem o efeito que ela produzirá quando for convertida em palavras: a narrativa do devir forma o presente. Okulicki reprova os outros planos de rebelião por "não serem suficientemente espetaculares",[33] enquanto o seu o é de tal forma que "o mundo inteiro falará sobre ele".[34] O boletim dos insurrectos declara, em 3 de outubro de 1944: "Ninguém na Polônia, nem em Varsóvia, nem no resto do mundo, poderá dizer que nos rendemos cedo demais":[35] o cuidado com as narrativas do devir está presente no próprio momento da ação. Os combatentes têm a consciência de escrever, segundo a fórmula consagrada, uma das páginas mais gloriosas da história da Polônia. Quando Pelczynski percebe que seu interlocutor, Steiner, não busca necessariamente glorificar os heróis, ele diz, indignado: "Se é dentro desse espírito que você pretende escrever esse livro, é melhor parar com nossas entrevistas".[36] As belas histórias devem ter heróis puros. Em contrapartida, os espíritos pragmáticos, aqueles que buscam se acomodar com as restrições do real, servem mal à arte narrativa. Mikolajczyk parece ter sido um personagem assim. "Ele não

---
33 Ibid., p.106.
34 Ibid., p.107.
35 Zawodny, op. cit., p.194.
36 Steiner, op. cit., p.260.

se achava nem Cristo, nem São Jorge, nem a Virgem":[37] como fazer de tal indivíduo o herói de uma história?

## O gueto em 1943

A relação entre narrativa e heroísmo forma, assim, um dos principais temas do segundo livro que me haviam recomendado na Polônia. Trata-se de outra entrevista, mas dessa vez com uma única pessoa; ao invés de produzir uma montagem da qual estaria ausente, a autora optou por representar-se no texto. É Hanna Krall que, em meados dos anos 1970, interroga Marek Edelman sobre outra revolta ocorrida em Varsóvia: aquela do gueto, na primavera de 1943. O livro resultante tem o título de *Prendre le bon Dieu de vitesse*.[38] Em sua tradução francesa, é precedido por outro texto, uma narrativa dessa rebelião, redigida pelo próprio Edelman (um de seus dirigentes) e que data de 1945.

É claro que a insurreição do gueto também constituiu uma das mais belas páginas da história – dessa vez, como foi dito mil vezes, do heroísmo judeu. Não obstante, ocorre que, na própria época dos acontecimentos, Edelman não conseguia compor uma narrativa verdadeiramente heroica. Hanna Krall nos conta sobre sua primeira tentativa: três dias depois de sair do gueto, diante dos representantes dos partidos políticos, ele oferece um relato sobre o que acabara de acontecer. É uma narrativa rasa, neutra, sem brilho. Faltavam-nos armas e expe-

---

37 Ibid., p.58.
38 Em polonês: *Zdążyć przed Panem Bogiem*. Trad. de Pierre Li e M. Ochab. (N.T.)

riência, ele diz; os alemães combatiam bem. Os ouvintes ficam muito decepcionados e atribuem a medíocre qualidade do testemunho ao estado de choque em que seu autor se encontraria. "Ele não falou do jeito como deveria falar. 'De que forma é preciso dizer?', ele me perguntou. É preciso falar com ódio, pateticamente, urrando, pois nada além de um grito pode exprimir isso. Por isso, desde o primeiro instante, ele não soube como falar, pois não sabia gritar. Ele não estava à altura de um herói, pois nada tinha de patético."[39]

O ódio do inimigo, a exaltação de si (o patético), o tom superlativo (o grito): são estes os ingredientes que faltam ao relato de Edelman. Para dizer a verdade, eles não estão totalmente ausentes de seu texto de 1945: narrativa sóbria, mas que visa realçar o heroísmo dos insurrectos. Quando, trinta anos mais tarde, Edelman reflete sobre os mesmos acontecimentos, ele se vê como um jovem que desejava se parecer com os heróis convencionais. Na época, diz ele, seu sonho era correr com dois revólveres pendurados na cartucheira. "Para nós parecia o fim do mundo, dois revólveres..."[40] Hoje ele se dá conta de que grande parte desse desejo de se ver como herói vinha sobretudo de uma atração pelas armas de fogo, do fato mesmo de atirar. "Os homens sempre acreditam que não há nada mais heroico que atirar. Então, atiramos."[41]

Mas sua visão atual é bem diferente. O que aconteceu não lhe parece ilustrar a versão oficial do heroísmo. "Podemos de fato falar em insurreição? [...] No fundo, tratava-se somente

---

39 Edelman; Krall, *Mémoires du ghetto de Varsovie*, p.77.
40 Ibid., p.67.
41 Ibid., p.68.

de escolher seu modo de morrer."[42] O comandante da rebelião, Mordehaï Anielewicz, cuja "atitude heroica"[43] o próprio Edelman exaltara trinta anos antes, é mostrado agora sob uma luz diferente: não menos simpática, é claro, mas não exatamente como um objeto de idolatria. Se ele fora eleito comandante, era "porque o desejava muito"; e acrescenta: "havia algo pueril nessa ambição".[44] Ele também conta que, quando mais jovem, Anielewicz pintava de vermelho as guelras dos peixes que sua mãe vendia, para lhes dar uma aparência de mais frescos. Contudo, essa declaração, publicada em várias línguas, "escandalizou meio mundo [...]. Ele despira o acontecimento de sua grandeza".[45] Como Pelczynski diante de Steiner, o público exige que os heróis permaneçam heróis.

Edelman, no entanto, prefere contar as coisas exatamente como se lembra delas, e não segundo as regras da narrativa heroica. Isso o leva a fazer observações do gênero: "No gueto, deveria haver mártires e Joanas d'Arc, não é? Mas, se quer saber, havia prostitutas no abrigo de Anielewicz, na rua Mila, e até mesmo um cafetão, um grandão, tatuado e com bíceps enormes".[46] Ou ainda: se ele mesmo sobreviveu, não foi graças a um ato heroico, mas porque o SS que atirava nele devia ter astigmatismo: todas as balas desviavam demais para a direita...

Isso não quer dizer que o levante do gueto não tenha sido palco de atos heroicos, como aqueles vividos por Okulicki. Michal Klepfisz, por exemplo, se joga sobre uma metralhadora

---

42 Ibid., p.74.
43 Ibid., p.48.
44 Ibid., p.69.
45 Ibid., p.74.
46 Ibid., p.95.

para permitir que seus camaradas abandonem o abrigo. Contudo, não é esse o tipo de ato que retém a atenção de Edelman mesmo que, evidentemente, ele o respeite. Ele se liga a outro tipo de ações, que também podemos considerar virtuosas, mas que se distinguem tão profundamente das precedentes que seria preciso qualificá-las com um segundo termo: deveríamos falar, então, de *virtudes heroicas* para se referir a Okulicki e de *virtudes cotidianas* para os casos relatados por Edelman.

Como as virtudes heroicas, suas parentes cotidianas são, antes de tudo, atos de vontade, esforços individuais pelos quais se recusa aquilo que parecia uma necessidade implacável. Mas essa exigência de vontade não mais conduz à conclusão segundo a qual "toda ordem pode ser executada". Para dizer a verdade, ela não leva a nada, pois encontra em si mesma sua justificação. Edelman nos conta como certo dia resolveu se tornar um resistente. Numa rua do gueto, ele vê um velhote que dois oficiais alemães içaram sobre um barril: eles lhe cortam a barba com tesouras enormes, e isso os faz rolar de rir. "Foi aí que compreendi que o mais importante era não se deixar colocar sobre um barril, jamais e por ninguém."[47] O que Edelman compreendeu é, primeiramente, que não há diferença qualitativa entre pequenas e grandes humilhações; em seguida, que sempre se pode expressar sua vontade, escolher sua conduta – e recusar uma ordem. A rebelião não foi nada mais que uma forma de escolher nossa morte, ele diz – mas a diferença entre escolher a morte e ser submetido a ela é enorme: é aquela que separa o ser humano dos animais. Escolhendo nossa própria morte, realizamos um ato de vontade e assim reafirmamos

---

47 Ibid., p.94.

nosso pertencimento ao gênero humano – no sentido forte do termo. Os judeus de outras cidades polonesas se deixaram abater sem resistência: os judeus do gueto de Varsóvia não gostaram disso e decidiram reagir. Com esse gesto, a finalidade já se cumprira: eles reafirmaram seu pertencimento à humanidade.

"Escolher entre a vida e a morte era a última chance de conservar a dignidade", observa Hanna Krall.[48] A *dignidade*: eis então a primeira virtude cotidiana. Ela não significa nada mais que a capacidade do indivíduo de permanecer um sujeito provido de vontade; esse simples fato o mantém no interior da espécie humana. Vê-se que escolher a morte tem aqui uma significação inteiramente diferente daquela das virtudes heroicas. Para estas, a morte acaba por se tornar um valor e uma finalidade, pois encarna o absoluto melhor que a vida. Aqui, é meio, e não fim; é o último recurso do indivíduo que deseja afirmar sua dignidade.

Entretanto, não é o fato em si de acabar com a própria vida que é valorizado, mas o suicídio como expressão da vontade. Ainda assim, isso não basta para fazer dele um ato verdadeiramente admirável, sob a ótica da virtude cotidiana. A dignidade é uma condição necessária desses atos, mas ainda não é suficiente. Percebemos isso nos comentários que Edelman faz a respeito de dois suicídios célebres. O primeiro é o do engenheiro Adam Czerniakow, presidente do conselho judeu instituído pelos alemães, que se mata em seu escritório ao saber da decisão de se deportar os habitantes do gueto para Treblinka. "Ele foi criticado por ter feito de sua morte um caso pessoal. Pensávamos que era preciso morrer publicamente, debaixo dos

---

48 Ibid., p.117.

olhos do mundo."[49] Emmanuel Ringelblun, o grande historiador do gueto, confirma essa informação em suas notas: "O suicídio de Czerniakow, com a pretensão de estimular a resistência, mas ocorrido tarde demais, foi um sinal de fragilidade, o gesto de um homem fraco".[50] Ao decidir suicidar-se sem revelar à sua comunidade a sorte que a esperava, sem ter tentado incitá-la à resistência, Cerniakow se comportou dignamente, mas falhou em ser cuidadoso com os outros. Para dizer a verdade, ele não ignora sua comunidade, como o prova o fato de manter um diário no qual registra suas impressões. E em sua carta de suicídio ele diz: "Meu coração treme de dor e de piedade. Não posso mais aguentar tudo isso. Meu ato mostrará a cada um o que convém fazer".[51] Sua intenção é, portanto, dirigir-se também aos seus contemporâneos, mas o meio escolhido é tal que eles não o compreendem. Além disso, seria o suicídio a única via aberta diante de si?

O segundo suicídio (que, para dizer a verdade, não dá para afirmar com certeza que se trate de um) é o de Mordehaï Anielewicz, o comandante. "Ele não deveria ter feito isso", diz Edelman, "se bem que seja um belíssimo símbolo. Não se sacrifica a própria vida por símbolos."[52] Encontramo-nos aqui no oposto das recomendações de Sosnkowski, que conclamava a morrer por símbolos. Diferentes em mais de um ponto — um, a ação por demais privada, o outro, por demais simbólico —, esses dois suicídios também têm algo em comum: levam em consideração o sujeito da ação e um destinatário longínquo, a História.

---

49 Ibid., p.73.
50 Ringelblun, *Chronique du ghetto de Varsovie*, p.327.
51 Tushnet, *Les Comptables de la mort*, p.183.
52 Ibid., p.70.

Contudo, negligenciam o destinatário próximo, os outros habitantes do gueto. Ambos se tornaram atos que não levaram a nada além de si próprios, em vez de servir como meios para ajudar os outros.

A essa nova qualidade exigida das ações virtuosas, que devem não somente provar a dignidade de seus autores, mas também servir ao bem dos outros, podemos dar o nome de *cuidado*. Esta é a segunda virtude cotidiana: trata-se de um ato dirigido a um ser humano individual bem próximo, não à pátria ou à humanidade. Esse cuidado com outrem traz em si mesmo sua própria recompensa: somos capazes de realizar para os outros as ações que não saberíamos empreender para nós mesmos. E passamos a vida a fazê-lo. "Era preciso sempre ter alguém em quem centrar sua vida, alguém a quem se doar", conta Edelman.[53] "A única possibilidade de viver no gueto era estando com outro. Se por milagre se conseguisse escapar dos perigos mortais e sobreviver, era preciso sempre se grudar a outro sobrevivente."[54]

Com relação à morte por cuidado com outrem, Edelman não experimenta mais nenhuma reticência: ao contrário, são os atos de virtude cotidiana que mais o impressionaram. É, por exemplo, a história de uma jovem, Pola Lifszyc, que ocorre no momento em que os comboios partem para Treblinka. "Ao chegar em casa, ela viu que sua mãe não estava mais lá: já havia sido encaminhada para o grupo que iria para a *Umschlagplatz*,[55] e Pola

---

53 Ibid., p.97.
54 Ibid., p.101.
55 Praça em Varsóvia, em frente à estação ferroviária, em que era feita a triagem e de onde partiam os comboios dos deportados com destino ao campo de Treblinka, a oitenta quilômetros de lá. Por ali passaram mais de 270 mil judeus. (N.T.)

correu atrás dela, da rua Leszno até a rua Stawiski; no caminho encontrou seu noivo, que a levou de bicicleta para ir mais depressa, e ela conseguiu chegar. No último momento, ela deslizou por entre a multidão para subir com a mãe no vagão."[56] Era um desses vagões cujos passageiros jamais voltariam ao ponto de partida. Por que Pola correu tanto? Seu noivo teria sabido para que serviria sua bicicleta?

É também a história de uma enfermeira, a senhora Tennenbaum: ela conseguiu um passe que lhe permitiria escapar – durante algum tempo – da deportação; como sua filha não tivesse conseguido um para si, ela lhe pede que espere um momento e, subindo ao segundo andar, toma uma forte dose de fenobarbital – desse modo, qualquer discussão seria evitada. Durante os três meses que vive depois desse adiamento, a filha da senhora Tennenbaum se apaixona e conhece a felicidade. Ou ainda a história de uma sobrinha de Tosia Goliborska (uma colega de Edelman) que, na saída da cerimônia de seu casamento, encontra o cano de um fuzil apoiado contra seu ventre. O recém-casado põe sua mão contra o cano – que é imediatamente dilacerada. "Era exatamente isso que contava: ter alguém pronto para proteger seu ventre, se preciso fosse."[57]

Vemos que, frequentemente, o beneficiário do cuidado é um ente próximo, um parente: mãe ou filha, irmão ou irmã, marido ou mulher. Todavia, quando os mais próximos estavam mortos, de algum modo se encontravam outros "parentes" como forma de substituição. Mesmo quando esse beneficiário é coletivo – como foi o caso do doutor Janusz Korczak, que parte

---

56 Ibid., p.99.
57 Ibid., p.101.

para Treblinka com as crianças de seu orfanato, ou de Abraham Gepner, rico industrial que escolhe permanecer com aqueles com quem compartilha a fé –, jamais se trata de uma abstração, mas de indivíduos viventes que se conhece pessoalmente. Falhar com esse cuidado não é uma falta que incorre na censura, mas uma ruptura tácita do contrato. É isso que ilustra uma cena narrada por uma das testemunhas entrevistadas por Steiner. Ela conta que encontrou, nas ruínas do gueto – depois do primeiro levante e antes do segundo – o marido cristão de uma jovem judia. Um dia, assim como Pola, a mulher decidiu tomar o trem com seus próximos, mas ele ficou. Ela não o censurou por isso, mas algo se rompeu entre eles. "O que ela teria preferido, mas que só compreendi depois, é que eu tivesse ido morrer com ela. Eu a deixei partir e a deixei morrer. Desde então, expio minha falta."[58]

Por vezes, não é a própria vida que se oferece pela causa do cuidado, mas, paradoxalmente, a dos outros. Assim, uma médica envenena as crianças do hospital em que trabalha, antes que os SS tenham tempo de levá-las. "Ela os poupou da câmara de gás." Mas, para fazer isso, precisou sacrificar seu próprio veneno. "Ela deu seu cianeto de presente para os filhos dos outros!"[59] Eis então em que sentido viver pode ser mais difícil que morrer. Há também a enfermeira que, enquanto os alemães evacuam o andar térreo do hospital, assiste a um nascimento no primeiro andar. Assim que o bebê nasceu, "ela o pôs sobre um travesseiro e o cobriu com outro. O bebê deu

---

58 Steiner, op. cit., p.202.
59 Edelman; Krall, op. cit., p.73.

alguns gritos e depois se calou".[60] Ela fez o que era preciso, e todo mundo aprovou sua atitude. Também é verdade que, 45 anos mais tarde, essa "enfermeira" (que se chama Adina Blady Szwajger) ainda não esqueceu de que iniciou sua prática médica dando a morte a um bebê.

As virtudes cotidianas têm então características completamente à parte. Vemos isso também depois da guerra. As circunstâncias são menos dramáticas, e Edelman não precisa mais arriscar a vida, mas suas primeiras escolhas o levam a uma nova profissão, e ele se torna médico cardiologista. "Na qualidade de médico, posso ser responsável por vidas humanas. – Mas por que você quer ser responsável? – Sem dúvida porque todo o resto me parece menos importante."[61] A responsabilidade é uma forma particular de cuidado, aquela de que são incumbidas as pessoas que ocupam posições privilegiadas: os médicos ou mesmo os chefes. Foi por não terem sido responsáveis até o fim que – de maneira bem diferente – Anielewicz e Czerniakow falharam com as exigências do cuidado.

As duas espécies de virtude se opõem pelos destinatários dos atos que elas inspiram: um indivíduo ou uma abstração, a senhora Tennenbaum ou uma certa ideia da Polônia. Tanto de um lado como de outro é preciso coragem, de um lado ou de outro se oferece as próprias forças ou a vida. A cada vez é preciso se decidir bem depressa: Okulicki partindo para cima da metralhadora inimiga, Pola precipitando-se sobre a bicicleta de seu noivo. As virtudes heroicas são mais estimadas pelos homens, enquanto as virtudes cotidianas são principal-

---
60 Ibid., p.100.
61 Ibid., p.126.

mente atos de mulheres (mas é verdade que cá e lá as qualidades físicas requeridas são diferentes). Entretanto, a verdadeira questão é saber se se morre (ou se vive) para os seres ou para as ideias.

Essa oposição não se confunde com aquela do particular e do geral – no caso, a da fidelidade ao grupo do qual se é membro e do amor pela humanidade. Os estrangeiros e os desconhecidos são indivíduos como os outros, e a exigência moral é universal, mas não abstrata: a humanidade é um conjunto de indivíduos. A preferência pelos seus e a fidelidade cega em relação a eles não valorizam os seres em detrimento das ideias, mas formam uma oposição no meio dos próprios indivíduos. Mesmo que a humanidade seja pensada como uma abstração, também se podem cometer crimes em seu nome – e facilmente, já que as ideias recobrem, segundo os momentos e os indivíduos, realidades bem diferentes, e que essas mesmas, que parecem as mais puras, as mais generosas, podem ser postas a serviço de projetos desastrosos. Afinal, Hitler dizia que conduzia a guerra contra os russos para frear a barbárie e salvar a civilização! Não há esse tipo de perigo com relação aos seres: eles só representam a si mesmos.

Detenhamo-nos um pouco mais sobre o personagem de Anielewicz. Por muitos prismas, ele assemelha-se aos heróis tradicionais – a um Okulicki, por exemplo. Ele é dotado de força física e de coragem pessoal, que o levam à ação. Ele está pronto a se lançar no fogo para salvar um camarada, se for preciso; sua lealdade é à toda prova. Ele é animado por um espírito de idealismo desinteressado. Sua vida tem um único objetivo: combater o inimigo, isto é, os nazistas; é por isso que quando o levante começa, ele pode escrever numa carta: "O sonho de minha vida realizou-se".⁶² Em 1940, quando está no gueto, sua amiga Mira Fuchrer também confia, numa carta: "Nunca fui tão feliz".⁶³ Qualquer outra preocupação é afastada. Na organização de Anielewicz, os homens são proibidos de fumar, beber ou ter relações sexuais; reconhecemos nisso a austeridade característica dos militantes políticos ou religiosos. Seu amigo Ringelblum escreve, depois de sua morte: "A partir do momento em que Mordehaï decidiu lutar, nenhuma outra questão existiu para ele. Os círculos científicos e os seminários acabaram; os diversos trabalhos culturais e educativos foram interrompidos. Desde então, ele e seus camaradas concentraram toda as ações no campo da luta".⁶⁴ Assim como os dirigentes da insurreição de 1944, Anielewicz quer que sua morte seja carregada de sentido simbólico e que ela se torne uma mensagem para destinatários ausentes: "Daremos à nossa morte um sentido histórico e uma plena significação para as gerações futuras", ele escreve em outra carta.⁶⁵

Como um verdadeiro herói, Anielewicz de fato aceitou a ideia de sua própria morte. Para ele, segundo Ringelblum, a situação que então se apresentava podia ser resumida a uma única questão: "Que tipo de morte os poloneses escolheram para si? Será a morte dos cordeiros, que se deixam levar para o abatedouro sem resistência, ou aquela das pessoas com honra, que desejam ver o inimigo pagar essa morte com seu próprio sangue?".⁶⁶ A escolha não é entre a vida e a morte, mas entre

---

62 Suhl (ed.), *They Fought Back*, p.109.
63 Kurzman, *The Bravest Battle*, p.34.
64 Suhl, op. cit., p.89.
65 Kurzman, op. cit., p.98.
66 Suhl, op. cit., p.89.

duas formas de morte: a dos homens de honra ou a dos cordeiros. Como Oculicki, Anielewicz reduz o devir a uma alternativa tal que a resposta não pode mais suscitar dúvida. Mas será que essa formulação esgota verdadeiramente todas as possibilidades? Nessa alternativa, em todo caso, a morte na honra é a solução desejada: não admitindo nenhum compromisso, Anielewicz quer vencer ou morrer; então, neste caso, morrer. É o que explica seu suicídio (se realmente se trata de um): o *bunker* no qual ele está preso tem uma saída que é vigiada pelos SS, mas como a sobrevivência não é seu objetivo supremo, ele não a usará. Um de seus companheiros, Arié Wilner, também afirma: "Não queremos salvar nossas vidas. […] Queremos salvar nossa dignidade de homens".[67] É preciso assinalar que se alguns camaradas compartilham de seu ponto de vista, outros, na mesma época, se distinguem dele – tais como Edelman, mas este não é o único.

Não é somente a própria vida que Anielewicz considera um valor de segunda ordem, mas também a dos outros ao seu redor (mesmo que esteja pronto a se sacrificar por eles). Nos meses que precedem o levante, a Organização Judaica de Combate, que ele dirige, se recusa a cavar esconderijos ou túneis para o lado "ariano", o contrário do que fazem os membros da ZZW,[68] a outra organização de resistência (de direita): Anielewicz teme que tal preparação enfraqueça o espírito combativo dos militantes. A certa altura, se torna possível, mediante pagamento, esconder pessoas do outro lado do muro que cerca

---

67 Borwicz (ed.), *L'Insurrection du ghetto de Varsovie*, p.69.
68 Sigla polonesa para Żydowski Związek Wojskowy [União Militar Judaica]. (N.T.)

o gueto. Anielewicz se opõe pela mesma razão: o dinheiro deve servir à luta, e não para salvar vidas individuais. "Doravante, para ele, só existe um único fim, e ele sacrifica tudo por ele: a luta contra o inimigo", comenta Ringelblum.[69] Ele também se mostra hostil a outra iniciativa, a do Comitê Nacional, do qual é membro, que quer, entre fevereiro e março de 1943, transferir "para o outro lado" certas atividades culturais ou comunitárias, para se certificar de que elas não desaparecerão. Ainda aí, seria favorecer a sobrevivência em detrimento do combate.

Ringelblum constata que esse conflito na comunidade judaica, sobre o melhor caminho a se tomar diante das perseguições dos nazistas, se transformava em conflito entre gerações. As pessoas mais velhas aspiravam à sobrevivência, tanto a sua quanto a de seus próximos – "pois eram profundamente ligados por laços familiares". Os jovens, que se sentiam livres de tais amarras, preferiam a honra à vida. "Os jovens – os melhores, os mais belos, as mais finas preciosidades, a nata do povo judaico – nada mais falavam e pensavam senão sobre uma morte honrosa. Eles não mais se questionavam sobre como sobreviver à guerra. Também não buscavam arranjar os papéis com os arianos. Eles não tinham nenhum abrigo do outro lado do muro. Sua única preocupação era descobrir qual a morte mais digna, mais honrosa, aquela que melhor convinha a um povo antigo, que tinha vários milênios de história."[70] Os jovens, com Anielewicz à frente (mas também Ringelblum), acalentavam as virtudes heroicas. Os homens e mulheres casados, contidos pelo amor que dedicavam uns aos outros e que con-

---

[69] Suhl, op. cit., p.90.
[70] Ibid., p.90.

sagravam a seus filhos e a seus longevos pais, optavam pelas virtudes cotidianas.

Voltemos então à nossa história e ao projeto do trabalho empreendido por Edelman e Hanna Krall. Os autores não aspiram a refazer a História; esta já se encontra estabelecida, mas — assim como o fazem os heróis — não se ocupa dos indivíduos. Ora, eles escolheram focar justamente nos detalhes e nos indivíduos. "Não estamos escrevendo a História. Falamos da memória."[71] É preciso desconfiar até mesmo dos indivíduos, assim que eles se apresentam em número bastante elevado: além de certo limiar, a massa se torna abstração. Edelman conta como uma pessoa foi queimada viva, e pergunta à sua interlocutora: "Você acredita que alguém queimado vivo possa impressionar outra pessoa, depois de 400 mil queimados?". Tal é, de fato, o número das vítimas do gueto. Hanna Krall responde, dentro do mesmo espírito: "Creio que um sujeito queimado vivo é mais impressionante que 400 mil, e 400 mil são bem mais impressionantes que 6 milhões".[72]

Uma morte pode ser mais ou menos bela. Edelman evoca a de uma jovem que corre no meio de um campo de girassóis e não consegue deixar de notar: "Uma morte verdadeiramente estética".[73] A segunda rebelião, a de Varsóvia, na qual Edelman também toma parte, tem qualidades estéticas superiores à primeira: os insurrectos têm armas, confrontam o inimigo com o rosto descoberto, em verdadeiros combates de rua: "Era um combate magnífico, reconfortante!".[74] Esse argumento de be-

---

71 Edelman; Krall, op. cit., p.116.
72 Ibid., p.69.
73 Ibid., p.78.
74 Ibid., p.118.

leza também não foi estranho à decisão de desencadear a insurreição no gueto. Trinta anos mais tarde, Edelman diz, resignado: "Dado que a humanidade havia decidido que era muito mais belo morrer com as armas na mão que com mãos nuas, só podíamos nos dobrar a essa convenção".[75] Podemos discutir para saber se é mais belo correr sobre os tetos que ficar escondido num subterrâneo, se devemos ou não aceitar essa convenção. Porém, ao menos uma coisa é certa: não é menos *digno* sufocar num buraco que morrer escalando um muro. Ora, hoje, levados por nosso prazer de espectadores, preferimos finalmente a beleza à dignidade. "É mais fácil ver alguém morrendo num combate que ver a mãe de Pola Lifszyc entrar no vagão."[76]

Era isso que Edelman não queria aceitar. "Ele se põe então a gritar", diz Hanna Krall. "Ele me acusa de colocar aqueles que lutam com a arma na mão acima daqueles que se espremem nos vagões. [...] Ora, é estúpido, ele diz, a morte nas câmaras de gás não é menos válida que a morte em combate: ao contrário, ele grita, ela é mais terrível; é muito mais fácil morrer com o dedo no gatilho".[77] Mas gritar não serve para grande coisa. A História triunfa sobre a memória – ora, a História precisa de heróis: sobre a tumba de Michal Klepfisz e de alguns outros, há atualmente uma escultura. "Um homem arqueando o torso, fuzil numa mão, granada na outra, estendida, cartucheira no cinturão, alforje do estado-maior atravessado no peito." Nenhum dos insurrectos do gueto jamais foi assim: faltavam-lhes armas, equipamentos, eram seres abomináveis completa-

---

75 Ibid., p.74.
76 Ibid., p.93.
77 Ibid., p.93.

mente sujos. "Mas o monumento sem dúvida foi feito da forma que convém a um monumento, belo e em pedra branca."[78] Os monumentos obedecem às regras de seu gênero e não buscam retratar a verdade. As ervas daninhas invadem as tumbas no cemitério judeu de Varsóvia, e os monumentos brancos, as narrativas heroicas, recobrem com seus rumores confusos as palavras e os gestos dos habitantes do gueto.

## Interrogações

Ao fim dessas leituras, pareceu-me que a diferença entre a insurreição de 1944 e a de 1943 não se centrava no espírito que animava seus dirigentes. Os cartazes no gueto incitavam os habitantes a morrer com honra; o mesmo pensamento dominava os militantes do Exército do Interior. A "dignidade nacional", escreve Ringelblum, levava os judeus ao combate;[79] um ano e meio mais tarde, ela também conduziria os poloneses. Okulicki via na insurreição de 1944 uma mensagem dirigida ao mundo; contudo, nos mesmos termos que se expressaram os dirigentes de 1943: eles combatiam para "despertar o mundo",[80] para "que o mundo veja a que ponto nossa batalha é desesperada – e que isso lhe sirva como prova e reprovação".[81] Aos olhos de muitos poloneses, o levante de Varsóvia tornou-se o melhor símbolo de seu heroísmo desinteressado. De modo semelhante, o dia 19 de abril, vigésimo sétimo dia de Nissan,

---

78 Ibid., p.122.
79 Suhl, op. cit., p.94
80 Ibid., carta a Schwartzbart, p.117.
81 Kurzman, op. cit., carta a Karski, p.52.

segundo o calendário hebraico, foi escolhido em Israel como a data nacional destinada a comemorar o espírito heroico do povo judaico.

A diferença entre as duas insurreições não se encontra mais nos cenários que despontam aqui e ali. Quando os judeus se revoltam, os membros do Exército do Interior mais próximos se abstêm de intervir. A razão imediata não é somente o antissemitismo polonês ou o isolamento tradicional das duas comunidades, mas também o pró-sovietismo dos judeus ("A orientação de Hashomer [organização da qual saiu o próprio Anielewicz] era pró-soviética: tinha fé na vitória da União Soviética e em seu exército heroico", escreve Ringelblum),[82] mesmo que possamos pensar que os judeus estavam compelidos ao pró-sovietismo devido ao antissemitismo vigente. De fato, o Exército do Interior não era menos hostil a Stálin que a Hitler (o que não constituiria um motivo para reprovar as tropas, mas elas tiraram disso consequências abusivas). Por que iriam ajudar aqueles que lhes pareciam partidários de seu pior inimigo? Quando, no ano seguinte, os poloneses se revoltam, os soviéticos mais próximos se abstêm de intervir: sabem que esse levante é dirigido tanto contra eles quanto contra os alemães. Por que iriam ajudar aqueles que os odeiam e os combatem? A História se repete tragicamente e a lógica do ressentimento é, a cada vez, vitoriosa. Não obstante, os poloneses antissoviéticos não estavam realmente ameaçados, em 1943, pelos judeus revoltosos – nem os soviéticos, em 1944, pelos poloneses insurrectos. Entretanto, a convicção ideológica prevalece sobre o cuidado de proteger vidas humanas.

---

82 Suhl, op. cit., p.87.

Todavia, o contexto no qual se desdobram as rebeliões é inteiramente diferente, e por conta disso o sentido histórico também difere. O levante do gueto é uma reação sadia a uma política sistemática de extermínio: todos os dias os ocupantes nazistas deportam um trem cheio de vítimas para Treblinka, onde elas encontram a morte imediata; se não tivesse existido reação, de toda forma em pouco tempo o gueto teria desaparecido. Esta reação é, para alguns, motivada pelo heroísmo um tanto inútil que observamos. Contudo, a rebelião se desenrola em condições em que não há nenhuma saída possível, e sua existência poderia ter ajudado outras pessoas a viver, demonstrando-lhes a possibilidade de uma resistência ativa. O levante de Varsóvia, em 1944, também tem múltiplas motivações, dentre as quais o simples desespero diante do impasse político não é a menor; mas ele não é verdadeiramente inevitável: é o resultado de um cálculo que se revelou errôneo, numa situação para a qual havia outras saídas. Ele sacrifica os interesses dos indivíduos devido ao amor pelas abstrações, e seu desencadeamento não ajuda ninguém, nem então, nem mais tarde, nem localmente, nem alhures.

A insurreição do gueto merece respeito, mas não necessariamente pelas razões costumeiramente citadas. Ocorre que ela não inspirou outras ações semelhantes durante a própria guerra. Muito tempo depois, em Israel, ela serviu de caução moral para ações talvez heroicas, mas não necessariamente justas. É claro que ela ilustra a dignidade dos habitantes, mas não é a única a fazê-lo. O grande escritor soviético Vassili Grossman, depois de ter deplorado a passividade das vítimas judaicas em geral, afirma: "Os gloriosos levantes do gueto de Varsóvia, de Treblinka, de Sobibor [...], tudo isso demonstrou que o instinto de liberdade no homem é invencível".[83] E Jean Améry, sobrevivente de Auschwitz que condena a atitude judaica de medo e de fuga, escreve: "A dignidade foi inteiramente restituída [...] pela insurreição heroica do gueto de Varsóvia".[84] "Graças aos judeus insurrectos em alguns campos, sobretudo no gueto de Varsóvia, o judeu pode atualmente contemplar seu próprio rosto humano como um ser humano."[85] Mas o homem não precisa se revoltar com armas na mão para permanecer humano, para afirmar sua dignidade ou seu desejo de liberdade; e não seria preciso esperar a revolta do gueto para se assegurar de que essas qualidades não estavam mortas. Essa insurreição era a reação corajosa a uma situação desesperada; mas o gesto de Pola também era livre, digno e humano, pois a dignidade é sempre e somente a de um indivíduo, não a de um grupo ou de uma nação. E a honra não é lavada somente no sangue do inimigo.

Fechei meus livros. O mal-estar que me acompanhara tinha certamente se dissipado, mas foi substituído por uma inquietação mais tenaz. Creio ter sentido que essas histórias, desencadeadas pelas duas visitas às tumbas numa manhã de domingo, em Varsóvia, tinham despertado em mim uma perturbação que não se reduzia a um puro problema intelectual, aquele do heroísmo. Tive a impressão de que esses levantes, admiráveis ou trágicos, me revelavam a mim mesmo – a mim, cuja vida foi desprovida de qualquer acontecimento dramático. Compreendi que, para ir mais longe, não poderia me dispensar de um exame

---

83 Grossman, *Vie et Destin*, p.199-200.
84 Améry, *At the Mind's Limit*, p.91.
85 Id., *Radical Humanism*, p.34.

de meu próprio destino – que, todavia, eu efetuaria ao buscar conhecer a História e inúmeras pequenas histórias.

Assistimos hoje à decadência do segundo grande sistema totalitário, o do comunismo e, portanto, também ao verdadeiro fim da Segunda Guerra Mundial. Poderíamos viver esse momento como uma incitação a virar a página, a pensar finalmente em outra coisa. De resto, a guerra, momento do paroxismo totalitário, está cada vez mais distante. O número de pessoas que não a conheceram, mesmo na Europa, é atualmente superior àquele das testemunhas. Devem esses "jovens" continuar a se interessar por um acontecimento pré-histórico, sendo que 1968 já parece a muitos como sendo um limite além do qual não se saberia remontar, algo como o nascimento de Jesus Cristo?

Ora, em vez de participar da euforia geral diante desse verdadeiro fim da guerra, sinto a necessidade de voltar atrás, para os anos de angústia, para a sombria época em que os regimes nazista e comunista atingiam sua potência máxima – e para sua instituição exemplar, os campos. Penso nisso mais que nunca; será que em breve me tornarei tão anacrônico quanto um antigo combatente?

Sem dúvida é porque os campos – assim como aquilo que, no reino nazista, lhes serve de antecâmara, os guetos – me parecem o emblema do totalitarismo, que me sinto na obrigação de escrutá-los. Jamais estive num campo, nem de perto, nem de longe, salvo nos campos nazistas que foram transformados em museus, mas vivi, até a idade de 24 anos, num país então totalitário. É por aí que passa minha identificação, por mais parcial que seja, com os detentos. No entanto, é também daí que vêm minhas primeiras experiências íntimas do mal político infligido e não mais sofrido. Oh, não foi nada de espetacular, e sim o pacote comum: a participação dócil em diversas manifestações públicas, a utilização sem protestos do código de conduta social, a aquiescência silenciosa à ordem estabelecida.

Os anos que se escoam não me fizeram esquecer essa experiência. Se aqui me sinto obrigado a voltar a ela, não é somente porque o totalitarismo ainda não morreu em todos os lugares – a verdadeira razão é minha convicção de que, se ignorarmos o passado, corremos o risco de que ele volte a ocorrer. Não é o passado como tal que me preocupa; é que acredito ler nele um ensinamento que nos é dirigido atualmente. Mas qual? Os acontecimentos jamais revelam sozinhos seu sentido, os fatos não são transparentes; contudo, para nos ensinar alguma coisa, eles devem ser interpretados. E dessa interpretação serei o único responsável: é a minha lição dos campos e do totalitarismo que tentarei contar aqui.

## *Um lugar para a moral?*

### Uma guerra de todos contra todos

Os relatos sobre os campos totalitários podem ser relidos em diversas perspectivas. Podemos nos questionar sobre o encadeamento histórico preciso que levou à criação deles e depois à sua extinção; podemos debater sua significação política; podemos deles tirar lições de sociologia ou de psicologia. De minha parte, é uma questão ainda diferente, que gostaria de levantar aqui, mesmo que não possa ignorar por completo essas outras perspectivas: gostaria de compreender melhor a oposição que encontrei – aquela entre virtudes heroicas e virtudes cotidianas. O terreno que escolho é, então, o da *moral*; e, como Edelman e Krall, interesso-me mais pelos destinos individuais que pelos números e as datas. Mas já ouço um protesto: essa questão já não está há muito resolvida? Já não compreendemos bem que, nesse plano, os campos nos revelaram uma simples e triste verdade – que, nessas condições extremas, todo traço de vida moral se evapora e os homens se transformam em feras engajadas numa guerra de sobrevivência impiedosa, a guerra de todos contra todos?

Essa opinião não é apenas um lugar comum das apresentações populares desses acontecimentos; nós a encontramos abundantemente nas narrativas dos próprios sobreviventes. Havíamos nos tornado indiferentes ao sofrimento de outrem; para sobreviver, era preciso pensar somente em si: tal é a lição que Tadeusz Borowski, que se suicidaria em 1951, trouxe de Auschwitz. "Nessa guerra, a moralidade, a solidariedade nacional, o patriotismo e os ideais de liberdade, de justiça e de dignidade humana desprenderam-se do homem como se fossem farrapos podres. [...] Qual crime não cometeria o homem para se salvar?"[1] A moral não é inata no homem: essa também é uma conclusão de outro interno de Auschwitz, Jean Améry, que se suicidaria em 1978. "O direito natural não existe e as categorias morais são tão mutáveis quanto a moda."[2] Um terceiro sobrevivente de Auschwitz, Primo Levi, que também poria fim à sua vida em 1987, afirmava que as provações eram de tal ordem que as atitudes morais se tornaram impossíveis. "Aqui, a luta pela vida é implacável, pois cada um está desesperada e ferozmente só." Ora, para sobreviver é preciso "abandonar qualquer dignidade, sufocar qualquer lampejo de consciência, lançar-se no corpo-a-corpo como um bruto contra outros brutos, abandonar-se às forças subterrâneas insuspeitadas que sustentam as gerações e os indivíduos na adversidade".[3]

---

1 Borowski, *This Way for the Gas, Ladies and Gentleman*, p.168.
2 Améry, Les Intellectuels à Auschwitz, *Documents*: revue des questions allemandes, 20, p.22
3 Levi, *Si c'est un homme*, p.115-20.

"Era uma existência segundo Hobbes: uma guerra contínua de todos contra todos."[4]

A experiência retirada dos campos comunistas não é muito diferente. Varlam Chalamov, que ficou num deles durante 25 anos, dos quais 17 em Kolyma, é particularmente pessimista. "Todos os sentimentos humanos: o amor, a amizade, o ciúme, o amor ao próximo, a caridade, a sede de glória, a probidade, todos esses sentimentos nos haviam abandonado, assim como nossa própria carne, que havíamos perdido durante a prolongada carestia. [...] O campo era uma grande prova das forças morais do homem, da moral ordinária, e 99% dos homens não passava nesse teste. [...] As condições do campo não permitiam que os homens permanecessem homens – os campos não foram criados para isso."[5] A vida moral não era mais possível, também constata Evgenia Guinzbourg, que viveu em Kolyma durante vinte anos. "Um ser humano levado ao limite por formas de vida desumana [...] perde gradualmente todas as noções que tinha do bem e do mal. [...] Sem dúvida, estávamos moralmente mortos."[6] Se só se pensa na própria sobrevivência, não mais se reconhece nada senão a lei da selva, isto é, a ausência de toda lei e sua substituição pela força bruta.

O principal efeito desse reino sem restrição do instinto de conservação sobre a vida moral é a ausência de compaixão pelo sofrimento de outrem e, com mais forte razão, a ausência de ajuda que lhe poderia ser oferecida. Bem ao contrário, contribui-se para o esmorecimento do próximo, caso se consiga

---

4 Id., Idem, *Les Naufragés et les rescapés*, p.132.
5 Chalamov, *Kolyma*, p.31 e p.11.
6 Guinzbourg, *Le Ciel de la Kolyma*, p. 21 e p.179.

obter um mínimo de alívio em sua própria vida. Mesmo que não cometam atos agressivos, os detentos faltam aos deveres elementares da solidariedade. Num capítulo de seu testemunho intitulado "É difícil permanecer um homem", Anatoly Martchenko, que foi deportado para a Mordóvia, conta como, enquanto um detento corta as veias e sucumbe mergulhado no próprio sangue, seus companheiros de cela terminam tranquilamente o café da manhã. "Um homem perde o sangue sob meus olhos e eu lambo o fundo de minha cuia, só pensando no momento em que me darão de comer novamente. Será que resta ainda em mim, em nós que estamos aqui, alguma coisa de humano?"[7] Os membros das equipes que limpam os vagões chegados a Auschwitz não experimentam o menor remorso ao se apoderarem da comida e dos objetos trazidos pelos novos deportados. "Já que não podemos impedir esse dilúvio de cadáveres, por que não aproveitar as oportunidades que se oferecem a nós?"[8] Richard Glazer, que faz o mesmo trabalho em Treblinka e tira proveito da mesma maneira, recorda-se do período em que os comboios de deportados se faziam mais raros e de sua reação com sua retomada: "Nós gritávamos: 'Hurra! Hurra!' [...] O fato de que se tratava da morte de outros, quaisquer que fossem, significava que nossa vida não estava mais em questão".[9] Nem mesmo os laços familiares mais próximos resistiam a esse combate pela sobrevivência: Borowski conta como uma mãe, para salvar a própria vida, faz de conta que não reconhece seu filho; Elie Wiesel, sobrevivente de Aus-

---

[7] Martchenko, *Mon Témoignage*, p.132.
[8] Laks; Coudy, *Musiques d'un autre monde*, p.129.
[9] Sereny, *Au Fond des ténèbres*, p.227.

chwitz, descreveu em *Nuit* como o filho arranca o pão das mãos de seu pai, ou como ele mesmo se sente aliviado com a morte de seu pai, vendo assim aumentar suas chances de sobrevivência.

Se cada gesto do indivíduo é determinado pelas ordens de seus superiores e pela necessidade de sobreviver, sua liberdade está reduzida a nada, e ele não pode verdadeiramente exercer sua vontade com vistas a escolher uma atitude em vez de outra. Ora, onde não há escolha, também não há mais lugar para qualquer vida moral.

## Dúvidas

Contudo, relendo as narrativas dos sobreviventes, tenho a impressão de que a situação não era assim tão negra quanto poderia parecer. Ao lado dos exemplos que ilustram o desaparecimento de todo sentimento moral, encontramos outros cujo ensinamento é diferente.

O mesmo Levi, que só via no campo a luta extenuante de todos contra todos, mal acabara de escrever: "Cada um é, para qualquer outro, um inimigo ou um rival", e já se detém para reconhecer o que havia de abusivo nessa generalização: "Não, ao fim das contas" – não se tratava nem de uma coisa, nem de outra.[10] De resto, há inúmeras histórias em *É isto um homem?* que contradizem a sombria lei geral formulada por Levi. Seu bom amigo Alberto, que perecerá no decorrer das marchas forçadas de evacuação dos campos, luta pela sobrevivência, mas nem por isso se torna um cínico: ele sabe ser forte e doce ao mesmo tempo. Outro amigo, Jean le Pikolo (que sobreviverá) também

---

10 Levi, op. cit., p.52.

procura permanecer vivo, e apesar disso "não deixará de manter as relações humanas com seus camaradas menos privilegiados".[11] Uma vez que há tantas exceções, será que a regra ainda vigora?

O mesmo Borowski, cujos escritos sobre a vida em Auschwitz estão entre os mais impiedosos, afirma: "Penso que o homem sempre reencontra o homem novamente – por meio do amor. E o amor é a coisa mais importante e a mais durável".[12] Também se sabe que Borowski se comportou em Auschwitz bem diferentemente de seus personagens: sua dedicação pelos outros beirava o heroísmo. Contudo, ele compreendeu, a partir do interior, até onde podia ir a degradação humana e não quis se excetuar da corrupção ambiente: assim como ele, seu personagem se chama Tadeusz e fala na primeira pessoa; é um *kapo*[13] cínico e impiedoso. Tal é a regra que ele aplicou a todo relato sobre Auschwitz: só escrever caso se seja capaz de sentir as piores humilhações que o campo infligiu aos detentos. Ao fazê-lo, ele realizou uma nova escolha e um novo ato moral.

O mesmo Chalamov, narrador do desespero de Kolyma e da degradação interior de todos, indica: "Certamente não vou me meter a denunciar um homem que é prisioneiro como eu, não importa o que ele faça. Também não vou correr atrás da função de chefe de equipe, que assegura a possibilidade de permanecer vivo".[14] Como notou Soljenítsin, tal decisão prova que nem toda escolha está excluída, e que o próprio Chalamov, pelo menos, constitui uma exceção à regra que ele enun-

---

11 Ibid., p.143.
12 Borowski, T., *Le Monde de pierre*, p.135.
13 *Kapo* ou *capo*: prisioneiro encarregado de comandar outros detidos nos campos de concentração nazistas. (N.T.)
14 Chalamov, op. cit., p.33.

cia. Os mesmos Laks e Coudy, sobreviventes de Auschwitz, que constatam a perda de sua identidade humana, notam que, sem ajuda, a sobrevivência era impossível. Havia então ajuda? Trinta anos mais tarde, Laks confirma: devo minha sobrevivência "ao fato de ter encontrado alguns compatriotas de caráter e coração humanos".[15] A mesma Guinzbourg relata inúmeros gestos de solidariedade, cujo princípio por ela mesma formulado não poderia dar conta. E se havia filhos que arrancaram o pão da mão de seus pais, por outro lado Robert Antelme, deportado para Buchenwald, encontrou outros tipos. "O velho esfomeado e que roubaria, diante dos olhos de seu filho, para que este comesse. [...] Os dois esfomeados juntos, oferecendo um ao outro, com olhos carinhosos, seu pão."[16]

Ella Lingens-Reiner, presa austríaca, relata em suas lembranças de Auschwitz que encontrara lá uma médica judia, Ena Weiss, que expressava assim sua filosofia de vida: "Como permaneço viva em Auschwitz? Meu princípio: eu venho em primeiro lugar, em segundo e em terceiro. Depois, nada. Depois, ainda eu, e em seguida todos os outros".[17] Essa fórmula, frequentemente citada, costuma ser considerada como a expressão mais justa da lei moral – ou melhor, de sua ausência – em Auschwitz. Entretanto, Lingens-Reiner acrescenta em seguida que essa mulher infringia diariamente seu princípio e ajudava dezenas, centenas de outras presas. Depois de ter contado essa história, ela própria executa, no fundo, um gesto semelhante e descreve assim as metamorfoses sofridas pela moral: "Nós,

---

15 Laks; Coudy, op. cit., p.19.
16 Antelme, *L'Espèce humaine*, p.274.
17 Lingens-Reiner, *Prisoners of Fear*, p.118.

detentas do campo, tínhamos uma única norma: o que contribuía para nossa sobrevivência era bom, aquilo que a ameaçava era ruim e deveria ser evitado".[18] Não obstante, ela acabara de nos descrever longamente um caso de consciência que a atormentara: deveria ela intervir em favor de uma judia doente, comprometendo assim suas próprias chances de sobrevivência, ou deveria se abster e só pensar em si mesma? Finalmente ela escolhe a primeira via, mas ainda que tivesse optado pela segunda, a própria hesitação que sentira teria dado testemunho de que o sentimento moral não se apagara nela.

Além disso, os casos de consciência não são raros em situações extremas – pela sua própria existência confirmam a possibilidades de escolha e, portanto, de vida moral. Gostaríamos de escapar disso, pois somos levados a escolher livremente um mal que acreditamos ser menor que aquele que ocorreria de outra forma, mas nem sempre se consegue isso. Lingens-Reiner é médica: ela deve ou não escolher matar os recém-nascidos para que as mães tenham mais chances de sobreviver? Deve usar seu único remédio para aliviar uma pessoa gravemente doente ou para duas menos acometidas? Os resistentes de Vilno se defrontam com um dilema terrível: devem entregar seu chefe, Isaac Wittenberg, à Gestapo ou aceitar que o gueto seja aniquilado pelos tanques? Todas as negociações com o ocupante carregam casos de consciência dolorosos.

Não é verdade que a vida no campo[19] obedecesse somente à lei da selva: as regras da sociabilidade não eram as mesmas, mas

---

18 Ibid., p.142.
19 O autor se refere frequentemente assim ao(s) campo(s) de concentração. (N.T.)

nem por isso deixavam de existir. O furto concernente à administração era não somente lícito, mas admirado. Por outro lado, o furto – sobretudo de pão – entre os detentos era desprezado e, na maior parte do tempo, severamente sancionado. Essa lei era tão rigorosa nos campos nazistas quanto nos campos comunistas. Os delatores eram igualmente detestados e punidos cá e lá. Como escreve Anna Pawlczynska, sobrevivente de Auschwitz, os dez mandamentos não haviam desaparecido, mas eram reinterpretados. Matar poderia ser um ato moral, se com isso se impedisse um cruel assassino de continuar a seviciar. O falso testemunho podia se tornar uma ação virtuosa, caso permitisse salvar vidas humanas. Amar o próximo como a si mesmo era uma exigência excessiva, mas evitar prejudicá-lo não o era. Germaine Tillion, sobrevivente de Ravensbrück, conclui, a meu ver corretamente, um julgamento nuançado sobre a vida moral no campo: "Os fios tênues da amizade se encontravam submersos sob a brutalidade nua do egoísmo fervilhante, mas todo o campo estava invisivelmente tecido por eles".[20]

Há tantos contraexemplos dos princípios de imoralidade enunciados pelos sobreviventes que a própria presença desses princípios em seus escritos demanda, por sua vez, uma explicação. Por que os casos particulares que eles mesmos relatam não ilustram as conclusões gerais que creem poder elaborar? Terrence Des Pres, autor de um estudo sobre os sobreviventes dos campos, propôs uma resposta: os ex-detentos insistem no lado negativo de sua experiência, pois é isso que nela é único, e que eles não querem de forma alguma esconder; seus exemplos, por outro lado, refletem a complexidade da situação. "Na

---
20 Tillion, *Ravensbrück*, t.II, p.26

qualidade de testemunha, o sobrevivente visa, antes de tudo, comunicar a estranheza absoluta dos campos, sua desumanidade específica."[21] Podemos acrescentar que os sobreviventes sofrem de remorso por não terem socorrido seus próximos, mesmo que seu comportamento continue a ser perfeitamente explicável e justificável, simplesmente porque as consequências dessa não intervenção são atrozes: a morte. Germaine Tillion se encontra na enfermaria, doente, enquanto uma "seleção" leva sua mãe, detida assim como ela em Ravensbrück. Ela mesma não nos conta isso, mas sabemos, pela narrativa de sua amiga Buber-Neumann, que ela se culpa amargamente por ter deixado sua mãe ser levada. "Germaine saltou da cama, urrando como uma fera ferida e se pôs a lamentar: 'Como pude pensar em salvar minha própria pele e me esquecer de minha mãe?'."[22] Seu tribunal interior talvez a declare culpada, mas nenhum outro tribunal humano poderia fazer o mesmo.

Há ainda outra razão para a presença dessa ideia nos escritos dos sobreviventes. Os campos, dizem, provaram que o comportamento do indivíduo depende das condições que o cercam, e não de sua própria vontade, que a vida é uma guerra de todos contra todos, que a moral é apenas uma convenção superficial. Mas essas afirmações também estão abundantemente presentes fora dos escritos dos sobreviventes, no pensamento europeu dos últimos dois séculos e, singularmente, na ideologia dominante dos países totalitários. Podemos encontrá-las tanto em Marx quanto em Nietzsche. De fato, os campos foram criados

---

21 Des Pres, *The Survivor*, p.99.
22 Tillion, op. cit., p.201.

dentro dessa ideologia, mas isso não significa que eles a ilustrem com perfeição.

Quando Borowski declara: "Na verdade, o mundo inteiro se parece com um campo de concentração [...]. O mundo não é governado nem pela justiça, nem pela moralidade [...]. O mundo é governado pela força",[23] não está somente tirando uma conclusão a partir de sua própria experiência, mas reformulando, a seu modo, um lugar comum da filosofia europeia do qual precisamente o regime nazista se apropria. Czeslaw Milosz, que o conhecera antes de Auschwitz e que o descreveu sob os traços do personagem "Béta" em seu livro *La Pensée captive* [O pensamento cativo], testemunha: já em 1942 Borowski via o mundo como um território de afrontamento de forças em estado puro, e nada além disso. O herói de suas narrativas encarna a crença no sucesso como prova da qualidade: são os mais aptos que sobrevivem. Borowski deseja ilustrar esse darwinismo social por meio das histórias que conta; é por isso que os atos de bondade não encontram lugar nelas, ou o encontram muito pouco. Seu engajamento no pós-guerra a serviço do poder comunista na Polônia é revelador: ele encontrou a ideologia que lhe convinha. Contudo, nesse aspecto, essa ideologia não é muito diferente daquela dos nazistas. É preciso então que o mundo seja tão feio quanto ele o pintou para que sua atitude de ódio e de exclusão se justifique. Ora, não são os nazistas que acreditam que há seres humanos mais estimáveis que os brutos, uma vez afastados os ornamentos das boas maneiras?

Borowski também professa um determinismo que comunistas e nazistas compartilham: são as condições sociais ou

---

23 Borowski, *This Way for the Gas, Ladies and Gentlemen*, p.168.

a herança racial, mas não a vontade individual, que governam os atos dos homens. Os campos de concentração, lugares de transformação da matéria humana, são o resultado extremo dessa doutrina. Reunindo as condições apropriadas, isto é, uma pressão máxima, só se pode atingir o resultado desejado. A fome, o frio, os espancamentos e o trabalho forçado transformarão os seres naquilo que os detentores do poder desejam. Essa é a filosofia subjacente ao estabelecimento dos campos – mas não aquela que se pode deduzir ao observar a conduta dos detidos.

Entretanto, é preciso introduzir aqui uma distinção, ou melhor, a noção de um limiar de sofrimento além do qual os atos do indivíduo nada mais nos informam sobre ele, mas somente sobre as reações mecânicas a este penar. Esse limiar será atingido na sequência de uma fome prolongada ou da ameaça iminente da morte, ou ainda, nos campos nazistas, do ambiente particular dos primeiros dias depois da chegada ao campo. "A fome é uma prova insuperável. O homem que chega a esse último grau de decadência em geral está preparado para tudo", constata Anatoly Martchenko.[24] Vinte anos antes, outro habitante do gulag, Gustaw Herling, concluía: "Não há nada a que não se possa obrigar um homem a fazer mantendo-o esfomeado e fazendo-o sofrer".[25] Empregando meios extremos, é efetivamente possível destruir o contrato social até a base e obter, da parte dos homens, reações puramente animais.

Mas qual é o sentido dessa observação? Será que significa que é nisso que reside a verdade da natureza humana, e que a

---

24 Martchenko, op. cit., p.108-9.
25 Herling, *Un Monde à part*, p.164.

moral é apenas uma convenção superficial, abandonada na primeira ocasião? De modo algum. O que ela prova, ao contrário, é que as reações morais são espontâneas e onipresentes, e que é preciso empregar os meios mais violentos para erradicá-las. Podemos forçar as plantas a crescer na horizontal, dizia Rousseau; isso não impede que, fora da coação, elas cresçam para o alto. Não é sob tortura que o ser humano revela sua verdadeira identidade. De tanto suprimir os ingredientes habituais da vida humana em sociedade, cria-se uma situação inteiramente artificial, que nada mais nos informa a não ser sobre ela mesma. Herling tem razão: "Tenho a convicção de que um homem só pode ser humano quando vive em condições humanas, e que não há um absurdo maior do que julgá-lo nas ações que ele comete em condições desumanas".[26] Pelo mesmo motivo, não me deterei muito tempo sobre essas situações que ultrapassam o limiar.

Desde já podemos concluir sobre esse ponto, antes mesmo de entrar nos detalhes da vida moral nos campos: a hipótese segundo a qual o homem é, no fundo, um lobo para o homem, não é sustentada por aquilo que se pode observar nos campos. Des Pres também já constatara isso na leitura desses relatos: "Acontece que o 'estado de natureza' não é natural. A guerra de todos contra todos deve ser imposta pela força".[27] A versão popular da doutrina de Hobbes está errada: salvo por uma coação extrema, os seres humanos são levados, entre outras coisas, a se comunicar entre si, a se entreajudar, a distinguir o bem do mal.

---

26 Ibid., p.164.
27 Des Pres, op. cit., p.142.

## Um mesmo mundo

Essa conclusão não deve ser compreendida como a expressão de um otimismo beato. Ao afirmar a continuidade entre a experiência cotidiana e a dos campos — exceto além do limiar do suportável — e, portanto, a pertinência dos questionamentos morais cá e lá, de forma alguma assevero que o bem reina em toda parte sem divisão. Longe disso; eu diria mais: que da continuidade entre o comum e o extremo seríamos tentados a tirar conclusões pouco encorajadoras.

Tanto na vida comum como nos campos, podemos observar a oposição de dois tipos de comportamento e de dois tipos de valores, a saber, os valores vitais e os valores morais. No primeiro caso, o que mais conta é, em primeiro lugar, a preservação de minha vida; em seguida, a melhoria de meu bem-estar. No segundo, considero que há algo de mais precioso que a própria vida: permanecer humano é mais importante que permanecer vivo. Essa escolha dos valores morais não necessariamente implica a depreciação da vida — sobreviver continua a ser um fim inteiramente respeitável (vimos que há como opor, a esse respeito, virtudes heroicas e virtudes cotidianas que estão, em todo caso, todas do lado dos valores morais) — mas não a qualquer preço.

Os termos empregados para descrever essa escolha não devem induzir ao erro: não quero dizer que a moral é, de certa maneira, exterior à vida, uma substância estrangeira por meio da qual esta é reprimida; penso que a moral é mesmo uma dimensão constitutiva. Mas há uma diferença: no primeiro caso, é a minha vida que é sagrada, no segundo, é a vida de outrem, mas os dois princípios são igualmente comuns. Essa é a lição das situações extremas. Jorge Semprun, sobrevivente de Buchenwald, escreve: "Nos campos de concentração, o homem se torna um animal capaz de roubar o pão de um camarada, de empurrá-lo para a morte. Mas nesses campos o homem se torna também um ser invencível, capaz de compartilhar até seu último toco de cigarro, até seu último pedaço de pão, até seu último fôlego, para defender seu camarada".[28] E Anatoly Martchenko afirma: "Por trás do arame farpado, os homens são tão diferentes uns dos outros quanto o são em liberdade: há os ótimos e os crápulas, os covardes e os corajosos, os que são modelos de honestidade e de rigor, e os canalhas completos, prontos para cometer qualquer traição".[29] Sim, isso é bem verdade: na vida comum que levamos, a situação não é diferente daquelas descritas por Martchenko e Semprun.

Essa diversidade nos campos é observável não somente entre os seres, mas também no interior de cada percurso individual. As pessoas, mesmo as mais dignas, passam por várias fases. No decorrer da primeira fase, anterior ao campo, houve o despertar da consciência moral. Durante a segunda, que frequentemente corresponde aos primeiros meses de campo, ocorre o desmoronamento dos valores morais anteriores, diante da brutalidade das novas circunstâncias. Descobre-se um mundo sem piedade e percebe-se que se é capaz de habitá-lo. Entretanto, se se consegue sobreviver a esse segundo período, pode-se aceder a um terceiro, no decorrer do qual se resgata um conjunto de valores morais, mesmo que não seja exatamente o mesmo que se tinha antigamente; as brasas não se haviam apagado, e basta um alí-

---

28 Semprun, *Le Grand Voyage*, p.72.
29 Martchenko, op. cit., p.242.

vio ínfimo para que as chamas retornem. "Mesmo na floresta de Birkenau, não necessariamente o homem era um lobo para outro homem", constata Olga Lengyel, médica em Auschwitz.[30]

Também não gostaria que se interpretasse essa constatação da presença de qualidades morais no campo como um elogio do sofrimento, geradora de virtudes. Encontramos esta última ideia em alguns antigos deportados, provavelmente sob a influência da tradição cristã. Soljenítsin insistiu sobre os efeitos benéficos da prisão, que leva a um aprofundamento do ser, e manteve a opinião, contra a de outros sobreviventes, que o mesmo fenômeno ocorria nos campos de concentração. Irina Ratouchinskaïa, deportada para os campos da Mordóvia, escutou esta canção atrás dos arames farpados:

> Obrigado, grades enferrujadas,
> Obrigado, baioneta!
> Sem vocês, somente um passado muito longo
> Ter-me-ia dado esta sabedoria.[31]

E ela mesma exclama: "Obrigada, Senhor, por me ter feito sofrer essa transferência, por me ter obrigado [...] a apodrecer em calabouços e a conhecer a fome".[32]

Com certeza a coragem moral de indivíduos como Soljenítsin ou Ratouchinskaïa merece respeito, mas suas teses me soam como uma generalização abusiva a partir de seus próprios casos. Por aquilo que vi e li, parece-me que o sofrimento, em relação

---

30 Lengyel, *Souvenirs de l'au-delà*, p.290.
31 Ratouchinskaïa, *Grise est la couleur de l'espoir*, p.159.
32 Ibid., p.175.

a isso, é ambivalente – melhora alguns e degrada outros, e nem todos os padecimentos são iguais entre si. O que provavelmente é verdade é que uma experiência como a dos campos obriga os indivíduos a amadurecer mais rapidamente e lhes ensina lições que não teriam adquirido fora de lá. Frequentemente os sobreviventes têm a impressão de, durante esse período, terem estado mais próximos da verdade que durante o resto de suas vidas. Mas esse enriquecimento ou amadurecimento do espírito, supondo que tenha existido, não é uma virtude moral. Por fim, mesmo que se pudesse observar uma relação entre sofrimento e moral, não vejo que tipo de preceito se possa tirar disso. Ninguém pode se arvorar o direito de recomendar aos outros que aspirem à infelicidade para que se tornem mais virtuosos. Depois de vinte anos passados no campo, Evgenia Guinzbourg certamente se tornou um ser mais sábio e mais rico do que se tivesse continuado a ser a comunista dogmática e peremptória dos anos 1930. Contudo, que deus impiedoso ousaria sustentar que é preciso optar voluntariamente pelo martírio?

A diferença entre a vida no campo de concentração e a vida comum não reside na presença ou na ausência de moral – ela se encontra em outro lugar. É que, numa existência ordinária, os contrastes de que falo não aparecem à luz do dia. Na vida comum, os gestos egoístas são camuflados em atos rotineiros, e assim a aposta de cada um deles é bem limitada, pois as vidas humanas não dependem deles. No campo, onde por vezes é preciso escolher entre salvar seu pão e salvar sua dignidade, entre a inanição física e a inanição moral, tudo é realçado. "Os campos", escreve Semprun, "são situações limite nas quais se faz mais brutalmente a clivagem entre os homens e os outros."[33]

---

33 Semprun, op. cit., p.72.

A depravação de alguns se acelera e se põe à vista de todos, mas a elevação dos outros também se intensifica. "O campo purifica a consciência ou a destrói completamente. Aqui, as pessoas se tornam melhores ou piores, segundo o que as domina no início", diz Ratouchinskaïa.[34] A depravação e a elevação também existem fora dos campos, mas são mais difíceis de serem reconhecidas. A vida dos campos projeta em tamanho grande e torna eloquente aquilo que, na rotina cotidiana, poderia facilmente escapar à percepção.

O que o extremo e o ordinário também têm em comum é que, tanto num quanto no outro, a maioria dos indivíduos opta pelos valores vitais, e somente alguns escolhem outra via. Ou talvez: na maior parte do tempo, cada indivíduo opta pelos valores vitais, mas nem por isso ignora as reações morais. Mais uma vez, o fato é muito mais visível nos campos, e por isso se crê poder tirar disso uma lição geral de imoralidade, mas na verdade o egoísmo também predomina nas situações da vida comum. Simplesmente, o mal não é inevitável: essa é a conclusão mais otimista que se pode tirar da experiência dos campos (assim como daquela da vida fora deles). O número de acontecimentos, de certo ponto de vista, não tem importância: o que conta é que a possibilidade de optar pelos valores morais esteja sempre presente. "Mesmo que tenha havido pouco, e mesmo que tenha havido um só, já seria o suficiente para testemunhar que o homem pode ser interiormente mais forte que seu destino", conclui Viktor Frankl, sobrevivente de Auschwitz.[35]

---

34 Ratouchinskaïa, op. cit., p.213.
35 Frankl, *Un Psychiatre déporté témoigne*, p.117.

É então possível, e o presente livro repousa sobre essa aposta, refletir sobre a moral a partir da experiência extrema dos campos de concentração, não porque ela seja superior, mas porque ela é mais visível e mais eloquente. Examinarei sucessivamente suas duas vertentes: a das virtudes, cotidianas ou heroicas, e aquela dos vícios, cotidianos ou monstruosos. Por fim, tentarei analisar nossas reações diante do mal.

*Nem heróis nem santos*

## *Heroísmo e santidade*

### O modelo e suas transformações

Os relatos das rebeliões de Varsóvia nos fizeram descobrir duas espécies de virtudes, algumas heroicas, outras cotidianas. Gostaria de agora, fazendo apelo à matéria mais vasta proveniente dos campos totalitários, buscar compreender melhor umas e outras. Contudo, antes disso, eu me proponho a questionar a tradição de heroísmo e de santidade, tal como ela se perpetuou na Europa há três milênios. Evidentemente não se trata de reconstituir essa tradição em seu conjunto, mas somente de realçar alguns traços que nos permitirão situar o que acabamos de observar: os insurrectos de Varsóvia eram heróis típicos ou aberrantes?

O ponto de partida do herói, tal que nos legou a poesia épica dos gregos, é a decisão de atingir, custe o que custar, a *excelência*, um ideal cuja medida – isso é essencial – ele porta em si mesmo. Aquiles, o herói original, de fato não serve a nenhuma causa (ou serve mal) e não se bate por um ideal que estaria fora dele. Ele é herói porque persegue seu próprio modelo de perfeição heroica. Isso quer dizer, no caso, que ele se torna uma encarnação do poder: da força física, é claro, mas também da força moral, da energia, da coragem. Esse critério interno de excelência se expressa no mundo exterior sob a forma de glória, portanto de narrativas que estabelecem essa glória. Sem narrativa que o glorifique, o herói não é mais um herói.

Custe o que custar: em outros termos, o herói acalenta sempre alguma coisa acima de sua vida (sua excelência, justamente, pois ele não está do lado dos valores vitais) — por conseguinte, também já está desde o início ligado à morte. A escolha está entre a vida sem glória e a morte na glória. O herói escolhe a morte não porque a aprecie em si mesma (ele não é mórbido), mas porque ela é um absoluto, o que a vida não o é (a simetria dos termos é enganosa). A morte está inscrita no destino do herói. Em tudo isso, o herói é diferente dos outros homens. Dotado de uma potência excepcional, ele já se encontra afastado das pessoas ordinárias. Tendo preferido a morte à vida, ele se distancia delas ainda mais.

Aquiles é o herói puro, a encarnação daquilo que poderíamos chamar de heroísmo antigo. Outros heróis, apesar de serem seus contemporâneos, só possuem certas facetas desse modelo ou modulam-no à sua maneira. Heitor, por exemplo, está bem conformado ao modelo: ao mesmo tempo aspira não somente a atingir a excelência heroica, mas também a proteger sua pátria (sua cidade). Ele inaugura, assim, a longa tradição dos heróis que não mais servem unicamente ao ideal heroico, mas também a uma instância exterior: o rei, a pátria, o povo ou qualquer nobre causa. Essa tradição prosseguirá até os "mortos pela pátria" do século XX, mas não está reservada exclusivamente aos soldados – lembremo-nos do pequeno Hans Brinker, o garoto de Haarlem que tampa com seu dedo o buraco no dique e dessa forma salva seu vilarejo da inundação.

Outra variante do herói diz respeito à elevação da alma, sem fazer apelo à força física: é o sábio heroico, do qual Sócrates, com sua morte, fornece o melhor exemplo. Ele prefere a morte pela justiça a uma sobrevivência decorrente da injustiça. Ele tem razão, portanto, de invocar o exemplo de Aquiles para explicar seu comportamento. Por essa razão, ele se aparenta aos santos, ou heróis religiosos, apesar destes pertencerem mais à tradição bíblica que àquela de Homero (mas os comentários moralizadores deste último já preparam a assimilação dos dois). Evidentemente há diferenças entre santos e heróis, mas um sábio heroico como Sócrates remete às duas figuras.

Vejamos, por exemplo, o velho Eleazar, mártir e santo do Antigo Testamento. Ele é submetido a uma prova que se choca com sua religião: é obrigado a comer carne de porco! Contudo, fiel ao exemplo de Aquiles, aceita "uma morte gloriosa para não ter uma vida conspurcada" e, imitando Sócrates, renuncia a escapar da sentença de morte por meios que julga desonestos. Ele escolhe servir à glória de Deus: "Deixarei aos jovens um exemplo heroico, tendo uma bela morte, espontânea e heroicamente, pela defesa das leis sagradas e santas". Dito e feito. E o cronista adiciona: "Este homem aparta-se da vida assim, deixando em sua morte, não apenas para os jovens, mas também para a massa da nação, um exemplo de heroísmo e uma celebração de virtude".[1] Vê-se aí a tradição socrática, mesmo

---

[1] Macabeus, II, VI, 18-31.

que a ideia de justiça não se confunda com a obediência a regras alimentares.

Assim como o herói, o santo é um ser excepcional e não se submete às leis da sociedade em que vive. Ele não reage como os outros, e suas qualidades extraordinárias (a potência de sua alma) fazem dele um solitário que pouco se preocupa com o efeito de seus atos sobre seus próximos. No limite, o santo não conhece a luta interior e nem, definitivamente, o sofrimento. Como o herói, ele não admite o compromisso — por conseguinte, está sempre pronto a morrer por sua fé, o que não é o caso dos outros habitantes da cidade, por mais pios que sejam.

O amor de Deus preenche o coração do santo e não deixa nele lugar para um afeto comparável dirigido aos homens; dedicar a eles tal sentimento diria respeito à idolatria, pois os humanos pertencem ao mundo cá de baixo, e não ao reino de Deus. Para obrigar uma mulher a renegar a fé cristã, os juízes levam diante da acusada, a futura santa Perpétua, seus velhos pais, seu marido e seu filhinho: a se obstinar em sua fé, dizem, ela condena um a se tornar órfão, o outro viúvo, os terceiros a acabar seus dias na solidão e na necessidade. O próprio pai intervém: "Tenha piedade de nós, minha filha, e viva conosco". Mas Perpétua, rejeitando seu filho e empurrando-o, responde: "Afastem-se de mim, inimigos de Deus, pois eu não os conheço".[2] Santa Perpétua ama a Deus mais que a seus próximos e escolhe a morte: é nisso que ela é santa. Aqui, apenas Deus é um fim, e ele é escolhido em detrimento dos seres humanos particulares.

---

2 Voragine, *La Légende dorée*, t.II, p.400.

Esse modelo de heroísmo e santidade, embora já múltiplo, não se manteve intacto, mesmo que permaneçamos no plano das imagens idealizadas (sem falar então dos comportamentos reais). O herói da *Odisseia* já encarna outro ideal: não mais a potência, mas o ardil e a razão. A *Odisseia* consagra o triunfo de Ulisses. Ao contrário da escolha que Aquiles fez entre vida longa, mas sem glória, e morte gloriosa, ele ilustra a possibilidade de guardar as vantagens dos dois termos: adquire a glória (como o comprova a própria existência da epopeia), mas conserva a vida e envelhece pacificamente entre os seus.

Às categorias tradicionais dos santos, o mártir e o asceta, soma-se o santo de caridade, aquele que tributa sua vida aos pobres e aos sofredores. Mesmo que se dedique com abnegação, esse santo não vive à sombra da morte. São Vicente de Paula, no século XVII, assemelha-se mais a um inspetor da assistência social que a um ser destinado à morte gloriosa. Poderíamos dizer o mesmo a respeito de Madre Teresa de Calcutá, cuidadora dos pobres. Os santos caridosos dedicam-se aos homens, mas não deixam de, por meio deles, aspirar a Deus. Os seres humanos continuam a ser um meio para fazer reinar a lei de Deus sobre a terra.

Por meio dessas transformações (e muitas outras) que asseguram o lugar de novos valores no imaginário das populações europeias, um avatar do ideal heroico se mantém ao longo da Idade Média, época que dá lugar ao código cavalheiresco (já bem diferente do de Aquiles) e mesmo depois, pelo menos até o século XVII, quando ele se encontra nas virtudes aristocráticas e na ideia de honra. Contudo, com o advento triunfante do individualismo como ideologia, lá pelo fim do século XVIII, o modelo heroico definha a olhos vistos nos países europeus.

Não se sonha mais com proezas e glórias — cada um aspira à felicidade pessoal, ou até mesmo a uma vida dentro do prazer. Observadores perspicazes de meados do século XIX, tais como Tocqueville, Heine, Renan, mesmo sem questionar a direção geral da evolução da sociedade, não podem evitar deplorar o desaparecimento de todo espírito heroico e sua substituição por um gosto pelo conforto pessoal e "burguês". Os romancistas elegem como heróis de seus livros alguns personagens eminentemente não heroicos: Julien Sorel e Emma Bovary de fato não se assemelham a Aquiles e a Antígona. É verdade que, à sua maneira, Aquiles era individualista, dado que não lutava pelo bem de sua comunidade, nem pela defesa de um ideal social, mas sim para se conformar à sua própria exigência de excelência. De qualquer modo, a semelhança entre eles é só de fachada, e a sociedade dos heróis gregos se encontrava no oposto das democracias modernas. A degradação prosseguirá até o século XX, culminando nos vagabundos de Chaplin ou nos indigentes de Beckett. Hoje os vencidos suscitam mais simpatia que os vencedores. Ao que tudo indica, a página do heroísmo parece, desta vez, definitivamente virada.

Atualmente a guerra, lugar de predileção dos antigos heróis, é, nesta parte do mundo, condenada por quase todos, ou pelo menos admitida como um mal inevitável, como uma calamidade fatal. As virtudes militares não são mais admiradas. Morrer pela pátria (variante mais comum do modelo heroico clássico) não mais parece seduzir muita gente. É preciso reconhecer que a guerra moderna nada tem a ver com os afrontamentos singulares nos quais Aquiles poderia se engajar. A perfeição das armas, e não a coragem ou a potência dos combatentes, decide o destino da batalha. O mérito da vitória remete mais a um engenheiro tranquilamente sentado em seu escritório que ao soldado da primeira linha. Além disso, não há mais linhas, nem contato entre adversários, dado que o piloto que larga suas bombas jamais vê suas vítimas. A própria ideia de combate profissional é questionada, no caso em que se decide fazer uma guerra "total", dado que a destruição do potencial industrial ou o extermínio da população civil é um ato de guerra tão eficaz quanto qualquer outro, ou até mesmo mais efetivo (capitulação do Japão depois de Hiroshima). Não, parece que os heróis decididamente não têm mais lugar nesse mundo.

Não obstante, sou levado a duvidar de um desaparecimento assim tão completo do modelo heroico. Penso, antes, que esse modelo voltou a se transformar, sem que nos déssemos conta, e que ele domina certas partes de nossa vida, mas não todas: nossas sociedades admitem a heterogeneidade ideológica e, portanto, também a coabitação de vários modelos cujo antagonismo só aflora esporadicamente. Ao afirmar isso, não me refiro a personagens admirados, mas relativamente marginais, tais como os campeões esportivos, esses Hércules modernos, ou como os trabalhadores sociais de instituições de caridade, nossos santos, que arriscam suas vidas entre os leprosos ou os mais desprovidos. Na minha ideia, trata-se de fenômenos muito mais disseminados. Não posso deixar de pensar aqui na imagem que encontramos no início da *Rainha das neves*, de Andersen: o diabo fabricou um imenso espelho, o espelho do mal, e o enviou a Deus. Este o faz escorregar das mãos de seus portadores e o espelho se quebra, mas nem por isso desaparece. "Ele vem se despedaçar sobre a terra, onde se fragmenta em centenas de milhões ou bilhões de pedaços, ou ainda mais, causando assim muito mais danos que antes, pois muitos desses fragmentos não eram maiores que grãos de areia e se espalharam por todos os cantos do mundo."³ O heroísmo não é o mal, é claro, mas assim como o famoso espelho, desaparecido enquanto entidade, se encontra, em quantidades mais reduzidas, em inúmeras atividades humanas.

O mundo das relações humanas é atualmente influenciado por ao menos dois modelos ideológicos, dos quais um é o avatar moderno do heroísmo clássico. O primeiro modelo domina as relações desempenhadas na esfera *pública*: no mundo político, no dos negócios, em parte também naquele da pesquisa, científica ou artística. O outro, ou melhor, os outros modelos reinam na esfera do *privado*: nas relações afetivas, na vida cotidiana, nas aspirações morais.

Em que consiste, então, a transformação do modelo heroico? Em primeiro lugar, a ameaça de morte não paira mais sobre as ações do herói moderno e ele não está pronto a arriscar sua vida para ser reconhecido como tal. Dessa forma, esse herói não é mais um ser excepcional, marcado por um nascimento miraculoso, por um convívio regular com os deuses ou com os animais. É uma pessoa como as outras e não se encontra isolado do tecido social, mas a continuidade é igualmente mantida. Realcemos em primeiro lugar o culto do poder – que, em vez de físico, será político, ou econômico, ou intelectual. Em todos esses campos, apreciam-se as mesmas qualidades, que lembram intensamente as virtudes militares: a dureza e o espírito combativo (nas negociações com os parceiros ou nos conflitos com os adversários), a habilidade tática e estratégica (dissimulação dos objetivos, mudanças de alianças, capacidade de prever os

---

3 Andersen, La Reine des neiges, *Contes*, p.382.

movimentos dos outros), a eficácia (rapidez de decisões, escolha apropriada dos meios) e, acima de tudo, a capacidade de ganhar, de ser o melhor, de conduzir aquilo que se empreende até o sucesso. Como escreve Jean Améry, a Alemanha "não mais se refere ao seu heroísmo no campo de batalha, mas à sua produtividade sem igual no mundo todo".[4] O bom político é aquele que ganha; e o mesmo espírito de competição está em ação nas ciências e nas artes. Diferentemente dos heróis que se sacrificam pela pátria ou por um ideal, seu herdeiro moderno não submete sua atividade a um fim que lhe seria exterior (e nisso se assemelha ao herói original, o orgulhoso Aquiles). O apetite pelo poder não é uma qualidade transitiva, não leva a nada além de si mesmo, não se aspira a ele para a obtenção de uma benfeitoria indiscriminada ou para servir a um ideal qualquer: busca-se o poder pelo poder – ele é um fim, não um meio.

A representação das relações humanas nas práticas simbólicas próprias à nossa sociedade segue uma divisão comparável. De início, os heróis modernos da vida política, econômica ou intelectual precisam de algumas dessas práticas, encarnadas pelos grandes meios de comunicação. Assim como os antigos heróis não podiam abrir mão da glória e das narrativas que registravam seus feitos, seus avatares contemporâneos não seriam o que são sem a imprensa, o rádio e sobretudo a televisão. Por outro lado, as narrativas fictícias que nascem nas nossas sociedades se referem tanto a um quanto a outro modelo. Frequentemente a distinção coincide com aquela que se faz correntemente entre o "popular" e o "artístico". No primeiro grupo encontram-se

---

4 Améry, *At the Mind's Limit*, p.81.

as inúmeras novelas e séries que reprisam sem cessar a perseguição de policiais atrás de facínoras, os filmes de aventuras, os romances de espionagem; no segundo, os romances e filmes que dão as costas a essa temática. Quando um filme de guerra glorifica os combatentes vitoriosos (os "nossos"), ele se refere a um dos modelos em curso; quando se debruça sobre a experiência de um desertor ou sobre os sofrimentos da população civil, reivindica o outro.

Esse heroísmo não é particularmente admirável. Se, entretanto, eu pensar numa situação de guerra real, a apreciação que faço disso se vê modificada. Distancio-me aqui do pacifista radical: se todas as guerras fossem fundamentalmente más, as virtudes guerreiras jamais seriam boas. Ora, acredito que por vezes elas o são, pois algumas delas são justas. Penso numa situação como a da Segunda Guerra Mundial (ninguém ainda sabe com o que se parecerá a Terceira): lutar contra Hitler era a atitude justa, a partir do momento em que não se poderia contê-lo por nenhum outro meio. Em tais circunstâncias, as virtudes guerreiras e o heroísmo clássico me parecem ter seu lugar – exijo de meu chefe militar que seja antes resoluto que indeciso ou derrotista (prefiro Churchill a Chamberlain, ou de Gaulle a Daladier). Exijo que o soldado ao meu lado na trincheira me "cubra" até o fim e não abandone seu posto por medo ou indiferença. A lealdade, a coragem, a tenacidade, a capacidade de resistência são o que aqui se aprecia – são qualidades indispensáveis.

Mas a guerra não é uma continuidade da paz por outros meios (que se acredite nisso atualmente, por causa do terrorismo, é uma das grandes provas de que a história do mundo não obedece ao progresso, e de que passamos da guerra profissional à guerra total, ou do direito de guerra para a "vitória a qualquer preço"). E para uma situação nova, qualidades novas: talvez não seja dar provas de ingratidão, mas sim de lucidez, a decisão de aposentar os heróis uma vez terminada a guerra: Churchill e de Gaulle nesse caso não são mais necessários, e podem mesmo se tornar perigosos. Em seu funcionamento normal (suspenso em tempo de guerra), a democracia não precisa desses "grandes homens". Pobre do país que necessita de heróis – disse Galileu, num espírito bem democrático, na peça de Brecht.

## Em situação extrema

Depois dessa breve incursão no "heroísmo" em geral, podemos retornar às situações extremas de que nos ocupamos. Nos campos de concentração, houve atos de heroísmo ou de santidade; contudo, todos os sobreviventes estão de acordo: eles foram extremamente raros. É preciso ter qualidades excepcionais para se comportar assim nessas circunstâncias, e pouquíssimos homens, por definição, são dotados delas. Do outro lado, os guardiões fazem tudo para que os atos de heroísmo ou de martírio não sejam possíveis (ou, o que dá no mesmo, que sejam conhecidos). Entretanto, tais atos existem, e podemos aqui citar alguns personagens exemplares.

Um dos heróis mais incontestáveis dessa epopeia é seguramente Sacha Petcherski, o dirigente da revolta no campo de extermínio de Sobibor. Não obstante, nada parece destiná-lo a desempenhar esse papel: antes da guerra, ele estuda música e anima grupos de artistas amadores. Mobilizado desde o primeiro dia das hostilidades, cai prisioneiro em outubro de 1941. É no cativeiro que começa a dar sinais de suas capacidades de heroísmo: ele sobrevive em circunstâncias difíceis, tenta fugir, é recapturado, sobrevive ainda. É enviado a Sobibor em setembro de 1943. Dez dias depois, sua decisão está tomada: é preciso se revoltar e partir. Encontra outras pessoas que pensam como ele e nas quais pode confiar – a escolha dos colaboradores é evidentemente decisiva. Ele se cerca de detidos que já participaram de guerras e cujo estado físico e moral não estão por demais degradados. Diante dos outros, simula não saber de nada daquilo que se trama. Sua calma, seu bom humor, sua dignidade, a atenção que dedica aos outros o fazem ser amado por todos. Ele põe seu plano em ação: em 14 de outubro, às quatro horas da tarde, a revolta começa. Prisioneiros de guerra soviéticos matam, um após outro, vários guardas isolados e se apoderam de suas armas. Petcherski comanda um ataque contra o arsenal do campo, que capitula. Enquanto isso, outros detidos abrem uma passagem nos arames farpados para permitir uma evasão em massa. Cerca de uma dezena de SS são mortos; cerca de quatrocentos detidos escapam, dos quais uma centena sobrevive. Dentre eles está Petcherski, que se junta a um grupo de *partisans* e vê o fim da guerra. Depois da revolta, o campo de Sobibor será fechado.

Sacha Petcherski é um herói do tipo que gostaríamos que todos fossem nessas circunstâncias extremas: decidido e eficaz, e ao mesmo tempo afetuoso e moderado em seu comportamento – ele não age em nome de uma ideologia. Sem ele (ou alguém como ele) a revolta não poderia ter acontecido. Ele assume riscos para assegurar a sobrevivência de uma parte de sua comunidade, mas também sabe reduzir esses riscos ao mínimo. Ele tem a coragem, o julgamento correto e a força. Mais que a qualquer outro herói antigo, ele se assemelha a Ulisses conduzindo seus companheiros para fora da caverna do ciclope canibal. Assim como Ulisses, ele voltará para casa e envelhecerá (ignoro se ainda está vivo) – único inconveniente para fazer dele um herói de grande difusão.

Maxymilien Kolbe atingiu mais notoriedade e a Igreja Católica o santificou. Seu gesto é célebre: este padre é encarcerado em Auschwitz; um dia, por causa de uma evasão, quinze detentos são designados para morrer de fome no bunker. Kolbe sabe que um deles tem mulher e filhos, então sai das fileiras e se oferece para morrer no lugar dele. Sua proposta surpreende, mas é aceita. Kolbe morre e o detido salvo sobrevive à guerra. Esse sacrifício, do qual jamais se conhecerá as últimas motivações, parece-me inseparável da fé de Kolbe em Deus. Parece-me que ele morre menos por Franciszek Gajowniczek que para cumprir até o fim o seu dever de cristão. Kolbe tem algo da rijeza dos santos da Antiguidade. Antes da guerra, é um fervoroso antissemita e se ocupa de publicações que combatem o controle dos judeus sobre a economia mundial.

Rudi Massarek participa da insurreição em Treblinka, mas não tem a sorte (ou a vontade de viver) de Petcherski. Esse meio judeu de Praga teria podido escapar das deportações, sobretudo por ser alto e loiro, um verdadeiro viking; mas ele se casa com uma judia e a acompanha, primeiro no gueto de Teresin, e em seguida em Treblinka. Lá chegando, sua mulher é imediatamente exterminada. Depois de um período de estupor, Rudi se junta ao grupo que prepara a revolta; quando esta eclode, ele escolhe ficar para cobrir a fuga dos outros. "Ele morreu, deliberadamente, por nós", afirma um dos sobreviventes;[5] e acrescenta: "Ninguém teria escapado de Treblinka se lá não

---

[5] Sereny, op. cit., p.263.

tivesse havido verdadeiros heróis: aqueles que, tendo perdido mulher e filhos, escolheram combater até o fim para dar chance aos outros".[6] Seu comportamento lembra aquele de Michal Klepfisz, no gueto de Varsóvia. Penso que as motivações de Rudi são diferentes daquelas do padre Kolbe, pois se torna herói por causa da mulher que ele amava, não de Deus. Seu gesto também tem um sentido diferente daquele de Petcherski: um escolhe morrer, e o outro, viver.

A maior parte dos que morreram heroicamente nos campos são crentes – cristãos ou comunistas; compreende-se que sua fé os ajude quando devem morrer. Aqueles que mais facilmente arriscam suas vidas não se assemelham a Petcherski; eles agem, um pouco como os terroristas de hoje, em nome de uma ideologia, e não por amor à vida. Isso lhes permite encontrar a morte com um sofrimento menos pesado. Como os heróis antigos, que aspiram à batalha para se completar, eles por vezes se comprazem em se lançar em situações muito difíceis, pois é nelas que podem dar provas de seu heroísmo. Soljenítsin conta a história de um condenado à morte: a semana que ainda lhe cabe sobreviver lhe parece a mais luminosa de sua vida. "É esse êxtase que, em recompensa, invade a alma quando se renuncia a qualquer esperança de uma impossível salvação e que se entrega inteiramente ao heroísmo."[7] Charlotte Delbo, sobrevivente de Auschwitz, transmite a lembrança de uma de suas camaradas, que no dia de sua ida para Auschwitz escreve num bilhete: "'Fui deportada. É o dia mais belo de minha vida.' Eu estava louca, louca. A heroína com sua auréola, a mártir que caminha

---

6 Ibid., p.263-3.
7 Soljenítsin, *L'Archipel du Goulag*, t. II, p.488.

para a morte cantando. Sem dúvida nos era imprescindível essa exaltação para resistir na clandestinidade, fazendo de conta que éramos como todo mundo, mas resvalando a morte".[8]

Um testemunho dramático do conflito entre exaltação heroica e amor à vida está nas cartas de adeus de Marcel Rajman, fuzilado no monte Valérien em fevereiro de 1944. Rajman, militante judeu das Juventudes Comunistas é, sob a ocupação alemã, um terrorista audacioso: ele mata oficiais ou soldados alemães nas ruas de Paris, atirando à queima-roupa ou lançando granadas. Ele é preso em novembro de 1943 e torturado durante vários meses. Na véspera de sua execução, ele escreve para sua família. Para sua tia: "Estou completamente calmo e tranquilo. [...] Tenho certeza de que isso lhes trará mais dor que a nós".[9] Depois inclui outras cartas, para sua mãe e seu irmão, que haviam sido deportados (e que não voltarão). Para sua mãe: "Perdoe-me por não escrever mais longamente, mas todos estamos tão contentes que isto me é impossível quando penso na dor que a senhora sentirá". Para seu irmão Simon: "Um beijo, eu te adoro, estou contente. [...] Não repare se minha carta é louca, mas não posso ficar sério". Apesar disso, Marcel Rajman não consegue parar a escrita dessa carta exaltada, como se ela lhe assegurasse permanecer ainda em vida e em contato com seus próximos. Quando acaba as três cartas, multiplica os pós-escritos. "Amo todo mundo e viva a vida. Que todo mundo viva feliz, Marcel". E de repente, como uma criança: "Mamãe e Simon, eu os amo e gostaria de revê-los, Marcel".[10]

---

8 Delbo, *Auschwitz et après*, t.III.: *Mesure de nos jours*, p.52.
9 Diamant, *Héros juifs de la Résistance française*, p.163-4.
10 Ibid., p.164.

Marcel Rajman é um herói que ama os homens, mas entre os verdadeiros crentes, como vimos, o amor a Deus (ou ao ideal comunista: "Stálin, eu o amo!", exclama uma militante, quando começa a delirar) pode atingir tal intensidade que eles se esquecem de amar os seres individuais. Margarete Buber-Neumann, que inicialmente foi deportada para o Cazaquistão e em seguida para Ravensbrück, descreveu longamente o comportamento, neste último campo, das Testemunhas de Jeová, das quais ela foi a *Blockälteste*[11] durante dois anos. As mulheres dessa seita religiosa são enclausuradas no campo por crerem que Hitler é a encarnação do diabo e por se recusarem a fazer um trabalho que possa servir ao esforço de guerra. Para sair do campo, teria sido suficiente que renunciassem à sua fé, mas jamais fizeram isso. Elas constituem o grupo mais coerente do campo (e o mais apreciado pelos SS); não admitem nenhum compromisso, tamanho é seu amor a Jeová.

Contudo, esse amor jamais é em proveito dos seres humanos que as cercam. Buber-Neumann encontra uma mulher, Ella Hempel, que parece ser tão decidida quanto Santa Perpétua: ela abandonou o marido, com seus quatro filhos pequenos, para não renegar sua fé. As cartas que recebe de casa não conseguem demovê-la: ela prefere viver sua fé em Ravensbrück. Assim como os membros de suas famílias, as outras detidas não suscitam a piedade das Testemunhas de Jeová. "Se elas enfrentavam riscos, só podia ser no interesse de Jeová – e não de qualquer outra das detentas do campo."[12] A própria Buber-Neumann experimenta o fato quando é presa na solitária. Além disso,

---
11 *Blockälteste*: o mais velho do bloco. (N.T.)
12 Buber-Neumann, *Déportée à Ravensbrück*, p.147.

os membros dessa seita, como outros crentes fervorosos, não têm nenhum amor por si mesmos e antes preferem sofrer, ou até mesmo morrer, a transgredir um interdito alimentar (lembremo-nos de Eleazar) – sem se preocupar com o fato de que, dessa forma, participam de sua própria aniquilação e, portanto, prestam ajuda aos projetos criminosos dos nazistas. "Recusar um pedaço de linguiça porque ela não é *kosher*, enquanto se morre de fome, é heroico. [...] Nos campos de prisioneiros, praticar a religião judaica rapidamente se torna uma forma de suicídio."[13] Contudo, os heróis não necessariamente amam os homens, nem mesmo esses homens que são eles próprios.

É então possível introduzir uma distinção entre os heróis e os santos, entre aqueles que desejam que os seres humanos sejam beneficiários de sua ação e aqueles que os esquecem, aspirando somente a ter um comportamento conforme ao ideal de heroísmo ou de santidade. Kolbe se sacrifica pela causa de sua religião, mas o faz por um ser humano; Ella Hempel age pelos mesmos motivos, mas nenhum ser particular tira proveito disso. Aqui o heroísmo se perverte em ação desprovida de finalidade humana. No decorrer das insurreições de Varsóvia, como vimos, essas duas formas de heroísmo se encontram lado a lado, e por vezes concernindo a mesma pessoa, mas não podemos julgá-las da mesma maneira. Mesmo nas circunstâncias excepcionais da guerra e da revolta, nem todos os heróis são dignos de elogio.

---

13 Fénelon, *Sursis pour l'orchestre*, p.255.

# *Dignidade*

## Definição

Voltemo-nos agora para os atos de virtude cotidiana, infinitamente mais numerosos, acredito, que os atos heroicos. A dignidade nos aparecera como a primeira dessas virtudes. Mas o que, exatamente, é a dignidade? A resposta a essa questão não é evidente.

Jean Améry, cujo verdadeiro nome era Hans Maier, intelectual judeu austríaco que, depois de sua libertação do campo, viverá na Bélgica, é um desses sobreviventes que refletiram muito sobre sua experiência e que nos deixaram esses traços em seus livros. Sua apreciação da dignidade mudou inúmeras vezes. Num primeiro tempo, lembrando-se do que viu e ouviu, chegou a uma constatação cética: cada um tem uma ideia diferente sobre o que é dignidade, o que, no limite, torna a palavra inutilizável. Para um, é o banho diário, para outro, a possibilidade de se comunicar em sua língua materna, para um terceiro, a liberdade da livre expressão, para um quarto, a chance de ter os parceiros sexuais que lhe convêm! Poderíamos adicionar que o desacordo aumenta se decidirmos consultar os filósofos: não dizia Pascal que "toda a dignidade do homem consiste no pensamento"?[1] E Kant, para quem ela significa não tratar a pessoa humana somente como meio, mas sempre também como fim? Camus não afirmava que a única dignidade do homem reside na "revolta tenaz contra sua condição"?[2] O que fazer com esse caos de opiniões divergentes?

Analisando sua própria atitude e não mais a dos outros, Améry propõe, num segundo momento, uma interpretação pessoal. Agora a dignidade lhe parece ser uma forma de reconhecimento social: é a sociedade que declara que o indivíduo é digno ou não. O indivíduo se engana se pensa que pode passar ao largo dessas estimativas usando somente seu julgamento. É vão querer se atribuir um certificado de dignidade se a sociedade não estiver de acordo com isso. Que se deve fazer no caso – que era exatamente o dos judeus na Alemanha nazista – de a sociedade não somente não lhe reconhecer nenhuma dignidade, mas o declarar mesmo indigno de viver? Uma única via parece então aberta ao indivíduo não aquiescente, a da revolta violenta: é preciso agir olho por olho, dente por dente. Se a sociedade o condena, a dignidade consiste em combater essa sociedade. Se ela o atinge, é preciso atingi-la de volta. Améry conta o seguinte episódio: em Auschwitz, ele recebeu um soco de um prisioneiro polonês de direito comum, Juszek, um gigante. Para defender sua dignidade, Améry lhe dá um soco na cara – em seguida do que é

---

[1] Pascal, B., *Pensées*, p.365.
[2] Camus, *Le Mythe de Sisyphe*, p.156.

espancado ainda mais cruelmente pelo mesmo Juszek, mas não lamenta isso. "Quando meu corpo se crispava para bater, representava minha dignidade física e metafísica [...]. Eu conferia à minha dignidade uma forma social concreta, batendo na cara de um ser humano."[3] Observamos que Améry se aproxima, na época dessas reflexões, do pensamento de Frantz Fanon[4] sobre a contraviolência necessária.

Entretanto, essa interpretação não o satisfaz durante muito tempo. Meditando sobre o destino dos judeus nos guetos e nos campos de extermínio, ele o acha ainda mais desesperador que o dos camponeses argelinos; as possibilidades de reação também eram mais limitadas, e os remédios preconizados por Fanon, inaplicáveis. Será que por isso essas pessoas estavam sempre privadas de qualquer dignidade? A reação intuitiva de Améry contradiz tal conclusão, e por isso ele fala agora da crença equivocada — e abandonada por ele — segundo a qual é devolvendo os golpes que se encontra a dignidade. É preciso acrescentar que, além disso, haveria também aí uma lógica da vingança, da qual não se vê bem por que ela teria fim um dia — ou aquilo que ela teria de particularmente virtuoso (é um assunto ao qual voltaremos). Por fim, não é certeza que, desejando dar uma sanção social à dignidade, Améry não a tenha confundido com aquilo que chamaríamos de honra. A honra

---

[3] Améry, *At the Mind's Limit*, p.91.

[4] Médico e psiquiatra martinicano que trabalhou no hospital do exército francês na Argélia. Ao testemunhar as atrocidades da guerra contra a dominação colonial francesa, uniu-se à resistência e fez parte da Frente de Liberação Nacional argelina. Foi também um influente pensador do século XX, analisando o processo de descolonização, a teoria crítica e o marxismo. (N.T.)

consiste numa forma de reconhecimento concedido pela sociedade em função de seus códigos; a dignidade, por outro lado, pode ser experimentada pelo indivíduo isolado.

Bruno Bettelheim é outro sobrevivente dos campos de concentração (esteve detido em Buchenwald e em Dachau), que durante muito tempo perscrutou os problemas morais que nesses locais se impõem. O tema da dignidade é evocado por ele no campo da autonomia. O que ele entende por autonomia não é o isolamento do indivíduo no seio da sociedade, mas "a aptidão interior do homem para se autogovernar",[5] em que a vontade desempenha o papel de laço entre a consciência e o ato. Os campos de concentração visam precisamente à destruição dessa autonomia: "O prisioneiro não devia ter vontade própria";[6] impedir essa destruição equivale a manter a dignidade, por mais limitada que seja a autonomia reconquistada. O importante é cumprir os atos pela força de sua própria vontade, por sua iniciativa, exercer uma influência, por mínima que seja, em seu próprio meio. "Os prisioneiros [...] se davam conta [...] de que preservavam a última, senão a maior, das liberdades: escolher sua atitude em qualquer circunstância. Os prisioneiros que o haviam plenamente compreendido se apercebiam de que era isso, e unicamente isso, o que constituía a diferença crucial entre conservar sua humanidade (e amiúde a própria vida) e aceitar a morte moral (o que frequentemente levava à morte física): resguardar a liberdade de escolher sua atitude numa situação extrema, mesmo que, aparentemente, não se ti-

---

5 Bettelheim, *Le Cœur conscient*, p. 111.
6 Ibid., p.209.

vesse nenhuma possibilidade de agir sobre ela."[7] Os termos liberdade, vontade, autonomia, dignidade, seriam então aqui quase sinônimos.

Nenhuma força pode suprimir essa última escolha, não pode privar o ser humano dessa forma de liberdade que lhe dá, de fato, sua qualidade de "ser humano" e que lhe permite, em qualquer circunstância, permanecer humano. A restrição (e, portanto, a determinação pelo meio) jamais pode ser total: "No campo de concentração pode-se tirar tudo do homem, exceto uma coisa: a última liberdade de escolher uma ou outra atitude diante das condições que lhe são impostas".[8] Convém acrescentar que Améry, que finalmente aderiu à mesma opinião, também teve razão ao recusar a definição puramente subjetiva, interior, da dignidade: não basta tomar em si mesma uma decisão para adquirir a dignidade – é preciso que essa decisão seja seguida de um ato que dela decorra, e que seja perceptível para os outros (mesmo que não estejam lá para percebê-lo). Tal seria então nossa primeira definição da dignidade.

## O exercício da vontade

Para conservar a dignidade, deve-se transformar uma situação de coação em situação de liberdade; no caso de a coação ser extrema, isso significa cumprir como um ato de sua própria vontade o gesto que se é obrigado a fazer. Améry chegara à mesma conclusão: a dignidade mínima, aquela das situações em que não se tem mais nenhuma escolha, consiste em ir por

---

[7] Ibid., p.214-5.
[8] Frankl, op. cit., p.114.

sua própria iniciativa para a morte — à qual o destinaram, é o suicídio do condenado à morte —, diferença ínfima, e apesar disso suficiente. Borowski conta, em *Aux douches, messieurs-dames* [Para os chuveiros, senhoras e senhores],[9] a seguinte cena: uma jovem mulher, tendo compreendido o destino que a espera, sobe por si mesma no caminhão que leva os recém-chegados para as câmaras de gás. Isso provoca a admiração de Zalmon Gradowski, um membro do *Sonderkommando* de Auschwitz, que não conseguiu sobreviver, mas enterrou seu manuscrito junto aos fornos crematórios de Birkenau, onde foram encontrados depois da guerra. "As vítimas andavam com orgulho, destemidamente, firmemente, como se caminhassem para a vida."[10] É a mesma reação dos condenados do "campo das famílias", aos quais se anuncia abertamente sua morte iminente, como relata Filip Müller, outro membro do mesmo *Sonderkommando*: ao invés de protestar, eles entoam um canto, o hino nacional tcheco, e o canto judaico *Hatikvah*. Outros condenados também cantam no caminhão que os conduz às câmaras de gás.

Eis outro caso de adaptação da vontade à realidade que, entretanto, produz um sentimento de dignidade: é o do "assassino de Stálin" (a história é contada por Gustaw Herling). Esse homem, alto funcionário soviético, gosta de se gabar de ser um ótimo atirador: com um único tiro de revólver ele poderia atingir o olho de Stálin numa fotografia presa numa parede, disse uma vez, num desafio. Ele ganha a aposta, mas alguns meses mais tarde se vê numa prisão, e depois no campo de concentração. É um absurdo, pois ele não nutria nenhum

---

9 Borowski, op. cit.
10 Roskies (ed.), *The Literature of Destruction*, p.557.

desafeto por Stálin. Contudo, uma vez condenado, começa a reinterpretar seu gesto, até assumi-lo como um ato de vontade (de agressão contra Stálin), o que não o fora originalmente. Declara, então, a quem queira ouvi-lo: "'Eu matei Stálin! [...] Eu o matei como a um cão [...].' Antes de morrer, como último sacramento, ele queria tomar para si o crime que não cometera".[11] Assumindo o "crime", ele aceita assim sua punição, único meio que encontrou para recuperar a dignidade.

O suicídio, inclusive numa atmosfera de homicídios frequentes, já implica uma maior liberdade: modifica-se o curso dos acontecimentos, mesmo que seja pela última vez na vida. Recusando-se a apenas reagir a esses mesmos acontecimentos, procede-se da maneira que se escolheu. Esses suicídios são cometidos por desafio, não por desespero, e constituem uma última liberdade, como entende Olga Lengyel, que descreve o alívio de saber que sempre carrega consigo um veneno: "A certeza de que em último caso se é senhor de sua vida representa a derradeira liberdade".[12] Evgenia Guinzbourg, contemplando em Kolyma o corpo de uma amiga que se suicidara, também encontra um conforto em pensar que esse tipo de liberdade é sempre acessível: "Se eu quiser, porei eu mesma um fim à minha vida".[13]

Os guardas dos campos de extermínio bem o sabem: escolher o momento e o meio de sua própria morte é afirmar sua liberdade; ora, é precisamente a negação dessa liberdade – e, portanto, dessa dignidade – a finalidade do campo. Por isso, mesmo que matem com tanta facilidade, esses guardas impe-

---

11 Herling, op. cit., p.73-4.
12 Lengyel, op. cit., p.40.
13 Guinzbourg, *Le Ciel de la Kolyma*, p.123.

dem os suicídios por todos os meios. Filip Müller entra voluntariamente na câmara de gás para nela encontrar a morte, mas os guardas o descobrem e o retiram brutalmente: "Seu idiota, maldito celerado, saiba que somos nós, e não você, que decidimos se você deve viver ou morrer!".[14] Mais importante que a morte é a alienação da vontade: é ela que permite desfrutar plenamente do poder sobre outrem. Bettelheim explica assim a irritação dos vigias diante dos suicidas que, apesar de tudo, lhes economizaram um "serviço sujo": todo ato de autodeterminação deve ser severamente punido.

O sucesso de um suicídio de desafio desperta a ira dos guardas, como se vê na história de Mala Zimetbaum. Ela escapou de Auschwitz e foi recapturada; foi torturada para revelar o nome de seus cúmplices, mas se calou; foi então levada ao patíbulo, no centro do campo, no meio dos prisioneiros. Nesse momento (e depois de se ter dirigido aos seus camaradas), ela consegue cortar os pulsos com uma lâmina que trouxera escondida nas roupas. O SS de serviço, que deveria executá-la alguns minutos depois, tem um acesso de cólera: "Você quer ser uma heroína! Quer se matar! Nós é que estamos aqui para isso. É *nossa* tarefa!".[15]

Com um grau menos forte, é a mesma reação de ira que as greves de fome dos detentos provocam – sendo que elas provocam uma morte que, de outra forma, deixaria os guardas indiferentes; contudo, como aqueles que se suicidaram, esses presos escolheram a fome, em vez de serem submetidos a ela. Ratouchinskaïa conta como os grevistas de fome, nos campos

---

14 Müller, *Trois Ans dans une chamber à gaz d'Auschwitz*, p.155.
15 Suhl, op. cit., p.188.

soviéticos dos anos 1980, eram alimentados à força (apesar de terem rações de miséria nos outros dias, e da fome ser o problema constante deles), num processo que a faz lembrar intensamente de uma cena de estupro: ela tem as mãos amarradas às costas e, por meio de um canudo, derramam-lhe um líquido na garganta.

Uma forma relativamente comum do exercício da vontade é a recusa de obedecer a uma ordem: resistência, em certo sentido, puramente passiva (não se *faz* nada), mas que facilmente pode lhe custar a vida. Alguns médicos em Auschwitz recusam-se a praticar a discriminação entre judeus e "arianos"; outros, a participar de experiências "médicas". É certo que eles são submetidos a vexames, mas não à morte. Em contrapartida, quando os membros do *Sonderkommando* se recusam a agir, são executados no lugar de suas vítimas. Langbein conta também o caso de Hiasl Neumeier em Dachau: esse comunista alemão "se tornara célebre no campo devido à sua recusa a aplicar as penas de espancamento a seus camaradas. Ele preferia recebê-las ele mesmo".[16] Versão moderna do preceito socrático: é melhor sofrer a injustiça que a infligir. O destino de Else Krug, em Ravensbrück, é mais trágico: ex-prostituta especializada em clientela masoquista, portanto perita nas práticas sádicas, ela se recusa a bater com um bastão em outra prisioneira. Essa recusa leva à condenação dela mesma à morte.[17]

A insubmissão às ordens: esse é também o princípio do comportamento digno de outra cativa extraordinária dos campos, Milena Jesenska, jornalista tcheca e antiga amiga de Kafka.

---

16 Langbein, H., *Hommes et femmes à Auschwitz*, p.157.
17 Buber-Neumann, op. cit., p.34.

Depois da ocupação de seu país pelos alemães, ela é levada para Ravensbrück, onde encontra, na pessoa de Buber-Neumann, uma amiga (e, mais tarde, uma biógrafa) fora de série. Milena pode afirmar sua dignidade por meio dos gestos mais anódinos, cujo denominador comum é o desprezo pela ordem arbitrária que reina no campo. "Ela jamais se integrava corretamente nas filas de cinco pessoas, jamais se comportava como estava prescrito no regulamento por ocasião das chamadas, não se apressava quando era preciso executar uma ordem, não elogiava seus superiores. Nem uma palavra sequer que saía de sua boca estava "conforme à ordem do campo".[18]

Agitar um lenço, assoviar uma canção tornam-se atos de autonomia e de desafio (que, aliás, provocam a cólera não somente dos guardas, mas também de outras detentas que interiorizaram a ordem reinante). Certa vez, Milena fez funcionar a sirena do campo, sem nenhuma razão aparente. "Ainda que fosse somente uma vez, ela queria [...] ser [...] aquela que tem todos os poderes."[19] A ação aparentemente fortuita lhe permite afirmar sua dignidade – o que não poderia produzir nenhum ato com fim utilitário, mesmo que tivesse sido o resultado de uma vontade. Procurar água para matar a sede exige a intervenção da vontade, mas a eficácia do gesto impede que se recolha os efeitos morais; acionar a sirene é uma ação desinteressada e, por isso mesmo, constitui uma afirmação da dignidade do sujeito. Notemos que, entretanto, nem por isso se trata de um ato pernicioso para outrem: Milena nada tem de um Raskolnikov ou de um Lafcadio.

---

18 I., Milena, p.21.
19 Ibid., p.218.

## O respeito de si

O exercício da vontade é um modo de afirmar sua dignidade, mas não é o único. Para poder dar conta das outras formas de dignidade, devemos pormenorizar ainda os contornos dessa noção. Agindo por sua própria iniciativa (suicidando-se, por exemplo), não se demonstra apenas a existência do livre arbítrio, mas também a possibilidade de estabelecer uma adequação entre o interior e o exterior: uma decisão puramente interior, como vimos, não conduz à dignidade. Tomei uma decisão e agi de acordo com ela: eis em que consiste minha dignidade. O exercício da vontade era um dos ingredientes dessa virtude; outro é a concordância entre interior e exterior. Contudo, se for assim, pode-se definir a dignidade como a capacidade de satisfazer, por seus atos, os critérios que se interiorizou. Então a dignidade se tornaria um sinônimo do respeito de si: quero que minha ação encontre mérito aos olhos de meu julgamento.

Um primeiro exemplo de dignidade assim entendida poderia ser o simples fato de permanecer limpo, numa situação em que tudo leva à atitude contrária: a água é rara, ou fria, ou suja, as latrinas são distantes, o clima é severo. Mas há inúmeros testemunhos que o confirmam: uma pessoa que consegue se manter limpa, e agregar um mínimo de cuidados à sua vestimenta, inspira o respeito dos outros presos (e faz crescer suas próprias chances de sobrevivência: a moral é aqui rentável). Primo Levi afirma que deve sua salvação a uma lição que lhe é administrada pelo sargento Steinlauf, no início de sua detenção: permanecer limpo para não se aviltar aos seus próprios olhos. "Assim, é um dever para nós, em relação a nós mesmos, lavar os rostos sem sabonete, na água suja, e enxugar-nos com nossas roupas.

Um dever, engraxar nossos sapatos, certamente não porque está escrito no regulamento, mas por dignidade e por asseio."[20]

Outro exemplo dessa mesma dignidade de adequação é dado pela recusa de submeter seu comportamento à pura lógica do interesse pessoal e do proveito imediato — supondo-se, é claro, que não se tenha interiorizado como critérios de julgamento precisamente o proveito e o interesse. Ter a atenção voltada para os outros, e não apenas para si, para os ausentes, e não só para os presentes, já é dar um passo rumo à dignidade. Não se humilhar diante de seus superiores é um comportamento digno. Recusar um privilégio que se julga imerecido, ou um alimento proposto para sublinhar sua inferioridade, ou o pagamento de um ato que se cumpriu por dever interior, e não por interesse, é dar prova de dignidade. Herling conta assim a história de uma enfermeira, Evgenia Féodorovna, no campo de concentração de Vologda: ela é amante do médico-chefe e desfruta de inúmeras vantagens, mas certo dia se apaixona por um simples prisioneiro. Comportar-se de acordo com seus sentimentos, e não com seu interesse material, é nesse momento um ato de dignidade. Isso lhe custará caro: como punição, seu amor é transferido para outro campo e então ela também pede remoção, para não ficar perto do médico-chefe, renunciando dessa forma aos privilégios. "Em janeiro de 1942, Evgenia Féodorovna morre ao dar à luz o bebê de seu amante, pagando assim com a vida sua curta ressurreição."[21] Nem sempre a dignidade assegura a sobrevivência.

---

20 Levi, *Si c'est un homme*, p.50.
21 Herling, op. cit., p.140.

Outra forma ainda de dignidade seria a satisfação que se tira do trabalho benfeito. Possui-se uma técnica, um saber fazer, então colocá-los em prática da melhor forma possível permite conservar o respeito de si. Soljenítsin descreve o prazer e o orgulho que se pode tirar do fato de erguer um muro como se deve: "Você não tem o que fazer com esse muro, nem acredita que ele possa contribuir para a felicidade futura da humanidade. Contudo, miserável e andrajoso escravo, vendo o que suas mãos produziram, você sorrirá para si mesmo".[22] Primo Levi fez algumas observações desse gênero a partir de sua própria experiência: o pedreiro Lorenzo, que salvou sua vida em Auschwitz, preservou a dignidade fazendo bem o trabalho ao qual era obrigado. "Quando o fizeram erguer as paredes de proteção contra as bombas, ele as fez bem alinhadas, sólidas, com os intervalos entre os tijolos bem delineados e com toda a argamassa necessária, não por obediência às ordens, mas por amor-próprio profissional."[23] Por isso é particularmente aviltante cumprir um trabalho absurdo: transportar areia primeiramente à direita e depois à esquerda, cavar um buraco e em seguida preenchê-lo etc. É impossível fazer bem tal trabalho e, portanto, conservar o respeito de si. Em seu campo, Ratouchinskaïa e suas amigas tentam trabalhar tão bem quanto possível quando se trata de produzir objetos úteis: "Fabricamos luvas de boa qualidade, consideramos indigno sabotar o trabalho, não danificamos nossas máquinas de desenho e nada vemos de mal nesse trabalho".[24]

---

22 Soljenítsin, op. cit., p.455-6.
23 Levi, *Les Naufragés et les rescapés*, p.121.
24 Ratouchinskaïa, op. cit., p.85.

## Ambiguidades morais

Apesar disso, a virtude que ilustra o trabalho benfeito é discutível. Orwell o notara durante a guerra: "A primeira coisa que exigimos de uma parede é que ela permaneça de pé. Se ela assim continua, é uma boa parede e a questão da função que ela tem não conta de forma alguma. Apesar disso, mesmo a melhor parede do mundo deve ser destruída caso cerque um campo de concentração".[25] As paredes erguidas por Lorenzo ou pelo personagem de Soljenítsin eram desse gênero? Deve-se julgar um ato ou uma obra não somente pelo que são, mas também pelo que fazem; deve-se levar em conta a função, além da qualidade. É justamente porque a dignidade não exige sanção social, mas somente a coerência entre consciência e atos, que sua virtude pode ser contestada. Ou ainda: nem toda dignidade é moral. Esta última qualificação, em fim de contas, só pode vir do exterior: só é respeitável a dignidade que serve ao bem. Bettelheim recorda-se desses conflitos entre prisioneiros: "Quando se tratava de construir edificações para a Gestapo, eles discutiam para decidir se os fariam bem. Os recém-chegados eram partidários da sabotagem, e a maioria dos veteranos votava pela construção benfeita".[26] Se o muro cerca um campo, ele não é bom. Um muro mal construído, num espírito de resistência, teria sido preferível.

Os relatos e testemunhos dos guardas também abundam de exemplos de amor pelo trabalho benfeito. Rudolf Hoess, o comandante de Auschwitz, descreve a si mesmo como "obce-

---

25 Orwell, *Essais choisis*, p.134.
26 Bettelheim, op. cit., p.270.

cado por seu trabalho"[27] — mas se esquece de dizer, na mesma frase, que esse trabalho era matar em escala industrial. "Eu me engajara inteiramente no cumprimento de minha tarefa", ele prossegue.[28] "Eu só pensava no meu trabalho e relegava ao segundo plano qualquer sentimento humano":[29] vê-se bem que os dois podem acabar por se opor. Chega ao ponto em que sua mulher lhe passa um sermão: "Não pense sempre no serviço, pense também em nós!".[30] Sem dúvida, um pouco menos de dignidade desse gênero teria sido preferível, do ponto de vista da "felicidade futura da humanidade"! O mesmo ocorre com Stangl, o comandante de Sobibor e de Treblinka: trinta anos depois, os antigos prisioneiros ainda se lembram do "prazer evidente que ele encontrava em seu trabalho".[31] Em resposta a uma questão, ele assume esta atitude de dignidade: "Tudo o que eu fazia por minha livre vontade", ele respondeu asperamente, "era preciso que o fizesse o melhor possível. Eu sou assim".[32] O filho de outro guarda do campo constata: "Meu pai [...] precisou abordar Treblinka tão conscienciosamente quanto o fazia quando iniciava um trabalho de carpinteiro em nossa casa; era sua principal qualidade como artesão".[33] Mas a qualidade de artesão não é forçosamente aquela do homem.

A mesma coisa é ainda mais verdadeira para os empregos menos diretamente implicados na destruição dos seres huma-

---

27 Hoess, *Le Commandant d'Auschwitz parle*, p.139.
28 Ibid., p.140.
29 Ibid., p.142.
30 Ibid., p.216.
31 Sereny, op. cit., p.139.
32 Ibid., p.244.
33 Ibid., p.240.

nos. Antes ou durante a guerra, o professor Porsche faz seu trabalho tão bem quanto possível, isto é, desenha tanques cada vez mais poderosos e mortais. Albert Speer põe sua aptidão de organização a serviço da indústria de armamentos: por amor a seu trabalho, produz armas cada vez mais numerosas e eficazes. Na outra ponta da escala hierárquica, Alma Rosé, célebre violinista e maestrina da orquestra feminina em Auschwitz, está pronta a sacrificar o bem-estar dos membros da orquestra para atingir a produção de uma música mais perfeita: "Devemos fazer corretamente nosso trabalho", ela diz.[34] "Aqui ou em qualquer outro lugar, aquilo que fazemos deve ser benfeito, ainda que seja por respeito de si mesmo".[35] Então ela não recua diante de nenhuma brutalidade: como Hoess, ela recalca os sentimentos humanos em nome da perfeição no trabalho. Esse gênero de comportamento nos é bem familiar na vida cotidiana, longe dos campos totalitários. Bettelheim conclui: "Apesar dos campos da morte e dos fornos crematórios terem desaparecido, esse tipo de orgulho profissional, que tornava esses homens tão perigosos, continua a ser atual; ele é característico de uma sociedade moderna em que o fascínio da competência técnica asfixiou o sentido humano".[36]

Todas as formas de dignidade são afetadas por essa mesma ambiguidade, pois dependem de um critério que, ao invés de transcender o ponto de vista do indivíduo, lhe permanece imanente. O fato de se manter limpo e de engraxar seus sapatos ajudava Levi a manter o respeito de si, mas o mesmo ocorria

---

34 Fénelon, op. cit., p.178.
35 Ibid., p.184.
36 Bettelheim, *Survivre*, p.320.

com seus guardiões: "Não sei se esse cuidado com a aparência faz parte da ideologia nazista, mas isso ocupa uma grande parte de suas vidas. Aliás, eles sempre usam calçados e botas brilhantes e fedidas…".[37] Para distinguir as duas situações, devemos introduzir elementos do contexto mais amplo: a vida de Levi e de seus camaradas estava ameaçada, o que não era o caso da dos guardas.

A pura coerência entre critérios internos e comportamentos exteriores, que leva ao respeito de si, não está menos presente entre os guardas que entre os prisioneiros, e ela dá a ambos o mesmo sentimento de dignidade. Hoess é um nazista convicto, e ele se comporta de acordo com suas convicções. O mesmo ocorre com Mengele, que não parece ter sofrido do desdobramento de personalidade característico de tantos outros guardas. Himmler tem a reputação, junto aos próprios nazistas, de se conduzir com um rigor glacial. Goering é, dentre todos os acusados de Nuremberg, aquele que mais permanece coerente consigo próprio. Será que por isso devemos admirá-los? Se não o fazemos, é porque distinguimos entre uma dignidade moral e outra que não o é, entre um respeito de si admirável e outro que nos deixa frígidos. O nazista que age sempre em acordo com suas convicções talvez mereça uma espécie de respeito, mas nem por isso seu comportamento vem a ser moral. Para que o seja, não basta que haja harmonia entre os atos e os ideais — ainda é preciso que estes não firam o bem da humanidade.

---

37 Fénelon, op. cit., p.153.

# *Cuidado*

## Práticas

Chamei de "cuidado" a segunda virtude cotidiana. De que se trata? Gostaria de primeiramente oferecer uma ideia intuitiva, evocando alguns exemplos que me parecem incontestáveis.

Ainda aqui é preciso começar por distinguir entre dois tipos de situação, aquém e além do limiar do extremo. Além desse limite quer essencialmente dizer: diante da morte iminente. Que se pode então fazer, em que o cuidado com o outro pode se expressar? Pode-se perecer com ele ou com ela, como fez Pola Lifszyc em Varsóvia. Borowski conta a história de outra jovem que foi morrer em Auschwitz com sua mãe. J. Kosciuszkowa, sobrevivente do mesmo campo, fala de uma mãe que deu à luz e conseguiu esconder seu bebê durante cinco meses; quando ele é descoberto, e ela deve entregá-lo, a mãe escolhe acompanhá-lo: "Segurando o filho junto ao coração, foi com ele para o crematório".[1] Quando um rapaz está fraco demais para retomar o trabalho, seu pai se deita ao seu lado para esperarem a morte juntos.[2] Uma mulher holandesa se junta ao marido "selecionado" para a morte em Sobibor;[3] outra holandesa escolhe morrer com seu amante polonês, um dos dez reféns que serão fuzilados em represália a uma fuga.[4]

Os seres que levam a cabo esses atos sabem que de toda forma estão condenados, mas preferem dirigir seu destino ao invés de o sofrerem passivamente. Nesse sentido, assemelham-se aos que se suicidam para reencontrar sua dignidade, com a diferença de que seu gesto é dirigido não à sua própria consciência, mas a outro ser humano, para o qual se exprime assim sua afeição. Ninguém saberá se os destinatários desses gestos — a mãe de Pola, o amante polonês — ficaram felizes ao receber esse testemunho de amor ou se se sentiram culpados por terem levado à morte um ser que também amavam.

Às vezes, no gueto de Varsóvia, por cuidado com outrem, era preciso lhe dar a morte. Em Auschwitz, um homem mata seu irmão "para lhe poupar o trajeto em caminhão até as câmaras de gás".[5] As crianças lá nascidas são regulamente mortas pelas enfermeiras (mergulhadas numa bacia cheia d'água, envenenadas, estranguladas e algumas vezes sufocadas com um travesseiro.[6] Olga Lengyel conta: "Quanto à sorte do bebê, era sempre a mesma. Depois de nos cercarmos de todas as precauções

---

1 Langbein, op. cit., p.231.
2 Ibid., p.107.
3 Suhl, op. cit., p.31.
4 Trunk, *Jewish Responses to Nazi Persecution*, p.280
5 Langbein, op. cit., p.108.
6 Ibid., p.231-2.

possíveis, apertávamos o nariz do recém-nascido e, quando ele abria boca para respirar, injetávamos uma dose suficiente de um produto cujo efeito não falhava".[7] Isso permitia salvar a vida da mãe, enquanto o bebê estava de qualquer forma condenado. Nem por isso deixa de ser, como vimos, um caso de consciência cruel para aquele ou aquela que comete esse gesto.

Contudo, tais situações são excepcionais e correríamos o risco de não ver em quê tal cuidado é "cotidiano" se ficássemos exclusivamente nele. Retornemos então aquém do limiar para observar outros exemplos de cuidado. O mais simples, e talvez o mais importante nos campos, é dividir sua comida com alguém. Ainda aqui, há um limite, além do qual a divisão é impossível, pois a fome ou a sede são por demais enormes. Contudo, uma vez ultrapassado esse limite, alguns compartilham, e outros não. Evgenia Guinzbourg lembra-se do dia em que descobriu mirtilos na taiga. "Comi os frutos de dois galhos sozinha. Foi só quando percebi um terceiro que voltei a me sentir um ser humano, capaz de solidariedade."[8] Mas ela se lembra também de ser a destinatária de tais atos: um velho prisioneiro lhe traz geleia de aveia, amorosamente preparada, que ele mesmo se recusa a consumir. Bastava-lhe ver Guinzbourg comendo: "Ele fixava em mim olhos brilhantes de bondade e de felicidade".[9]

Irina Ratouchinskaïa e suas companheiras recebem um presente não de comida, mas de roupas costuradas com diversos trapos feitas pelas precedentes ocupantes do lugar, velhas avós. "Quanto calor humano foi preservado por esses farrapos, tes-

---

7 Lengyel, op. cit., p.171-2.
8 Guinzbourg, *Le Vertige*, p.389.
9 Ibid., t.II, p.62.

temunhos da candura das velhinhas!"[10] Essas antigas roupas, retomadas um sem número de vezes, representaram algo como o depósito de um cuidado anterior. Cada detento, homem ou mulher, se lembra de ter sido, ao menos uma vez, cuidado, aconselhado, protegido por outro — vizinho de leito, camarada de trabalhos forçados. Por vezes, basta um olhar. David é levado a um campo de trabalho na Polônia e o comboio atravessa um vilarejo. Um rapaz sai de sua casa com o olhar impregnado de desgosto e piedade. Quarenta anos depois, David se lembra: "Eu poderia reconhecer exatamente a casa perto da qual ele estava. Ainda vejo o sofrimento no rosto desse rapaz, a cor exata de sua camisa [...]. Fiquei impressionado com o fato de alguém ficar preocupado comigo e contrariado por meus sofrimentos".[11]

*(Sakharov acaba de morrer. Um programa lhe é dedicado na televisão. A cena que mais me comove é tirada de um vídeo que ele enviara para sua família nos Estados Unidos, na época de seu exílio em Gorky. Ele olha para o expectador, sorri e diz: "É para vocês que sorrio, meus filhos". Fora da câmera ele não devia sorrir frequentemente durante aqueles anos. Naquele tempo desesperado, era tudo que ele podia enviar: um olhar, um sorriso. Mas ele sabia que não era pouca coisa.)*

Outras pessoas fazem coisas mais arriscadas. Uma delas se propõe a mandar uma carta sua sem que ela passe pela censura; outra esconde você: a pequenina Germaine Tillion desliza sob Margarete Buber-Neumann, deitada na enfermaria, para escapar de uma "seleção"; se a dissimulação tivesse sido des-

---

10 Ratouchinskaïa, op. cit., p.68.
11 Tec, *When Light Pierced Darkness*, p.72.

coberta, as duas morreriam. Sacha Petcherski e Rudolf Vrba, fugitivos de Sobibor, serão escondidos por camponeses poloneses. Uma terceira pessoa se recusa a denunciar você e sofre solidariamente a punição infligida pelo roubo que você cometeu. Uma quarta a salva de um estupro, mesmo que isso a faça perder "seu trabalho no abrigo de um teto";[12] o que, no campo, frequentemente significa perder a vida.

Os sobreviventes trouxeram consigo as imagens de alguns indivíduos que lhes pareceram as encarnações desses cuidados com o outro. Para Primo Levi é, por exemplo, o pedreiro Lorenzo, um não judeu italiano, requisitado como mão de obra, que cotidianamente lhe traz, e a um outro italiano, uma tigela de sopa suplementar. Ele não aceita nada em troca e quase nunca fala, mesmo com seus protegidos (que de fato são mais numerosos do que se pode imaginar). Para Robert Antelme, é Jo, outro grande silencioso. No vagão que os transporta para não se sabe onde, quando da evacuação final dos campos, Robert não encontra lugar. "Deitei-me sobre Jo, que reagiu, mas não gritou."[13] Mais tarde, sempre sem falar, Jo lhe estende a mão com alguns grãos de soja que se pode mastigar, pois são nutritivos. Depois, é preciso avançar: "Jo me ajuda a andar. Fraternidade silenciosa de Jo".[14]

Para Guinzbourg, o ser luminoso é um médico de origem alemã, Anton Walter, que se tornará seu segundo marido; ela o chama de "um santo alegre" (um raro encontro de qualidades). "Eu me lembrava de Anton percorrendo toda a comunidade

---

12 Guinzbourg, op. cit., p.372.
13 Antelme, op. cit., p.279.
14 Ibid., p.287.

de Tascan, procurando um gole de vinho para um vagabundo que desejava beber uma última vez antes de morrer."[15] Para Ratouchinskaïa, era Tatiana Mikhaïlovna Vélikanova, detenta de longa data, militante dos direitos humanos, que aguenta pacientemente as intolerâncias e as agressões de suas companheiras, e que nos campos de concentração dá guarida "às tradições generosas da dignidade e do cuidado com os outros".[16] Para muitos sobreviventes de Auschwitz, é Mala Zimetbaum, aquela mesma que conseguiu se suicidar antes de ser executada. Antes disso, Mala é intérprete e encarregada das compras, e desfruta de grande popularidade no campo. "Ela usava esse privilégio para ajudar a estabelecer contato entre os membros de famílias separadas, e frequentemente arriscava sua vida ao portar mensagens e medicamentos [...]. Uma das responsabilidades de Mala foi distribuir diferentes trabalhos para os doentes que saíam do hospital. Ela sempre tentava dirigir as mulheres ainda enfraquecidas pela doença para os trabalhos mais leves. E sempre prevenia as pacientes quando uma seleção estava iminente, exortando-as a deixar o hospital o mais rapidamente possível."[17] "Quando as deportadas têm uma dificuldade, quando ocorre um problema, vão logo procurá-la."[18]

Para Margarete Buber-Neumann e para muitas outras detentas de Ravensbrück, é Milena Jesenska que melhor encarna a atitude do cuidado. Milena, como vimos, não se submete às ordens, mas se liga àqueles que lhe são caros e sabe doar sua

---

15 Guinzbourg, *Le Ciel da la Kolyma*, p.170.
16 Ratouchinskaïa, op. cit., p.91.
17 Suhl, op.cit., p.184.
18 Fénelon, op. cit., p.237.

personalidade luminosa. Na enfermaria, ela tem dossiês concernindo as doenças venéreas e trafica os resultados das sifilíticas para salvá-las das "seleções" mortais, mas ao fazê-lo arrisca, todas as vezes, sua própria vida. Essas doentes a interessam pessoalmente, apesar de pertencerem a um meio bem diferente do seu (elas são "marginais", prostitutas) e sabe descobrir em cada uma delas "lampejos de humanidade". Com Buber-Neumann, é a grande amizade, e ela encontra mais prazer em dar que em receber. Pouco importa o que ela ofereça: uma vez Milena leva para a amiga um café com leite e açúcar — mas é um alimento excepcional, obtido depois de muita argumentação; além disso, é proibido se deslocar pelo campo e, fazendo isso, Milena se arrisca a uma severa punição. Em outra ocasião, a coisa é bem mais séria: Buber-Neumann está na solitária e Milena se apresenta diante do chefe da Gestapo do campo; ela consegue se impor suficientemente para que ele a escute e até mesmo que lhe permita encontrar sua amiga na prisão — favor inaudito. Quando a morte se aproxima, Milena se vê cercada por seus próximos. Depois, sua amiga conclui: "A vida perdeu todo sentido para mim".[19] Buber-Neumann disse também essa frase inacreditável: "Agradeço o destino por ter me enviado a Ravensbrück e assim permitido lá encontrar Milena".[20]

*Margarete Buber-Neumann acaba de morrer, por sua vez, no dia da queda do muro de Berlim. Ela nascera no mesmo dia que minha mãe, no início do século, e, assim como ela, ficara senil algum tempo antes de sua morte. (Meu pai, que militava com os comunistas em Berlim, em meados*

---

19 Buber-Neumann, *Milena*, p.267.
20 Id., *Ravensbrück*, p.73.

dos anos 1920, poderia tê-la encontrado, partido com ela, morrer no exílio...) Que vida emblemática desse século que foi a dela, entregue pelos oficiais da NKVD aos da Gestapo alemã em 1940, depois de ter passado dois anos nos campos russos e para passar cinco anos em Ravensbrück! Antes do primeiro campo, ela entregava todas as suas forças à luta pelo comunismo; depois do segundo, àquela contra o comunismo. E ela escreveu, entre outras obras, esse livro excepcional, Milena: único na literatura de memórias sobre os campos, pois conta a vida de uma outra!

## Agentes

Quais são os agentes desses atos de cuidado? Qualquer um, para dizer a verdade. Não existe categoria social ou profissional em que não sejam encontrados, mesmo que por vezes sejam raros. Há também *kapos* ou *Blockältestes* que cuidam de seus subordinados. Ou supervisores e guardas de prisão que permitem que a bondade fale mais alto que seu "dever". Um soldado que deveria supervisionar um grupo de mulheres que trabalhava no exterior aceita ir até a cidade, deixando-as sós, para comprar-lhes provisões. "Ele demorou mais de meia hora para voltar. Durante essa meia hora, sete prisioneiras tremeram por causa de um soldado da guarda."[21] Até mesmo os detidos de direito comum, a praga dos campos, são capazes de tais atos, ainda que esporádicos. Entretanto, a coisa é muito mais frequente entre os "políticos".

É claro que algumas relações humanas incitam mais o cuidado que outras. Em primeiro lugar estão aquelas de parentesco próximo: o cuidado é a atitude maternal por excelência. Nos

---

21 Buber-Neumann, *Déportée en Sibérie*, p.131.

vagões de animais que os levam para os campos de extermínio, de Salônica a Auschwitz, de Moscou a Madagan, as mães continuam a aleitar os bebês e tentam secar suas fraldas. Nas câmaras de gás, contam Müller ou Gradowski, elas continuam a acariciar os cabelos das crianças para acalmá-las. Outros laços de parentesco também favorecem os cuidados.

Uma garotinha de 12 anos manda encomendas para sua avó que está no campo de concentração. "Querida *babouschka*, quebrei o açúcar em pequenos pedaços, como a senhora gosta."[22] Outra menina, da mesma idade, descobre que seu primo Rudi foi detido, e ela chega na prisão quase sem fôlego, levando um pequeno pacote: "Ela correra para uma mercearia e com seus tostões só pôde me comprar algumas cerejas".[23] Em Auschwitz, Isabella tem horror de tocar em cadáveres, mas é obrigada a carregar um, então sua irmã Chicha põe as mãos entre as daquela e o corpo morto.[24] Os homens tentam providenciar comida para as mulheres que amam e que estão presas em outros lugares do mesmo campo; eles abandonam seus privilégios para poderem ficar juntos. Os amigos também: os presos do campo da Mordóvia se lembram com emoção de que Youli Daniel se preocupava mais com o destino de seu companheiro de infortúnio, Andreï Siniavski, que com o seu.[25] Médicos e enfermeiras, homens ou mulheres, cuidam dos outros, sem dúvida por hábito profissional, mas também talvez por vocação.

Uma questão mais geral então se impõe: ao dizer que o cuidado é a atitude maternal por excelência, será que afirmo que

---

22 Müller, op. cit., p.169.
23 Vrba, R., *Je me suis évadé d'Auschwitz*, p.54.
24 Leitner, op. cit., p.68.
25 Martchenko, op. cit., p.291.

ele é mais "feminino" que "masculino" e, se for o caso, se trata de uma predeterminação biológica? Ou de uma tradição social? Será uma boa coisa festejar essa repartição das virtudes ou será melhor deplorá-la?

Podemos partir desta constatação: proporcionalmente, as mulheres prisioneiras sobreviveram melhor aos campos que os homens, tanto em termos quantitativos quanto no plano psicológico. Essa vantagem deve ter uma explicação, e somos tentados a procurá-la em outras características contrastadas. É provável que os homens sejam mais maltratados pelos guardas, que em geral também são homens. Há nisso as condições de um afrontamento e, portanto, o desejo de mostrar superioridade, de demonstrar poder, que são elementos engendradores de mais brutalidade do que ocorre entre homens e mulheres, que de partida são assimétricos. Contudo, por outro lado, parece também que haja diferenças no comportamento dos próprios detidos: as mulheres se mostram mais práticas e mais suscetíveis de se entreajudar. Germaine Tillion nota que os homens têm tendência a se endurecer, a se embrutecer, a se opor uns aos outros: "Parece-me que, nos campos de mulheres, o apoio amical foi mais constante, mais sólido, mais compartilhado";[26] eis o que permitiria explicar também uma melhor readaptação ao mundo exterior depois da liberação.

Guinzbourg faz a mesma constatação: "Nossos infelizes companheiros! O sexo frágil... Onde nós, mulheres, vergávamos, mas continuávamos vivas, eles morriam. Eles nos venciam na arte de manejar o machado, a picareta ou a carriola, mas fi-

---

[26] Tillion, op. cit., t.III, p.196; cf. p.434.

cavam bem para trás na arte de suportar a tortura".[27] Como explicar essa diferença? "Os homens deveriam ser mais fortes que nós; entretanto, sentimos por eles uma espécie de compaixão maternal. Parecem ser mais indefesos que nós, malfeitos para suportar a dor, incapazes de lavar ou cerzir seus farrapos na surdina."[28] A força física parece caminhar ao lado de uma fraqueza psicológica, e inversamente. Tem-se impressões bem diferentes ao ler os testemunhos de homens e os das mulheres. O campo em que se encontra Martchenko choca por sua desumanidade; o de Ratouchinskaïa, que apesar de tudo não é tão distante, por sua atmosfera calorosa. Não se trata de uma diferença de condições, mas de condutas: onde os homens reagem, por exemplo, pela automutilação, as mulheres cuidam umas das outras. A maior surpresa, na narrativa de Ratouchinskaïa, vem da felicidade que essas mulheres encontram em estar juntas: elas conseguiram criar um espaço de liberdade, de dignidade e de entreajuda, e correm um enorme risco de não conseguir reproduzi-lo depois de "liberadas". Em dado momento, Ratouchinskaïa exclama: "Que prazer em voltar aqui!".[29] Quando sai do campo, Martchenko também fica triste por deixar seus amigos, mas a atmosfera geral dos dois grupos é incomparável.

Por sua vez, a explicação desses comportamentos diferentes só pode ser encontrada nos papéis tradicionalmente atribuídos aos homens e às mulheres em nossas sociedades. Relembro rapidamente essas evidências: dado que só as mulheres portam as crianças e as amamentam, uma repartição dos papéis se estabe-

---

27 Guinzbourg, op. cit., p.202.
28 Ibid., t.I, p.327.
29 Ratouchinskaïa, op. cit., p.229.

leceu a partir dessa base biológica, que estende sobre uma vida inteira as consequências de um ano e meio ou de nove meses (ou de nada, no caso das mulheres sem filhos). Essa repartição inclui os cuidados da vida prática como sendo opostos às preocupações abstratas e impessoais (política, ciência, artes); a presença do corpo contra o culto de espírito; e a implicação na rede de relações intersubjetivas em contraste com a busca solitária de um objetivo. Tendo parido (ou mesmo não o tendo), as mulheres se veem às voltas com a guarda de seus filhos, de seus pais, de seu marido. Mesmo que há décadas a situação legal das mulheres evolua na direção de maior igualdade e que algumas de suas tarefas tradicionais tenham sido confiadas à coletividade (creches, cantinas, casas de aposentadoria ou asilos), nem por isso a força da tradição se faz sentir menos. É disso que se dá conta uma jovem, Fania Fénelon, ao olhar as mulheres adormecidas à sua volta num pavilhão de Auschwitz. "Eu as contemplo e nasce em mim, por elas, uma ternura protetora que remonta aos idos dos tempos. De onde ela me veio, eu que sou uma das mais jovens dentre elas?"[30]

Gostaria de lembrar duas histórias que ilustram esse cuidado que não conseguimos evitar associar às mulheres. A primeira provém desse mesmo relato de Fénelon. Fania foi transferida para Bergen-Belsen e fez amizade com uma médica, Marie. Uma polonesa procura por Marie no campo, mas não está doente: ela vai dar à luz. As duas amigas primeiramente entram em pânico, mas depois a deitam sobre uma mesa. O silêncio é imperativo, então a polonesa, "com lábios e dentes cerrados, não dá nem um grito, nem um gemido. Ela não ignora o des-

---

30 Fénelon, op. cit., p.87.

tino que a SS dá às crianças". Felizmente, a criança nasce rapidamente. Não há tesouras, então Marie corta o cordão com os dentes. Não há água: Fania arranca o forro de seu casaco e com ele faz uma espécie de sacola no qual embrulham o bebê ainda sujo. "A mulher, ainda sem dizer uma palavra, recolocou sua calcinha sem que a pudessem lavar, abaixou a saia e pegou o bebê em seus braços, com um admirável gesto de posse e de proteção."[31] A criança e a mulher sobreviveram ao campo de concentração.

A segunda história se passa na Rússia, vinte anos depois, e é um homem, Anatoly Martchenko, que a conta. Os detidos são transferidos de trem para outro campo e um vagão é reservado para as mulheres. Uma delas tem um recém-nascido no colo e as fraldas estão todas sujas. Ela pede para ir lavá-las, mas os guardas não permitem: é contra o regulamento! É preciso dizer que os detentos têm direito ao banheiro apenas numa certa hora, e por pouco tempo. "Por fim chega a hora da ida ao banheiro e a vez das mulheres; a mãe do bebê vai em primeiro lugar. Ela começa a lavar uma fralda na pia e lá a deixa; a mulher seguinte continua essa tarefa, e assim por diante. Quando todas as mulheres haviam passado, as fraldas estavam lavadas. A última mulher a usar o banheiro leva as fraldas para o compartimento, onde elas secaram."[32]

A atitude do cuidado é bem cultivada na tradição feminina, e particularmente maternal, mesmo que não seja uma simples emanação. E a figura maternal adquire uma importância particular entre os detidos – sobretudo as mulheres, que podem

---

[31] Ibid., p.381.
[32] Martchenko, op. cit., p.38.

com ela se identificar. Quando sua mãe morre, Guinzbourg lembra "seus prodígios de heroísmo silencioso, dos quais ela não tomara consciência",[33] uma mãe como tantas outras (mas ainda será heroísmo, se ele for silencioso?). Quando sai do campo, Buber-Neumann vai para a casa de sua mãe e a encontra na soleira da porta, repetindo essas palavras: "É verdade? Ela voltou? É verdade? Ela voltou?"[34]

*(É quase a mesma coisa que me dizia minha mãe durante minhas últimas visitas, quando, em situações infinitamente menos dramáticas, ia visitá-la uma vez por ano em sua casa. Ela se animava ao me reconhecer, me chamava pelo meu nome, acariciava meu rosto com suas mãos enrugadas e me abraçava avidamente. Sua vida tinha sido pontuada por atos de cuidado, sobretudo depois que, por volta de seus 40 anos, uma doença a obrigara a deixar o trabalho. Enquanto meu pai se entregava de corpo e alma aos seus próprios projetos (organizar instituições, construir edificações, educar estudantes), ela cuidava de seus próximos: dos filhos, de meu pai e da irmã dela, solteira e um tanto boêmia. Durante seus últimos anos ela se esquecia das coisas com frequência, como por exemplo da morte da irmã. Depois do jantar ela sempre se inquietava: Será que sobrou alguma coisa? Dora vai chegar com fome... Não se tratava de uma devoção intencional, ela só não sabia agir de outra forma. Ela não se lamentava por essa situação e jamais dava a impressão de se sacrificar. Acho que ela era feliz e sua felicidade só podia ser vivida por meio dos outros. Ela não gostava de se ocupar de si mesma, somente dos outros; se ficasse sozinha, ela se entediava. E detestava que alguém se preocupasse com ela ou lhe desse atenção especial. Ela morreu suavemente quando seus próximos se ausentaram de seu*

---

33 Guinzbourg, op. cit., p.366.
34 Buber-Neumann, *Déportée à Ravensbrück*, p.324.

quarto — não gostava de incomodar. Meu pai tem outra interpretação: ela rezou para que Deus a levasse, ele pensa, para não ficar mais dependente de seu marido.)

Algumas mulheres, que se tornaram escritoras, renunciando então ao menos parcialmente à atitude tradicional de cuidado, se questionaram se as mulheres não deveriam se emancipar desse papel e tentar imitar melhor a metade masculina da humanidade: por exemplo, se ocupar do Homem, em vez dos seres humanos particulares. Penso menos em Simone de Beauvoir que em Etty Hillesum, judia holandesa que morreu em Auschwitz, mas cujo testemunho foi preservado. Como notável escritora, ela se pergunta: "Será uma tradição secular da qual ela deveria se libertar ou, ao contrário, um elemento tão essencial à natureza feminina que a mulher precisaria se violentar para oferecer seu amor a toda a humanidade, e não mais a um só homem?". Ela fica tentada pela primeira resposta (mas pratica a segunda em sua própria vida). "Talvez a verdadeira e autêntica emancipação feminina ainda não tenha começado. Ainda não somos inteiramente seres humanos, somos fêmeas [...]. Ainda por nascer para a verdadeira humanidade; há nisso uma tarefa exaltante para a mulher."[35] Renunciar ao cuidado, destino tradicional da mulher: uma tarefa exaltante? Dessa forma, a mulher será ainda mais parecida com o homem, mas ambos serão menos humanos. Se há uma tarefa exaltante, não seria ela fazer com que os homens compreendam — todos eles, e não mais somente alguns — que, sem o cuidado, eles correm o risco de serem somente machos, ainda por nascerem na ver-

---

[35] Hillesum, *Une Vie bouleversée*, p.47-8.

dadeira humanidade? Permanecer humano será se sacrificar por abstrações ou será se preocupar com seres particulares?

Essas reflexões não implicam que se deva fazer o elogio incondicional do feminino ou do maternal. O que é admirável como ato – o cuidado – pode deixar de sê-lo a partir do momento em que ele se fixa numa atitude automática: mais vale existir um cuidado maternal em todo canto do mundo que manter uma categoria de mães "profissionais". As mães também necessitam que se cuide delas e as crianças não querem ser eternamente protegidas. E o cuidado pode tomar formas contrárias às da proteção maternal habitual: durante a guerra, a melhor forma de cuidar de uma criança frequentemente foi – nas famílias judias, por exemplo – se separar delas, abandoná-las. Era mais fácil notar uma família inteira, mas uma criança sozinha podia ser salva por famílias cristãs.

## Fronteiras

Eu queria agora distinguir o "cuidado com alguém" de algumas outras atitudes ou atividades que a ele se lhe assemelham, pelo menos superficialmente.

Em primeiro lugar, o cuidado não é a *solidariedade* experimentada pelos membros de um único e mesmo grupo. A solidariedade é um sentimento que pode se manifestar em todos os tipos de situações. *Berrichon*[36] que foi morar em Paris, é por so-

---

36 *Berrichon*: habitantes de Berry, província histórica da época do Antigo Regime francês, próximo aos atuais departamentos de Cher e de Indre, no centro da França, que conserva resquícios da língua originalmente falada ali (*langue d'oïl*). (N.T.)

lidariedade a outros *berrichons* que procuro lhes oferecer vários benefícios. Cidadão francês, é por solidariedade a meus concidadãos que recuso a extensão das vantagens da Seguridade social ou das escolas maternais aos cidadãos estrangeiros. Mesmo que se faça previamente uma distinção entre a solidariedade como meio de adquirir vantagens e a solidariedade como apoio na adversidade, e que só se retenha esta última, tal atitude não se confunde com o cuidado. A solidariedade dentro de um grupo significa que ajudo automaticamente todos os seus membros e que não me sinto concernido pelas necessidades daqueles que não pertencem a ele. A solidariedade compreendida como uma entreajuda mútua só estende quantitativamente o princípio do interesse pessoal: ela substitui o egoísmo por aquilo que Primo Levi chama de "nosismo", o egoísmo de "nós".

A solidariedade pelos meus implica a exclusão dos outros. Suas vítimas são, portanto, os estrangeiros, em todos os sentidos da palavra. O recém-chegado, mesmo num campo de concentração, se choca primeiramente com a hostilidade do grupo já constituído: hesita-se em beneficiá-lo com os efeitos da solidariedade e ele é mantido no exterior, sem dúvida por se temer que ameace as vantagens adquiridas. Todos os grupos desenvolvem esse espírito corporativo para se defender das intrusões estrangeiras. Philip Hallie conta que o prefeito de Chambon-sur-Lignon,[37] o vilarejo de Cevennes que serviu como refúgio de paz para os perseguidos durante a guerra, se declarava pronto para esconder e proteger os judeus, mas so-

---

37 Departamento de Haute-Loire, região de Auvergne-Rhône-Alpes. (N.T.)

mente aqueles que fossem "deles". Os judeus estrangeiros, para ele e para certos judeus franceses, eram somente uma fonte de aborrecimentos: era por causa deles que se corria o risco de se perseguirem também os "bons" judeus franceses. A seita dos darbistas (protestantes fundamentalistas), também presente na região, pratica uma solidariedade diferente: preferem salvar judeus, em detrimento de outros franceses, por exemplo, porque admiram em suas pessoas "o povo do Livro". Pétain e Hitler jogam continuamente sobre esse reflexo: eles "só" deportarão os judeus estrangeiros ou recentemente naturalizados, ou ainda há pouco tempo incorporados; "só" os judeus, mas não os outros franceses, e assim por diante.

Por razões de fácil compreensão, a solidariedade nos campos é, em primeiro lugar, nacional ou, mais exatamente, linguística. Numa Babel como Auschwitz, como sentir solidariedade por seres dos quais não se compreende a língua, aos quais não se pode se explicar? Antelme conta verdadeiros casos de consciência que surgem no decorrer dos deslocamentos mortais dos prisioneiros de um campo para outro, no fim da guerra, quando as rações são progressivamente reduzidas a zero. Os poloneses compartilham o alimento entre eles e nada dão aos franceses. Quando, por fim, estes recebem os pacotes da Cruz Vermelha, eles os repartem equitativamente – entre os franceses. Quando os russos se aproximam, apesar de serem irmãos de destino, são rechaçados com porretes. "Os russos ficam imóveis sob o porrete dos companheiros. Os franceses comem. [...] A tortura dos russos à nossa volta mal nos toca. Estamos afundados na comida." O grupo pode ser ainda mais estreito: "Chegamos a um ponto em que é inimaginável que possamos compartilhar a comida com qualquer outro que não seja um companheiro de vagão".³⁸ Contudo, assim como Guinzbourg diante dos galhos de mirtilos, uma vez ultrapassada a primeira fome, se é capaz de mudar de atitude e se ajuda aqueles que mais têm necessidade, mesmo que eles não pertençam à mesma nacionalidade.

Os outros grupos não agem diferentemente daqueles vindos de um mesmo país. Os comunistas, por exemplo, formam coletividades de alta solidariedade – das quais estão naturalmente excluídos todos aqueles que não compartilham de suas convicções. Os comunistas, sobretudo os alemães, ocupam amiúde postos de responsabilidade na hierarquia interna dos campos. Isso lhes permite, por exemplo, retirar o nome de um de seus camaradas de uma lista de "selecionados" destinados às câmaras de gás. Contudo, o número de pessoas que devem figurar na lista é previamente fixado. Então, se um nome é retirado, é preciso colocar um novo para substituí-lo. A solidariedade de uns pode significar a morte de outros.

Agir por solidariedade a seu grupo é um ato político, não moral: não há livre escolha, e se particulariza o julgamento ao invés de universalizá-lo. Isso não quer dizer que se possa ou se deva abrir mão da solidariedade: não saberíamos imaginar um sistema de seguridade social (que nada tem a ver com a moral) estendido generosamente a todos. No melhor caso, entretanto, a solidariedade no interior do grupo funciona como um preparo, uma escola, um patamar para a generosidade estendida além dele. Guinzbourg descreve o encontro entre dois grupos de detentas: a primeira reação é de rejeição, a segunda, de inclusão. Ela vê "a expressão de horror em seus rostos quando vêm ao nosso encontro. Em seguida, aparece uma piedade fra-

---

38 Antelme, op. cit., p.289.

ternal e o desejo de tudo dividir conosco".[39] Onde aprenderíamos o cuidado com os outros senão com os seres que nos cercam constantemente?

O cuidado se distingue da solidariedade no fato de que seus beneficiários não podem contar com ele automaticamente, e são sempre pessoas individuais, e não os membros de um grupo. O cuidado não pode concernir todos os outros, nem no universo e nem mesmo dentro de um campo como esses. Mas a escolha se dá em função de outros critérios que não o pertencimento nacional, político ou profissional: cada pessoa beneficiária do cuidado só vale por ela mesma. Apesar disso, a língua comum também terá aqui um papel: como perceber um indivíduo se não se o compreende?

Convém estabelecer também uma segunda fronteira, entre cuidado e *caridade* (ou um de seus sinônimos). Diferentemente da solidariedade, a caridade é exercida em relação a todos (não exclui ninguém) e só se dirige aos seres que sofrem ou estão ameaçados; não há riscos, aqui, de se percebê-la desviada como meio de assegurar mais vantagens para um grupo. Incontestavelmente, é também um ato moral. Ela difere do cuidado por ser orientada, justamente, para todos, e não para pessoas particulares: o beneficiário típico da caridade é o mendigo anônimo estendido na rua, e não a pessoa deitada sobre mim num vagão, ou debaixo de mim na enfermaria. Pascal recomendava expressamente que se evitasse conhecer aqueles a quem se ia socorrer caridosamente, pois se corria o risco de ligar-se a eles e agir por amor pela pessoa, e não por Deus: o gesto teria sido menos virtuoso.

---

39 Guinzbourg, *Le Vertige*, p.316.

J. Glenn Grey, que viveu a Segunda Guerra, mas não os campos de concentração, descreve um sentimento semelhante, que chama de "amor protetor" e cujo exemplo ele encontra no gesto de Karataïev, em *Guerra e Paz*, que salva a vida de Pierre Bézoukhov: o homem teria ajudado da mesma forma um animal. Grey qualifica esse amor de maternal – mas a mãe não amaria qualquer outra criança no lugar da sua! Nessa forma de amor, "o objeto do cuidado é menos essencial que o próprio fato de se preocupar com os outros e de ter a necessidade de preservá-los";[40] é isso que, para mim, faz dela outra coisa que não um cuidado, mas uma variante da caridade. O cuidado não saberia ser universal, e implica que se sinta uma simpatia pessoal pelo ser que dele se beneficia. Guinzbourg jamais consegue senti-lo pelos presos de direito comum em torno dela, portanto, não se preocupa com eles. Ajudá-los, nessas circunstâncias, teria revelado uma atitude de caridade.

A relação de caridade é assimétrica: não vejo que ajuda me poderia ser oferecida pelo mendicante, por isso não busco conhecê-lo. É também por isso que o ato de caridade ou de piedade pode ser humilhante para aquele que o recebe, pois não há nenhuma chance de responder por reciprocidade. O cuidado que sinto por um indivíduo normalmente provoca um cuidado em retorno, mesmo que entre os dois gestos possam escoar-se alguns anos, como ocorre entre pais e filhos.

Por fim, o cuidado também não se confunde com o *sacrifício*. Não somente porque este, como aliás a caridade, traz necessariamente uma coloração religiosa aos atos que o constituem, enquanto o cuidado permanece confinado exclusivamente na

---

40 Grey, *The Warriors*, p.85.

esfera humana. Mas também porque o sacrifício implica que alguém se separa de alguma coisa que lhe é preciosa, que se aceita uma privação dolorosa, mas que é redimida pelo sentido do dever. Cuidar de alguém não é lhe sacrificar seu tempo e seus esforços, mas dedicá-los a ele e ficar feliz com isso: no fim da operação estamos mais ricos, e não mais pobres. O sacrifício, como a caridade, é um ato sem reciprocidade (penso imediatamente não nos sacrifícios rituais, mas nas mães que sacrificam sua vida profissional para cuidar de seus filhos, nas esposas que sacrificam sua vida pessoal para que o marido vença em sua carreira, e assim por diante, ainda que isso seja cada vez menos praticado). Por essa razão, ele engendra frustração, ressentimento, reivindicação. Caso se faça um sacrifício, se deseja que os outros o sintam, que lembrem o quanto isso lhe custou. O cuidado, ao contrário, contém em si mesmo sua própria recompensa, pois torna feliz aquele que o pratica.

O sacrifício supremo, aquele da própria vida, se é feito aparentemente para um indivíduo, mais que por uma abstração, de fato diz respeito às virtudes heroicas, e não à lógica do cuidado. Kolbe se sacrifica para salvar um homem; contudo, tenho a impressão de que é mais ainda para proclamar sua fé em Deus, e pouco lhe importa se é porque se trata desse indivíduo em particular ou de um outro. As mães e as filhas, os pais e os filhos que vimos ir para a morte com seus próximos agem num outro espírito bem diferente, pois sua ligação com esse indivíduo particular é mais forte que seu desejo de viver. Em certo sentido, são mais egoístas, pois não querem morrer para que o outro viva, teriam desejado que ambos vivessem para poder desfrutar um do outro; como é impossível, aceitam morrer —

com ele, e não em seu lugar. Assim é, segundo Glenn Grey, o espírito de amizade, bem diferente daquele do sacrifício. "Para os amigos, é terrivelmente difícil morrer, mesmo um pelo outro, dado que os dois têm tanto a perder."[41] O sacrifício glorifica a morte; o cuidado só tem sentido na vida.

## Efeitos

Os atos de cuidado produzem a satisfação imediata de seu beneficiário. Ora, o doador pode esperar receber de volta essa vantagem, por ocasião de uma inversão dos papéis. Aí está, é claro, um capital adquirido que não se saberia negligenciar. É por ele que Richard Glazar explica a sorte dos sobreviventes: "Eles sobreviveram porque foram apoiados *por alguém*, alguém que cuidava deles tanto ou quase tanto quanto de si mesmos".[42] Só se podia sobreviver, confirma Germaine Tillion, "graças a algumas mãos estendidas".[43] É também o que pensa Charlotte Delbo: "Cada uma das que sobreviveram sabe que, sem as outras, ela não teria voltado".[44] "As outras são aquelas de seu grupo, aquelas que a apoiam ou que a carregam quando você não pode mais andar, aquelas que a ajudam a aguentar, quando você está no fim das forças ou da coragem."[45] E Pawelczynska: "Não há um único sobrevivente que não tenha sido ajudado e apoiado pelos outros presos. Ninguém poderia ter sobrevivi-

---

41 Ibid., p.91.
42 Sereny, op. cit., p.199.
43 Tillion, op. cit., t.II, p.196.
44 Delbo, *Le Convoi du 24 janvier*, p.17.
45 Id., *Auschwitz et après*, t.II, p.132.

do somente em virtude de sua própria força física e mental".[46] Devemos acrescentar que o destinatário do ato também recebe um benefício suplementar: o de ser reconhecido como um ser humano que pode se tornar não somente o instrumento de uma ação, mas também sua finalidade. Duvida-se de seu próprio valor e mesmo de sua razão de ser enquanto eles não forem confirmados pelos outros. "Assim que se fica só, se pensa: de que serve isso? Por que fazer isso? Por que não renunciar..."[47] A atenção dos outros nos dá uma razão para resistir.

Eis dois exemplos, dentre muitos outros, do efeito durável produzido pelo cuidado de que se foi beneficiário. Karlo Stajner, que como diz o título de seu livro viveu 7 mil dias na Sibéria, certa manhã recebe uma carta de sua mulher, depois de cinco anos de solidão passados nos campos do Grande Norte. "Foi meu primeiro dia de felicidade num campo. Agora eu tinha, por fim, uma resposta à terrível questão: de que vale viver?"[48] A mulher desse comunista iugoslavo (e "internacional") é uma russa, grávida de nove meses quando de sua prisão; a bebezinha morre logo depois do nascimento. A primeira carta é seguida por outras. Stajner sabe que sobrevive porque pode pensar em sua mulher. Quando, depois de dezoito anos de separação, ela vem encontrá-lo, ele lhe diz, depois de abraçá-la: "Você não mudou!", e acrescenta: "Os dias seguintes foram os mais belos de minha vida".[49] (Mas Danilo Kis, que se encontrou com os dois, notara a mudança: o rosto dessa mulher era inquietante, pois em seu centro brilhavam dois olhos mortos.)

---

46 Pawelczynska, *Values and Violence in Auschwitz*, p.121.
47 Delbo, *Auschwitz et après*, t.I, p.165.
48 Stajner, *Sept Mille Jours en Sibérie*, p.252.
49 Ibid., p.404.

Albert Speer viaja para a região de Dniepropetrovsk em fevereiro de 1942, na véspera de sua nomeação como Ministro de Armamentos do Terceiro Reich. Ele fica bastante tempo ao ar livre e de repente vê alguns camponeses russos, que trabalham ao lado, apontar com agitação para seu rosto: ele está congelado. Um deles pega a neve e começa a esfregá-lo. Outro camponês tira do bolso um lenço imaculado e enxuga a face dele cuidadosamente. Quando, vinte e cinco anos depois, Speer se põe a escrever suas Memórias, essa cena lhe volta à mente, e é a partir dela que ele tenta repensar seu passado (mas nem sempre consegue); ela se torna a pedra angular de sua concepção do bem e do mal.

Por outro lado, o doador é sempre também um beneficiário. Ele recebe, independentemente de qualquer recompensa futura, um ganho pela própria consumação de seu ato: todos os testemunhos concordam com isso. Ratouchinskaïa nota: "Preocupar-se mais com o sofrimento de outrem que com o seu próprio é, sem dúvida, a única forma de permanecer um ser humano. Para nenhuma de nós tais coisas eram um heroísmo, mas se tratavam antes de atos de autoconservação".[50] Mas por que era assim? Para esse fato podemos buscar várias explicações. Uma delas consiste em dizer que por meio do cuidado com o outro se tem a impressão de reencontrar a dignidade, o respeito de si, dado que se realizou atos que a moral sempre considerou como louváveis. Ora, o sentimento de dignidade reforça nossa capacidade de permanecer em vida. Olga Lengyel encontra uma razão para viver quando lhe fazem a proposta de organizar uma enfermaria; segundo um paradoxo bem co-

---

50 Ratouchinskaïa, op. cit., p.277.

nhecido, quanto mais ela usar seus recursos, mais ela os terá. "O sentimento de fazer algo útil bastava para me dar novas forças."[51] Viktor Frankl, que se tornou psiquiatra depois de sua saída do campo, explica esse benefício indireto pela necessidade humana de encontrar um sentido para a vida, uma finalidade fora de sua própria manutenção: diante do absurdo cotidiano dos campos, ajudar alguém, ou simplesmente lhe dar atenção, é um ato muito sensato.

Podemos também notar que o indivíduo encontra muito mais forças em si quando se ocupa de outro que quando só tem preocupações consigo. É isso que parece pensar um prisioneiro quando dirige o seguinte discurso aos seus camaradas: "Para aguentar, é preciso que cada um de nós saia de si mesmo, é preciso que se sinta responsável por todos".[52] Margarete Buber-Neumann não conhece outra explicação para sua própria sobrevivência: "Sempre encontrei pessoas para as quais eu era necessária. Sempre tive a sorte de compartilhar a felicidade da amizade, das relações humanas".[53] Como sobreviver ao desespero na cela? Ocupando-se dos outros. Duas de suas amigas são levadas para lá: buscar ajudá-las em seu sofrimento a incita e esquecer o seu próprio. O que deveria ser uma provação se torna felicidade. "Em minhas lembranças, esses dias passados no calabouço em companhia de Maria Graf e Maria Presserova foram de alegria e de serenidade."[54] Se ela se desespera, agarra-se à ideia de que Milena tem necessidade dela. "Não posso deixá-la sozinha no campo! Quem cuidaria dela se ela voltas-

---

51 Lengyel, op. cit., p.235.
52 Antelme, op. cit., p.203.
53 Buber-Neumann, op. cit., p.4.
54 Ibid., p.158.

se a ter febre?"⁵⁵ A recompensa está contida no próprio ato, e ao se preocupar com o outro não se deixa de se ocupar de si mesmo: aqui, o mais esbanjador é o mais rico.

Mas aquele que cuida de outrem não tira apenas benefícios de seu ato. Os perigos vêm de dois lados: de uma falha do doador ou do beneficiário. Se o cuidado faz parte de sua forma de viver, então não o conceder — o que não pode deixar de ocorrer — fará com que sinta uma culpabilidade dolorosa. Ella Lingens-Reiner não consegue se perdoar pela morte de uma pessoa dentre os milhões de Auschwitz, uma amiga a quem prometera ir cuidar, caso adoecesse. "Sei que ela me esperava e que contava comigo. E eu não fui."⁵⁶ Aqueles que são liberados dos campos de extermínio sofrem por ali deixar presos os seres com os quais se preocupam. A coisa que mais tortura Guinzbourg não é uma das terríveis punições que lhe infligem, mas a lembrança das palmadas que dera em seu filhinho Vassia (o futuro escritor Axionov) por causa de uma bobagem insignificante. "Essa lembrança me fez sofrer intoleravelmente", pois falhara no cuidado que ela lhe reservava. "A dor que senti naquela noite foi tão aguda que permaneceu em mim durante todos os anos que se seguiram. Atualmente, com mais de vinte anos de intervalo, no próprio momento em que escrevo estas páginas, não deixo de senti-la novamente."⁵⁷

O outro perigo é que o ser com o qual nos preocupamos sofra, ou mesmo desapareça — posto que ele representa tanto para nós. Disso sabem todos os apaixonados: quanto mais a

---

55 Id., *Milena*, p.244.
56 Lingens-Reiner, *Prisoners of Fear*, p.84.
57 Guinzbourg, op. cit., p.116.

gente se abandona ao amor por alguém, mais se torna vulnerável. E se de repente o ser amado cessasse de responder? É também o eterno destino de pais e filhos. Louis Micheels fica sabendo que estão levando novos judeus holandeses para Auschwitz, onde ele já se encontra. Ele se dá conta da possibilidade de encontrar ali seu pai e de "ver seu sofrimento e sua morte. Eu não podia imaginar coisa mais atroz".[58] "Eu, como a maioria de nós, podia brincar sobre o fato de 'passar pela chaminé', mas quando se tratava de um de meus próximos aquilo se tornava indizível, inimaginável."[59] Experiência que não foi poupada a inúmeros outros, a Elie Wiesel ou a Germaine Tillion, sobre quem já falei do remorso e que também escreve: "Há males insuportáveis e desproporcionais para a força humana: é o sofrimento e a morte daqueles que amamos".[60]

Viver segundo a ética do cuidado, nos campos de extermínio, é se tornar particularmente vulnerável, pois se adicionará aos próprios sofrimentos aqueles dos seres de quem se cuida. Milena também sabe do que fala: "É um espetáculo horrível a visão do choro dos seres que se ama".[61] Estamos muito melhor protegidos se lutamos por um ideal, dado que o desaparecimento de um indivíduo pode então ser relativizado e não compromete a esperança de ver sua causa triunfar. Mas será que podemos, para nos prevenir contra esses riscos, deixar de amar ou de cuidar de nossos próximos? Sofrendo por e com alguém, como o fez Pola Lifszyc, adicionamos infelicidade ao

---

58 Micheels, *Doctor 117 641*, p.87.
59 Ibid., p.122.
60 Tillion, op. cit., t.II, p.39.
61 Buber-Neumann, op. cit., p.234.

mundo; mas a bondade do gesto faz com que, em seu conjunto, o mundo se torne mais, e não menos, aceitável.

O cuidado, sentimento humano inextirpável, aliviará aqueles que têm pais ou filhos, amante ou mulher, camarada ou amigo. Mas quem ajudará aqueles que não conhecem ninguém, os estrangeiros – isto é, os mesmos, mas em outras circunstâncias, pois somos todos, em potencial, estrangeiros, desconhecidos abandonados? Para estes, o cuidado dos seres que os amam não basta.

## *Atividade do espírito*

### Experiências estéticas e intelectuais

Em sua narrativa da vida nos campos, Viktor Frankl conta que, transferidos de Auschwitz para Dachau, os prisioneiros quase sempre vivem uma nova experiência. "Por vezes acontecia, num anoitecer em que estávamos deitados no chão, na terra batida do pavilhão, mortos de cansaço depois do trabalho do dia, nossas gamelas de sopa entre as mãos e, de repente, um camarada entrava correndo para suplicar-nos que saíssemos para a Praça de Chamada, somente para não perdermos, apesar do cansaço e do frio que fazia lá fora, um magnífico pôr do sol!"[1] A natureza é mais bela em Dachau que em Auschwitz, e as condições de vida, apesar de tudo, um pouco menos insustentáveis. Isso basta para que renasça uma experiência até então esquecida: a contemplação e a admiração da natureza. Evgenia Guinz-

---

[1] Frankl, op. cit., p.76.

bourg se lembra também do dia em que foi levada ao tribunal, depois de uma longa detenção preventiva. Ela deverá ouvir lá sua condenação, talvez à morte. Mas em vez de pensar nisso cheia de angústia, ela fica maravilhada por rever, furtivamente, o mundo exterior. "Para fora das janelas se desenham grandes árvores escuras. Ouço com emoção o murmúrio secreto das folhas, que acredito ouvir pela primeira vez. Como esses ruídos das folhas me sensibilizam!"[2]

Lendo essas passagens, sente-se que essa experiência – que poderíamos chamar de estética – representa não somente um prazer para aquele que a sente, mas também uma elevação moral; o espírito abandona suas preocupações imediatas, utilitárias, para contemplar a beleza e, por isso mesmo, ele também se embeleza. Seria então possível adicionar à dignidade e ao cuidado uma terceira virtude cotidiana, que mal fora tocada na narrativa de Edelman sobre a insurreição no gueto. Eu a chamarei de atividade do espírito, não para opô-la àquela do corpo, mas para dispor de um só termo para designar duas ações que, em si mesmas, são estrangeiras à moral: a busca do verdadeiro e a busca do belo. Essa atividade não está reservada somente aos profissionais do espírito, sábios ou artistas, mas a todos.

Em certas condições, e em particular na prisão, pode-se ler livros. Há pessoas dispostas a pagar caro para obtê-los. Charlote Delbo compra o *Misantrope*, da coleção "Petits Classiques Larousse", com a ração de pão de um dia. O efeito da leitura é então muito poderoso e, ao que tudo indica, não depende do conteúdo particular do livro, desde que a qualidade da escritura

---

[2] Guinzbourg, op. cit., p.164.

se preste a isso. O importante não é uma mensagem ou outra, mas a própria existência da beleza que esses livros encarnam, é a experiência de liberdade do espírito que se sente ao entrar em comunicação com os criadores e, por isso mesmo, com o universal. Um jovem comunista, Kostylev, descobre por acaso na biblioteca alguns romances franceses, como *A educação sentimental* e *Adolphe*. A leitura o influencia a tal ponto que ele começa a negligenciar suas obrigações de membro do Partido e é preso logo depois, mas não o lamenta: "Se eu soube, mesmo que durante um curto momento, o que era a liberdade, foi lendo esses velhos livros franceses". Herling, que conta essa história,[3] por sua vez descreve o efeito fulminante exercido sobre ele pela leitura de *Recordação da casa dos mortos*, de Dostoievski, descoberto nos campos de Vologda.

Quando os livros estão ausentes, pode-se tentar substituí-los por um esforço da memória (como em *Farenheit 451*, de Bradbury). Guinzbourg conhece de cor muitos poetas, de Puchkin a Pasternak, e não perde uma ocasião de recitá-los, despertando a afeição de seus auditores. Uma cena é particularmente memorável. No trem que a leva à Sibéria, Guinzbourg recita poemas para distrair suas companheiras. Um guarda entra, pois ouviu uma leitura e os livros são proibidos. Guinzbourg assevera que recita de memória, mas ele não acredita e lança um desafio: "Se você recitar durante meia hora sem um livro, sem parar, acreditarei em você. Se não conseguir, o vagão inteiro irá para o calabouço até Vladivostok".[4] Todos no vagão retêm o fôlego: será que todos irão pagar por essa experiência

---

[3] Herling, op. cit., p.95.
[4] Guinzbourg, op. cit., p.283.

estética? Nova Sheherazade, Guinzbourg sorri e começa a recitar *Eugène Onéguin*... Meia hora depois, trazem-lhe água para que umedeça a garganta, e ela continua. O desafio está ganho e todos, recitante e audiência, sentem que tiveram uma pequena vitória sobre o mal que as cerca. Guinzbourg acreditará nessa forma de resistência até o fim de sua prisão. "Meu instinto me dizia que, mesmo que minhas pernas tremessem, mesmo que minhas costas gemessem sob o peso das carriolas carregadas de pedras incandescentes, enquanto a brisa, as estrelas e a poesia continuassem a me emocionar, eu permaneceria viva."⁵

Primo Levi contou, num capítulo de *É isto um homem?*, outra cena singular de recitação de poesia. Preso em Auschwitz, ele ensina italiano a seu amigo Jean le Pikolo, em troca de lições de francês: essa atividade intelectual já cria uma ilhota de liberdade no meio da miséria ambiente. Contudo, Levi é tomado por uma ideia mais ambiciosa: ele decide mostrar a seu amigo a musicalidade de Dante e começa a lhe recitar a cena da viagem de Ulisses, no canto XXVI do *Inferno*. Mesmo que nada tenha de um conhecedor de poesia, Pikolo compreende a importância da cena. "Ele sentiu que essas palavras lhe diziam respeito, que concerniam a todos os homens que sofrem, e a nós em particular."⁶ Quanto a Levi, este sente intensamente a necessidade de prosseguir com a recitação, e está pronto para oferecer tudo – isto é, por exemplo, o pão e a sopa – para poder encontrar alguns versos que faltam. "É absolutamente necessário e urgente que ele ouça, que compreenda [...] antes que

---

5 Ibid., p.325.
6 Levi, *Si c'est un homme*, p.149.

seja tarde demais. Amanhã, ele ou eu poderemos estar mortos, ou nunca mais nos vermos."[7] Se isso ocorresse, os versos de Dante teriam habitado uma consciência humana a menos, um momento de elevação espiritual não teria ocorrido e o mundo perderia uma parcela de sua beleza.

Nem todos compartilharam dos sentimentos de Levi. Em suas reflexões sobre Auschwitz, Jean Améry, apesar de ter ficado preso também no setor de Monowitz e, acreditamos, ter dormido no mesmo pavilhão que Levi, guardou a impressão que ser um intelectual ou um escritor (o que era seu caso), portanto um profissional do espírito, era uma desvantagem, e não um ganho: não se sabia nenhum ofício prático e seu conhecimento era inútil. Um dia, uma estrofe de Hölderlin girou em sua mente, mas nada produziu. "O poema não transcendia mais a realidade. Só restavam palavras, frases: nada mais, o autor diz isso ou aquilo, o *kapo* se põe a berrar 'à esquerda, à esquerda', a sopa é rala e as bandeiras se põem a estalar ao vento. Se tivesse ao meu lado um camarada animado pelo mesmo espírito que o meu, e para quem eu pudesse recitar essa estrofe, talvez a emoção poética subjacente no psiquismo teria brotado. Mas eu não dispunha desse camarada, nem ao meu lado, nem em parte alguma do campo."[8] Por isso, tira do fato uma conclusão desiludida: "Nós [isto é, os intelectuais detidos em Auschwitz] adquirimos a irrevogável convicção de que o espírito, em ampla medida, dá provas de ser um jogo [...]. Assim, perdemos não só uma boa parte de nossa soberba e de nossas orgulhosas ilu-

---

7 Ibid., p.151.
8 Améry, Les Intellectuels à Auschwitz, *Documents*: revue des questions allemandes, 20, p.18.

sões metafísicas, mas também as alegrias ingênuas diante dos poderes do espírito".⁹

Contudo, talvez o próprio Améry tenha sido amplamente responsável por essa impressão: sendo um intelectual profissional, ele buscava estabelecer uma relação de alto nível com um par, para poder desfrutar das belezas do espírito. Ora, Pikolo não era um deles, assim como Levi também não: na época, este era apenas um estudante de química que amava a literatura. Talvez seja porque Levi sente o espírito como uma virtude cotidiana, e não como algo reservado aos seres de elite, que consegue manter a fé nele e assim preservar a eficácia.

Quando a memória não permite restituir os próprios livros, as conversas que os evocam podem desempenhar um papel de substituição. No campo, Herling toma "lições" de literatura francesa com um velho professor, Boris N., o que é uma oportunidade, para ambos, de discutir apaixonadamente assuntos longínquos e abstratos, estranhos à vida que são obrigados a levar. Milena Jesenska e Margarete Buber-Neumann combinam encontros secretos em que falam não de planos de fuga, mas de Kafka, de literatura, de arte. "Para o prisioneiro, o espírito constitui uma ilha, pequena mas segura, no meio de um mar de miséria e desolação."¹⁰

Muito menos frequente que a atitude de comunhão com a beleza, que se pode adotar tanto com relação à arte quanto com a natureza, ou mesmo com a atitude intermediária da intérprete recitante, está aquela do próprio escritor. As razões são evidentes, dado que os campos não são um lugar propício para a

---
9 Ibid., p.32.
10 Buber-Neumann, *Déportée à Ravensbrück*, p.84.

criação. Não obstante, é no seio dessa vida que os futuros escritores preparam sua obra, quase sempre de modo inteiramente consciente. Guinzbourg e Levi sabem que, se sobreviverem, tentarão escrever. Como disse Etty Hillesum (que não sobreviverá): "É preciso que haja um poeta num campo, para viver como poeta esta vida (sim, esta vida mesmo!) e poder cantá-la".[11] O poeta judeu polonês Leon Staf, que viveu no gueto de Varsóvia, também escreve: "Ainda mais que de pão, temos agora necessidade de poesia, justamente numa época em que ela parece supérflua".[12] Se não fosse assim, haveria um empobrecimento irremediável do mundo.

O que vale para a linguagem e para a literatura também é verdadeiro, mesmo que em menor grau, para todas outras artes. Milena e Margarete encontram uma imagem de Bruegel num jornal e bem depressa recortam-no para pregar na parede. Elas veem nisso, a justo título, "um protesto contra nossa condição de presas".[13] Os artistas merecem todo encorajamento: Milena rouba e mente para permitir que Miska, uma jovem pintora polonesa, possa continuar a desenhar.[14] O mesmo ocorre para a música: Micheels não pode esquecer as peças de Bach tocadas em Auschwitz por um violinista. "O contraste entre a pureza de sua música e nossa própria miséria parecia impregnar cada frase com uma profundeza especial. O horror de nossa situação tornava a beleza da vida tanto mais pungente e preciosa."[15]

---

11 Hillesum, op. cit., p.221.
12 Suhl, op. cit., p.122.
13 Buber-Neumann, op. cit., p.84.
14 Id., Milena, p.217.
15 Micheels, op. cit., p.56.

Laks e Coudy, músicos, se lembram: "Voltamos a ser homens normais durante os breves instantes em que dura uma música, a qual escutamos num recolhimento religioso".[16] O mesmo ocorre com aqueles que tocam: "Em mim, cada trecho se desenrola suavemente, os compassos se encadeiam uns nos outros [...]. Esqueci tudo, sou feliz".[17] "A sinfonia se eleva, majestosa, ela nos arrebata, e isso é maravilhoso."[18] Não se trata somente do poder de evasão da música (evasão momentânea e ilusória), mas do sentimento de que se traz um pouco mais de beleza ao mundo – e através desta se participa do universal.

A experiência estética é uma das formas de atividade do espírito; outra delas, que sentimos lhe ser estreitamente aparentada, é a compreensão e o conhecimento do mundo. Estes últimos são, certamente, importantes para a própria sobrevivência do indivíduo; além disso, são uma condição prévia para qualquer combate político contra os campos de extermínio. Entretanto, essa compreensão pode também estar ligada desde o início a um projeto criador, aquele de uma explicação do mundo por meio de uma obra, portanto, de uma atividade do espírito. Dizemos então que é preciso estabelecer a verdade não somente porque isso o ajudará a sobreviver ou ajudará outros a combater um sistema detestável, mas também porque o estabelecimento da verdade é uma finalidade em si. Guinzbourg, que compreendeu bem as duas primeiras funções de seu esforço de memória, soube também formular a terceira: "A verdade não precisa ser justificada pela adequação a um objetivo superior. Ela é *a*

---

16 Laks; Coudy, op. cit., p.185.
17 Fénelon, op. cit., p.164.
18 Ibid., p.165.

*verdade*, simplesmente. Ela deve ser servida, e não servir".[19] Os prisioneiros dos campos viveram uma experiência extrema: é seu dever, diante da humanidade, relatar com toda honestidade o que viram e sentiram, pois há para ela um enriquecimento, mesmo na experiência mais terrível; somente o esquecimento definitivo mobiliza o desespero. Do ponto de vista não mais de si, mas da humanidade (que cada um pode, por sua vez, emprestar), uma vida não é vivida em vão se dela restar um rastro, uma narrativa que se junta às inúmeras histórias que constituem nossa identidade, contribuindo assim, ainda que em ínfima medida, para tornar esse mundo mais harmonioso e mais perfeito. Este é o paradoxo dessa situação: as narrativas do mal podem produzir o bem.

Esse é o porquê de os que morrem pedirem aos sobreviventes: lembrem-se de tudo e contem, não somente para combater os campos de concentração, mas também para que nossa vida, tendo deixado um rastro, conserve um sentido. Gradowski coloca no início de seu manuscrito: "Àquele que descobrir esses escritos! Tenho um pedido a fazer-lhe. Eis aqui a verdadeira razão pela qual escrevo: para que minha vida maldita possa ter um sentido, para que meus dias infernais e meus amanhãs desesperados possam encontrar sua utilidade no futuro".[20] Falando de si, contribui-se para estabelecer a verdade do mundo. Em cada família, pelo menos um membro deve sobreviver, não para que perpetue a identidade biológica, mas para que a família inteira não desapareça sem deixar rastro. É preciso manter-se vivo não pela vida em si mesma, mas na qualidade de suporte

---

19 Guinzbourg, *Le Ciel de la Kolyma*, p.497.
20 Roskies, *The Literature of Destruction*, p.548.

da memória, na condição de narrativa possível. Marek Edelman também recorda: "Tínhamos um medo terrível de passar despercebidos, medo de desaparecer sem que se notassem nossa existência, nosso combate, nossa morte... Medo de que o muro fosse tão espesso que nada, nenhum ruído o atravessasse".[21]

Observando, retendo na memória, transmitindo essa aquisição aos outros, já se combate a desumanidade. "Compreender", diz Germaine Tillion, "é uma profunda vocação de nossa espécie, uma das aspirações de sua emergência na escala da vida."[22] Saber, e dar a saber, é uma maneira de permanecer humano. Essa ação também tem, então, uma dimensão moral. Em que ela consiste? Não é o fato de que o indivíduo mesmo melhore ao se dedicar a uma atividade espiritual, mas sim o de que um mundo mais inteligível seja um mundo mais perfeito; contribuir para isso é visar o bem da humanidade.

## Espírito e moral

Que o prazer estético, de recepção ou de produção, que o esforço intelectual de compreensão ou, para resumir, que a atividade do espírito possui em si mesma uma virtude, não é uma afirmação óbvia. Ficaríamos antes inclinados a ver aí duas atitudes independentes, ou até mesmo opostas. Borowski descreve assim o que lhe parece ser um dilema existencial: "O que seria melhor: que um homem preso num gueto sacrificasse sua vida a fim de fabricar falsos dólares para comprar armas e fazer granadas com latas de conserva, ou que fugisse do gueto, passasse para o outro lado [ariano], salvasse sua vida e se tornasse assim

---

21 Edelman; Krall, op. cit., p.71.
22 Tillion, op. cit., t.II, p.186.

capaz de ler os *Epinicae* de Píndaro?".[23] A mulher que formulou essa alternativa escolheu a segunda via – isto é, ao que parece, antes a arte e o espírito que a moral e a política. Apesar disso, os testemunhos dos sobreviventes dizem outra coisa, a saber, que os dois não se excluem mutuamente. Mesmo sendo atos estéticos, essas sessões de recitação, esses concertos de Bach em Auschwitz, eram também atos morais, dado que, tornando o mundo melhor do que fora até então, melhoravam também as pessoas que dele participavam.

Quando Etty Hillesum decide acreditar em sua vocação de escritora, não escolhe a estética desinteressada em detrimento do cuidado pelos seres. Ela diz a si mesma, com razão: "Eu precisava me retirar de uma pequena comunidade para poder me dirigir a outra, mais vasta".[24] Também observamos Levi consciente de que as palavras de Dante "concernem a todos os homens que sofrem". Esses leitores ou auditores não são diretamente "socorridos" pela leitura, nem têm de sê-lo – os livros não são curativos; porém, tocados pela beleza da arte, eles serão exaltados. Os relatos dessas experiências nos campos, tanto de Hillesum quanto de Levi, de Guinzbourg ou de Charlotte Delbo, além de Borowski, valem como atos morais, não apenas porque trazem um testemunho ou servem ao combate político, mas também porque contribuem para nos desvelar, a nós, seus leitores, a verdade do mundo e, portanto, para melhorá-lo. A busca pela verdade nutre a moral.

Entretanto, poderíamos opor a essa afirmação alguns exemplos, também numerosos, provando que podemos cultivar o es-

---
23 Borowski, *This Way for the Gas, Ladies and Gentlemen*, p.172.
24 Hillesum, op. cit., p.198.

pírito sem que se faça dessa atividade uma virtude. Albert Speer não pode evitar sentir um desfrute estético ao observar os bombardeios de sua própria cidade: "Do alto da torre de Flak os ataques aéreos sobre Berlim ofereciam um espetáculo cuja lembrança não pode ser apagada. Era preciso lembrar constantemente a face atroz da realidade para não se deixar fascinar por esse cenário. [...]. Era uma grandiosa visão do Apocalipse".[25] O que há de moral nessa contemplação? Ou no ato que permite a Speer realizar seus sonhos arquitetônicos? O que ele deseja é produzir a beleza, isto é, na prática, construir edifícios segundo seu gosto. Mas o mercado é limitado, a concorrência é severa, e tudo que ele consegue como encomenda, no primeiro ano de sua atividade profissional, é a reforma de um andar num prédio que pertence a seu pai. Nesse momento, o Primeiro Ministro lhe pede para ser seu arquiteto-chefe. "Com menos de 30 anos, eu tinha diante de mim as mais excitantes perspectivas com as quais poderia ter sonhado um arquiteto."[26] Esse desejo é compreensível, para não dizer legítimo. "Na época, acreditava que a obra que eu faria me colocaria no patamar dos mais célebres arquitetos da História."[27] Durante cinco anos, ele se identifica completamente com essa tarefa.

Seu patrocinador era ninguém menos que Hitler, e enquanto Speer sonhava com um renascimento da Antiguidade, seu país absorvia, uns após os outros, os Estados europeus vizinhos. Mas também não foi assim, suspira Speer, que Fausto vendeu sua alma para Mefistófeles? Em Treblinka, Stangl gos-

---

25 Speer, *Au cœur du Troisième Reich*, p.409.
26 Ibid., p.47.
27 Ibid., p.182.

tava de passear no meio de suas futuras vítimas montado em um cavalo branco, usando um casaco feito sob medida para ele; devemos nos encantar por esse sentido da beleza?

*(Nos primeiros meses depois da tomada do poder pelos comunistas na Bulgária, em 1944, eles massacraram dezenas, ou talvez centenas, de milhares de pessoas (não há um cômputo oficial): antigos fascistas, policiais comprometidos com a repressão dos resistentes, mas também aqueles dos quais queriam se livrar, por uma razão ou por outra. Na província, trata-se em particular dos notáveis locais ou dos representantes da* intelligentsia: *professores da escola, advogados, jornalistas, todos os que poderiam dispor de uma autoridade independente daquela que o novo poder delega. As vítimas são levadas sem jamais terem sido julgadas, conduzidas aos bosques da vizinhança e executadas a golpes de machado ou de porrete e depois sumariamente enterradas. Durante esses mesmos meses, meu pai não parecia descontente. Por fim encontrara interlocutores que pareciam compreender sua paixão, as necessidades das bibliotecas na Bulgária, então se lançava com entusiasmo na construção da nova Biblioteca Nacional. Ele se lembra de alguns amigos que encontrara na época e que lhe disseram: "Você está com a cabeça nas nuvens e não parece ver o que acontece sobre a terra, em seu entorno! Você só pensa em suas bibliotecas! Mas talvez assim seja melhor para você...".)*

O prisioneiro Micheels é enlevado pela escuta da música, mas não é o único. A *Lagerführerin*[28] do mesmo campo, Maria

---

28 *Lagerführerin*: líder de campo, segundo posto em importância, atrás apenas do próprio comandante. Maria Mandel (ou Mandl) foi uma famosa guarda feminina da alta patente das SS, responsável direta pelo extermínio de 500 mil mulheres judias, ciganas e prisioneiras políticas. (N.T.)

Mandel, tem uma queda em especial pela ária de Madame Butterfly, da ópera de Puccini. Ela vem ao pavilhão das musicistas a qualquer hora do dia e da noite e ordena que a cantem para ela. A cada vez, fica maravilhada. Josef Kramer, comandante de Birkenau, compartilha das inclinações musicais de Mandel e estimula as atividades da orquestra feminina neste campo. Seu trecho preferido é a *Rêverie* de Schumann e ele o ouve com a maior atenção. "Ele se abandona à sua terna emoção e deixa agradavelmente correr, sobre suas faces cuidadosamente escanhoadas, as lágrimas, preciosas como pérolas."[29] Quando Mandel e Kramer estão ausentes, é o dr. Mengele que se revela o mais fervoroso melômano. A esse respeito, um membro da orquestra masculina de Auschwitz questiona: "Homens que amam tanto a música, homens que choram ao escutá-la, podem ser capazes de fazer tanto mal, de praticar o mal em essência?".[30] Infelizmente, sim. E Fania Fénelon, que se deleita com a música que toca, não é a única a sentir isso: nos escritórios da Segurança de Estado, em Berlim, prepararam uma sala para a música e a guarneceram de instrumentos; um certo Adolf Eichmann vem nela praticar regularmente o violino, acompanhado ao piano por seu camarada da SS, Bostramer: música de câmara romântica.

As musicistas de Auschwitz, aliás, não são alheias a essa situação, e têm grandes dificuldades para experimentar a felicidade oferecida pela execução da música. Esta serve para acelerar o passo das detentas, para distrair os guardas de suas preocupações ou para lhes dar boa consciência. Tocar música

---

29 Fénelon, op. cit., p.147.
30 Laks; Coudy, op. cit., p.158.

serve para se sentir livre, incitar à alegria; mas será que isso é possível à sombra das chaminés dos crematórios? "Em Birkenau, a música é verdadeiramente a melhor e a pior das coisas. A melhor: ela devora o tempo, oferece o esquecimento, como se fosse uma droga, saímos dela amortecidas, lavadas... O pior é que nosso público são eles, os assassinos; e elas, as vítimas. Se estamos entre as mãos dos assassinos, por nossa vez não nos tornamos também carrascos?"[31] Essa ambiguidade (em que, não obstante, "a melhor das coisas" não é verdadeiramente muito boa) é familiar a qualquer habitante dos países totalitários. Neles o poder lisonjeia e preserva os artistas (guardadas as devidas proporções) generosamente, pois suas produções, por mais belas que sejam, não os ameaçam – desde que esses artistas não se tornem dissidentes. Mas por que, enfim, se deter apenas nos países totalitários? O tema da beleza do crime, do assassinato considerado como uma das belas-artes, do *dandy* que deseja ter sua vida regrada pelas leis da estética, e não por aquelas da ética, se encontra solidamente instalado na Europa desde o início do século XIX. "O vínculo entre estetismo e crime é bem conhecido. O fato de serem eminentemente sensíveis aos valores artísticos pode tornar as pessoas particularmente insensíveis aos valores éticos."[32]

O mesmo ocorre com os praticantes da ciência. Assim como os criadores ficam felizes em dispor dos meios necessários para implementar seus projetos, os cientistas se comprazem quando são instados a se superar. Os grandes cientistas alemães bendisseram o reino de Hitler, que foi particularmente generoso

---

31 Fénelon, op. cit., p.189.
32 Kahler, *The Tower and the Abyss*, p.77.

com relação a eles. Heisenberg foi encorajado a prosseguir suas pesquisas sobre a fissura do átomo, Werner von Braun, aquelas sobre os mísseis de longo alcance. Que outro governo teria posto tantos milhões de marcos à sua disposição?

O espírito está em plena ebulição, mas a ética, não. E não seria a ciência, em si mesma, inteiramente estrangeira à moral, dado que obedece somente à pulsão de conhecer? Não seria cada um de nós capaz de produzir exemplos que comprovam que a inteligência não produz automaticamente a bondade? Aí está uma banalidade, ao menos a partir de Rousseau: o florescimento das artes e das letras não necessariamente contribui para a melhoria dos costumes, e mesmo a grande inteligência nem sempre conduz a uma alta moralidade. Todas as recentes defesas apaixonadas em favor da cultura, mutações mais ou menos conscientes do projeto das Luzes, parecem erigidas sobre o esquecimento deste alerta: o crescimento da cultura não tem efeitos automáticos sobre a moral. A atividade do espírito pode levar à opulência material e não impede nossa fragilidade moral.

Esses argumentos são poderosos, mas também não se pode renunciar à afirmação contrária, a do efeito de elevação da atividade espiritual. Dessa forma, impõe-se não a escolha entre duas teses, mas a necessidade de pormenorizar seus campos de aplicação e a hierarquia que se estabelece entre elas.

O que caracteriza os atos emanados das virtudes cotidianas é que eles são sempre dirigidos a seres humanos particulares, mas a natureza desses seres varia. No caso da dignidade, o destinatário dos atos é o próprio sujeito ou, se quisermos, sua consciência: é preciso que minha ação me valha meu próprio respeito, que eu me considere digno de mim mesmo. Sou ao mesmo tempo ator e juiz, mesmo que, evidentemente, os critérios que me permitem fazer esse julgamento sejam apenas um reflexo interiorizado da opinião dos outros, fora de mim. No caso do cuidado, esse destinatário (ou beneficiário) me é exterior: trata-se de um ou mais seres que conheço individualmente. Por fim, a atividade do espírito também se dirige a outros seres, mas sua identidade não está mais em causa e eles podem ser muito mais numerosos, como notava Etty Hillesum: o escritor não escreve para sua filha ou para seu pai, mas para uma parte de seus compatriotas ou de seus contemporâneos (ou para aqueles que surgirão dentro de trinta anos etc.). Todavia, seja ou não consciente, é preciso que esse destinatário esteja presente e que, mesmo múltiplo, ele se identifique com seres humanos particulares, com pessoas, e não com a diluição desse sentimento na abstração de uma "humanidade" ou do "Homem". Nesse sentido da palavra, as virtudes cotidianas são "pessoais", enquanto as ações heroicas não necessariamente o são. Por sua vez, a atividade do espírito é moral se visa ao bem dos indivíduos a quem se dirige, e deixa de sê-lo se tem como resultado a destruição e a morte. O desenvolvimento de armas de alto desempenho, ainda que demande grandes qualidades intelectuais, não é um ato moral.

A vertente passiva da atividade do espírito, a contemplação da beleza ou a compreensão do mundo que não levam a nenhum projeto criador, parece ter um pouco mais de dificuldade para entrar nesse quadro. Apesar disso, vimos o quão frequentemente os gestos que dela procedem estavam dirigidos aos outros. O prisioneiro de Dachau não se contenta em admirar sozinho o pôr do sol, e precisa que os companheiros compartilhem de sua alegria. Milena não fica feliz por evocar suas lembranças literárias só para si, mas quando as vive em comum com sua amiga. Para o detento Frankl não basta compreender melhor o universo dos campos de concentração, pois deseja que outros partilhem desse entendimento. Essa tendência de compartilhamento da experiência espiritual não indicaria que, mesmo quando esta é solitária, deve ser situada num quadro de comunicação, pois ela nos põe em contato com todos aqueles que poderiam ter estado em nosso lugar?

Essa interpretação das virtudes cotidianas permite, de passagem, compreender por que elas se dividem em três conjuntos, e não em dois ou em cinco. Não parti de nenhum esquema preconcebido; retive e agrupei os atos que, à leitura das narrativas, me pareciam ilustrar uma ou outra das virtudes cotidianas. Contudo, se examino *a posteriori* seu número e suas relações, percebo que elas dependem da natureza de seu destinatário ou, se preferirmos, da estrutura da intersubjetividade. Na dignidade, o *eu* se dirige ao próprio *eu*; no cuidado, a um ou a vários *tu*, isto é, aos seres com os quais se estabelece uma relação de reciprocidade e de conversão possível dos papéis (é a forma básica da troca humana); por fim, a atividade do espírito se dirige aos *eles* mais ou menos numerosos, mas que permanecem anônimos e não são mais os membros de um diálogo que se desenrola no presente — nesse sentido, só pode haver três virtudes: tantas quantas são as pessoas da conjugação verbal. Isso sugere uma dupla relação entre ética e comunicação: esta fornece àquela, ao mesmo tempo, o conteúdo de seu ideal (a universalidade é o horizonte último da comunicação) e o quadro de suas manifestações.

*Diante do extremo*

# Hierarquia das virtudes

Qual é a hierarquia que as virtudes cotidianas formam entre si? Essa questão não tem uma resposta simples, pois ela depende do ponto de vista em que se a coloca. Se escolho a posição do próprio sujeito, é a dignidade que me concerne mais diretamente. Se me situo naquela da comunidade humana em que vivo, evidentemente é o cuidado que prima sobre as outras atitudes. Se por fim me coloco do ponto de vista da história universal, ou do mundo como um todo, a atividade do espírito tem o efeito mais durável. Séculos após suas mortes, somos gratos a Platão e a Shakespeare por terem tornado o mundo mais belo e mais inteligível do que estava antes. E essa atividade se dirige a todos, enquanto o cuidado só concerne a alguns, e a dignidade, somente ao sujeito. Essa diversidade das hierarquias não é fortuita: o sujeito não teria os mesmos interesses que a comunidade, a qual, por sua vez, não se confunde com o universo inteiro. Contudo, também podemos dizer que o cuidado coincide, em sua própria definição, com a atitude moral (nele as pessoas são a finalidade de nossas ações), enquanto na atividade do espírito essa interpelação da pessoa é facultativa, e a dignidade pode ser estrangeira ao bem do sujeito. Por isso, como vimos, nesses dois casos se ultrapassa facilmente a fronteira da moralidade.

Entretanto, a prática mescla o que a análise separa. Minha consciência é uma interiorização do discurso dos outros: o *eu* é formado por *eles*. O cuidado que tenho pelos meus próximos me situa, aos meus próprios olhos, dentro da dignidade. A atividade do espírito frequentemente se dirige a um *tu*, ao nosso companheiro de vida, antes de buscar pelos *eles* incertos. Não saberíamos cultivar uma única virtude em detrimento de outras, e nenhuma receita preliminar nos ensinará a escolher, em caso de conflito.

Em que pese tudo isso, os conflitos existem (e não somente os acordos ou as transformações de uma virtude em outra), e temos todo o interesse em conhecê-los. Para tanto, coloquemo-nos no terreno do cuidado. Se cuidamos dos outros é, pelo menos em parte, para satisfazer nossos próprios critérios de bem ou, como também dizemos, é por dever. Se cuidamos dos outros, podemos conceber uma satisfação interior, então o acordo entre cuidado e dignidade é possível. Mas, como Kant já o sabia, essas duas virtudes podem se opor, pois a dignidade é antes de tudo liberdade, enquanto o cuidado é uma limitação dessa liberdade: assim que reconheço que outros além de mim devem ser a finalidade de minhas ações, não sou mais inteiramente livre. Bettelheim se refere ao mesmo conflito inevitável pelos termos de autonomia e de integração, movimentos opostos e, apesar disso, tão indispensáveis, um como o outro, ao indivíduo.

Tomemos um exemplo bem realista. Uma fazendeira que esconde judeus durante a guerra descreve os conflitos que nascem diante dos banheiros de sua casa. Os refugiados que dele se servem são em número de seis, o que exige o estabelecimento de uma escala de uso, de tantos minutos por pessoa, e certa pontualidade. Por vezes tudo se passa bem, mas em outras, pequenos atrasos se acumulam, de tal forma que a sexta pessoa pega seu turno vinte minutos mais tarde que o previsto. Esses atrasos não são "naturais" e resultam mais do fato de que esse é o único momento do dia em que é possível para os refugiados infringir as regras, exercer sua liberdade e, portanto, reencontrar sua dignidade. Contudo, evidentemente, aqueles que devem esperar interpretam os mesmos atos como uma falta de atenção e de cuidado para com eles.[33]

Esse conflito particular poderia ser resolvido caso fosse possível exercer um mínimo de liberdade fora dessas situações de interação; simplesmente, em circunstâncias extremas, a coisa nem sempre é realizável. Contudo, ela ocorre também em circunstâncias bem menos dramáticas. Quem nunca conheceu esses seres cuja vida se passa em cuidados com os outros – as mães, que nem por isso deixam de ser esposas e filhas – e que cultivam uma grande amargura, pois têm a impressão de negligenciar a si mesmas e, portanto, não terem dignidade? Em relação a isso, talvez seja possível formular uma regra de precedência: o cuidado é um ato moralmente superior, mas somente na medida em que ele não fere a dignidade da pessoa que o pratica.

O cuidado e a atividade do espírito também podem entrar em conflito. Poderíamos aqui partir da história de Alma Rosé, a maestrina da orquestra feminina de Auschwitz. Alma prefere a perfeição da música à felicidade de suas musicistas. Essa perfeição tornou-se, para ela, uma finalidade em si, e pouco lhe importa a quem se dirige essa atividade, por isso aqui não se pode mais falar de virtude, cotidiana ou outra. Alma lembra que, antes da guerra: "as histórias de detenções, de deportações, estavam distantes, muito distantes de mim, elas não me tocavam, não me interessavam. Para mim, só a música contava".[34] No fim de sua vida, ainda declarou: "Morrer não

---

33 Stein, *Quiet Heroes*, p.236.
34 Fénelon, op. cit., p.172.

tem importância. A música é que tem, de verdade".[35] Estando no campo de concentração, ela se dedica novamente à prática musical, e os defeitos de suas musicistas são os obstáculos que precisam ser ultrapassados; a música é sua finalidade, e não os seres. Alma grita, bate, pune e se justifica: "Aqui ou em qualquer outro lugar, aquilo que se faz deve ser benfeito, ainda que seja por respeito a si mesmo".[36] Vemos como a atividade do espírito pode engendrar um sentimento de dignidade (aquele que provém da consciência de um trabalho benfeito), mesmo que negligencie os interesses dos indivíduos. Quando Alma morre, os SS fazem uma emocionante homenagem para ela: eles se inclinam, chorando, diante dos restos mortais dessa judia, recoberta de flores brancas.

O tema do artista egoísta também é bastante anterior às experiências dos campos. Os belos versos justificariam o sofrimento dos indivíduos próximos do poeta? Tudo depende, em primeiro lugar, de saber se escolhemos o ponto de vista da história mundial ou da comunidade humana. Bettelheim evoca o caso do sobrinho de Beethoven, cuja vida foi aniquilada pelo tio genial, e observa: "Mesmo que disso resultem obras de grande valor, as pessoas próximas do artista correm o risco de serem destruídas durante o caminho".[37] Do ponto de vista moral, os dois não devem ser colocados no mesmo plano. Por isso não posso aqui concordar com Frankl, que, ao formular a exigência de encontrar um sentido para sua vida, não vê diferença na natureza da finalidade buscada. "*Ser humano* significa sempre

---

35 Ibid., p.208.
36 Ibid., p.184.
37 Bettelheim, *Le Cœur conscient*, p.56.

*apontar para*, se dirigir a alguma coisa além de si, a uma causa a servir, ou a um ser para amar."[38] Ora, a diferença é grande entre os dois casos assim evocados, e não se permanece igualmente humano em um e em outro. Como ocorre com as relações entre dignidade e cuidado, poderíamos aqui formular uma regra: a atividade do espírito é admirável, mas não justifica a transformação daqueles que cercam o criador em instrumentos, o que, portanto, implica a perda de sua dignidade. Para mais uma vez citar Orwell: "Se Shakespeare voltasse amanhã sobre a terra, e se descobríssemos que seu passatempo favorito consistia em estuprar as garotinhas nos compartimentos de vagões de trens, não lhe diríamos para seguir seus gostos apenas por esperar que ele talvez nos desse um segundo *Rei Lear*".[39]

Nos campos, a vida dos artistas ou dos cientistas vale tanto quanto a dos seres mais insignificantes: toda vida vale o mesmo que qualquer outra. Durante a insurreição do gueto de Varsóvia, várias pessoas tentaram proteger de forma especial a vida do poeta Kacenelson. "Desejávamos ardentemente que ele sobrevivesse para poder, na qualidade de testemunha ocular, contar a verdade", lembra Cyvia Lubetkin.[40] Compreende-se o sentido desse ato da guerra paralela, a da memória, mas Kacenelson (que aliás não morrerá nesse momento) "recusa-se absolutamente a se esconder" e não aceita sobreviver no lugar de outro ser, sob o pretexto de que seria mais precioso por conta de sua qualidade de poeta. Primo Levi ficou escandalizado quando, algum tempo depois da guerra, um visitante lhe suge-

---

[38] Frankl, op. cit., p.170.
[39] Orwell, op. cit., p.133.
[40] Borwicz, op. cit., p.59.

riu que ele sobreviveu a Auschwitz porque Deus desejava que ele contasse a história. "Essa opinião me pareceu monstruosa [...]: eu poderia estar vivo no lugar de outro, às expensas de um outro, eu poderia ter 'suplantado', o que de fato significaria 'matado', alguém."[41] Daí seria só um passo para chegar às práticas tão contestadas de Rudolf Kastner, o dirigente da comunidade judia húngara durante a guerra, que aceitava o sacrifício dos judeus "ordinários" para poder salvar alguns judeus "importantes" (de fato, pessoas ricas ou membros de sua própria família). A atividade do espírito, assim como o dinheiro, não torna um ser mais digno de viver que um outro, mesmo que a História prefira reter o nome dos poetas e dos sábios ao das pessoas que lhe trazem o chá em seu quarto ou que pregam seus botões.

## Virtudes cotidianas e heroicas

Agora podemos voltar à confrontação global das virtudes cotidianas com as virtudes heroicas. Resumo aqui o que precede: as virtudes heroicas clássicas (poderio, coragem, lealdade etc.) podem se tornar indispensáveis em caso de crise grave, de combate de vida ou morte, de revolta ou de guerra. Há guerras justas, e podemos precisar de heróis para ganhá-las. Contudo, mesmo em situações extremas, o heroísmo é facilmente pervertido quando se esquece que os atos heroicos devem ter por destinatários os homens, e não serem executados com vistas ao próprio heroísmo. O herói que se sacrifica para salvar sua própria cidade tem um mérito diferente daquele que o

---

41 Levi, *Les Naufragés et les rescapés*, p.81.

faz pela beleza do gesto. Fora dessas situações extremas, o heroísmo clássico não tem mais justificativa – pelo menos não nos Estados democráticos modernos. Também é verdade que as virtudes que concernem o heroísmo tendem a nestes se enfraquecer. Entretanto, elas se transformam naquilo que chamei de heroísmo moderno: na fúria de ganhar, na busca intensa do sucesso, na necessidade de "conquistá-lo" a qualquer preço. Ora, qualquer que seja o valor dessas qualidades para o êxito da política, da economia ou da pesquisa, seu valor moral é nulo.

As virtudes cotidianas (dignidade, cuidado, atividade do espírito) são apropriadas para os tempos de paz. Por outro lado, não são deslocadas em tempos de guerra e de sofrimentos, como o comprovam todos os exemplos ocorridos na vida nos campos de concentração – e isso se buscamos não somente conquistar a vitória, mas também continuarmos a ser humanos. Uma vez a guerra terminada, os heróis voltam para casa; para não se afundar na loucura, na delinquência ou na droga, eles precisam sentir que não escarneceram daquilo que deviam respeitar antes de partir. "Não se faz a guerra (ou a política) com bons sentimentos", gostam de dizer os chefes de Estado "pragmáticos". Apesar disso, se esquecermos todos os sentimentos humanos, estamos destinados a perder – se não a batalha, em todo caso o combate pela vitória do país que se dirige. Por isso, hesito aqui em seguir Améry, que, apesar de reconhecer certo valor àquele que simplesmente ajudou um camarada mais fraco, põe muito mais acima, no topo de tudo, aquele que se revoltou: "Ele foi o herói absoluto".[42] Sem dú-

---

42 Améry, *Radical Humanism*, p.26.

vida foi, mas serão os valores heroicos necessariamente superiores aos outros?

Diga-se de passagem, as diferentes virtudes cotidianas não são equivalentes em relação a isso. O cuidado, por definição, implica a consideração dos seres individuais. A dignidade e a atividade do espírito dirigem-se a indivíduos (ao *eu* ou aos *eles*), mas estes podem ser somente um pretexto, uma convenção. A dignidade é então substituída pelo orgulho que se tira do trabalho benfeito, ainda que este consista no extermínio de milhares de seres humanos, como no caso de Hoess. E a atividade do espírito não mais se encontra dirigida somente "à humanidade" ou a qualquer outra abstração comparável – e se submete tanto mais facilmente à pura lógica do sucesso, como vimos a respeito da pesquisa intelectual e artística, que também pode ilustrar a metamorfose moderna do heroísmo.

Essa alternativa entre virtudes heroicas e virtudes cotidianas não é original. Já encontramos uma formulação moderna (e popular) na conferência de Sartre intitulada *O existencialismo é um humanismo*. Nela Sartre conta o caso de um jovem que veio lhe pedir conselho durante os anos de ocupação alemã da França. O jovem hesita: deve ficar junto à mãe, que já perdeu na guerra o filho mais velho e cujo marido se tornou colaborador? Ou deve tentar se juntar às forças da França Livre e lutar contra a ocupação alemã? Sartre busca fazer uma dupla demonstração: por um lado, que a essência não precede a existência, que as qualidades humanas não são anteriores aos atos que as manifestam; e, por outro lado, que é impossível escolher entre essas duas possibilidades em nome de um princípio moral qualquer: tudo o que se pode fazer é tentar evitar cair no erro (falta de informação, falta de raciocínio) ou na má-fé (falta de sinceridade). Qualquer solução é boa a partir do instante em que a escolhemos por nós mesmos (autonomia), ao invés de nos submetermos aos imperativos de uma tradição ou a um determinismo físico (heteronomia). "Você é livre, escolha, isto é, invente. Nenhuma moral geral pode dizer o que você deve fazer."[43] "Cada vez que o homem escolhe seu projeto e engajamento com toda sinceridade e com plena lucidez, qualquer que seja esse projeto, é impossível que se lhe prefira um outro."[44] "A única coisa que conta é saber que a invenção que se faz é efetuada em nome da liberdade"[45] etc.

O que Sartre traz de novo não é a própria alternativa, mas a afirmação segundo a qual não é o conteúdo das escolhas que deve nos fazer preferir um termo a outro, mas a atitude do sujeito que escolhe. De fato, o problema já se encontrava formulado na *Ilíada*, no final do "Canto VI". Nele não se trata do dilema de um jovem estudante, mas sim de Heitor, o herói troiano. No momento em que parte para a batalha, sua mulher Andrômeda o segura e implora para que fique junto dela e de seu filho Astyanax. Heitor ama a esposa e o filho, e em outra ocasião até mesmo dirá que morrer para defendê-los é escolher uma morte gloriosa,[46] mas que não confunde o fim e o meio: o herói clássico defende os fracos, e o faz não ao permanecer com eles, mas ao partir para combater. Dessa forma, Heitor não titubeia um só instante: "Aprendi a ser corajoso, o tempo todo, e a combater nas primeiras fileiras dos troianos, para angariar

---

43 Sartre, *L'Existentialisme est un humanisme*, p.47.
44 Ibid., p.79.
45 Ibid., p.86.
46 Homero, *L'Iliade*, XV, p.496-7.

uma imensa glória para meu pai e para mim mesmo".[47] Para Heitor, as diferentes virtudes se repartem segundo os sexos: "Vamos, entre em casa, pense em suas atividades, no artesanato, em tecer, e dê ordens às suas servas para que exerçam as próprias funções. Do combate os homens cuidarão".[48] A escolha se faz aqui então pela referência a um código exterior (o herói sartriano recusa isso); Heitor não é livre, mas está em conformidade com seu ideal.

Apesar disso, esse ideal não reina sem divisões na sociedade antiga, e o próprio Homero talvez nos sugira isso pelo detalhe mais curioso dessa cena já extraordinária: quando Heitor se abaixa para abraçar Astyanax, a criança, amedrontada com as armas de seu pai, retrocede, gritando; para recuperar o amor de seu filho, Heitor deve retirar seu capacete. A *Eneida* reproduzirá a mesma cena, mas invertendo a consequência. Quando, durante o saque de Troia, Eneias deseja se lançar na batalha, sua mulher, Creusa, tenta freá-lo, mostrando-lhe seu filho Ascânio. Num primeiro momento, Eneias pende para a atitude heroica à moda antiga, mas Júpiter lhe envia alguns sinais para que desista disso, então ele finalmente faz uma escolha inversa à de Heitor. Ele carrega seu velho pai nas costas, toma seu filho pela mão e, seguido por sua mulher, foge noite afora.[49] Apesar de Eneias ser cunhado de Heitor, Virgílio pertence a outra época, diferente daquela de Homero, e canta a glória do fundador de uma cidade, e não a de um puro guerreiro. Uma

---

47 Ibid., VI, p.445-6.
48 Ibid., VI, p.490-2.
49 Virgílio, *L'Énéide*, II, p.673-729.

vez mais, é a sociedade (ou o destino) que escolhe pelo indivíduo, cuja vontade, por assim dizer, não intervém.

É verdade que, no mundo moderno, os dois sistemas de valores — virtudes heroicas e virtudes cotidianas — coexistem, e que se pode encontrar argumentos convincentes em favor de cada uma das duas soluções. Será então por isso, como o diz Sartre, que "não há nenhum meio de julgar",[50] e que somente se pode exigir que a escolha seja livre, e não imposta do exterior? As duas possibilidades oferecidas ao personagem sartriano são estimáveis, tanto uma quanto outra; mas teria bastado evocar a liberdade de escolha se estivéssemos, por exemplo, no lugar de Stangl, o comandante de Treblinka que hesitava entre a devoção à sua mulher e seu dever em relação à pátria (isto é, o bom funcionamento do campo)? É evidente, embora Sartre não o admitisse, que não podemos fazer inteiramente abstração da natureza da escolha e nos ater somente à atitude do sujeito que age. A autenticidade, no sentido da fidelidade a si, não é uma virtude, mesmo que (e Sartre tem razão em lembrá-lo) na ótica moderna um ato só seja moral se for livre, e não imposto. Todavia, mesmo no caso do jovem hesitante, é um tanto apressado declarar que as duas escolhas se valem. Só podemos fazê-lo se ignorarmos deliberadamente todos os elementos do contexto que podem fazer a decisão pender para uma ou para outra direção. É por isso que persisto na crença de que é justo, e não arbitrário, desaprovar a decisão de Okulicki e aderir àquela de Anielewicz, mesmo que ambos optem pela revolta e se refiram ao mesmo modelo do heroísmo clássico.

---

50 Sartre, op. cit., p.86.

## Bem e bondade

Sartre sugere também outra interpretação da mesma alternativa – não mais como aquela entre virtudes cotidianas e heroicas, mas como entre "dois tipos de moral":[51] uma dirigida aos indivíduos, a outra, aos conjuntos humanos mais amplos; uma concreta, a outra, abstrata. Mesmo que o exemplo escolhido não se preste muito bem (a pátria é ainda uma instância particular, sua escolha não diz respeito à moral universal), podemos supor que haja aí uma distinção esclarecedora entre, digamos, a moral de simpatia e a moral de princípios (alguns falam de uma moral "horizontal", e de uma outra, "vertical"). O princípio é uma abstração que ilustra cada caso particular; a simpatia, o sentimento vivido diretamente a partir da experiência de outrem, seja como no caso mais frequente, sob a forma de compaixão, em que se aspira à diminuição de sua dor, ou de compartilhamento de seu prazer, provocado pelo espetáculo de sua felicidade.

Contudo, os exemplos de contraste entre os dois, que encontro nos relatos dos sobreviventes, não os colocam no mesmo plano. Ella Lingens-Reiner conta que, num pavilhão de hospital, uma jovem convalescente se apropria da comida de uma moribunda. O "roubo" é descoberto e sua autora é punida com uma tarefa particularmente árdua e penosa decidida pela *Älteste*,[52] uma comunista conscienciosa; a jovem morreu em decorrência disso. "A *Lagerälteste* agirá com base num princípio moral consciente [...]. Ela desejara manter a lei da de-

---
51 Ibid., p.41.
52 Prisioneira líder do pavilhão. (N.T.)

cência, mas sua determinação rígida, mesquinha e crispada a tornava incapaz de encontrar o caminho da simples bondade e da tolerância humanas."[53] A mesma situação, por assim dizer, já se apresentara num campo soviético: Zimmerman, responsável no *sovkhose*[54] Elguen, em Kolyma, é uma mulher "honesta": assim, está pronta para punir o roubo de uma batata com castigos que equivalem à morte. Então, "demoliu e liquidou muitas pessoas com um desinteresse absoluto, em nome daquilo que ela tinha como o mais puro dos ideais".[55] Buber-Neumann se torna o objeto de uma intolerância similar em Ravensbrück: é verdade que ela não roubou, mas transgrediu o código moral da célula comunista, pois afirmou que os campos de concentração também existiam na URSS; imediatamente é "ostracizada", o que implica o risco de perder sua vida, quando é acometida por uma septicemia.[56]

A literatura que descreve os costumes e os dilemas dos puritanos já nos familiarizou com essas contradições entre os nobres princípios e os ignóbeis comportamentos, apesar de estes afirmarem se inspirar nos primeiros: a moral pode ser um monstro frio. Em nome do bem comum, matam-se pessoas particulares; a defesa de princípios abstratos faz esquecer os seres que se deveria proteger e socorrer, mas é a partir das experiências extremas do passado recente que Vassili Grossman elaborou uma espécie de teoria. Ela se encontra em seu romance *Vida e destino*, no qual é atribuída a um personagem secundário,

---

53 Lingens-Reiner, op. cit., p.92
54 Na Rússia, fazenda piloto pertencente ao Estado. (N.T.)
55 Guinzbourg, op. cit., p.93.
56 Buber-Neumann, op. cit., p.190-1.

o velho Ikonnikov. Os dois ideais morais são por ele chamados de *bondade* e *bem*. Os homens sempre quiseram agir em nome de um bem, mas cada religião, cada doutrina filosófica definiu esse bem à sua maneira; em seguida, cada raça e cada classe. Ora, quanto mais a extensão dessa definição se restringia, mais se tornava necessário intervir para tentar impô-la em todos os lugares. Então, a própria noção de tal bem se tornava um flagelo, um mal muito maior que o mal.[57] O mesmo ocorre com o cristianismo, "a doutrina mais humana da humanidade",[58] e ainda com o comunismo. Quem *quer* o bem faz o mal: "Onde se levanta a aurora do bem, crianças e velhos perecem".[59] Mefistófeles dizia, se acreditarmos em Goethe: "Sou uma parte dessa potência que sempre quer o mal e sempre faz o bem".[60] Quanto a Grossman, este parece sempre temer principalmente os protagonistas da atitude inversa: aqueles que sempre querem o bem acabam por fazer o mal.

Felizmente, além do bem e do mal, há "a bondade humana na vida cotidiana. É a bondade de uma idosa que, à beira de uma estrada, oferece um pedaço de pão a um prisioneiro, é a bondade de um soldado que estende seu cantil a um inimigo ferido, é a bondade da juventude que se apieda da velhice, é a bondade de um camponês que esconde um velho judeu em suas terras".[61] A bondade de um indivíduo para com outro indivíduo, a bondade sem ideologia, sem pensamento, sem discurso,

---

57 Grossman, *Vie et destin*, p.380.
58 Ibid., p.381.
59 Ibid., p.382.
60 Goethe, *Faust*, p.66.
61 Grossman, op. cit., p.383.

*Diante do extremo*

sem justificativas, que só demanda que o beneficiário a mereça. Essa bondade é "o que há de humano no homem",[62] e perdurará enquanto os homens existirem. Contudo, não se deve transformá-la em palavra de ordem: "Assim que o homem quer fazer dela uma força, ela se perde, se macula, desaparece".[63]

Nesse ponto, a moral de princípios mal se distingue do próprio mal; a moral de simpatia é a única recomendável. Esta última se opõe à primeira, em princípio negativamente: não se refere a nenhum conceito, a nenhuma doutrina; em seguida, positivamente: é um ato que vai de um indivíduo a outro. Já insisti sobre o fato de que os atos de virtude cotidiana são necessariamente dirigidos a seres particulares (nesse sentido, são "pessoais"). É preciso agora lembrar que, em sua fonte, a operação deve ser assumida pelo próprio sujeito para que se possa falar de bondade ou, em meu vocabulário, de virtudes: estas são não apenas "pessoais", mas, além disso, "subjetivas". A justiça não se confunde com a virtude: sendo um conjunto de princípios e de leis que se encarna numa instituição, ela pode produzir benfeitorias para indivíduos particulares, assim como os atos de dignidade, de cuidado ou de atividade espiritual, mas nem por isso implica a virtude daquele que a pratica, e então este último não tem do que se orgulhar. Inversamente, não pedimos ao juiz que seja particularmente virtuoso, ou moral, mas somente que se conforme à justiça. O campo da moral só começa a partir do momento em que a regra abstrata é assumida por um indivíduo particular, aquele que a enuncia. A justiça é objetiva, é independente daquele que a encarna ou a formula.

---
62 Ibid., p.384.
63 Ibid., p.385.

A virtude é subjetiva (a sabedoria, necessariamente *vivida* pelo próprio sujeito, da mesma forma se opõe ao julgamento).

A presença ou ausência de pessoas particulares como destinatários dos atos (a personalização) nos permitiu distinguir as virtudes cotidianas das virtudes heroicas, que se dirigem às abstrações, à humanidade, à pátria ou ao próprio ideal heroico. A obrigação de identificar o próprio sujeito como agente ou fonte desses mesmos atos morais (sua subjetividade) nos permite uma outra distinção, dessa vez daquilo que poderíamos chamar de moralismo. Este consiste em praticar a justiça sem a virtude, ou mesmo em apenas invocar princípios morais sem se sentir concernido por eles; em se instalar no bem pelo simples fato que se declara sua adesão aos princípios do bem. Ora, a profissão de fé moralista não é, de nenhuma forma, um ato moral; na maior parte do tempo, ela só significa o conformismo ou o desejo de viver em paz com sua consciência. Não basta a adesão a um princípio nobre para que eu me torne nobre. Essa distinção era familiar aos antigos moralistas – não é a ela que se refere a célebre fórmula de Marco Aurélio, "Não mais discutir sobre este assunto: 'O que deve ser um homem de bem?', mas sê-lo"?[64]

A necessidade, para a pessoa, de ser ela mesma o agente das ações morais (em vez de se contentar em aderir a uma proclamação de sua justeza) não diz respeito apenas às virtudes cotidianas, mas a toda a moral. Em nome da moral, só se pode exigir de si mesmo; se exigirmos qualquer coisa dos outros, sem nos reconhecermos neles, significa que pretendemos nos elevar a um ponto de vista impessoal, aquele de um deus. Em

---

64 Marc Aurèle, *Pensées*, X, p.16.

que pese o fato de o ideal moral se definir pela universalidade, a própria ação moral é, em certo sentido, impossível de ser generalizada: eu não me trato da mesma maneira que os outros (a justiça não é a moral, e não há nada de moral no fato de se atribuir uma fatia de bolo igual à dos outros). Kant exprime essa assimetria ao identificar os fins humanos, que são ao mesmo tempo deveres, como "minha própria perfeição e a felicidade de outrem",[65] e nos lembra de que não podemos inverter esses termos: nada há de moral no fato de aspirar à minha felicidade ou à perfeição de outrem (isso é justamente o moralismo).

Não se trata aqui de duas ações separadas, mas de facetas opostas que a mesma ação oferece ao sujeito e a outrem: é visando à sua felicidade que contribuo para a minha perfeição. Então, se quero exemplos do bem, devo sempre tomá-los fora de mim; já os exemplos do mal, começo por buscá-los em mim: a palha em meu olho deveria me incomodar mais que a viga no olho do vizinho. Reciprocamente, aquele que se dá como exemplo, por mais louvável que seja sua conduta, comete assim um ato imoral. Philip Hallie, que também refletiu sobre a diferença entre moral "vertical" e "horizontal" nesse contexto, observa: "Mais que a distinção entre o mal e o bem, entre ferir e ajudar, a distinção essencial dessa moral está entre dar *alguma coisa* e dar *a si* mesmo":[66] o primeiro ato só é moral na medida em que essas coisas fazem parte de mim mesmo.

*(Maurice Blanchot, autor que outrora admirava, intitulou uma de suas últimas publicações (em 1984) como "Les Intellectuels en ques-*

---

65 Kant, *Doctrine de la vertu*, p.56.
66 Hallie, *Le Sang des innocents*, p.106.

tion". *Nela, faz comentários judiciosos e, apesar disso, fiquei perturbado. É que ele dedica, por exemplo, várias páginas — alimentadas por finas observações — à adesão de Paul Valéry à campanha antissemita e ao partido antidreyfusard,[67] no início do século XX; e formula este julgamento severo: "Nada tiro [deste exame] que possa justificar ter juntado seu nome ao daqueles que exigiam, nos piores termos, a morte dos judeus e o aniquilamento de seus defensores".[68] O que me incomoda nessas frases é saber que o próprio Blanchot aderira, entre 1936 e 1938, às posições da Ação Francesa, nacionalista e antissemita, e assinava no* Combat *os artigos em que os judeus eram fustigados e regularmente associados aos bolcheviques. Em seguida, ele conheceu uma conversão completa — e se tornou pró-comunista e filossemita. Mas não encontrou em si, que eu saiba, a força moral para escrever, ainda que fosse uma só linha, sobre sua própria cegueira de outrora. Ora, essa linha teria sido um verdadeiro ato moral, e para nós, seus leitores, teria exercido uma ação mais forte que as longas páginas dedicadas aos erros dos outros. Sua perplexidade diante do caso de Valéry poderia ter sido diminuída com uma reflexão sobre si mesmo. Contudo, essa linha não veio,*

---

67 Referência aos apoiadores da causa contra o Capitão Alfred Dreyfus (1859-1935), um militar judeu francês acusado de traição por supostamente tentar vender segredos do Exército de seu país aos alemães. O caso gerou grande controvérsia na sociedade francesa, dividindo-a entre os *dreyfusards* (defensores de Dreyfus, que queriam sua soltura) e *antidreyfusards* (que exigiam a continuidade de sua prisão). Entre os intelectuais do primeiro grupo, destacaram-se Émile Zola (que publicou o famoso artigo "J'accuse" [Eu acuso], em que defendia a causa pró-Dreyfus, no jornal *L'Aurore* de 13 de janeiro de 1898), Anatole France e Marcel Proust. No segundo grupo, por sua vez, em que imperavam tendências antissemitas, monarquistas e antiparlamentares, foram proeminentes alguns nomes ligados à direita católica, como Maurice Barrès, Ferdinand Brunetière e Charles Maurras. (N.T.)

68 Blanchot, Les Intellectuels en question, *Le Débat*, 29, p.13.

*nem aqui, nem em outro lugar qualquer (por exemplo, em seus comentários, também recentes, sobre o engajamento nazista de Heidegger), enquanto, no mesmo texto, Blanchot lembra seu dever de testemunhar: "Dado que com o tempo que passa os testemunhos da época se tornam raros, não posso guardar silêncio".*[69] *Sua única "confissão pessoal", aqui,*[70] *dirá respeito ao ódio que tem pelos nazistas: uma confissão pouco comprometedora, apesar de tudo. De que valem então essas palavras, que não seguem os atos? Ao mesmo tempo em que suas páginas não padecem nem de precisão histórica, nem de justeza de julgamentos, elas continuam a ser de um valor moral nulo. Não questionando seu autor, elas também não permitem aos leitores que o façam: os malévolos são sempre os outros. Como o diz Blanchot, porém sobre Valéry: "Penosa lembrança, penoso enigma".)*[71]

O mesmo ocorre com os julgamentos sobre o passado. Condenar a escravidão só é um ato moral numa época em que tal condenação não seja óbvia e implique, portanto, um risco pessoal. Fazê-lo atualmente nada tem de moral e só prova que estou ciente da ideologia de minha sociedade ou que quero me pôr do bom lado da barricada. Pode-se dizer quase o mesmo das condenações do racismo em nossos dias, mas isso não ocorreria na Alemanha, em 1936. Constatar agora que Stálin ou Hitler são culpados diz respeito à justiça histórica, mas não produz nenhum benefício moral para mim. Por outro lado, se descubro que eu mesmo ou que pessoas nas quais me reconheço participamos de atos semelhantes aos que condeno, estou em condição de assumir uma atitude moral. Talvez seja verdade

---

69 Ibid., p.20.
70 Ibid., p.28.
71 Ibid., p.12.

que a cultura alemã ou a cultura russa sejam responsáveis pelos desastres que ocorreram nessas terras, a Alemanha e a Rússia, mas esse enunciado só adiciona algo à minha virtude pessoal se eu for, respectivamente, alemão ou russo.

Se reprovo os outros por não terem sido heróis ou mártires, eu me coloco do ponto de vista não da virtude, mas da justiça (no caso, uma justiça duvidosa); contudo, o mesmo não acontece se eu reprovar esse fato em mim. Ou então tomemos o debate sobre a unicidade do massacre dos judeus durante a Segunda Guerra Mundial: qualquer que seja a verdade histórica, a atitude moral consistirá, para aqueles que se aparentam às vítimas, em não tirar vantagem desse caráter excepcional; e para aqueles que estão do lado dos carrascos, em não procurar se aproveitar do que tal evento poderia ter de banal. Como sugere Charles Maier, os judeus deveriam insistir sobre a banalidade do holocausto, e os alemães, sobre sua unicidade. É nisso que deveria pensar o ancião armênio encontrado por Grossman, tocado pelo que um judeu possa ter escrito sobre os armênios: "Ele desejava que fosse um filho do povo mártir que escrevesse sobre os judeus".[72]

Inversamente, alguns comportamentos serão mais justos se conduzidos sem referência à moral. Se o juiz fizer justiça pensando antes de tudo em sua elevação pessoal, e não na aplicação da lei, ele corre o risco de ser um mau julgador. Se o homem político busca, para cada problema, não a solução mais conforme ao bem público, mas aquela que lhe permita dar um passo a mais para a santidade, há fortes chances de que ele seja um mau homem político. Da mesma forma, os eleitores não

---

72 Grossman, *Dobro vam!*, p.270.

deveriam proteger seu chefe de Estado como protegem e cercam de cuidados seus pais ou seus filhos. Em todas essas situações, as considerações sobre o benefício moral do sujeito que age deveriam ser colocadas de lado. Isso não significa, é claro, que a moral e a política, ou a moral e a justiça não possam se inspirar nos mesmos princípios, nem se encontrar nas mesmas finalidades últimas, mas sim que suas práticas devem ser claramente distinguidas.

Essa segunda exigência fundadora da moral (que seja eu mesmo o sujeito das ações que recomendo) implica então um questionamento permanente de si; nem por isso ele deve ser reduzido àquelas que são as formas mais célebres, mas também as mais contestadas: na tradição cristã, o arrependimento (seguido de uma absolvição dos pecados) ou a autopunição que os santos ascetas se infligem; na tradição comunista, a autocrítica forçada e humilhante (das quais os processos de Moscou representam o paroxismo); na neurose individual, o inexpiável sentimento de culpabilidade. Não se excluir do princípio moral ao qual se adere não implica nem a ritualização dos atos de contrição, nem a hiperbolização de suas próprias faltas.

É assim que compreendo a maneira negativa pela qual Grossman caracteriza a bondade ("sem pensamento"): uma ação é moral não em si mesma, mas somente depois de ter sido posta em relação com seu autor, em dado momento e lugar. Aliás, não é impossível generalizar, nem conceitualizar os atos de bondade (dir-se-á, por exemplo, que é preciso se preocupar com os indivíduos, e não com abstrações, e exigir de si mesmo, e não dos outros). O conceito pode apreender a natureza; simplesmente, ele não assegura ainda que o sujeito os tenha assumido pessoalmente. A menos que não se limite o sentido do "bem" àquele de um bem político (nesse caso, trata-se de uma crítica desse utopismo que quer assegurar a felicidade dos indivíduos por meio de uma reforma social, e não de uma crítica do bem enquanto tal), a identificação abstrata do bem e a prática da bondade não se opõem, assim como ocorre com uma regra gramatical e a prática da língua: a possibilidade de encontrá-las separadas não significa que se excluam mutuamente. Por esse motivo, moral de simpatia e moral de princípios também não se opõem, mesmo que se possa encontrar pessoas praticando uma, mas não a outra: elas se completam antes como uma prática e sua teoria. O cuidado com os outros é uma realização do imperativo categórico.

*Nem monstros nem feras*

# *Pessoas ordinárias*

## Explicações do mal

A situação extrema dos campos totalitários se encontra habitualmente associada, em nossos espíritos, não às práticas da virtude, mas à irrupção do mal, num grau jamais visto anteriormente. Não quis me prender a essa imagem convencional, mas não sou menos obrigado a reconhecer que o mal é a personagem principal da literatura sobre os campos de concentração. Sua interpretação me atrai menos que a do bem, porém não me sinto no direito de evitá-la – sobretudo porque esse mal não é somente extremo, mas também, ao que parece, particularmente refratário à explicação. Mais exatamente, as explicações tradicionais que vêm facilmente ao espírito quando somos confrontados com as manifestações do mal não nos são aqui de grande ajuda.

Em primeiro lugar, não conseguimos de forma alguma compreender esse mal se o interpretarmos em termos de anormalidade, exceto se a definirmos, tautologicamente, por esse comportamento mesmo: nada, na personalidade ou nas ações dos autores do mal, permite classificá-los como seres patológicos ou, dito de outra forma, como monstros, qualquer que seja a definição utilizada do normal e do patológico. É, aliás, sem dúvida, o motivo pelo qual os estudos psicanalíticos ou psiquiátricos das condutas nos campos são tão decepcionantes, mesmo quando seus autores têm um conhecimento de primeira mão: eles tendem inevitavelmente a apresentar seja os detentos, seja os guardas (ou os dois) em termos de patologia, e é claro que tal descrição não é adequada. Não se trata aqui, de minha parte, de um julgamento *a priori*: são os sobreviventes que, de uma forma quase unânime, o afirmam (a explicação do mal dos campos de concentração pela monstruosidade dos guardas só é encontrada naqueles que ignoram não apenas esses campos, mas também os relatos que deles se fazem).

A observação comum a quase todos os sobreviventes pode ser assim resumida: uma parca minoria dos guardas, da ordem de 5% ou 10%, poderia ser qualificada de sádica (e, a esse título, de anormal); além disso, ela não é particularmente apreciada pela direção. Benedikt Kautsky, sobrevivente de Auschwitz, escreve: "Nada seria mais falso que ver os SS como uma horda de sádicos torturando e maltratando milhares de seres humanos por instinto, paixão e sede de gozo. Aqueles que agiam assim eram uma pequena minoria".[1] Himmler teria mesmo dado instruções para afastar todos aqueles que parecessem encontrar prazer em fazer mal a outrem.[2] O mesmo ocorria em

---

1 Langbein, *Hommes et femmes à Auschwitz*, p.274.
2 Fénelon, op. cit., p.268.

Buchenwald: "Somente uma pequena minoria era pervertida, movida pela necessidade de torturar e de matar".[3] Ou, ainda, no serviço de experiências médicas de Ravensbrück: se cremos em Tillion, o pessoal ali apresentava "uma média pouco entusiasmante, mas não menos monstruosa para um hospital qualquer de um ou outro mundo".[4] Havia a mesma impressão nos campos russos: "Entre meus carcereiros há pouquíssimos sádicos convictos: a maioria deles é composta por empregados um tanto limitados, um tanto ardilosos".[5] O mesmo acontece com aqueles que enviam Guinzbourg para Kolyma: em vez de serem personagens diabólicas, são medíocres funcionários que "se limitam a cumprir sua tarefa e ganhar a vida".[6]

Debrucemo-nos um instante sobre esses 5% ou 10% de exceções. Quem são eles? Em geral, seres marcados por um defeito físico, ou por pesadas deficiências psíquicas, ou ainda por um destino pouco invejável. Tillion descreve alguns SS de Ravensbrück: "Havia entre eles uma fortíssima proporção de '*mal foutus*'[7] que, por isso mesmo, teriam podido experimentar vinganças pessoais contra o gênero feminino em geral".[8] Os piores guardiões em Auschwitz são os *Volksdeutscher* (e não os *Reichsdeutscher*), os alemães nascidos fora da Alemanha, que ainda devem provar sua "germanidade". Escrutou-se com muito cuidado o destino pessoal dos chefes nazistas, sem dúvida com a

---

3 Bettelheim, *Le Cœur conscient*, p.261.
4 Tillion, op. cit., t.II, p.101.
5 Ratouchinskaïa, op. cit., p.175.
6 Guinzbourg, *Le Vertige*, p.164.
7 Termo pejorativo cujo significado, neste contexto, se aproxima de "dementes", "detestáveis", "perdidos" etc. (N.T.)
8 Tillion, op. cit. T.II, p.87.

esperança de neles encontrar as causas – tranquilizadoras, no fim das contas – do mal que eles causaram: Heydrich talvez fosse um pouco judeu, Hitler também, e tinham muito o que compensar. Goebbels mancava, Himmler e Hitler tinham uma vida sexual bizarra. Mas além de tais características nada terem de propriamente patológico ou excepcional, elas só concernem a poucos indivíduos, enquanto o mal para o qual se busca uma explicação é o feito de milhões de pessoas. Como diz Levi, "Os monstros existem, mas são pouquíssimo numerosos para serem verdadeiramente perigosos. Os que são os mais perigosos são os homens comuns".[9]

Assim como não se pode apelar à monstruosidade, também não saberíamos explicar o mal invocando um retorno qualquer à bestialidade, à selvageria ou a instintos primitivos. Conhecemos as expressões populares: haveria uma fera (um tigre) no interior de cada homem, habitualmente adormecida, mas pronto para atacar assim que as circunstâncias se prestassem a isso, ou ainda um ser primitivo que normalmente conserva o fino verniz de civilização – mas que surge na primeira oportunidade: o selvagem em nós se entrega à plena satisfação de seus instintos. Também se diz, como vimos, que nessas circunstâncias voltamos ao "estado da natureza" hobbesiano, à guerra de todos contra todos, dado que a ordem social desmoronou. Mas basta observar a situação real para se dar conta de que tais explicações são falsas, ambíguas. Nem a tortura nem o extermínio têm – que fique claro – um equivalente entre as feras. Além disso, não há nessa situação nenhuma ruptura do contrato social: matando e torturando, os guardas se confor-

---

9 Levi, *Si c'est un homme*, p.262.

mam às leis de seu país e às ordens de seus superiores. Como observou Dwight Macdonald logo depois da guerra, a lição dos crimes nazistas era a de que aqueles que aplicam a lei são mais perigosos que aqueles que as infringem. Ah, se os guardas tivessem se entregado aos seus instintos! Mas não, eles seguiam o regulamento...

Por fim, a explicação pelo fanatismo ideológico também é insuficiente. Há fanáticos comunistas ou nazistas entre os guardas, mas sua proporção não é maior que a dos sádicos. Ao contrário, predomina um outro tipo completamente diferente: o dos conformistas, prontos a servir a qualquer poder, interessados mais pelo seu bem-estar pessoal que pela vitória da doutrina. De nada adianta remontar a escada do poder: aí só se encontram, por assim dizer, os "pragmáticos" e os cínicos. Passado o período da tomada do poder, a ideologia é apenas um álibi, e não uma motivação (o que não significa que seja inútil). Aqueles que frequentaram Mengele diziam: é um cínico, não um ideólogo. Mas Speer também fala de Hitler: era um pragmático, não um fanático. Provavelmente o mesmo acontecia com Beria. "O novo Estado", observa Grossman, "não tinha o que fazer com os santos apóstolos, com os construtores frenéticos e possuídos, com os discípulos cheios de fé. [...] Ele só precisava de empregados."[10] Notou-se frequentemente que o momento mais intenso de fanatismo antissemita na Alemanha, a *Kristallnacht* de 1938, foi responsável pela morte de cerca de cem pessoas. Se o assassinato de judeus seguisse no mesmo ritmo, os nazistas precisariam de 140 anos para chegar ao número de vítimas alcançado de fato em cinco anos.

---

10 Grossman, *Tout passe*, p.198.

## Crimes totalitários

Os crimes cometidos sob o totalitarismo, os extremismos dos campos, não podem ser esclarecidos por nenhuma das explicações tradicionais; eles exigem a introdução de novos conceitos, pois são inéditos até em seu próprio princípio. Hannah Arendt usa, a respeito de Eichmann, a expressão "banalidade do mal". A julgar pelo número de mal-entendidos que suscitou, a expressão não foi muito feliz, mas a ideia de Arendt é importante.

Confrontada ao indivíduo Adolf Eichmann, no decorrer de seu processo em Jerusalém, Arendt se rende à evidência: apesar dos esforços empreendidos pela acusação para demonizar esse homem, ele aparece como um ser profundamente medíocre, ordinário, comum, enquanto o mal pelo qual foi responsável é um dos maiores da história da humanidade. "A dificuldade, com Eichmann, é precisamente o fato de que havia muitos parecidos com ele e que não eram nem perversos, nem sádicos; que eram, e ainda são, terrivelmente normais."[11] Nesse sentido, então – mas somente nesse sentido – o mal que Eichmann ilustra é "banal", e não "radical", isto é, desumano (Arendt distingue entre "radical" e "extremo"). Essa banalidade de forma alguma deve levar a uma banalização. É precisamente porque é tão fácil e não exige qualidades humanas excepcionais que esse mal é particularmente perigoso: por mais que o vento sopre do lado "bom", ele se propaga na velocidade do fogo. É esse aspecto paradoxal do conceito – um mal extremo, mas não radical – que sem dúvida é responsável pelos mal-entendidos que

---
[11] Arendt, *Eichemann à Jérusalem*, p.303.

o cercam. Não obstante, é preciso dizer que o próprio fato é paradoxal: ao mesmo tempo comum e excepcional.

A "banalidade" ainda não é de fato uma explicação, mas um meio para afastar as fórmulas habituais e indicar a direção na qual se deve buscar. Um dos condenados de Nuremberg, Seyss--Inquart, antigo governador da Áustria e depois da Holanda, já dizia, a propósito do testemunho de Hoess sobre as condenações à morte em Auschwitz: "Há um limite do número de pessoas que se pode matar por ódio ou por gosto do massacre [eis aqui material para o fanatismo e o sadismo], mas não há limite para o número que se pode matar, de maneira fria e sistemática, em nome do 'imperativo categórico' militar".[12] A explicação não deve ser buscada no caráter do indivíduo, mas naquele da sociedade, que impõe esses "imperativos categóricos". A explicação será política e social, e não psicológica ou individual.

Mas quais são as propriedades da sociedade que permitem a perpetração de tais crimes? Para dizer a verdade, a resposta a essa questão é para mim um ponto de partida, e não de chegada: é seu caráter totalitário. De fato, este é o único traço em comum que tiveram a Alemanha e a União Soviética, a Bulgária e a China. Os alemães, os russos, e todos os que cometem crimes inauditos não são seres humanos diferentes dos outros – o regime político em que vivem o é. Essa resposta não afasta qualquer consideração sobre as tradições nacionais desses países, dado que, mesmo que rejeitemos a ideia nazista das raças e povos inferiores (e culpáveis), podemos nos perguntar, num segundo momento, por que o totalitarismo se instalou na Alemanha, e não na França; ou na China, e não na Índia

---

12 Gilbert, *The Psychology of Dictatorship*, p.256.

etc., e evocar a força da tradição militarista aqui, a brutalidade constante das repressões lá, ou mesmo a "alma servil" em outro lugar. Mas essa análise das tradições culturais e nacionais não é meu propósito, e de minha parte subscrevo a conclusão de Germaine Tillion, que afirma: "Não estou convencida [...] de que exista um povo que esteja ao abrigo do desastre moral coletivo".[13] Nesse ponto ela se junta a David Rousset, sobrevivente de Buchenwald, que formulara esse alerta alguns anos antes, logo após a guerra: "Seria uma fraude, e criminosa, imaginar que é impossível aos outros povos levar a cabo uma experiência análoga por razões de oposição de natureza".[14]

Essa conclusão de Tillion é ainda mais preciosa porque, ao sair do campo de Ravensbrück, tal julgamento imparcial lhe era impossível, e na primeira versão de seu livro ela estava pronta a buscar a explicação do desastre na história e no caráter nacional dos alemães, ou dos poloneses etc. A despeito disso, ela soube mudá-lo. "Hoje tenho vergonha desse julgamento", ela escreve em 1972, "pois estou convencida de que, na mesma situação, qualquer outra coletividade nacional também teria se excedido da mesma maneira."[15] Com mais forte razão também nos absteremos, de bom grado, de lamentar o caráter nacional alemão, opondo-o ao dos franceses, pois estes últimos estiveram entre os mais zelosos colaboradores na implementação da "solução final". A máquina totalitária absorveu as "lições" do czarismo russo, do militarismo prussiano ou do despotismo chinês, mas com isso produziu um novo conjunto, e foi este

---

13 Tillion, op. cit., t.II, p.213.
14 Rousset, *L'Univers concentrationnaire*, p.186-7.
15 Tillion, op. cit., t.II, p.54.

que agiu na consciência dos indivíduos. Essa é também a conclusão de Levi: "É preciso colocar claramente como princípio que a falta maior pesa sobre o sistema, sobre a própria estrutura do Estado totalitário".[16]

Todavia, o que me interessa aqui não é o totalitarismo em si, mas sua ação sobre a conduta moral dos indivíduos. Em relação a isso, algumas de suas características são mais importantes que outras.

A primeira delas é o lugar reservado ao inimigo. Todas as doutrinas extremistas se servem do princípio de "quem não está comigo, está contra mim" (e que, infelizmente, provém do Evangelho), mas nem todas prosseguem: "E quem está contra mim deve perecer"; nem todas também dispõem dos meios do Estado totalitário para executar a ameaça contida nesse princípio. O que caracteriza mais especificamente o totalitarismo é que esse inimigo se encontra no interior do próprio país. É verdade que a Alemanha nazista e a União Soviética praticam também uma política exterior agressiva, mas nisso elas se comportam como os outros Estados imperialistas. Por outro lado, a ideia de inimigo interior – ou, se preferirmos, a extensão do princípio de guerra às relações entre grupos dentro do próprio país – os caracteriza particularmente. Lenin a formulou logo depois da Revolução de Outubro. E foi Eicke, grande inspirador e promotor dos campos de concentração na Alemanha, que declarou num discurso dirigido aos *Führer* dos campos, no início da guerra: "O dever de destruir um inimigo do Estado dentro do país em nada se distingue daquele que os obriga a matar seu adversário no campo de batalha".[17]

---

16 Levi, *Les Naufragés et les rescapés*, p.43.
17 Hoess, *Le Commandant d'Auschwitz parle*, p.101.

A generalização da ideia de guerra conduz logicamente à conclusão de que os inimigos devem ser mortos. As doutrinas totalitárias sempre dividem a humanidade em duas partes de valores desiguais (que não coincidem com "o nosso país" e "os outros países" – não se trata de um nacionalismo simples); os seres inferiores devem ser punidos, ou mesmo eliminados. Elas jamais são universalistas: nelas nem todos os homens têm os mesmos direitos. Isso fica evidente para a doutrina nazista, que associa as "raças inferiores" – judeus, ciganos e outros – a sub-homens, quando não a parasitas. Contudo, isso não é menos verdade para o comunismo soviético, no qual a mesma linguagem é abundantemente utilizada no decorrer dos expurgos dos anos 1930 ("aos cães, uma morte de cão", "esmaguemos os vermes" etc.), sem falar das práticas, que já tinham mais de vinte anos na época dos expurgos. Aliás, presumia-se que essa guerra interior, segundo a doutrina staliniana, deveria se intensificar à medida que se aproximava do comunismo. O inimigo – de raça ou de classe, pouco importa – é necessariamente um inimigo extremo, contra o qual se justifica uma guerra de extermínio.

Uma segunda característica dos sistemas totalitários também está ligada à renúncia à universalidade. Ela consiste no fato de que o Estado se torna o detentor dos fins últimos da sociedade. O indivíduo deixa de ter acesso direto aos valores supremos que devem reger sua conduta. Ele não pode mais se considerar como um representante dentre outros da humanidade e consultar sua consciência para saber para qual fim ele deve se dirigir, e em função de quais critérios pode julgar os atos de outrem. O Estado torna-se um intermediário obrigatório entre ele e os valores. É o Estado, e não mais a humanidade, que detém a medida do bem e do mal, e que decide, por conseguinte, a direção na qual a sociedade deve se mover. Por essa captação das finalidades últimas da sociedade, o próprio Estado totalitário se confunde progressivamente com esses fins, tanto para si mesmo quanto para seus sujeitos.

Por fim, uma terceira característica que nos concerne aqui é aquela que designa, precisamente, o adjetivo "totalitário": o Estado aspira a controlar a totalidade da vida social de um indivíduo. O Partido (comunista ou nacional-socialista) não se contenta em se apropriar do poder político no sentido estrito, como nas ditaduras clássicas, eliminando a oposição e assumindo sozinho o governo. Ele estende seu controle sobre toda a esfera pública na vida de cada pessoa e toma amplamente lugar na vida privada, controlando seu trabalho, sua moradia, sua propriedade, a educação ou a distração de suas crianças, e mesmo sua vida familiar e amorosa. Isso lhe permite obter a submissão desses sujeitos, pois não há mais lugar onde possam se abrigar e escapar dele. Durante os períodos "duros" do totalitarismo (na União Soviética e no Leste Europeu sob Stálin, na Alemanha sob Hitler no tempo da guerra), essa obediência é obtida pela ameaça direta de violências físicas e de morte. Durante os períodos "moles", o poder se contenta em deportar o indivíduo, privá-lo de trabalho, impedi-lo de viajar para o exterior, obstar que aceda à propriedade, obstruir o acesso de seus filhos à universidade e assim por diante.

Cada uma dessas características do sistema se torna a causa de certos comportamentos morais, próprios dos sujeitos totalitários. A presença de um inimigo absoluto no sistema de valores reinante, de uma encarnação do mal, torna possíveis, ou até mesmo louváveis, todas as ações hostis a esse inimigo.

Ainda é só uma extensão do princípio de guerra: louva-se o soldado por sua determinação diante do inimigo ou, dito em outras palavras, por sua capacidade de matar. O que é proibido em tempo de paz se torna recomendável durante a guerra. Obriga-se o indivíduo a ser forte e, sobretudo, mais forte que o inimigo. O gozo do poder, sentido por aquele que o exerce, é a consequência inevitável dessa situação.

O fato de que o Estado tenha se apropriado de todas as finalidades últimas da sociedade, de que seja o único a decidir os objetivos que devem ser buscados, tem um duplo efeito. Por um lado, os sujeitos totalitários sentem com isso certo alívio, pois a responsabilidade pessoal pelas decisões é, por vezes, um fardo pesado a carregar. Por outro lado, o poder os obriga a se aterem somente ao pensamento e à conduta instrumentais, aquelas que se concentram, não importa qual seja a ação, nos meios, e não nos fins (o que os antigos chamavam "a habilidade"). No plano da produção material, essa obrigação não basta para se obterem resultados brilhantes (a ausência de iniciativa pessoal e a burocracia crescente se tornam aqui verdadeiros obstáculos). Entretanto, sobre o plano do comportamento moral, ela é decisiva. Frequentemente nos perguntamos como é que "gente comum", "bons maridos e pais de família" puderam cometer tantas atrocidades. O que se tornara sua consciência moral? A resposta é que, graças à essa captação das finalidades últimas, a essa restrição dos homens apenas ao pensamento instrumental, o poder totalitário podia conseguir que eles cumprissem as tarefas que lhes eram prescritas sem ter de tocar na estrutura moral do indivíduo. Os guardas responsáveis por atrocidades não deixam de distinguir entre o bem e o mal, eles não sofreram nenhuma ablação de seus órgãos morais, mas pensam que essa "atrocidade" é, de fato, um bem, dado que o Estado – detentor dos critérios do bem e do mal – lhes diz isso. Os guardas não estão privados de moral, mas dotados de uma moral nova.

Por fim, a tomada do indivíduo por uma rede "total" resulta, como esperado, na docilidade dos comportamentos, na submissão passiva às ordens. Para dizer a verdade, os sujeitos totalitários acreditam ter encontrado uma defesa: decidem submeter "apenas" seu comportamento externo, gestos e falas em lugares públicos, e se consolam com o que podem para continuar a ser senhores de sua consciência e fiéis a si mesmos em sua vida íntima. Na realidade, essa espécie de esquizofrenia social usada como defesa se volta contra eles: apesar de parecer que o regime totalitário desenvolve esforços para doutrinar seus sujeitos, ele se contenta, de fato, com sua docilidade "apenas" pública, pois ela lhe basta para que se sustente, de forma inabalável. Simultaneamente, ela acalma esses mesmos sujeitos, dando-lhes a ilusão de que "no seu próprio interior" eles permanecem puros e dignos. Dessa forma, a esquizofrenia social se torna uma arma nas mãos do poder, usada para adormecer a consciência dos sujeitos, para fazer com que subestimem a gravidade daquilo que fazem em público. Quando se sente mestre de seu foro íntimo, o sujeito não fica mais atento ao que faz fora dele.

A submissão dos sujeitos tem outra consequência, se eles têm a infelicidade de fazer parte do inimigo interno. Conjugando um controle total sobre os meios de informação e os meios de coerção (a polícia) com a ameaça de violência física e de morte, o poder totalitário obtém a submissão de suas vítimas. De nada adianta estas serem numerosas — não dispondo de nenhuma organização, cada ser está diante de uma força infinitamente superior e, portanto, se vê impotente. Sabe-se que, durante e depois da Segunda Guerra, alguns autores judeus reprovaram as populações judaicas por terem "se deixado levar como cordeiros ao abatedouro", por não terem resistido de armas na mão (encontramos essa reflexão em homens tão diferentes como Bruno Bettelheim, Raul Hilberg, Jean Améry ou Vassili Grossman; mas essas primeiras formulações foram usadas como um aguilhão entre os promotores da resistência clandestina). Outros escritores se puseram a contestar essa afirmação, realçando os atos de resistência que haviam ocorrido aqui e ali. De fato, trata-se de um falso debate, e à questão "por que os judeus não se revoltaram ainda mais?", somente podemos responder: "porque tal revolta era impossível num meio totalitário". Por que os prisioneiros de guerra soviéticos na Alemanha não se revoltaram? Por que 5 milhões de camponeses da Ucrânia se deixaram morrer passivamente durante a carestia que Stálin lhes infligiu no início dos anos 1930? Por que 1 bilhão de chineses não se revoltam atualmente? Invocar aqui as tradições judaicas ou uma mentalidade de gueto é totalmente fora de contexto.

 Os crimes totalitários são de uma espécie nova e é preciso reconhecer sua especificidade, mesmo que isso não nos obrigue a rever nossas ideias sobre a "natureza humana". Eles nada têm de extra ou infra-humano, e apesar disso são uma inovação histórica. A causa desses crimes não se encontra nem nos indivíduos, nem nas nações, mas no regime político em vigor. Uma vez que o sistema totalitário esteja instalado, a grande maioria da população – você, eu – corre o risco de se tornar cúmplice desses crimes; essa única condição já basta. Esta é uma das lições desses eventos trágicos: o deslizar rumo ao que julgamos ser o mal é fácil. Como escreve Germaine Tillion: "Desejo profundamente chamar a atenção dos responsáveis para a trágica facilidade com a qual as 'pessoas de valor' podem se tornar carrascos sem nem mesmo perceberem".[18]

*(Até 1944, a Bulgária fazia parte do campo pró-alemão e tinha um governo que era chamado de fascista. Esse pró-germanismo e esse fascismo não deveriam ser a toda prova, pois a Bulgária foi um dos raros países da Europa que não entregaram "seus" judeus. Era possível protestar nas ruas contra o porte da estrela judaica, os deputados podiam protestar na Assembleia Nacional contra as medidas de agrupamento e os clérigos ortodoxos podiam declarar que iriam se deitar sobre os trilhos por onde passariam os trens carregados de judeus. Assim, esse fascismo era combatido, e à frente do combate estavam os comunistas. Eles eram acompanhados por inúmeros simpatizantes, dentre os quais meu pai, na época modesto bibliotecário e homem de letras, mas que já tinha opiniões pró-comunistas. Será que ele podia imaginar então, no momento em que demonstrava a reação mais simples e de nenhuma forma extrema, que consistia em apoiar o combate antifascista, que assim iria contribuir para pôr em seu lugar um outro regime totalitário, com um sistema de campos de concentração decuplicado em relação ao precedente, que enforcaria, fuzilaria ou sufocaria na prisão todos os representantes da oposição, e jamais toleraria a manifestação nas ruas de nenhuma oposição, nem a expressão de nenhuma opinião pessoal? Como ele teria podido deduzir o extremo do cotidiano?)*

---

18 Tillion, op. cit., t.II, p.214.

*Tzvetan Todorov*

## Os agentes do mal

Dizer que a causa dos crimes totalitários não se encontra no indivíduo, mas sim no regime político, não significa que esse indivíduo esteja eximido de qualquer responsabilidade. É preciso partir aqui de uma distinção entre culpabilidade legal e responsabilidade moral. Se nos colocarmos no terreno da justiça, devemos distinguir claramente entre os próprios agentes dos crimes, no limite culpados pela não assistência à pessoa em perigo, mas que só devem prestar contas perante a história ou sua própria consciência, e não mais perante os tribunais. A distinção já fora estabelecida por Jaspers, logo após a guerra, em sua meditação sobre *La Culpabilité allemande*. Se é necessário insistir nisso, é porque tratamos de regimes totalitários, em que essa fronteira, que em outros lugares é clara, tem tendência a se borrar: aqui, todos estão implicados na manutenção do sistema adotado e, portanto, são responsáveis; ao mesmo tempo, todos estão submetidos e agem sob coação. A situação totalitária é particular, é verdade, e apesar disso ela não permite eliminar definitivamente a ideia de responsabilidade pessoal. Mesmo dentro dos campos de concentração, nesse extremo do extremo, a escolha entre o bem e o mal permanece possível, como vimos. Com mais forte razão, ela se mantém na vida fora desses campos, mesmo que não seja tão fácil como numa democracia.

Num capítulo brilhante de *Tout passe*, dedicado aos delatores, Grossman quis justapor os diferentes pontos de vista sobre essa questão, esboçando primeiro o retrato de quatro "Judas", imaginando em seguida seu processo público, em que se afrontam o acusador e o advogado. Apesar de se recusar a arbitrar, finalmente Grossman tende para a absolvição geral. Judas I foi objeto de pressões irresistíveis (prisão, campo de concentração, tortura), então cedeu. Judas II foi vencido pelo seu próprio medo diante do Estado-colosso, o qual ele nunca teria conseguido fazer com que se modificasse. Judas III praticou a submissão incondicional. Judas IV foi vítima das condições miseráveis nas quais cresceu. Em tudo isso, "somente o Estado é responsável".[19] E Grossman conclui: "Não, não, eles não são culpados. Forças obscuras, forças de chumbo os conduziram".[20] No entanto, o Estado não vive fora dos indivíduos que o encarnam. As forças obscuras precisam de braços humanos para impor sua vontade. Supô-los submissos a esse ponto é ter uma desprezível opinião. Em vez de desculpá-los, Grossman os pressiona. Não, os homens nunca são *inteiramente* privados da possibilidade de escolher. A pessoa é responsável por seus atos, quaisquer que sejam as pressões que sofra, pois do contrário renuncia à condição de seu pertencimento humano; entretanto, quando as pressões são realmente grandes, o julgamento deve levar isso em conta. E na medida em que não há um ser essencial, independente de suas manifestações exteriores, posto que o ser é constituído pelo conjunto de seus atos, é ele que será atingido pelo mal, e não apenas seus atos.

Grossman acrescenta: "Talvez sejamos culpados, mas não há juiz que moralmente tenha o direito de levantar a questão de nossa culpabilidade"[21]. "Dentre os viventes, não há inocentes. Todo mundo é culpado: você, acusado; você, promotor; e

---

19 Grossman, *Tout passe*, p.91.
20 Ibid., p.95.
21 Ibid., p.92.

eu, que penso no acusado, no promotor e no juiz."[22] Hoje, depois do desmoronamento do totalitarismo comunista em vários países, a questão é atual: é preciso julgar os culpados? E se sim, onde encontrar juízes inocentes para fazê-lo? Mas o argumento de Grossman fica fora de propósito aqui: os tribunais fazem justiça em nome de princípios aceitos por todos, e não porque os justos, e somente eles, têm o direito de condenar os culpados. Ele confunde, com consequências graves, direito e moral. O juiz só importa para a justiça na medida em que encarna seus princípios com rigor, e isso nada tem a ver com sua virtude pessoal. A pressão exercida pelo Estado pode ser considerada uma circunstância atenuante, e a prática extremamente difundida de certos crimes pode incitar à sua anistia ao fim de certo tempo. Nem por isso a verdade, num primeiro momento, deve deixar de ser estabelecida, e a justiça, feita. A clemência será bem-vinda, mas só poderá intervir depois: há uma grande diferença entre mansuetude e ocultação da verdade. Logo depois da Liberação, as letras francesas foram sacudidas por um debate apaixonado, que via se oporem os partidários da justiça (o que frequentemente significava um acerto de contas) e os da caridade (e, portanto, do perdão dos colaboradores). De um lado, Vercors ou Camus; de outro, Mauriac e Paulhan. Entretanto, as duas atitudes não se excluíam de fato. Mesmo que se decida que se deve perdoar, é melhor fazê-lo com conhecimento de causa, depois de ter, num primeiro momento, estabelecido os fatos: a justiça não se reduz à punição.

Por outro lado, essa responsabilidade se estende, em nosso mundo compartimentado e especializado, desde a concepção

---

22 Ibid., p.95.

inicial até a execução final: a multiplicidade dos agentes não os torna menos responsáveis. É verdade que somente a culpabilidade legal diz respeito aos tribunais. Ora, no estado atual das coisas, a lei não considera culpados todos esses cúmplices; dessa forma, pune os que decidem, mas não seus inspiradores. Então é preciso preparar um lugar, ao lado do julgamento pronunciado pelos tribunais, para aquele que expressa o consenso social – as responsabilidades morais não são uma ficção. Podemos não compartilhar da indignação de Hermann Kesten, que pensa que na Alemanha "os assassinos 'da caneta' eram infinitamente mais perigosos e abomináveis que os próprios torturadores e carrascos"[23] e que, em consequência, é preciso condenar mais severamente os escritores e intelectuais, Jünger e Gottfried Benn, Heidegger e Carl Schmitt, do que os comandantes dos campos de concentração, tais como Hoess e Stangl. Contudo, devemos admitir a responsabilidade de um pensamento antiuniversalista (que privilegia a classe ou a nação), hiperdeterminista (que nega, no fim das contas, a moral) e conflituoso (que vê na guerra a lei suprema da vida) no advento dos regimes totalitários e, por conseguinte, nos crimes que neles foram cometidos.

Durante o processo de Nuremberg, as duas atitudes coexistem: alguns acusados rejeitam a responsabilidade, jogando tudo nas costas do Estado ou do *Führer*, enquanto outros se consideram culpados. Esse último caso é ilustrado principalmente por Speer. Diante do tribunal, ele distingue duas séries de crimes: aqueles pelos quais é pessoalmente responsável (utilização dos detentos dos campos como mão de obra nas fábri-

---

[23] Wiesenthal, *The Sunflower*, p.153.

cas de armamentos e, portanto, causador também de sua deportação) e aqueles pelos quais é responsável por cumplicidade, na qualidade de membro do grupo dirigente do país. Em seu processo, Eichmann só reconhece sua culpabilidade do segundo tipo – exceto pelo fato de que não pertencia à classe dirigente. Speer aceita tão facilmente seu quinhão de responsabilidade nos crimes de Hitler dos quais ninguém o acusa que isso deixa na sombra sua culpabilidade direta: ele se reprova, em suma, por ter participado do Estado nazista, e não por um ou outro ato (é também a estratégia que usa no decorrer de seu livro). Todavia, durante o próprio processo, ele assume ambos, e provavelmente foi isso que lhe permitiu sobreviver espiritualmente.

Mas o caso infinitamente mais frequente é aquele dos antigos agentes do mal, que se recusam a reconhecer qualquer responsabilidade que seja. Diante dos tribunais ou no debate público, a maior parte deles se declarou inocente. "Dentre todos aqueles que serviram na 'máquina' de Hitler, nenhum utilizou em sua defesa a simples frase 'Eu lamento'", constata Mitscherlich, depois de ter assistido ao processo dos médicos nazistas.[24] Nos antigos países comunistas, até agora as acusações sequer foram formuladas. Ora, o reconhecimento do crime por seus agentes não é menos importante para a saúde do grupo social que sua punição. Examinemos então rapidamente os argumentos lançados em sua defesa, sem levar em conta que, contraditórios entre si, eles são frequentemente apresentados ao mesmo tempo, como na famosa história do caldeirão furado.[25]

---

24 Mitscherlich, *The Death Doctors*, p.18.
25 Tirado de Freud, *O chiste e sua relação com o inconsciente*: Um homem empresta um caldeirão para um amigo. Quando este o devolve, o

A primeira defesa, evidentemente, consiste em negar os fatos, em afirmar que tudo aquilo jamais existiu. Contudo, mesmo os esforços mais sistemáticos para apagar todos os traços dão errado: testemunhas abrem a boca alguns decênios mais tarde (a primeira testemunha direta do massacre de Katyn acaba de publicar sua narrativa, cinquenta anos depois dos fatos), encontram-se manuscritos escondidos, os próprios cadáveres trazem sua contribuição para o estabelecimento da verdade (em 1990, estão sendo desenterrados, na Bulgária, os esqueletos das antigas vítimas e sobre eles encontram-se indícios incriminadores para os carrascos, que ainda estão vivos e desfrutando de seus privilégios). Por isso, depois do insucesso do primeiro argumento, precisamos de um segundo, que é: eu não sabia. Quando é real, essa ignorância é buscada de maneira mais ou menos consciente. Stangl, apesar de ser comandante do campo de concentração, prefere não olhar as coisas de frente. "Em Sobibor, podia-se dar um jeito para não ver quase nada. Tudo acontecia longe dos prédios do campo."[26] Um guarda SS de Treblinka diz a mesma coisa: "Eu não queria ver nada. Sim, acho que muita gente fazia como eu. Era o que de melhor se podia fazer, sabe, se fazer de morto".[27] Mas também era dessa forma que se "faziam" *os* mortos...

Speer contou em detalhes suas recusas sucessivas de levar em consideração as informações que o incomodavam. Lá pelo

---

proprietário reclama que o caldeirão está furado. Para defender-se, o acusado diz: "Eu nunca tomei seu caldeirão emprestado, além do que eu o devolvi em bom estado; ademais, ele já estava furado". (N.T.)
26 Sereny, op. cit., p.121.
27 Ibid., p.179.

fim da guerra, durante o verão de 1944, seu amigo Hanke, *Gauleiter*[28] da Silésia, se confiou a ele. "Ele me pediu para jamais aceitar um convite para visitar um campo de concentração no *Gau* da Alta Silésia. Jamais, sob nenhum pretexto. Ele vira naquele local um espetáculo que não tinha o direito de descrever e que também não era capaz de descrever."[29] Speer se submete docilmente: ele escolhe ignorar a verdade de Auschwitz. Não sabendo, ele poderá continuar a ajudar o esforço de guerra alemão com toda tranquilidade. Então, conclui com razão: "A medida de meu isolamento, a intensidade de minhas escapatórias e o grau de minha ignorância eram, no fim das contas, determinados por mim".[30] "Estar em posição de saber e evitar saber o torna diretamente responsável pelas consequências."[31]

Os que não podem fingir nem que as coisas não aconteceram, nem que ignoravam sua existência, recorrem a um terceiro argumento: eu obedecia às ordens. Já vimos que essa defesa implica uma degradação de si que é pior que o crime, pois é uma declaração de que se é sub-humano. Além disso, no plano legal, obedecer às ordens criminosas continua a ser um crime.

Por fim, o quarto argumento frequentemente invocado é o mesmo que as crianças usam quando são pegas no pulo: os outros também fazem. As antigas vítimas constatam amiúde: os carrascos eram pessoas comuns, eram como nós. E concluem, angustiadas: então também somos culpados. Os carrascos descobrem isso na euforia: somos como todos os outros, por con-

---

28 Chefe de distrito na Alemanha hitlerista.
29 Speer, op. cit., p.529.
30 Ibid., p.162.
31 Id., *Inside the Third Reich*, p.19.

seguinte, somos inocentes. Essa é, em particular, a estratégia de Göring em Nuremberg. Ele não nega o que ocorreu, e não se esquiva de sua responsabilidade sob o pretexto de obedecer a ordens, mas tem prazer na aproximação da história alemã com aquela de outros países. "O Império Britânico não foi erguido sobre o respeito dos princípios humanitários [...]. A América apropriou-se de um *Lebensraum*[32] muito rico graças à revolução, os massacres e as guerras."[33] Quanto à União Soviética, esta praticou um totalitarismo não menos feroz que o de Hitler – que, aliás, nela encontrou frequentemente uma fonte de inspiração. Não se pode fazer a guerra invocando princípios humanitários; ora, nenhum país soube renunciar à guerra, sobretudo os Aliados vitoriosos. "Ali, onde começam os interesses da nação [...] acaba a moral. É assim que a Inglaterra se comporta há séculos."[34]

Os outros acusados também não se pejam de lançar mão desse argumento. Hans Frank observa: "Eles procuram tornar Kaltenbrunner responsável pela morte de 2 mil judeus por dia em Auschwitz – mas o que ocorre com as 30 mil pessoas mortas em algumas horas pelos bombardeios de Hamburgo? Elas também eram essencialmente mulheres e crianças [acrescenta Rosenberg]. E o que ocorre com as 80 mil pessoas mortas pela bomba atômica no Japão?".[35] Jodl aquiesce: o bombardeio de Ro-

---

32 *Lebensraum* (do alemão *Raum*, espaço, e *Lebe*, vida), ou "espaço vital", é um conceito geopolítico criado por geógrafos alemães no século XIX e retomado pelo nazismo para justificar sua política expansionista. (N.T.)
33 Gilbert, *Nuremberg Diary*, p.187.
34 Ibid., p.339.
35 Frank, *Die Technik des Staates*, p.243.

terdã que lhe reprovam equivale àquele de Leipzig, pelos Aliados, sendo que a guerra já estava ganha. Nessas condições, se julgarmos uns, mas não os outros, tem-se para si não o direito, mas a força. Ou, como diz Göring, "O vencedor sempre será o juiz, e o vencido, o acusado".[36]

Não se pode afastar esse último argumento com um aceno de mão. Pode-se retorquir, é claro, que a existência de outros delitos semelhantes não torna este um crime desculpável. Isso é verdade, mas como somente um é punido, e não os outros, é preciso admitir que a força, e não apenas o direito, desempenha aí algum papel. O fato de que os representantes de Stálin, em Nuremberg, condenem à morte aqueles de Hitler, beira a obscenidade, posto que ambos viveram até então na emulação, quando não na colaboração mais estreita. Os campos de concentração soviéticos talvez sejam menos "aperfeiçoados", porém são mais antigos, maiores que aqueles nazistas, tão mortíferos e sempre tão cheios quanto, mesmo depois do fim da guerra. Pode-se também objetar a Göring, Frank e Rosenberg que os judeus jamais estiveram em guerra contra a Alemanha e que, portanto, não se pode assimilar seu caso àquele das vítimas de guerra (o fato também seria verdadeiro para os inimigos "internos" na URSS, na China ou no Camboja). Mas a guerra desculpa a morte de crianças? Pode-se também dizer que há graus no crime, e que o extermínio de um grupo humano inteiro, efetuado pelo aparelho do Estado com base em critérios pseudorraciais, é um delito particularmente grave, quase único. Todavia, é verdade que os alemães também são

---

36 Ibid., p.10.

processados pelos seus bombardeios, algo efetivamente mais comum, inclusive nas suas funções de terror.

Há uma parte de verdade incontestável no argumento de Göring. Os crimes das grandes potências coloniais, com a Inglaterra e a França à frente, são inúmeros. Os dos regimes comunistas não são menos graves. Em todas as guerras se transgridem as regras de humanidade, e os bombardeios de Leipzig e de Hamburgo, sem falar de Hiroshima e Nagasaki, vão muito além do que um "direito de guerra" qualquer deveria tolerar. Mas a conclusão a que chegarei está no oposto da dele: a comparação não desculpa os crimes nazistas, mas nos leva a refletir sobre esses outros crimes — que são "nossos", no sentido de que os primeiros eram "alemães" — e a condená-los. Não é possível remontar o curso da História e fazer hoje aquilo que deveria ter sido executado no passado, mas ao menos podemos restabelecer a verdade sobre o que aconteceu e mantê-la presente na memória coletiva. Os franceses, americanos e os outros não têm nenhum mérito moral ao lembrar dos crimes dos alemães recalcando os seus, mesmo que uns sejam, em tal caso particular, mais graves que os outros. Como afirma Glenn Grey: "Isso reflete bem certa mentalidade moderna, caracterizada por se surpreender pela ausência de uma consciência culpada nos outros, ao passo que aceita sua própria inocência como uma evidência".[37] Não se pode refazer o passado, mas é preciso lembrar no presente qual seria o preço de uma guerra e pode-se anunciar para o futuro que mesmo os crimes legais serão punidos. A justiça supranacional é, no momento, um desejo piedoso, mas podemos nos servir dela ao menos como um princípio

---

37 Grey, op. cit., p.173.

regulador. Mais que criticar com Göring a justeza de Nuremberg, eu teria desejado que existisse um Nuremberg permanente para julgar todos os crimes contra a humanidade, dos quais os nazistas não são os únicos a serem declarados culpados.

## As testemunhas

Passemos agora para o outro lado da fronteira que separa os "ativos" dos "passivos" e, portanto, também os "culpados" dos "responsáveis". O próprio estabelecimento dessa fronteira é essencial, e os sobreviventes dos campos de concentração se referiram a ela com frequência, recusando a ideia de uma culpabilidade coletiva com a qual se esmagaria o contingente de carrascos. Etty Hillesum tem o mérito de tê-lo afirmado quando ainda estava reduzida ao papel de vítima. Em 1941, escreveu: "Ainda que houvesse um único alemão respeitável, ele seria digno de ser defendido contra toda a horda de bárbaros, e sua existência vos tiraria o direito de derramar seu ódio sobre um povo inteiro".[38] Logo depois da guerra, Jaspers realça a falta de sentido que há em condenar, legal ou moralmente, um povo inteiro, dado que somente os indivíduos têm uma vontade e podem então ser tidos como responsáveis. Dizer que "os alemães são culpados pelo holocausto" é tão absurdo quanto pretender que "os judeus são responsáveis pela crucificação". Os sobreviventes dos campos não expressarão um julgamento diferente. Bettelheim escreve: "Quem aceita a tese da culpabilidade de todo um povo destrói o desenvolvimento da democracia autêntica, que está fundada sobre a autonomia e a respon-

---

38 Hillesum, op. cit., p. 25.

sabilidade individual".[39] E Levi exclama: "Não compreendo, não suporto que se julgue um homem não por aquilo que ele é, mas por causa do grupo ao qual o acaso o fez pertencer".[40] Recusar aos homens a capacidade de se subtrair à influência de sua origem ou meio é ainda privá-los de sua humanidade.

A ideia da responsabilidade coletiva está, como sabemos, bem implantada entre os guardiões. Buber-Neumann se lembra de que, nos campos de concentração soviéticos, todos os alemães eram automaticamente tratados como fascistas, mesmo que de fato fossem comunistas que haviam fugido do regime de Hitler. Também é o que ocorre nos campos alemães: todo indivíduo judeu é aí reduzido ao seu pertencimento ao grupo. Eicke aterroriza os judeus que neles estão presos a cada vez que um protesto que lhes diga respeito se eleve num canto qualquer do mundo: eles são coletivamente culpados. O próprio Hitler tem como culpados, primeiramente, todos os judeus; em seguida, lá pelo fim da guerra, todos os alemães (uma vez que são incapazes de ganhar as batalhas). Essa solidariedade no interior do grupo é mesmo estendida a reuniões muito mais fortuitas: um vagão de prisioneiros, um pavilhão de detentos... É por isso que se fuzilam 10 pessoas para cada evasão, 100 para cada ato de resistência – todos os membros do grupo são responsáveis pelos atos de cada um. Bettelheim pode então concluir, com razão: "Quando escolhemos um grupo de cidadãos alemães para lhes mostrar os campos de concentração e lhes dizemos, 'Vocês são culpados', afirmamos um princípio fascista".[41]

---

39 Bettelheim, op. cit., p.366.
40 Levi, op. cit., p.171.
41 Bettelheim, op. cit., p.366.

Jean Améry, outro sobrevivente que sofreu muito, quis realçar o desafio teórico e defendeu em seu livro, contra Jaspers, a ideia da culpabilidade coletiva dos alemães. Ele bem sabe que as exceções existem, pois chegou a encontrar pessoalmente bons alemães. No entanto, acredita em sua tese como se se tratasse de uma aproximação estatística válida. Quando o trem dos prisioneiros atravessava a Tchecoslováquia, mãos protetoras se estendiam; quando ele parava na Alemanha, os rostos pareciam de pedra. Por conseguinte, "dado que a nação alemã [...] não decidiu viver inteiramente privada de história [...], ela deve continuar a carregar a responsabilidade daqueles doze anos".[42] Essa também é, de certa forma, a posição de Jankélévitch. Contudo, é preciso dizer que, se estivermos no terreno do direito, somente se podem condenar os indivíduos, e não "os alemães". E se estivermos naquele da História, será preciso admitir a comparação entre a história alemã e a de outros países — e constatar que a Alemanha, infelizmente, não é a única que tem pelo que se reprovar. Mas é uma comparação que Améry sempre rejeitou, considerando, por exemplo, que o termo "totalitarismo" só servia para camuflar os crimes germânicos. O indivíduo, é claro, só pode se sentir ferido ao ver sua experiência única ser incluída numa série e transformada em exemplo de alguma coisa mais comum. É seu direito, e devemos respeitá-lo. Mas também é nosso dever fazer a diferença entre justiça e ressentimento.

As testemunhas escapam então, por princípio, dos processos legais, mas podemos tê-las como moralmente responsáveis. Elas não formam um grupo homogêneo; poderíamos antes vê-

---

42 Améry, *At the Mind's Limit*, p.76.

-las como dispostas numa série de círculos concêntricos, segundo seu grau de afastamento dos próprios agentes do mal.

No *primeiro círculo* estão os íntimos das pessoas legalmente responsáveis: sua família, seus próximos. Esses de fato não podem recorrer ao argumento da ignorância – eles estavam, de alguma forma, nas primeiras fileiras, o que os leva a apelar para outros argumentos. Um dos mais comuns entre eles é que lamentavam ver o que acontecia, mas se encontravam impossibilitados de ajudar. "É atroz, mas nada se pode fazer", diz uma testemunha próxima da mulher de Stangl.[43] E a esposa de um SS que trabalhava no "instituto" de eutanásia: "É claro que era terrível, mas o que *nós* podíamos fazer?".[44] A esse fatalismo fundamental acrescenta-se o temor da punição. Então, de que serve protestar quando, em primeiro lugar, isso não ajudará as vítimas e, em segundo, levará à desgraça da testemunha? Esse duplo argumento é característico dos regimes totalitários, porque estes repousam simultaneamente sobre o temor que o indivíduo tem por sua vida ou por sua integridade física e porque apresentam o desenrolar dos acontecimentos da vida social (a "História") como tão inexorável quanto um processo natural – é o hiperdeterminismo próprio à filosofia desses regimes. Na verdade, nenhum dos dois argumentos resiste ao exame: se os protestos são numerosos, o regime modifica sua política; e a expressão do desacordo não conduz à morte daquele que o profere. Mas o que o regime não consegue instaurar pelos fatos, ele o realiza na cabeça dos sujeitos totalitários – é aí que reside sua força. Não é menos verdade que um ato de

---
43 Sereny, op. cit., p.146.
44 Ibid., p.112.

protesto comporta certo risco e que, do ponto de vista moral, é legítimo incitar os outros a corrê-lo, mas não o é reprová-los por não o terem feito (é uma reprovação que só podemos fazer a nós mesmos).

Guitta Sereny teve a boa ideia de questionar não somente o ex-comandante de Treblinka, mas também sua mulher, Theresa Stangl. Como ela aceitou que seu marido tivesse a morte como profissão? Fazendo de tudo para ignorar o fato. Evitando fazer perguntas incômodas. Aceitando suas explicações embaraçadas, segundo as quais ele só ocupava cargos administrativos, e não de condenação à morte ("É claro que eu *queria* me convencer, não é?", ela admite trinta anos mais tarde).[45] Assimilando as vítimas aos soldados que morriam no *front*. Recusando-se a acreditar que também se matavam mulheres e crianças. Essa acomodação do mundo lhe é necessária para poder continuar a viver tranquila. Ela mesma o diz claramente: "É dessa forma que eu queria, que eu tinha necessidade de pensar, que me era *preciso* pensar para conservar nossa existência familiar e, se assim posso dizer [...], para conservar meu juízo".[46] A senhora Stangl prefere o conforto à verdade, mas não é a única a fazê-lo.

Qual é a responsabilidade desse primeiro círculo de íntimos? Os agentes do mal, como vimos, frequentemente sofrem de uma fragmentação de sua existência na esfera pública e na esfera privada, que não se comunicam entre si, então eles podem ser bons maridos e excelentes pais. Stangl, em particular, queria se comportar como um pai de família ainda mais

---
45 Ibid., p.145.
46 Ibid., p.373.

exemplar, pois assim buscava compensar as insatisfações causadas por seu trabalho. Que teria ocorrido se fosse obrigado por sua mulher a escolher entre seu trabalho e ela mesma? Sereny faz essa pergunta a essa mulher, que compreende o pressuposto: se pensa que ele teria mudado de profissão, ela deve se sentir responsável pelo que aconteceu, dado que poderia tê-lo freado. Sua reação é reveladora. Depois de ter refletido longamente, ela responde: se eu o houvesse colocado diante da alternativa Treblinka ou eu, "sim, finalmente, seria eu que ele teria escolhido". Entretanto, algumas horas depois, ela muda de opinião e manda uma carta para Sereny afirmando o contrário. Sua interlocutora chega à conclusão que se impõe: "A verdade é uma coisa terrível, aterradora demais para que possamos viver com ela".[47] Em inúmeros casos, os íntimos teriam podido impedir os massacres, mas não o fizeram.

No *segundo círculo* em torno dos agentes do mal se encontram seus compatriotas, aqueles que não os conhecem pessoalmente, mas pertencem à mesma comunidade. Os antigos detentos guardaram, em geral, a impressão de que a população civil em torno permanecia indiferente à sorte deles, e não se tem nenhum motivo para se pôr em dúvida seu testemunho. No caso dos campos totalitários alemães, esses detidos quase sempre vinham de um país estrangeiro, mas na União Soviética, assim como na Bulgária, estavam em casa; apesar disso, a população também não os ajudou. A explicação geralmente dada pelas pessoas concernidas é a da ignorância: não sabíamos o que acontecia dentro dos campos de concentração. Essa situação foi examinada por todos os ângulos durante muito tempo. Podemos

---

47 Ibid., p.387-8.

concluir atualmente que a desculpa fornecida certamente contém uma parte de verdade: o segredo é, como se sabe, consubstancial ao Estado totalitário, e pode ser muito bem guardado. Frequentemente os próprios agentes do mal não têm uma visão total da ação em que estão engajados. Não obstante, por outro lado, os campos não estão na verdade hermeticamente isolados do resto do país, pois são locais de trabalho e se inserem num esquema econômico geral, sendo que o contato com a população exterior é inevitável. Além disso, os prisioneiros são numerosos demais e, por conseguinte, também o são os guardas para que, de boca a boca, a notícia não se espalhe por todos os cantos. Pode-se dizer que, se a população não soube verdadeiramente o que acontecia, é porque não queria saber, mas não se pode incriminar individualmente cada pessoa por essa negligência.

*(Neste momento se fala muito na Bulgária (a partir de novembro de 1989, quando a imprensa foi liberada) dos massacres que ocorreram em 1944, em seguida à tomada do poder pelos comunistas. Pergunto a meu pai: "Como você podia aprovar isso e se declarar solidário aos comunistas, que eram responsáveis por esse massacre? — Não sabíamos de nada, ele me responde, tudo acontecia nos vilarejos e não se ouvia falar de nada na capital". Apesar disso, ele me conta também que sua própria mãe, que morava na província, o olhava de maneira assustada desde que ele aderira ao Partido. Também creio me lembrar de que uma das melhores amigas de minha mãe era a esposa de um antigo Primeiro Ministro que foi fuzilado nessa época. Será que meu pai procurara mesmo saber o que se passava em torno dele? Será que, em seu lugar, eu teria feito isso?)*

Os exemplos abundam nas narrativas dos sobreviventes. Levi se corresponde com um certo Müller, que conhecera em Auschwitz na qualidade de químico (e não como guarda) e lhe pergunta como na época reagia àquilo que via, e a resposta é que ele não via nada. Isso não é necessariamente uma mentira. "Naquele tempo, para a maioria silenciosa alemã, era uma técnica difundida tentar saber o menos possível, e por isso mesmo não fazer perguntas."[48] Os elementos de informação "foram sufocados pelo medo, pelo desejo do ganho, pela cegueira e pela estupidez voluntárias".[49] "Para não ver, eles faziam suas compras na correria", diz outra testemunha.[50] Evgenia Guinzbourg escreve: "Quando hoje se olha para trás, para essa época terrível, ficamos surpresos com essa cegueira voluntária: como as pessoas podiam não se questionar diante daquilo que saltava aos olhos?".[51] Ela é obrigada a responder a essa questão e então se dá conta de que também se permitia ser enganada, como os outros. O fato é que acreditar – e essa é uma das lições dessa experiência – é mais forte que ver. Os detentos precisavam acreditar para esperar, então esqueciam o testemunho de seus sentidos. As testemunhas precisavam acreditar para viver tranquilas, então o que viam em Kolyma não entrava no campo de sua consciência.

*(A nova imprensa de oposição na Bulgária chamou a atenção também para outro período, o de 1959-1962. Naquela época, não havia mais "fascistas", mas se continuava a precisar de inimigos internos, o que ocasionava a caça aos rapazes e moças não conformistas. Em particular, aqueles que dançavam e se vestiam "como no Ocidente", isto é, para os homens, os*

---

48 Levi, *Le Système périodique*, p.262.
49 Id., *Les Naufragés et les rescapés*, p.16.
50 Lanzmann, *Shoah*, p.63.
51 Guinzbourg, *Le Ciel de la Kolyma*, p.336-7.

que usavam calças justas. *A polícia fazia incursões nos eventos dançantes e mandava que os homens tirassem suas calças sem tocar nos sapatos. Aqueles que não conseguiam eram levados e selvagemente espancados nos postos da polícia. Na segunda "infração" eram mandados para o campo de concentração por medida administrativa, sem que jamais fossem levados à justiça. O campo era, em Lovetch, uma pedreira; a metade dos presos morria, graças aos bons cuidados dos guardas. Nesse tempo eu não era mais criança, eram meus últimos anos de universidade, e frequentemente ia dançar. Jamais vivi cenas de tirar a roupa, mas talvez a polícia escolhesse os meios onde atuar? Eu ignorava tudo sobre Lovetch. Será que procurei saber? Eu estava bem contente com meus pequenos privilégios, para correr o risco de perdê-los ao simpatizar com as vítimas do regime. Como todo mundo, eu sabia que havia um campo na ilha de Béléné, mas isso nunca fora um problema para mim. Eu considerava sua existência tão natural quanto a das prisões.*)

A aproximação estabelecida por Guinzbourg entre a cegueira das testemunhas e a das próprias vítimas se impõe, de fato, diante da leitura das narrativas dos sobreviventes. Levi falava de "cegueira voluntária" entre a população alemã, porém não encontra outro termo para falar de sua própria atitude, na véspera de sua prisão, na Itália. "Caso se quisesse tirar um proveito qualquer da juventude que corria em nossas veias, não restava outro recurso senão a cegueira voluntária."[52] "Nossa ignorância nos permitia viver."[53] Os exemplos dos alertas rejeitados, das advertências voluntariamente ignoradas, abundam. Uma pessoa vai clandestinamente a Treblinka para ver qual é a sorte dos judeus que para lá são levados; ela volta a Varsóvia e conta

---

52 Levi, op. cit., p.65.
53 Ibid., p.155.

o que viu. "Ele suplicou aos Anciãos do gueto que acreditassem nele. Estes acabaram por declarar que ele estava desequilibrado por excesso de trabalho e que iriam encontrar um lugar na clínica do gueto a fim de que pudesse repousar."[54] Moché-le-Bédeau volta ao vilarejo com a terrível novidade. "As pessoas não se recusavam apenas a acreditar nas histórias dele, mas mesmo a escutá-lo. 'Ele tenta despertar nossa piedade sobre sua sorte. Que imaginação...' Ou ainda: 'Pobrezinho, enlouqueceu'."[55]

As mesmas atitudes são encontradas no interior dos campos totalitários, mesmo em vista da morte. Filip Müller formula a regra desse comportamento: "Quem quer viver está condenado à esperança".[56] E Micheels acrescenta: "É uma das inúmeras formas de denegação, sem as quais a vida seria insuportável".[57] Todos os sobreviventes têm em comum esta frase: eu não acreditava, eu não podia acreditar. Buber-Neumann encontra detentas de Auschwitz transferidas para Ravensbrück: "Eu não acreditava numa palavra daquilo que acabara de escutar, pensando que elas haviam perdido completamente a razão".[58] Richard Glazar deve triar, em Treblinka, as roupas daqueles que chegaram ao mesmo tempo que ele: "Creio que continuava a não pensar nada. Agora isso parece impossível, mas era assim".[59] A mesma denegação do real se repete à sombra das chaminés dos fornos crematórios ou diante das portas das câmaras de gás. As razões desse gesto não são incompreensíveis.

---

54 Sereny, op. cit., p.275.
55 Wiesel, *Nuit*, p.20-1.
56 Lanzmann, op. cit., p.83.
57 Micheels, op. cit., p.34.
58 Buber-Neumann, op. cit., p.120.
59 Sereny, op. cit., p.189.

"Seria cometer um imenso erro histórico considerar os principais mecanismos de defesa empregados pelas vítimas [...] como puros sintomas de cegueira ou de estupidez. Pelo contrário, esses mecanismos de defesa decorrem de algumas qualidades profundas que são inerentes a todos os seres humanos: o amor pela vida, o medo da morte..."[60] Acredita-se no que se quer, não no que se vê.

Não é escandaloso observar o mesmo processo psicológico nas vítimas e nas testemunhas, posto que os resultados são tão diferentes? Não penso assim. Uns e outros protegem seu bem-estar (ou acreditam fazê-lo) ao negar o real. Porém, esse mesmo mecanismo psicológico é usado em duas situações completamente diferentes, dado que o perigo que se decide ignorar ameaça você mesmo num dos casos, e seu próximo no outro. Dessa forma, sua significação moral é inteiramente diferente: podemos lamentar a cegueira voluntária das vítimas, mas não se as pode recriminar. O mesmo não ocorre com as testemunhas, que podemos censurar, mesmo que seja somente diante da História, pela não assistência às pessoas em perigo.

Sobre esse ponto as opiniões divergem. Alguns sobreviventes acusam amargamente as testemunhas pela indiferença. Sem elas, os próprios agentes do mal, que são sempre pouco numerosos, não teriam podido cometer seus crimes. Levi, que apesar de tudo não crê na maldade coletiva, pensa que "o povo alemão em seu conjunto" é "inteiramente culpado dessa renúncia deliberada".[61] Outros consideram que tal reprovação é injustificada, pois equivale a exigir qualidades excepcionais da

---

60 Jong, The Netherlands and Auschwitz, *Yad Vashem Studies*, VII, p.54.
61 Levi, *Si c'est un homme*, p.241.

parte de pessoas ordinárias. "Pode-se censurar o alemão médio por não ter sido um herói, mas há poucos povos cujo cidadão médio seja heroico", declara, por exemplo, Bettelheim. "Atribuir os crimes da Gestapo a espectadores desarmados equivaleria a acusar de cumplicidade os espectadores de um roubo à mão armada, sob o pretexto de que não se interpuseram entre o agressor e a vítima."[62]

A questão, colocada dessa forma, me parece um pouco abstrata. Levi esquece aqui de suas próprias distinções entre culpabilidade legal e moral, coletiva e individual; mas Bettelheim não nos permite apreender a natureza dessa situação na qual todos se veem levados por uma cumplicidade criminosa. No entanto, encontro uma boa lembrança em Guinzbourg: "Não basta, para encontrar a paz, se dizer que não se tomou diretamente parte nos assassinatos e nas traições. Pois quem matou? Não somente aquele que abateu, mas também todos aqueles que apoiaram o Ódio. Pouco importa de que maneira. Repetindo sem refletir as fórmulas teóricas perigosas. Levantando, sem nada dizer, a mão direita. Escrevendo covardemente meias verdades".[63] Disso, os habitantes dos países totalitários são bem responsáveis.

*(Sei sobre o que fala Guinzbourg. Eu era jovem, é claro, mas me lembro de que, pouco depois da morte de Stálin, excluímos do Komsomol[64] um aluno de minha classe porque, ao que parece, não mostrara muito pesar na sequência desse triste acontecimento. Algum tempo depois, mal me lembro,*

---

62 Bettelheim, op. cit., p.364.
63 Guinzbourg, op. cit., p.188.
64 Organização soviética da juventude comunista. (N.T.)

*sua família — russos "brancos", que haviam imigrado para a Bulgária depois da Revolução — foi chamada de volta para a URSS e não mais ouvimos falar deles. Recentemente soube que essa emigração forçada significava a deportação. Alguns anos depois, já na Universidade, eu assistia — dessa vez com uma desaprovação silenciosa — à exclusão de outro camarada, depois de não sei qual pecado. A cada vez, eu votara como devia. Se tivesse permanecido na Bulgária, eu teria passado os trinta anos subsequentes a escrever meias verdades, dançando como um finório com "eles". Este é um dos traços mais chocantes dos regimes totalitários: todo mundo se torna cúmplice, todo mundo é, ao mesmo tempo, prisioneiro e guarda, vítima e carrasco.)*

No *terceiro círculo* em torno dos agentes do mal encontram-se os países submetidos, populações como a da Polônia e a da França, em relação à Alemanha. Não se pode transferir para elas a responsabilidade dos agentes, dado que estes eram inimigos. Contudo, em alguns casos, podemos nos perguntar se essas populações não se mostraram particularmente complacentes em relação às exações que eram executadas sobre seu solo. A questão foi levantada principalmente com relação aos habitantes da Polônia, que viram de perto o extermínio de judeus nos campos da morte. Sua indiferença, imputada ao antissemitismo tradicional, não os torna culpados? Pois, como diz Marek Edelman, em algumas situações "não é inimigo apenas aquele que o mata, mas também aquele que é indiferente [...]. Não ajudar e matar são a mesma coisa".[65]

Do debate apaixonado que envolveu essa questão retenho que, como ocorre amiúde, a verdade não é composta por uma só peça. O antissemitismo esteve presente, mas também a avidez e

---

65 *Au Sujet de Shoah*, p.271.

o medo. As testemunhas polonesas não judaicas acabaram por se habituar ao inaceitável, e tiveram mais piedade de si mesmas que dos judeus. Ao mesmo tempo, os gestos de ajuda foram numerosos, conquanto os poloneses tenham sido particularmente ameaçados e perseguidos pelo ocupante. Um exemplo e uma fórmula geral me parecem resumir melhor a situação. Um casal polonês "ariano" esconde uma judia durante a ocupação. O marido, que nunca deixou de ser antissemita, decide um dia denunciá-la para se ver livre dela. Ameaçado por um amigo de sua mulher, ele renuncia ao seu projeto e abandona a casa. Depois da insurreição de 1944, a população de Varsóvia é evacuada e a mulher judia não pode permanecer em seu esconderijo. Para protegê-la, a mulher polonesa lhe empresta seu bebê, dado que aquela que é tomada por uma mãe corre menos riscos. E se a polonesa, dessa maneira, perdesse seu bebê? "Irena não faria mal a ele e tomaria todos os cuidados com o pequeno."[66] A traição e o cuidado coabitam sob o mesmo teto. Walter Laqueur conclui, quarenta anos mais tarde, que a atitude dos poloneses está longe de ser a pior de todas durante esse período: "Uma comparação com a França não seria de forma alguma desfavorável à Polônia".[67]

A comparação com a França não está totalmente descabida, devido à ocupação que lhes é comum, e à presença dos judeus cá e lá, mesmo que muitos outros elementos divirjam. Os acusadores da Polônia louvam, por contraste, a França. "A existência de campos de extermínio era impossível na França", declara

---

66 Tec, op. cit., p.55.
67 Laqueur, *The Terrible Secret*, p.107.

peremptoriamente Claude Lanzmann,[68] "os camponeses franceses não os teriam suportado".[69] Esse tipo de afirmação no condicional passado é, naturalmente, para sempre inverificável. Por outro lado, podemos lembrar de alguns fatos concernindo a França. Que, por exemplo, as leis raciais de Vichy eram mais estritas que as de Nuremberg, ou que a deportação das crianças era uma iniciativa francesa, e não alemã. No que diz respeito à simpatia espontânea da população, pude ler, no jornal *Orléanais*, uma pesquisa recente sobre os campos de trânsito que haviam sido organizados para os judeus. Uma mulher, na época ainda garota, conta (ela fora presa no assalto do Vel d'Hiv):[70] "Alguns ônibus vieram para nos levar ao Velódromo. Isso nos rendeu uma longa travessia da capital, em pleno dia, sob o olhar aparentemente indiferente, e por vezes surpreso, dos parisienses".[71] Um relatório da delegacia, elaborado à época, constatava com alívio: "Foi com indiferença, na maior parte do tempo, que os habitantes viram passar os comboios de presos".[72]

---

68 *Au Sujet de Shoah*, p.249.
69 Ibid., p.232.
70 Conhecido em francês como *la rafle du Vélodrome d'Hiver* (ou *rafle du Vel' d'Hiv*), foi a maior prisão em massa de judeus realizada na França naquele período. Entre 16 e 17 de julho de 1942, mais de 13 mil pessoas, das quais cerca de um terço eram crianças, foram presas em Paris e nos seus arredores. Quase todas foram assassinadas e menos de cem delas sobreviveram à deportação. A prisão foi feita com a colaboração de 7 mil policiais franceses, por ordem do governo de Vichy, e concerniam judeus estrangeiros ou apátridas que haviam se refugiado na França. (N.T.)
71 Conan, Enquête sur um crime oublié, *L'Express*, 2025, 27 abr. 1990, p.62.
72 Ibid., p.63.

Uma mulher, habitante das imediações desse campo, se lembra do momento em que, lá dentro, se separavam as mães das crianças: "Gritos, gritos em que se perguntava o que estava acontecendo"[73] – a curiosidade para por aí. Outra vizinha conta: "Eu me lembro de que passamos ao lado dessas pessoas presas, sem que nosso professor falasse qualquer coisa sobre elas".[74] O subdelegado da época, que continua a ser um funcionário público na atualidade, de nada se lembra. As viagens de um campo francês a outro, organizadas e dirigidas pela gendarmaria francesa, se davam nos mesmos vagões de animais que algum tempo depois levariam essas crianças para Auschwitz. Creio que os franceses devem ser gratos a Eichmann e a seus colegas por terem escolhido a Polônia como local de extermínio (por razões práticas, e não porque os franceses teriam recusado a colaboração ou teriam sido testemunhas incômodas); do contrário, teríamos aprendido uma vez mais que "'impossível' não é francês". Podemos condenar as testemunhas por sua indiferença, mas não um povo mais que os outros.

Entretanto, é verdade que dois países europeus são exceção, a Dinamarca e a Bulgária, dado que neles os judeus não serão deportados. Na Dinamarca, os nazistas se defrontam com uma recusa de colaboração que emana de toda a população que, ao contrário, se organiza para assegurar a evasão da minoria judaica para a Suécia, país neutro. Na Bulgária, permite-se deportar os judeus dos territórios recém-adquiridos às expensas da Grécia e da Iugoslávia. Quanto ao que concerne aos judeus cidadãos búlgaros, eles serão recenseados, expropriados, de-

---

73 Ibid., p.65.
74 Ibid., p.67.

signados a morar fora da capital, mas nunca serão deportados além das fronteiras do país. Os motivos desse desenlace feliz são semelhantes todas as vezes. De um lado, há a ausência de uma tradição antissemita bem implantada no seio da população. De outro, a capacidade de alguns homens políticos de tomar decisões corajosas e de se ater a elas. Na Dinamarca, o rei, o Primeiro Ministro, o diretor da Administração, o bispo dão a conhecer publicamente que são contra qualquer discriminação dos judeus. Inúmeras pessoas de menor notoriedade participam das operações de salvamento. Na Bulgária, o rei, o vice-presidente da Assembleia Nacional, o arcebispo ortodoxo de Sofia e mesmo o Ministro do Interior declaram abertamente sua oposição às deportações. Aí também a população ajuda individualmente os judeus a se esconderem e a sobreviverem.

Podemos concluir que esses povos são intrinsecamente melhores que os outros, que são feitos de uma substância superior? Tratando-se em particular dos búlgaros, dos quais me sinto parte, penso que não seja o caso. Aliás, as perseguições recentes da minoria turca mostram que os sentimentos de exclusão e de discriminação não são totalmente desconhecidos da maioria búlgara. Acredito ser melhor tornar responsável no decorrer da História uma combinação feliz de circunstâncias, na qual a intervenção da vontade humana não está ausente. A posição geográfica e política conta, como também a tradição e os dados sociológicos, mas nada de decisivo teria acontecido se alguns indivíduos politicamente influentes não tivessem encontrado a coragem de defender suas convicções, com o risco de perder sua posição ou mesmo sua vida.

Por fim, no *quarto* (e último) *círculo* se encontra a população dos países livres, inimigos das ditaduras em que esses crimes são cometidos. Essas populações, que também são livres (não vivem sob a ameaça totalitária), dispõem de múltiplas fontes de informação, o que lhes permite, se desejarem, aceder à verdade. Sabe-se atualmente que a informação nos campos de extermínio nazistas foi filtrada desde bem cedo (é o tema do livro de Laqueur); quanto aos campos soviéticos, a partir dos anos 1920, ela jamais faltou. Sabe-se também que as intervenções externas contra os campos, quando aconteceram, mostraram-se bastante eficazes. No entanto, essas intervenções foram praticamente nulas no que concerne aos campos nazistas, e muito tardias para os campos soviéticos. Por quê?

Tratando-se do extermínio de judeus, a resposta é particularmente sinistra: foi porque os Aliados temiam que Hitler os tomasse ao pé da letra e lhes remetesse alguns milhões de judeus, em vez de exterminá-los. Um documento do *Foreign Office*[75] inglês, dirigido ao governo americano e datado de março de 1943, afirma: "Existe a possibilidade de que os alemães ou seus satélites possam passar da política de extermínio a uma política de exclusão e visem, como o fizeram antes da guerra, colocar outros países em apuros, inundando-os de imigrantes estrangeiros".[76] Em outubro de 1943, um documento do Departamento de Estado americano, por sua vez, informa: "Há graves objeções a fazer a respeito dos procedimentos diretos junto ao governo alemão para lhe solicitar que nos confiem essas pessoas [...]. O resultado nítido seria lançar o opróbio antes sobre os governos aliados que sobre o governo da

---

[75] Órgão correspondente a um ministério de relações exteriores.
[76] Wyman, *L'Abandon des juifs*, p.145.

Alemanha".[77] O mesmo tipo de argumento é utilizado pelos canadenses. Os funcionários dos governos aliados preferem que os judeus morram nas terras dos outros a que sejam incorporados às suas.

No caso dos campos soviéticos, as razões são diferentes. Não se teme tanto ser inundado com emigrantes indesejados, mas sim desagradar o próprio governo soviético e, talvez mais ainda, os amigos da ideologia comunista em seu país. É uma minoria, é claro, mas uma minoria que sabe se fazer ouvir, já que tem representação particularmente entre os intelectuais. Na França, apesar dos esforços, a partir de 1949, de alguns sobreviventes dos campos nazistas, como David Rousset, Germaine Tillion e outros, com vistas a esclarecer questões sobre esses outros campos totalitários ainda em atividade, a opinião pública continuou cética. Os membros do Partido Comunista, apesar de serem cidadãos de um país democrático, no decorrer do processo por difamação intentado por Rousset, afirmam que isso não é verdade, pois não é possível. Marie-Claude Vaillant-Couturier, ex-prisioneira de Auschwitz, mas também deputada comunista, declara na audiência, depois que se apresentaram uma dezena de testemunhos irrefutáveis: "A questão não pode ser levantada, porque sei que não há campos de concentração na União Soviética".[78] Outros (Sartre) admitem a verdade dos fatos, mas se recusam a divulgá-la: "Não se deve desesperar Billancourt".[79] Assim fazendo, uns e outros lutam,

---

77 Ibid., p.254.
78 Rousset et al., *Pour la Vérité sur les camps concentrationnaires*, p.194.
79 Frase polêmica atribuída a Sartre como uma resposta aos críticos da esquerda quando, nos anos 1950, integrava o Partido Comu-

na realidade, pela manutenção dos campos – e dessa forma, carregam também a responsabilidade. Somente em meados dos anos 1970, depois das publicações dos escritos de Soljenítsin, é que um ponto de viragem se esboça dentro da *intelligentsia* francesa de esquerda.

Outro exemplo dessa resistência à verdade concerne a um relato de sobrevivente: *Un Monde à part* [Um mundo à parte], de Gustaw Herling, publicado em polonês em 1951 e imediatamente traduzido para o inglês, com prefácio de Bertrand Russell, será recusado por todos os editores franceses, principalmente pelas Edições Gallimard, apesar das intervenções insistentes de Albert Camus, uma das raras personalidades do mundo literário a denunciar os campos comunistas – o que lhe valeu sólidas inimizades. É forçoso constatar que tudo o que diz respeito à União Soviética é submetido à censura. *La Pensée captive* [O pensamento cativo], livro de um outro polonês, Czeslaw Milosz, será publicado em 1953, mas também será ignorado pela *intelligentsia* francesa. Naquela época, se lembra Milosz em 1981, "a maioria dos intelectuais franceses, irritados com a dependência da ajuda americana sofrida pelo seu país, tinham colocado suas esperanças num mundo novo a Leste, governado por um chefe de uma sabedoria e de uma virtude incomparáveis: Stálin. Aqueles que dentre seus com-

---

nista Francês. O sentido da frase é de que não necessariamente se deve dizer a verdade aos operários – nesse caso, sobre os campos soviéticos – a fim de não desesperar aqueles que creem no progresso histórico encarnado pela URSS. "Billancourt" é uma metáfora para o proletariado, pois Boulogne-Billancourt, sede da fábrica da Renault, foi, durante muito tempo, a maior concentração operária da França. (N.T.)

patriotas, como Albert Camus, ousaram denunciar a rede dos campos de concentração, que era a própria base desse sistema teoricamente socialista, foram caluniados e repelidos por seus colegas".[80]

Os intelectuais desse país livre se fizeram de cúmplices ativos dos campos de concentração comunista, impedindo a divulgação de informações que lhes diziam respeito, informações estas que seriam, ao mesmo tempo, um meio de combatê-los. Contudo, alguns me dirão, de Kolyma a Paris é muito longe e não se pode aproximar esta situação daquela da população alemã, que pretendia ignorar Buchenwald e Dachau. Certo, mas os intelectuais parisienses dos anos 1940 e 1950 não viviam em um país totalitário e também não tinham as desculpas dos habitantes de Weimar ou de Munique – nenhuma repressão se abateria sobre eles caso proclamassem a verdade.

Ao final desse percurso através dos círculos da cumplicidade com o mal, uma conclusão um tanto sombria parece se impor: as testemunhas, próximas ou distantes, no conjunto, deixaram os campos de concentração "para lá" (mesmo que exceções possam ser notadas). Elas sabiam, podiam ajudar e não o fizeram. Sempre e em todos os lugares se viram indivíduos que manifestaram preocupação com as vítimas, mas o grosso da população, incontestavelmente, deu mostras de indiferença. As pequenas diferenças que podemos observar de um país para o outro não são decisivas, apesar de parecerem como tais aos olhos daqueles que sofreram rejeição por parte de uma população particular. Alemães e russos, poloneses e franceses, americanos e ingleses se equivalem: todos "deixaram para lá".

---

80 Milosz, *The Captive Mind*, p.V.

A infelicidade de outrem nos deixa frios se, para remediá-la, devemos renunciar à nossa tranquilidade.

Não precisaríamos de fato ir aos campos para saber disso. Todos os dias, ao redor de nós, se perpetuam atos de injustiça, e não intervimos para impedi-los. Até 1989 continuava-se a deportar populações na Romênia e na Bulgária. Os descendentes dos judeus perseguidos durante a Segunda Guerra Mundial aceitam que exista em seu país duas categorias de cidadãos e que uns sofram impunemente a violência praticada pelos outros. Nós nos resignamos às guerras presentes e futuras. Nos habituamos a ver a pobreza extrema à nossa volta e a não pensar mais nisso. As razões invocadas são sempre as mesmas: eu não sabia, e mesmo que soubesse nada poderia ter feito. Também conhecemos a cegueira voluntária e o fatalismo. Nesse sentido (mas somente nele), o totalitarismo nos revela aquilo que a democracia deixa na penumbra: que no fim do caminho da indiferença e do conformismo aparecem os campos de concentração.

Será que por isso é preciso que cada um tome para si toda a infelicidade do mundo e não durma tranquilo enquanto subsistir, em alguma parte, o menor traço de injustiça? Que se pense em todos e que não se esqueça de nada? É claro que não. Tal tarefa é propriamente sobre-humana e mataria aquele que a assumisse, antes que pudesse dar o primeiro passo. O esquecimento é grave, mas também necessário. Ninguém, excetuando-se um santo, poderia viver na estrita verdade, renunciando a todo conforto e a todo consolo. Por isso poderíamos ter um objetivo mais modesto e mais acessível: em tempos de paz, cuidar de nossos próximos, e então, em tempos de perigo, abrir esse grupo além de seus limites habituais e reconhecer como próximos até mesmo aqueles cujos rostos nos são desconhecidos.

## Vícios cotidianos

Voltemos às manifestações do mal. Diante das perseguições e das humilhações sofridas pelas vítimas, era importante que elas afirmassem: nós também somos homens, como vocês. *É isto um homem?*, de Primo Levi, *L'Espèce humaine* [A espécie humana], de Robert Antelme, são arrazoados desse tipo em favor da humanidade das vítimas; é nessa humanidade comum que reside a esperança destas últimas. "É porque somos homens como eles que os SS serão definitivamente impotentes diante de nós. [...] O carrasco [...] pode matar um homem, mas não pode transformá-lo em outra coisa."[81] Contudo, quem diz "Somos homens como eles" deve poder concluir, atualmente, que a humanidade das vítimas é reconhecida por todos, mas que aquela dos carrascos parece problemática: "Eles são homens como nós". Os agentes do mal eram pessoas comuns, nós também o somos: eles se parecem conosco, nós somos como eles.

Talvez não haja nenhum mérito em fazer essa constatação quando não se foi diretamente afetado pelos acontecimentos em questão, mas não se trata de algo fácil para aquele que os sofreu em sua carne. Um prisioneiro de Auschwitz conta que seus camaradas e ele se questionavam frequentemente "se o alemão era um ser humano como todos os outros. A cada vez a resposta foi categórica: Não, o alemão não é um homem, o alemão é um boche, um monstro, e ainda mais: um monstro consciente de sua monstruosidade".[82] É com muita admiração que leio estas linhas no diário de Etty Hillesum, em que um

---
81 Antelme, op. cit., p.229-30.
82 Laks; Coudy, op. cit., p.157.

*Diante do extremo*

amigo lhe diz: "O que faz com que o homem queira destruir assim seus semelhantes?". E ela replica: "Os homens, os homens... não se esqueça de que você é um deles. [...] Todos os horrores e atrocidades não constituem uma ameaça misteriosa e longínqua, exterior a nós, mas se encontram bem próximos e emanam de nós mesmos, seres humanos".[83] Isso acontece numa quinta-feira, 19 de fevereiro de 1942, pela manhã, na parada do bonde em Amsterdã.

Outros precisam de muitos anos até fazerem essa descoberta. Levi defende a humanidade do prisioneiro em 1946, em *É isto um homem?*, mas é só quarenta anos depois, em 1986, que ele pode escrever, em *Os afogados e os sobreviventes*: "Eles eram feitos do mesmo estofo que nós, eram seres humanos médios, medianamente inteligentes, de uma agressividade média. Salvo exceções, eles não eram monstros, e tinham o nosso rosto".[84] Soljenítsin lembra-se dos anos em que era oficial do Exército Vermelho e conduzia seu regimento de artilharia através da Prússia devastada, rememorando os crimes dos quais era capaz. Sabemos agora que esse é o ponto de partida obrigatório da ação moral, e Soljenítsin o afirma: "Nada favorece mais o espírito de compreensão do que as reflexões lancinantes sobre nossos próprios crimes". Trinta anos mais tarde, conquanto nesse meio-tempo tenha sido preso e deportado, ele conclui: "Pouco a pouco descobri que a linha de divisão entre o bem e o mal não separa nem os Estados, nem as classes, nem os partidos, mas que ela atravessa o coração de cada homem e de toda

---

[83] Hillesum, op. cit., t.I, p.102-4.
[84] Levi, *Les Naufragés et les Rescapés*, p.199.

a humanidade".[85] Se essas pessoas tivessem estado em nosso lugar, teriam agido como nós; se estivéssemos no lugar deles, poderíamos ter agido como eles.

Em geral, temos muitas dificuldades em admitir essa verdade. É infinitamente mais cômodo, para cada um de nós, pensar que o mal nos é exterior, que nada temos em comum com os monstros que o praticavam (temos a mesma reação diante dos crimes "monstruosos" que esporadicamente ocorrem em nossos dias). Se preferimos esquecer Kolyma e Auschwitz, é por medo de ver que o mal dos campos totalitários não é estrangeiro à espécie humana. É também esse medo que nos faz preferir as (raras) histórias em que o bem triunfa. Os psicanalistas que se debruçaram sobre as experiências concentracionárias, como Alexander Mitscherlich ou Bruno Bettelheim, tiveram razão ao insistir nisto: essas práticas do mal não nos são tão estrangeiras quanto teríamos desejado, e é precisamente por essa razão que nos recusamos a admiti-lo, mas de bom grado optamos pela tese da monstruosidade.

Não devemos nos enganar sobre o sentido dessa afirmação. Em nenhum caso se deve (nem se pode) deduzir que não houve diferença entre culpados e inocentes, ou entre carrascos e vítimas. Arendt, que falou sobre a banalidade do mal, sempre advertiu contra uma interpretação de sua fórmula no sentido de que: há um pequeno Eichmann em cada um de nós, portanto somos todos parecidos. Fazê-lo teria significado que não admitimos a distinção – a qual, apesar disso, está na base da justiça – entre a capacidade de agir e a própria ação; nem entre graus incomensuráveis de uma única e mesma característica. Primo Levi insis-

---

85 Soljenítsin, op.cit., t.II, p.459.

tiu no mesmo ponto: que os carrascos sejam humanos como nós de forma alguma permite deduzir (como alguns cineastas confusos ou perversos, como Liliana Cavani) que "somos todos vítimas ou assassinos".[86] Isso é apagar subitamente a culpa de uns e o sofrimento de outros, é renunciar a qualquer justiça em nome de uma ideia caricata do inconsciente. Uns e outros não são de natureza diferente, é verdade; mas a justiça sanciona apenas os atos perpetrados, e nada mais. Nisso ela difere da compaixão, que se exerce com relação aos outros, e com mais forte razão da antropologia, que estuda as disposições humanas, ao invés de uma ou outra ação particular. A antropologia aspira à compreensão; o direito permite julgar. Trata-se, como podemos ver, de uma senda estreita entre dois abismos, onde o equívoco é fácil. Mas a aposta é enorme: trata-se de recusar a visão maniqueísta do mal, de rejeitar a aplicação rígida da lei do terceiro excluído. É preciso tentar manter o conjunto, articular essas duas proposições que somente na aparência se contradizem: os crimes são desumanos, mas os criminosos não o são. Esses seres comuns cometeram atos extraordinários.

Philip Hallie, que estudou detalhadamente um dos raros casos de bondade ocorrido durante esses anos sombrios, o de André Trocmé e seus préstimos (voltaremos a isso), afirma: "Há uma diferença intransponível entre os que são capazes de torturar e matar crianças e os que podem somente salvá-las".[87] Espontaneamente, somos movidos a lhe dar razão: há um abismo entre "eles" e "nós". Eu me perscruto tão honestamente quanto possível e acredito poder declarar com toda boa-fé: eu

---

86 Levi, op. cit., p.48.
87 Hallie, P. *Le Sang des innocents*, p.373.

jamais jogarei crianças vivas num forno crematório. Penso, entretanto, que essa formulação obscurece o problema ao somente reter os dois extremos de um *continuum* (os pais que jamais torturaram seus filhos – claro que muito menos cruelmente – são raros) e eliminando qualquer consideração sobre as circunstâncias particulares da ação (os processos de hábito e de endurecimento). Ora, os testemunhos são unânimes para descrever a força desses processos. Rudolf Vrba, fugitivo de Auschwitz, resistente, uma pessoa admirável, narra suas impressões sobre um espancamento: "Habituei-me a ver essas punições desde o primeiro dia. Cheguei mesmo a acolhê-las com alívio, pois enquanto Koenig e Graff (os torturadores) estavam ocupados, eu podia roubar e assegurar minha sobrevivência".[88] Margarete Buber-Neumann admite: "Em 1944, quando por acaso eu devia ir à enfermaria e atravessava os corredores abarrotados, de onde se faziam ouvir os lamentos dos que estavam morrendo, eu abria caminho assombrada por um único pensamento: não mais ver esse espetáculo, não mais ouvir esses lamentos".[89] Parece-me que Bettelheim tem razão ao concluir: "Alguns gritos nos angustiam, nos levam a agir para socorrer um ser em apuros. Gritos que se prolongam durante horas simplesmente nos dão vontade de fazer calar aquele que os emite".[90]

Mas voltemos ao essencial. Etty Hillesum, uma das vítimas de Eichmann, jamais teria agido como ele, em nenhuma circunstância. Contudo, foi observando a si mesma que ela pôde compreender Eichmann e seus semelhantes. O personagem

---

88 Vrba, op. cit., p.165.
89 Buber-Neumann, *Déportée à Ravensbrück*, p.42.
90 Id., *Survivre*, p.323.

principal de *Maintenant ou jamais*, o judeu Mendel, apesar de ser vítima das perseguições, diz a si mesmo ao se questionar rigorosamente: "Talvez cada um de nós seja o Caim de algum Abel e o mate no meio de suas terras sem sabê-lo".[91] E é falando de si mesmo e de seus companheiros que Levi conclui: "Éramos potencialmente capazes de construir uma massa infinita de dor [...]. Basta não ver, não escutar, não fazer".[92] Para que o mal se realize, não basta que haja a ação de alguns; ainda é preciso que a grande maioria permaneça de lado, indiferente. Ora, sabemos bem, somos todos capazes de fazer isso.

O que mais passamos a saber sobre essa natureza humana depois de Kolyma e Auschwitz? O homem é fundamentalmente mau, um lobo para o homem, como desejava Hobbes, ou é naturalmente bom, como o afirmava Rousseau? De minha parte, não penso que possamos tirar dessas experiências extremas um novo ensinamento sobre a natureza do homem. Nem as teorias otimistas do progresso, nem aquelas apocalípticas, do declínio, podem reivindicar para si a experiência dos campos de concentração. O totalitarismo é um regime incontestavelmente pior que a democracia, eis o que (hoje) está claro. Quanto aos seres humanos, não são, por natureza, nem bons, nem maus, ou então são os dois: o egoísmo e o altruísmo são igualmente inatos. "Será que a natureza do homem sofre uma mutação no cadinho do Estado totalitário?" Esse era o questionamento de Grossman (pensando mais na alternativa da liberdade e da submissão que na do bem e do mal) e respondia pela negativa: "O homem, condenado à escravidão, é escravo

---

91 Hillesum, op. cit., p.81.
92 Levi, *Les Naufragés et les rescapés*, p.85.

por destino, e não por natureza".[93] O mal não é acidental, está sempre aí, pronto para se manifestar; basta não fazer nada para que ele suba à superfície. O bem não é uma ilusão e se preserva até nas circunstâncias mais desesperadoras. Não há mais razões, tanto para se resignar ao cinismo quanto para se comprazer em devaneios ingênuos.

Nós nos familiarizamos com aquilo que chamei de virtudes cotidianas, os atos morais que cada um de nós sabe praticar, sem que por isso seja herói ou santo. Agora é necessário que examinemos a série oposta, a dos vícios cotidianos, dos traços da conduta que não fazem de seus portadores monstros ou feras, seres de exceção, e que todos possuímos também, esses traços que esclarecem as situações extremas dos campos totalitários, mas que também se manifestam atualmente, em circunstâncias muito mais pacíficas. Iniciarei com algumas características que me chocam mais que as outras: a fragmentação do comportamento ou a ruptura entre comportamento e consciência; a despersonalização dos seres tomados no encadeamento do pensamento instrumental; o gozo do poder. Esses conceitos, ou somente temas de reflexão, foram deliberadamente por mim escolhidos com um nível de abstração médio: eles são mais gerais que os atos observáveis, mas nem por isso dizem respeito a uma teoria unificada, psicológica, antropológica ou política, que explicaria por uma só causa todos os atos. O que me interessa, uma vez mais, é o enraizamento banal dos atos excepcionais, as atitudes cotidianas que poderiam fazer de nós uns "monstros", caso precisássemos trabalhar num campo de concentração.

---

93 Grossman, *Vie et destin*, p.199-200.

*Fragmentação*

## Formas de descontinuidade

Tanto os sobreviventes de Auschwitz quanto os observadores mais tardios ficam chocados por um traço comum a todos os guardas, inclusive os mais cruéis entre eles: a incoerência de seus atos. Nesse mesmo lugar, e por vezes no mesmo dia, ou até na mesma hora, uma pessoa enviará um prisioneiro para a morte sem pestanejar e oferecerá cuidado a outro. Não significa que bem e mal se equilibram – este último prevalece sobre o primeiro, e de longe. Contudo, não há nenhum guarda que seja inteiramente "perverso". Todos parecem ter o humor oscilante, se assim podemos dizer, submetido à influência das circunstâncias – ao ponto de a palavra "esquizofrenia" se impor para descrevê-los, ainda que nenhum deles esteja acometido por qualquer doença mental. Trata-se dessa esquizofrenia social que é específica dos regimes totalitários. "Contra qualquer lógica", observa Primo Levi, "piedade e brutalidade podem coexistir no mesmo indivíduo e no mesmo momento."[1]

Tomemos, como primeiro exemplo de descontinuidade, um excerto do diário íntimo de Johann Paul Kremer, médico em Auschwitz em 1942. Em 5 de setembro ele escreve: "Assisti, ao meio-dia de hoje, a uma ação especial no campo de concentração das mulheres (muçulmanas) – o horror mais horrível de todos. Hschf. [= ajudante] Thilo, cirurgião militar, tinha razão quando me disse hoje que estávamos no *'anus mundi'*. À noite, por volta das 20 horas, aconteceu outra ação espetacular, com um destacamento da Holanda". No dia seguinte, 6 de setembro, ele escreve: "Hoje tivemos um excelente almoço dominical: sopa de tomates, meio frango com batatas e repolho roxo (20 gramas de gordura), sobremesa e um magnífico creme de baunilha".[2] Será essa a mesma pessoa, que num dia constata o horror mais horrível – e usa a expressão, que iria se tornar célebre, *anus mundi* – e que, no dia seguinte, só pensa em transcrever o cardápio de seu jantar? Mal se passaram vinte e quatro horas. De fato, a transição é ainda mais brutal, pois ao inscrever os acontecimentos de 6 de setembro na página, ele não poderia deixar de reler a anotação do dia precedente, imediatamente anterior. Ele relê uma e em seguida escreve a outra: uma condenação à morte que provoca o horror, e depois um bom jantar.

O mesmo ocorre com outros personagens de reputação sinistra. O verdugo Boger às vezes ajuda os judeus que trabalham sob suas ordens. O *Lagerführer* de Birkenau, Schwarzhuber,

---

[1] Levi, *Les Naufragés et les rescapés*, p.56.
[2] Kremer, Diary, In: Bezwinska; Czech (ed.), *KL Auschwitz Seen by the SS*, p.215-7.

é diretamente responsável pela morte de milhares de pessoas, mas um dia intervém para salvar a vida de 68 garotos de Teresin, destinados à câmara de gás. O dr. Frank ajuda os judeus à sua volta, o que não o impede de estar presente na plataforma de chegada dos trens, onde participa das "seleções", outro nome das condenações imediatas de morte. O próprio Mengele foi capaz de, entre duas "seleções", cuidar atentamente de um doente. Na verdade, os humores não mudam por acaso; esses movimentos aparentemente caóticos obedecem a algumas regras. Um preso que o guarda conhece pessoalmente tem mais chances de provocar sua compaixão. Alguns dão ares ideológicos à incoerência de seu comportamento: certa guardiã será complacente com as russas e as polonesas, porém impiedosa com as judias. As coisas não acontecem muito diferentemente nos outros campos, e mesmo fora deles: segundo Speer, Hitler passava, num instante, da intolerância à benevolência.

Essa coabitação do bem e do mal na mesma pessoa pode nos levar, segundo nossa maneira de ver as coisas, à esperança ou ao pessimismo. Mesmo o ser mais perverso tem lados bons; contudo, inversamente, a presença da bondade de forma alguma garante que o mal não surgirá. O mais chocante nos dedos-duros e nos delatores, escreve Grossman, "é o bem que existe neles. O mais triste é que eles são cheios de qualidades, de virtudes [...]. É isso que é assustador: há muita coisa boa nesses seres humanos".[3]

*(Durante os últimos anos da vida de minha mãe, eu falava com meu pai principalmente por telefone. Ele mesmo se surpreendia com suas pró-*

---

3 Grossman, *Tout passe*, p.94.

*prias incoerências. Às vezes, ele se sentava ao lado de minha mãe, que não reconhecia mais ninguém, exceto ele, e, para acalmá-la ou deixá-la feliz, contava as coisas que lhe pareciam os melhores momentos de sua vida em comum — quando, na época de seu noivado, ele ia, tímido, à casa dos pais dela; quando as crianças nasceram; quando haviam feito um cruzeiro no Danúbio. Minha mãe devia adivinhar a emoção em sua voz, mesmo que mal compreendesse as palavras, e começava a chorar — ele, ao perceber as lágrimas, por sua vez também chorava. Um instante depois, percebia que, por incontinência, ela molhara a roupa, e ele se punha a injuriá-la, persuadido de que ela o fazia de propósito para aborrecê-lo. Agora que ela morreu, ele reencontrou sua coerência: não se lembra mais de ter ficado bravo.)*

A essa primeira forma de fragmentação, ou momentos de alternância entre hostilidade e benevolência, acrescenta-se uma segunda, mais sistemática, que provém do fato de que, como vimos, duas de nossas "virtudes cotidianas" não necessariamente caminham juntas: o cuidado com o outro e a atividade do espírito. Já observamos o quão frequentemente os guardas, nos campos nazistas, eram entusiastas da música. Contudo, o mesmo Kramer, que chorava ao escutar Schumann e que fora livreiro antes de se tornar comandante em Birkenau, era capaz de despedaçar o crânio de uma prisioneira com seu cassetete porque ela não andava suficientemente depressa; em Struthof, onde trabalhara anteriormente, ele próprio empurrava mulheres sem roupas na câmara de gás e observava sua agonia por uma janela especialmente instalada; em seu processo, declarava: "Não senti nenhuma emoção ao executar esses atos".[4] Por que a música o fazia chorar, e não a morte de seres humanos seme-

---

4 Tillion, op. cit., 2.ed., p.209.

lhantes a ele? A mesma Maria Mandel, que corre para escutar a ária de *Madame Butterfly*, ordena espancamentos e também golpeia pessoalmente, quando não induz os médicos a praticar "seleções" mais frequentes. Os atos do melômano Mengele, que constantemente assovia árias de Wagner, são bem conhecidos. Pery Broad, outro guarda, toca Bach e tortura os prisioneiros do bunker; Eichmann toca Schumann e organiza a deportação dos judeus. Não é que a música deixe de ser um bem, mas graças à fragmentação, essa atividade do espírito deixa de ter consequências sobre o conjunto do comportamento, e esse pequeno bem é amplamente contrabalanceado pelo mal que reina em outros lugares.

Nos campos stalinistas encontramos, de preferência, os amantes da literatura. Não obstante, o amor por Puchkin não o torna mais moral que aquele por Bach. As grandes tiragens atingidas pelas edições dos clássicos russos e estrangeiros na URSS, e que provocavam a admiração dos intelectuais ocidentais, facilitando sua aprovação do comunismo, de forma alguma faziam a população dos campos de concentração diminuir: esta também se elevava a vários milhões. Contudo, evidentemente, a Alemanha também não era um país sem cultura. Como observa Borowski, "nas cidades alemãs, as vitrines das lojas estão cheias de livros e de objetos religiosos, mas a fumaça dos crematórios ainda flutua sobre as florestas".[5] E aqueles que tinham estudos superiores não cedem em crueldade às pessoas iletradas, por mais que uns e outros pratiquem suas atividades espirituais de maneira perfeitamente estanque. Só se pode sorrir diante da ingenuidade dos acusadores no pro-

---

5 Borowski, *This Way for the Gas, Ladies and Gentlemen*, p.168.

cesso de Nuremberg que, falando dos membros das *Einsatzkommandos*, as unidades móveis de extermínio por trás do *front* na Rússia, constatavam como circunstância agravante o fato de que estes não eram "indígenas sem educação, incapazes de apreciar os melhores valores da vida", porém pessoas que receberam uma educação superior: oito advogados, um professor universitário, um dentista... Como se a moral fosse ensinada na Universidade!

## Privado e público

É ainda outra forma de descontinuidade que parece desempenhar o papel principal nos crimes totalitários, aquela entre esfera privada e esfera pública. Ao estender a noção de inimigo de tal modo que inclua não somente os soldados que nos combatem, mas também os adversários no interior do próprio país, o totalitarismo generaliza o estado de guerra e, ao mesmo tempo, também propaga essa separação característica do guerreiro: "Homens que, na vida privada, são muito escrupulosos com relação à justiça e ao direito convencionais, na guerra tornam-se capazes de destruir a vida e a felicidade dos outros sem caso de consciência particular".[6] Essa separação é, de fato, familiar a quase todos os guardas: eles continuam a levar uma vida privada e familiar cheia de amor e de cuidados, ao passo que se comportam com a mais terrível brutalidade com os prisioneiros.

Borowski conta, por exemplo, a história do *kapo* Arno Boehm, que "administrava 25 chicotadas para cada minuto de

---

6 Grey, *The Warriors*, p.172.

atraso ou para cada palavra pronunciada depois do gongo da noite. Era o mesmo que sempre escrevia cartas curtas, mas emocionantes, cheias de amor e de nostalgia, para seus velhos pais em Frankfurt".[7] No processo de Kramer, a mulher deste vem testemunhar: "Os filhos eram tudo para meu marido".[8] Schwarzhuber preocupa-se com o filho de seis anos e coloca um cartaz no pescoço dele para que não seja levado, por erro, para uma câmara de gás, enquanto vagueia em Birkenau… O próprio sinistro Hoess encontra lampejos humanos quando, em suas últimas cartas, fala de seus filhos.

Mandel, a supervisora chefe de Birkenau, não se contenta em proteger, como já o fazia Kramer, a orquestra feminina de Alma Rosé – ela tem um fraco por crianças, não as suas próprias, dado que não as tem, mas as dos outros. Um dia ela descobre duas crianças judias, cuja mãe as tenta fazer passar despercebidas, e as convoca em sua sala. A mãe fica trêmula diante da porta. "Elas reapareceram cinco minutos depois, cada uma carregando um pacote com bolo e chocolate [...]. Ela era capaz de ter a reação normal, maternal, de uma mulher, e também de se transformar numa besta selvagem."[9] Fania Fénelon conta um episódio que não termina tão bem: Mandel salva um menino polonês da câmara de gás e o cobre de carinhos e de presentes: pela primeira vez as detentas a veem rir. Entretanto, alguns dias depois, ela entra particularmente sombria no pavilhão e demanda o duo de *Madame Butterfly*. As presas ficam sabendo que ela teve que se separar do menino e entregá-lo pessoal-

---

7 Borowski, *Le Monde de Pierre*, p.149.
8 Langbein, op. cit., p.307.
9 Lingens-Reiner, op. cit., p.146

mente à morte. Em geral, pensa Fénelon, "seu cérebro, como o de todos os alemães, é compartimentado como um submarino, formado por blocos estanques — a água pode invadir um deles, sem que os outros possam ser perturbados".[10] Ora, dessa vez, o bloco "vida privada" corria o risco de transbordar sobre o bloco "vida profissional", portanto, foi preciso restabelecer a estanqueidade. Talvez. Mas será que somente os alemães têm o cérebro assim, tão organizado? E é mesmo verdade que todos os alemães saíram da mesma fôrma?

Dispomos de documentos pessoais — cartas, entrevistas ou lembranças — sobre alguns personagens que praticaram essa separação entre o privado e o público, que nos permitem observar mais de perto seu funcionamento. R. J. Lifton analisou em detalhes o caso do dr. Eduard Wirths, médico-chefe de Auschwitz. Este adere à doutrina nazista e, portanto, professa o antissemitismo, mas isso não o impede, na época em que ainda era clínico geral, de cuidar de judeus, diferentemente de inúmeros de seus colegas. Em Auschwitz, ele pratica experiências "médicas" nos detentos. Entretanto, também é conhecido por sua honestidade pessoal; por exemplo, ele se recusa a usar, para se abastecer, outra coisa que não sejam os tíquetes normais (nova exceção num mundo em que reina a corrupção). O amor que dedica à sua família parece equilibrar, em seu espírito, os inconvenientes de sua situação profissional: "Minha bem-amada, nada é impossível enquanto eu a tiver", ele escreve à mulher. Quanto mais as seleções se tornam amiúdes, mais suas cartas são cheias de demandas sobre os primeiros dentes de seus filhos ou comentários sobre suas fotos. Ele parece mesmo esta-

---

10 Fénelon, op. cit., p.346.

belecer uma relação mais forte entre as duas séries, como se só trabalhasse em Auschwitz movido pelo amor aos seus filhos: "É preciso fazê-lo por nossas crianças, meu anjo, por nossas crianças".[11] Sua filha guarda a lembrança de um pai amoroso, e seu desejo de compreender o passado toma a forma da seguinte questão: "Um homem bom pode fazer coisas más?".[12]

Na prisão, Gitta Sereny interrogou longamente Franz Stangl, o antigo comandante de Sobibor e Treblinka. É um policial zeloso, muito mais carreirista que fanático, que primeiramente trabalha nos "institutos" de eutanásia e em seguida nos campos de extermínio. Também adora a mulher e durante as primeiras separações escreve-lhe todos os dias; em seguida, transporta essa ligação para seus filhos. Nas entrevistas, ele explica sua vida na época por uma fragmentação que lembra a imagem do submarino de Fénelon: "Eu só podia viver se compartimentasse meu pensamento".[13] Queimar cadáveres não é um passatempo agradável, então ele se agarra à ideia de que não é o responsável por acender o fogo. Contudo, ele supervisiona as construções ou organiza a expedição, para Berlim, do ouro encontrado nas vítimas. "Havia centenas de meios de pensar em outra coisa. Utilizei todos eles. [...] Eu me forçava para me concentrar no trabalho, no trabalho e ainda no trabalho."[14]

Stangl quer convencer seus próximos e a si mesmo de que esse trabalho é ainda mais compartimentalizado do que realmente o é na realidade, de que é possível se ocupar da chegada dos

---

11 Lifton, *Les Médecins nazis*, p.435.
12 Ibid., p.450.
13 Sereny, op. cit., p.175.
14 Ibid., p.214.

trens, mas não do destino de seus ocupantes, da construção dos prédios, mas não da ação que neles ocorre: "Estou presente, mas não faço nada a ninguém", declara à sua mulher.[15] Um dia, ela fica sabendo da verdade e fica chocada (ela se recusa a ter relações sexuais com ele durante vários dias!), mas acaba por se resignar: ele é verdadeiramente um marido muito bom. Sua filha, muito mais tarde, enquanto o pai está na prisão, declara a Sereny: "Era meu pai. Ele me compreendia. Estava do meu lado nos meus piores momentos, e quando acreditei que minha vida estava arruinada, ele me salvou. Um dia ele me disse: 'Lembre-se, lembre-se sempre: se você precisar de ajuda, irei ao fim do mundo por você' [...]. Eu o amo – e o amarei sempre".[16] É estranho: as palavras de Stangl contadas por sua filha lembram aquelas que, sem serem ditas, foram vividas por Pola Lifszyc, que foi ao fim do mundo por sua mãe. Esse fim de mundo se chamava Treblinka, e Stangl era o seu senhor. Foi Stangl que presidiu ao assassinato de Pola e de sua mãe. Será que ele teria ido com sua filha a Treblinka para lá sofrer o mesmo tratamento, se as circunstâncias o tivessem ensejado? Talvez.

*(A filha de Klaus Barbie, filmada durante um processo recente, se expressava quase da mesma forma. Não pude evitar admirar esse amor que se declara superior à justiça. Eu teria gostado que minha filha pensasse a mesma coisa, e quereria lhe dizer as mesmas palavras pronunciadas por Stangl, esse assassino em massa. Quereria que estivéssemos prontos a ir ao fim do mundo um pelo outro, se houvesse necessidade. Não penso que ela deveria me perdoar por crimes comparáveis. Entretanto, sempre haverá muita*

---

15 Ibid., p.145.
16 Ibid., p.375.

*coisa sobre as quais ela deveria fechar os olhos. Essa proximidade me perturba. Stangl não é tão somente humano – eu me reconheço nele. Para não ficar ruborizado, será que devo, por meu lado, acreditar que a vida pode ser compartimentalizada, tal como um submarino? Como pode um homem bom fazer o mal, ou ainda: como o mesmo homem pode fazer, ao mesmo tempo, o bem e o mal? Eis aqui a questão que sequer conseguia ser posta por um melodrama recente, o filme de Costa Gravas,* Music Box).

Confrontados com tais testemunhos, alguns tenderão a duvidar deles. Outros, a pô-los de lado, considerando que não têm nenhuma relação com os crimes de que são acusados indivíduos como Wirths, Stangl ou Barbie: ser um bom pai de família, pensam eles, não desculpa nada e não explica nada. De minha parte, estou convencido de que esses testemunhos são verdadeiros e que são necessários para compreender a personalidade dos guardas. Tenho a impressão de que estes têm necessidade de fragmentar dessa forma sua vida tanto para que a piedade espontânea não entrave seu "trabalho" quanto para que sua louvável vida privada compense, aos olhos deles mesmos, tudo o que pode haver de perturbador em sua vida profissional.

Que um indivíduo seja virtuoso em sua vida privada não significa que sua vida pública – nem, por conseguinte, as doutrinas que ele professa – possa disso se beneficiar. Esse é o argumento desenvolvido por Vassili Grossman a respeito do fundador do sistema soviético dos campos de concentração, Lenin. De certa forma, Stálin é um adversário cômodo: sua brutalidade pessoal está em harmonia com a política de extermínio que ele comanda. Mas Lenin seduz pela sua personalidade: "Nas relações privadas, [...] Lenin sempre dava mostras de delicadeza, de doçura, de polidez. [...] Esse político ambicioso, capaz de tudo para satisfazer sua sede de poder, era um homem extraordinariamente modesto. Ele não buscou conquistar o poder para si, pessoalmente".[17] Dessa forma, somos tentados a desculpar o sistema pela pessoa: um homem tão honesto, que não pensa em enriquecer (assim como Wirths, que vivia de seus cartões de racionamento), um homem tão atento em suas relações pessoais (como Stangl com sua família), um idealista sincero, pode realmente provocar o mal?

Evidentemente, a resposta é "sim". É o mesmo Lenin que desenvolve a ideia de inimigo interno, que organiza a repressão, que fustiga a compaixão. Sim, pois é possível que "o homem político e o homem da vida privada apareçam como duas figuras inversas: mais e menos, menos e mais".[18] A fragmentação em Lenin não é menos forte que a de Stangl. E como se trata de um homem político bem-sucedido em seu empreendimento, e que sua personalidade pública tenha tocado infinitamente mais indivíduos que sua pessoa privada, esta pesará muito menos que aquela em nossa apreciação global do indivíduo. Seus traços de intelectual, seus gostos modestos, seu modo de vida ascético, não influenciam nem desculpam seus atos políticos, mas talvez contribuam para convencê-lo, como posteriormente aos seus admiradores, da justeza de suas ideias.

Já examinei outra forma de ruptura entre as convicções do indivíduo e seu modo de vida, aquela do fariseu que proclama belos princípios sem cuidar de a eles submeter sua própria conduta. Essa ruptura, que impede a ação propriamente moral e produz, em seu lugar, o moralismo, nos é também familiar

---

17 Grossman, *Tout passe*, p.208-9.
18 Ibid., p.210.

pela atitude de muitos intelectuais (Rousseau teria dito: filósofos) que pregam a generosidade ou a tolerância, mas dos quais ficamos sabendo, no viés de uma confidência, que em privado agem como seres irascíveis e interesseiros. Em suma, a regra para eles é a distribuição inversa daquela observada nos campos: a doutrina professada é virtuosa, mas a pessoa não o é. Mostra-se necessário fazer como ela diz, não como ela faz; é pela superfície sedutora que agora se deve compensar, ao menos aos olhos do próprio sujeito, as imperfeições do cerne interno: bato em minha mulher em minha casa, é verdade, mas me bato no exterior contra o imperialismo americano. Essa figura da fragmentação também não está ausente nos campos: Henry Bulawko se lembra de seu chefe de equipe, Mosche, que, como o *kapo* Arno Boehm, tem sempre um porrete ao alcance da mão. "Era religioso, fazia suas preces três vezes por dia – e todos os dias ele atacava."[19] O *Eisatzkommando* II b, que agia na região de Simferopol, na Rússia, recebeu a ordem de matar três mil judeus e ciganos antes do Natal. A ordem foi executada com particular celeridade para permitir que as tropas comparecessem à cerimônia de celebração do nascimento de Cristo. O chefe do comando, Otto Ohlendorf, proferiu um discurso emocionante aos seus soldados.

No fundo, para aquele que tem algo a se reprovar, pouco importa se isso se situa na esfera pública ou na esfera privada; o que conta é que haja duas delas, e que uma – que imediatamente ele proclama constituir o essencial de seu ser – possa, antes de tudo aos seus próprios olhos, compensar a outra. "O sinistro dr. Otto Bradfisch, antigo membro dos *Einsatzgruppen*,

---

19 Langbein, op. cit., p.171.

que presidiu à morte de pelo menos 15 mil prisioneiros, declarou a um tribunal alemão que sempre se 'opusera em seu foro íntimo' àquilo que fazia." Um antigo *Gauleiter*[20] também declara que "somente sua 'alma oficial' teria cometido os crimes que lhe valeram a forca em 1946. Sua 'alma privada' sempre os reprovara".[21] Não se trata de aceitar esses argumentos como desculpas, mas o fato de que sejam apresentados como tais nos permite compreender como as pessoas ordinárias podem se tornar assassinas – ou como o habitante de um país totalitário pode reconciliar sua inevitável submissão à ordem exterior com um pouco de respeito por si.

## Causas e efeitos

Como nos debruçamos muito mais sobre os campos nazistas que sobre os campos comunistas, tivemos a tendência de explicar a fragmentação no comportamento dos guardiões pelo caráter nacional alemão, ou pela história alemã. Os alemães seriam seres que apreciariam apenas a interioridade e a intimidade, mas que se mostrariam indiferentes aos atos e aos comportamentos em público – e isso pelo menos a partir de Lutero, uma vez que o fundador do protestantismo proclamou a separação entre a vida religiosa e a vida prática, com a intenção de se preocupar apenas com a primeira: somente a fé conta, e não os atos. Para Fania Fénelon, como vimos, todos os alemães têm o cérebro compartimentado. Por outro lado, a alemã Alma Rosé reprova aquela pelo defeito inverso: "Vocês,

---

20 *Gauleiter*: chefe de distrito na Alemanha hitlerista. (N.T.)
21 Arendt, op. cit., p.143-4.

franceses, [...] parecem ignorar que há uma hora para cada coisa [...], vocês misturam tudo".[22] Porém, sabemos atualmente que, apesar de sua tendência à mistura, durante a guerra os franceses souberam separar muito bem seus deveres familiares da indiferença com relação às crianças judias que eram deportadas para Auschwitz. Também sabemos que o caráter alemão não permite explicar as atrocidades nos campos comunistas. Por fim, também sabemos que, quaisquer que sejam os supostos defeitos do caráter nacional alemão, os campos de concentração só existiram na Alemanha durante os dois regimes totalitários, nacional-socialista e comunista.

O fato de que os campos, diferentemente dos trabalhos forçados, só existiram no século XX poderia nos levar a perguntar se traços mentais, tais como a fragmentação, não estão antes ligados a outras características da sociedade moderna. É tentador aproximar a mentalidade fragmentada e a especialização crescente que invade não somente o mundo do trabalho, mas também o das relações sociais. Naturalmente, a especialização no trabalho existe desde a época neolítica e não precisou esperar por Marx para ser estigmatizada, mas a complexidade crescente das tarefas aumentou extraordinariamente no decorrer do último século. Quem pode pretender ser capaz de dominar simultaneamente as técnicas próprias à sua função e todas as implicações e consequências ligadas à sua prática? Se cada um subdivide sua vida em compartimentos estanques, não estará aí uma reação compreensível à compartimentalização crescente do mundo?

---

22 Fénelon, op. cit., p.177.

*(Essa atitude, eu percebi com surpresa, tem seus defensores em nossos dias. As revelações recentes sobre o engajamento nazista de Heidegger incitaram seus discípulos a buscar desculpas para ele. Uma das mais cômodas estava em dizer: não há, não deve haver nada em comum entre o filósofo — genial — e o homem — nazista. Ao contrário, um filósofo americano "pragmático" viu a unidade onde outros só percebiam a ruptura e chegou a dizer que o erro de Heidegger foi precisamente o de querer estabelecer uma continuidade entre sua filosofia e sua vida: nesse ponto, ele se comportou como Hitler. É claro que é preciso ser um bom cidadão na vida; pode-se, aliás, professar os pontos de vista que se quiser, desde que não se tente implementá-los. Como se o mundo já não fosse compartimentado o suficiente e fosse preciso lutar para erigir ainda outros muros!)*

A ruptura do mundo, com sua contrapartida, o profissionalismo, e sua consequência psicológica, a fragmentação, marca mais particularmente os países totalitários, onde aquilo que no início era uma característica da produção industrial se torna um modelo para o funcionamento da sociedade. Primeira separação: o Partido, ou o Estado, se encarrega dos fins, portanto, da definição do bem e do mal. Os sujeitos só se ocupam dos meios, isto é, cada um, de sua especialidade. Speer observa: "Inculcara-se nos pequenos militantes que a grande política era por demais complicada para que eles pudessem julgar. Por conseguinte, os indivíduos se sentiam constantemente tutelados e ninguém jamais era convidado a tomar suas próprias responsabilidades". Segunda separação: de uma profissão a outra. "A exigência, expressamente formulada, de só se tomar responsabilidade dentro dos limites de seu próprio campo de ação era ainda mais inquietante. Não se podia mais se movimentar fora de seu grupo, quer seja o dos arquitetos, dos médicos, dos juristas, dos técnicos, dos soldados ou dos camponeses. [...] Quanto mais o sistema hitlerista durava, mais o pensamento se fechava."[23]

A separação convém muito bem a Speer, nos dias em que ele não traz a alma de um nazista convencido: "Eu me sentia o arquiteto de Hitler. Os acontecimentos da vida política não me diziam respeito [...]. Eu me sentia e me via dispensado de qualquer tomada de posição. Por outro lado, a finalidade da educação nacional-socialista era a separação das esferas de reflexão; assim, esperava-se de mim que me limitasse ao meu campo de ação: a construção". Mais tarde, quando se tornou Ministro do Armamento, ele manteve o mesmo ponto de vista, conquanto o conteúdo de seu trabalho tenha mudado: "A tarefa que preciso cumprir é apolítica", observou em 1944.[24] Em fevereiro de 1945, ele começa a compreender que não pode mais se interessar unicamente por sua especialidade, e diz a Doenitz, durante uma reunião: "Mas é preciso fazer alguma coisa!". E Doenitz responde secamente: "Eu aqui só represento a Marinha. Todo o resto não me diz respeito. O *Führer* deve saber o que faz".[25] Ao *Führer* o pensamento dos objetivos, e a cada um, sua especialidade: eis o raciocínio típico do sujeito totalitário.

O produto mais acabado desse sistema não é, todavia, nem Speer nem Doenitz, mas Adolf Eichmann. Quando se lê seu interrogatório, efetuado pelo capitão Avner Less, fica-se chocado ao perceber que mesmo nessa época (em 1961), toda sua atenção está concentrada não sobre a natureza dos atos de que

---

23 Speer, op. cit., p.48.
24 Ibid., p.160-1.
25 Ibid., p.594.

é acusado, que são terríveis, mas sobre eventuais conflitos de competência entre diferentes serviços do Terceiro Reich: a estanqueidade era e continuava a ser, para ele, total. Seu serviço estava encarregado de assegurar a transferência das populações, de encontrar os trens e de escolher as estações ferroviárias: uma tarefa estreitamente especializada, se acreditarmos nele. "Para o IV B 4 [o escritório que ele dirigia] tratava-se apenas de questões puramente técnicas."[26] Quaisquer pensamentos sobre as finalidades eram afastados, tratava-se unicamente dos meios, e ainda dos meios apropriados somente para certa parte do processo. "Quanto a saber quem iria para a câmara de gás, se era necessário ou não começar, se era preciso parar ou acelerar o movimento... eu nada tinha a ver com isso."[27] Quando Less lhe submetia um fato revoltante, ele jamais reagia sobre o fundo, mas somente sobre a atribuição a tal ou a tal outro serviço: não, não fazíamos esterilizações, era um outro escritório, esse testemunho que lhes é atribuído é indigno de confiança; o mesmo ocorria com o extermínio dos "mestiços", ele acontecia de fato em outro andar – que confusão grosseira! Na mesma época, ele dizia que tudo que o interessava era "evitar conflitos de atribuição com os outros serviços em ação".[28]

No decorrer do interrogatório, assim como durante o processo, buscou-se estabelecer que Eichmann participou pessoalmente de tal ou tal outro assassinato. Ele próprio se defendeu com veemência: "Eu nada tinha a ver com a execução dos judeus e não matei um único deles. [...] Eu nunca matei

---

26 Eichmann, *Eichmann par Eichmann*, p.136.
27 Ibid., p.112.
28 Ibid., p.221.

ninguém e jamais dei ordem para matar quem quer que seja".[29] Hoess também declarava: "Jamais maltratei um prisioneiro; jamais matei um único deles com minhas próprias mãos".[30] E Stangl, a respeito de seu trabalho no "instituto" de eutanásia: ele não estava, argumentou, "implicado na execução"[31] e também se defende de ter matado alguém em Sobibor. Essa resposta, retomada por tantos outros acusados, não desculpa nada, mas explica muito. É um tanto derrisório querer provar que Eichmann, Hoess ou Stangl tenham torturado e matado, como qualquer assassino vulgar, conquanto tenham participado da condenação à morte de milhares de pessoas. Mas eles fizeram isso, ocupando-se, cada um, de um pequeno elo dentro de uma longa sequência e tomando sua tarefa como um problema puramente técnico.

Essa compartimentação da própria ação e a especialização burocrática que ela provoca fundam a ausência do sentimento de responsabilidade que caracteriza os executantes da "solução final", assim como todos os outros agentes do Estado totalitário. Numa das pontas da corrente há, digamos, Heydrich: seu sono não é perturbado pelos milhões que morrem, jamais vê nenhum rosto sofrendo; ele apenas maneja grandes cifras inodoras. Em seguida vem o policial, digamos, francês: sua tarefa é completamente limitada, ele localiza crianças judias, depois as leva para um campo de agrupamento onde são administrados pelo pessoal alemão: ele não mata ninguém, e só executa uma ação de rotina: prisão, expedição. Eichmann entra então

---

29 Ibid., p.339-40.
30 Hoess, *Le Commandant d'Auschwitz parle*, p.251.
31 Sereny, op. cit., p.62.

em cena: seu trabalho, puramente técnico, consiste em assegurar que um trem parta de Drancy no dia 15 e chegue a Auschwitz dia 22. Onde está o crime nisso tudo? Depois Hoess intervém: ele dá ordens para que se esvaziem os trens e que se levem as crianças para as câmaras de gás. Por fim, o último elo: um grupo de prisioneiros, o comando especial, empurra as vítimas nas câmaras e lança lá dentro o gás mortal. Seus membros são os únicos que matam, com suas próprias mãos (além de tudo), mas evidentemente se trata, em seu caso, de vítimas, e não de carrascos.

Nenhum dos elementos da corrente (que na realidade é bem mais longa) tem o sentimento de ter a responsabilidade pelo que é feito: a compartimentação do trabalho suspendeu a consciência moral. A situação só é ligeiramente diferente nas duas pontas da corrente: alguém deve tomar a decisão — mas para tanto basta uma única pessoa, um Hitler, um Stálin, e o destino de milhões de seres humanos emborca no macabro. Além de tudo, essa pessoa jamais lida com os cadáveres, com o concreto. E alguém deve mesmo dar o golpe de misericórdia — essa pessoa perderá o repouso interior até o final de seus dias (que, de toda forma, corre o risco de estar bem próximo), mas ela não é, no que diz respeito a esse golpe, culpada de nada. Aqueles que tornaram essa coisa possível — Speer, Eichmann, Hoess e os inúmeros outros intermediários, policiais, funcionários do estado civil, empregados das ferrovias, fabricantes de gás mortal, fornecedores de arame farpado, construtores de crematórios de alto desempenho — sempre podem lançar a responsabilidade sobre o elo vizinho. Podemos responder-lhes que estão errados e que, mesmo dentro de um Estado totalitário, o indivíduo permanece responsável por seus atos, ou até mesmo pela ausência de qualquer ato. Também é evidente que aqui somos confrontados com uma responsabilidade de natureza completamente nova, inassimilável àquela dos criminosos tradicionais. O não reconhecimento dessa responsabilidade pelos próprios agentes do crime totalitário e a eliminação do problema moral tornam esse crime muito mais fácil de ser cometido.

Contudo, seria hipócrita constatar os efeitos do trabalho compartimentado somente nos países totalitários, uma vez que eles nos são familiares a todos, qualquer que seja o país que habitamos. Hoje gostamos de apontar um dedo acusador para o pessoal das grandes fábricas alemãs que produzem o Zyklon B.[32] Entretanto, G. Kren e L. Rappoport questionam: "será que os trabalhadores das fábricas químicas que fabricavam o napalm aceitariam a responsabilidade pelos bebês queimados?".[33] E por que só mencionar esses meios de extermínio particularmente espetaculares? O mesmo não ocorre com toda arma, qualquer que seja ela? Podemos verdadeiramente acreditar que esses explosivos, esses canhões ou esses mísseis que fabricamos jamais servirão para matar alguém? E como saber se eles serão usados contra populações "inocentes" ou soldados "culpados" (de pertencerem à nação inimiga)?

*(Abro o jornal de hoje: na página 12, trata-se de uma cidade que me é familiar, Bourges. "A locomotiva econômica de Bourges se chama exército:*

---

[32] Zyklon B ("ciclone", em alemão) era originalmente um inseticida composto por ácido cianídrico, cloro e nitrogênio. A letra B designa uma de suas concentrações. Sua ação mortífera rápida o fez ser escolhido para a "solução final" das câmaras de gás.

[33] Kren; Rappoport, *The Holocaust and the Crisis of Human Behavior*, p.141.

*fábricas do agrupamento industrial de armamento terrestre (2 mil pessoas) que constroem canhões de grosso calibre. [...] Todas essas fábricas ocupam pessoal de alta qualificação e distribuem subcontratações abundantes. Resultado: Bourges se orgulha por só contar com 7% de desempregados"* (Le Monde, 29-30 de abril de 1990). *Eis o que produz a unanimidade dos eleitos, comunistas, democratas e nacionalistas, prontos para dessa forma esquecer suas querelas: deixem-nos produzir ainda mais armas, clamam em uníssono. A quem serão vendidas essas armas, contra quem serão utilizadas, "não é de sua conta". Bourges se orgulha... Por que pensar nos bebês queimados?)*

Os efeitos da fragmentação interior não são menos difundidos. Os soldados que procuram matar tão depressa quanto possível frequentemente são bons pais de família – para eles, o compartimento "guerra" não se comunica com o compartimento "paz". E não se trata apenas da guerra: observa-se com frequência que os mesmos soldados americanos que desembarcaram na Europa, revoltados com o antissemitismo dos nazistas, praticavam uma política de segregação racial com relação aos seus próprios negros. Os franceses, que reivindicavam para si os princípios da Revolução, a liberdade e a igualdade, instaurariam em suas colônias regimes em que as populações submetidas não desfrutavam nem de uma, nem de outra. E bem sei que minha própria vida não está preservada dos efeitos malignos da fragmentação.

Num regime totalitário, a esquizofrenia social, a separação da vida em seções impermeáveis, é um meio de defesa que ainda guarda alguns princípios morais: só me comporto de maneira submissa e indigna em determinado fragmento de minha existência; nos outros, que julgo essenciais, continuo a ser uma pessoa respeitável. Sem essa separação, eu não poderia funcionar normalmente. Um pouco como a febre durante uma doença, a fragmentação não é em si mesma o mal, mas uma defesa contra ele. Contudo, é graças a ela que esse mal se torna possível, ou até mesmo fácil, e a esse título ela é mesmo um "vício cotidiano". R. J. Lifton que, em seu livro sobre os médicos nazistas, dedica uma grande atenção a essa situação, a ela se refere como o "desdobramento" (embora os compartimentos sejam frequentemente mais que dois) e descreveu os inúmeros meios pelos quais a pessoa comprometida chega a ter uma boa opinião de si mesma: aceitando executar tal ato, mas não tal outro, isolando o privado do público, compensando o vício público pela virtude privada.

Ora, não são somente os médicos nazistas que agem assim; o mesmo ocorre com todos os outros "profissionais" (e somos todos profissionais, de um modo ou de outro) que não aplicam as mesmas regras éticas em seu trabalho e no resto do tempo; e que podem aceitar o inaceitável enquanto especialistas, assegurando-se com o fato de que em sua outra vida, a "verdadeira", eles se comportam de maneira digna. O físico que contribui para a produção de armas nucleares se persuade de que não faz nenhum mal porque, ao mesmo tempo, é um bom cidadão e um marido exemplar; crê na unidade exatamente onde, na verdade, instalou-se uma fragmentação que ele desconhece. Quando hoje preferimos ignorar os horrores do mundo totalitário, ou pensar que os monstros responsáveis por ele nada têm a ver conosco, buscamos ainda nos defender fracionando o mundo em compartimentos estanques; todos, ou quase todos, preferimos o conforto à verdade.

Apesar disso, certa dose de fragmentação é indispensável para a simples sobrevivência psíquica do indivíduo. Cada um de nós conhece os limites de sua ação; sabemos que somos impotentes para transformar o mundo no que desejamos que ele seja. Por isso escolhemos nossas próprias Zonas de Ação Prioritária e deixamos as outras de lado. De nada adianta eu me sentir comovido pelas infelicidades do mundo, pois de fato me dedico pouco a elas, e sequer ajudo todos os mendigos que encontro entre minha casa e a entrada do metrô: eles não figuram em minhas Zonas. Como reconhecer o limite a partir do qual a fragmentação se torna culposa ou até mesmo criminosa? Levando-se em conta o contexto; por exemplo, para combater a miséria, a esmola não é o meio mais eficaz. Mas é também raciocinando sobre o grau de mal que afasto de meu horizonte: a tortura e a morte não estão na mesma categoria que, para tomar um exemplo de nossa vida, os inconvenientes causados pela publicidade invasiva ou pela baixa qualidade na cultura.

Dentro dos campos, os prisioneiros veem os efeitos nefastos da fragmentação e prometem a si mesmos: se um dia formos libertos, "agiremos de acordo com nossas ideias".[34] Milena tem a mesma exigência: "Ela não suportava a distância entre as palavras e os atos";[35] e o dr. Frankl ouviu, nos campos, "um apelo para testemunhar minhas ideias por meio de minha própria vida, em vez de somente publicá-las num livro".[36] Contudo, essas decisões, que partem de uma condenação da fragmentação, levantam um problema que já vimos a respeito da

---

34 Guinzbourg, *Le Ciel de la Kolyma*, p.86.
35 Buber-Neumann, *Milena*, p.229.
36 Frankl, op. cit., p.167.

dignidade: a coerência entre as ideias e os atos, ou entre o privado e o público, não é necessariamente boa. O nazista coerente não é melhor que outro que, de tempos em tempos, se deixa levar pela bondade. A decisão do dr. Frankl só me agrada porque aprovo suas ideias; Hitler talvez tenha tomado a mesma, no cerne de sua prisão, mas isso não me consola: um pouco mais de fragmentação, um número maior desses momentos de benevolência de que se lembra Speer não teriam sido demais. Então, o julgamento final que faremos depende, aqui também, do conteúdo dos atos realizados e das ideias emitidas. A fragmentação é um vício cotidiano, que pode facilitar enormemente a ocorrência do mal e moderar um pouco seus efeitos, mas não constitui, em si mesma, um mal.

# *Despersonalização*

## Desumanização das vítimas

A ideologia totalitária considera os seres humanos individuais como instrumentos, como meios para a realização de um projeto político, ou até mesmo cósmico. Hitler fala de bom grado "do vazio [...] do ser humano individual e de sua existência prolongada na imortalidade visível da nação",[1] e Himmler demanda a cada SS "o sacrifício total de sua personalidade no cumprimento de seu dever com a nação e a pátria";[2] de forma ainda mais razoável, o SS deve estar pronto para sacrificar a vida dos outros por essa grande causa... Poderíamos alinhar citações semelhantes tiradas de Lenin e de Stálin, com a exceção de que a palavra "comunismo" tomaria o lugar daquela de "nação". As doutrinas totalitárias são, portanto, apropria-

---

1 Rauschning, *Hitler Speaks*, p.222.
2 Hoess, op. cit., p.95.

damente chamadas de anti-humanistas. Ao contrário, a filosofia humanista, no sentido que aqui emprego a essa expressão, considera a pessoa humana inexcedível. Este é o imperativo moral prático de Kant, um alemão entre outros: "Age de tal forma que trates a humanidade tanto em tua pessoa quanto na pessoa de qualquer outro, ao mesmo tempo sempre como um fim, e jamais simplesmente como um meio".[3] A filosofia humanista não ignora que por vezes é inevitável considerar os indivíduos também como meios; o que ela exige é que não se os reduza a isso.

Sobre esse ponto em especial – diferentemente de muitos outros – a prática totalitária se conforma à teoria: nela o ser humano é de fato considerado como um meio e, portanto, não é mais uma pessoa (se tomarmos a palavra "pessoa" nessa acepção precisa). "A finalidade do sistema era a despersonalização", afirma Bettelheim.[4] De fato, não, e aí está um meio para transformar os indivíduos em ingredientes de um projeto que os transcende. Mas é verdade que esse meio é onipresente, e que os campos são o lugar em que ele triunfa. Muito mais que todos os instintos sádicos ou primitivos, é a despersonalização do outro e de si que é responsável pelo mal totalitário.

Em seu funcionamento normal, o sistema totalitário já reduz os indivíduos a funções; contudo, ao menos essas funções são mais de uma. Os campos desempenham mais uma vez o papel de espelho de aumento: aqui, não há mais que uma função reconhecida, o trabalho. Como o fornecimento de mão de obra é ininterrupto, não é mais necessário se ocupar da manu-

---

3 Kant, *Fondements de la métaphysique des mœurs*, p.295.
4 Bettelheim, *Le Cœur conscient*, p.309.

tenção desse instrumento e, portanto, da preservação de vidas humanas. Fora de lá, os indivíduos permanecem humanos, mesmo que não sejam valorizados como pessoas, pois é assim que melhor desempenham suas tarefas. Aqui, eles não são mais verdadeiramente pertencentes à espécie humana. O juiz penal disse à Guinzbourg, antes mesmo que ela chegasse ao campo: "Para nós, os inimigos do povo não são seres humanos. Contra eles, tudo é permitido".[5] Basta ser classificado como um inimigo para ser excluído da humanidade. Uma vez chegada ao seu destino, ela descobre que essa atitude é moeda corrente. Eis aqui o retrato do diretor do *sovkhoze*[6] penal Elguen: "Ele não tirava nenhum prazer de nossos sofrimentos. Simplesmente, ele não nos via, pois, em toda sinceridade, não nos considerava como seres humanos. Um 'surto de perdas' na mão de obra prisioneira era, para ele, um aborrecimento técnico como outro qualquer".[7] Reciprocamente, o meio para obter um tratamento melhor por parte dos guardas era se ligar a um deles numa relação pessoal, isto é, se fazer reconhecer como indivíduo. Saber falar a mesma língua se mostra, por isso, indispensável: privado da fala, o ser perde grande parte de sua humanidade.

A transformação de pessoas em não pessoas, em seres animados, mas não humanos, nem sempre é fácil. Apesar dos princípios ideológicos, quando se é confrontado com um indivíduo concreto, pode-se penar para ultrapassar uma resistência interior. Uma série de técnicas de despersonalização, cuja fi-

---

5 Guinzbourg, *Le Vertige*, p.66.
6 Na URSS, fazenda-piloto pertencente ao Estado. (N.T.)
7 Guinzbourg, *Le Ciel de la Kolyma*, p.89.

nalidade é ajudar o guarda a esquecer a humanidade do outro, entra então em ação. Eis aqui algumas delas.

Em primeiro lugar, há a transformação imposta às vítimas em seu comportamento. Antes de serem mortas, serão desnudadas. Os seres humanos não ficam nus em grupo, não se deslocam nus; privá-los de suas roupas é aproximá-los das bestas. E os guardas dão testemunho de que qualquer identificação com as vítimas se torna impossível quando só veem corpos nus – as roupas são uma marca de humanidade. O mesmo ocorre com a obrigação de viver em seus excrementos, ou com o regime de subnutrição em vigor nos campos, que obriga os detentos a ficar constantemente à procura de comida e prontos para engolir qualquer coisa. Hoess observa os prisioneiros de guerra russos: "Não se tratava mais de homens. Tinham sido transformados em bestas que pensam unicamente em comer".[8] Ele só se esquece de mencionar que é ele o responsável por essa transformação. Todos os meios visam a esse mesmo fim, o que os guardas não ignoram. Gitta Sereny pergunta a Stangl: "Já que os iriam matar de qualquer forma, qual o sentido de todas as humilhações?". Ele responde: "Para condicionar aqueles que deveriam executar essas ordens. Para que lhes fosse possível fazer o que fizeram".[9] A operação comporta então dois tempos: primeiramente se induz a um comportamento que parece "animal"; a seguir, em boa consciência, tratam-se esses seres como animais, ou pior.

Outras técnicas são menos brutais, mas não menos eficazes. Os detentos são privados de seus nomes e dotados de um

---

8 Hoess, op. cit., p.160.
9 Sereny, op. cit., p.107-8.

número; ora, o nome é a primeira marca de um indivíduo. Ao falar deles, os guardas evitam o emprego de termos como "pessoas", "indivíduos", "homens", e os designam como "peças", "pedaços", ou se servem de expressões impessoais. Stangl continua a fazê-lo em suas entrevistas com Sereny, mais de trinta anos depois dos fatos: "tudo estava terminado" (para designar um assassinato coletivo), "um transporte estava acertado" etc.[10] "Era proibido empregar as palavras 'morte' ou 'vítima', porque era exatamente como um pedaço de pau",[11] lembram dois coveiros de Vilno.[12] Uma nota secreta, relacionada às modificações a serem feitas nos caminhões que servem de câmara de gás móveis, em Chelmno, datada de 5 de junho de 1942, causa particularmente um frio na espinha: os seres humanos que serão mortos são sempre designados como "o carregamento", "as peças" ou não têm designação alguma: "noventa e sete mil foram tratados".[13]

Aliás, o grande número produz o mesmo efeito: matar 2 pessoas é, em certo sentido, mais difícil que matar 2 mil. "Raramente os percebi como indivíduos. Era sempre uma enorme massa", declara Stangl.[14] (Todos nós continuamos a reagir assim ao anúncio de milhares de mortos. A quantidade desper-

---

10 Ibid., p.182.
11 Em francês a expressão é ainda mais terrível: *billot de bois*, que tanto designa um cepo sobre o qual se trabalha (como o cepo de açougue), ou uma canga colocada no pescoço de um animal para evitar que fuja, ou ainda um bloco de madeira sobre o qual se apoiava um condenado à decapitação. (N.T.)
12 Lanzmann, Shoah, p.24.
13 Kogon; Langbein; Rückerl, *Les Chambres à gas, secret d'État*, t.III, p.IV.
14 Sereny, op. cit., p.215.

sonaliza as vítimas e dessa forma nos insensibiliza: uma morte é uma tristeza, 1 milhão de mortos é uma informação.) Enfim, qualquer inclusão dos indivíduos numa categoria mais abstrata contribui para despersonalizá-los. É mais fácil tratar de maneira desumana os "inimigos do povo" ou os *"koulaks"*[15] do que fazê-lo com Ivan e Macha; os judeus ou os poloneses, em vez de Mordehaï e Tadeusz. As comunistas se comportavam assim, até nos campos nazistas. "Elas não perguntavam: 'Você está sofrendo? ', ou mesmo 'Você está com febre? ', mas: 'Você é ou não membro do partido comunista?'"[16] A redução do indivíduo a uma categoria é inevitável se quisermos estudar os seres humanos. Ela é perigosa a partir do momento em que se trata de uma interação com eles, pois diante de si jamais se terá uma categoria, mas sempre e somente as pessoas.

É justamente por essa razão que, nos campos de extermínio, tudo é feito para evitar esse face a face, para impedir que o carrasco veja o olhar da vítima se pousar o seu sobre ela. Somente um ser individual pode olhar-nos (e, se olho para um desconhecido, evito que ele o perceba); fugindo de seu olhar, podemos mais facilmente ignorar sua pessoa. De outra forma, nem mesmo os mais insensíveis estariam ao abrigo de uma falha. Eichmann conta, por exemplo: "Hoess me contara um dia que Himmler viera, que olhara muito bem tudo... e que aparentemente titubeara".[17] Mas o próprio Eichmann esclarece sobre a própria incapacidade de olhar a morte diante de si, de ver as cifras e os gráficos se transformarem em cadáveres hu-

---

15 Na Rússia, ricos camponeses donos de terras, classe eliminada pela coletivização efetuada em 1929. (N.T.)
16 Buber-Neumann, Milena, p.230.
17 Eichmann, op. cit., p.117.

*Diante do extremo*

manos disformes. Ele visita Chelmno, onde se mata em caminhões de gás: "Não olhei o tempo todo a manobra [é o termo que ele emprega]. Não suportava os gritos e fiquei por demais nervoso [...]. Fugi dali. Precipitei-me para o carro e não abri mais a boca".[18] Ele assiste a uma execução em massa em Minsk: "Pude ver uma mulher jogar os braços para trás [...] minhas pernas iam ceder [...] fui embora...".[19] Ele vai a Auschwitz: "Preferi não ver como se asfixiavam as pessoas. [...] Uma gigantesca grelha de ferro sobre a qual se queimavam os cadáveres... Não aguentei e fui tomado pela náusea".[20] Ele vai a Treblinka: "Eu me mantive afastado, pois não queria ver nada".[21] Ele manda judeus húngaros marcharem até Viena: "Não os vi pessoalmente. Por princípio eu me recusava a assistir a espetáculos devastadores, se não houvesse uma ordem formal".[22] Para evitar esse gênero de reação "humana", de que até mesmo Himmler e Eichmann são capazes, e para impedir que os membros dos *Einsatzkommandos*, que fuzilavam vítimas aos milhares, não se tornassem todos loucos, inventam-se as câmaras de gás. Aí, a máquina substitui o homem, e o carrasco evita qualquer contato com a vítima. É assim que Himmler as justifica diante de Hoess: há gente demais a ser morta para que se contente em fuzilá-las; e "levando-se em conta as mulheres e crianças, este último método seria penoso demais para os SS que o aplicariam".[23] Contudo, no plano técnico, o mesmo ocorre

---

18 Ibid., p.111.
19 Ibid., p.115.
20 Ibid., p.152.
21 Ibid., p.153.
22 Ibid., p.326.
23 Hoess, op. cit., p.263.

em qualquer guerra moderna: aí também o contato é eliminado e, dessa forma, a eficácia (a mortalidade entre o inimigo) aumenta. É psicologicamente mais fácil lançar uma bomba de um avião, que mata 10 mil pessoas, que atirar à queima-roupa em uma única criança; e temos tendência a criminalizar mais o segundo ato que o primeiro. "A pessoa que lança uma bomba apertando um botão, ou o general ou o homem de Estado que dirige de longe o massacre, só fica diante de alvos e números e deve, por necessidade, perder sua capacidade de dar valor e de perceber os seres humanos."[24] R. J. Lifton pôde estabelecer uma correlação significativa entre altitude e atitude: os pilotos que, durante a guerra do Vietnã, pilotavam bombardeiros de grande altitude têm a consciência tranquila; aqueles que atiram a partir de helicópteros conhecem o remorso e a angústia.[25] Um soldado inimigo que passamos a conhecer corre o risco de deixar de ser nosso inimigo.

Por fim, a despersonalização é obtida também pela doutrinação ideológica, que, em particular na Alemanha, toma a forma de um culto da "dureza" e de uma difamação sistemática de qualquer sentimento de piedade. Esse culto é anterior ao nazismo e faz parte daquilo que se pôde chamar de "pedagogia negra" (o pai deve bater em seu filho para fazer dele um homem). Ele também está presente, sob o nome de *Drill*, no treinamento militar prussiano: impõem-se exercícios extenuantes, marchas desmesuradas com um peso enorme nas costas, em nome da ideia de que cada sofrimento suplementar se faz presente para o próprio bem de quem os executa, e

---

24 Kahler, E., *The Tower and the Abyss*, p.70.
25 Lifton, op. cit., p.541.

que se deve, então, ficar orgulhoso ao invés de reclamar. O nazismo se apodera dessas "tradições" e as integra a um sistema coerente. O treinamento dos SS é "duro"; isso garantiria que o tratamento ao qual deveriam submeter os prisioneiros não seria manchado por uma piedade espontânea. Uma circular da chancelaria de Hitler evoca assim as deportações: "Esses problemas, por vezes espinhosos, só podem ser resolvidos, no interesse de nosso povo e de sua segurança permanente, pela dureza impiedosa, *rücksichtloser Härte*".[26] Então se recruta para a SS de preferência os candidatos que parecem mais tenazes, e aqueles que a ela aspiram também estimam que um pouco da dureza da organização recaia sobre eles – que, devido ao seu próprio pertencimento à SS, serão vistos por todos como os mais duros e os mais viris. O mesmo ocorre com os membros da Tcheka. É óbvio que essa "dureza" não significa um enrijecimento pessoal (os guardas de campo são, em tempo de guerra, os que se escondem e que viram objeto de troça dos verdadeiros soldados), mas apenas uma insensibilidade ao sofrimento de outrem.

O próprio Hitler fala com desprezo do sentimento de piedade, sobrevivência incômoda da ética cristã. Certa vez, diz diante de Speer: "Tivemos o azar de não possuir a boa religião. Por que não temos a religião dos japoneses, para a qual sacrificar-se por sua pátria é o bem supremo? A religião muçulmana também seria muito mais apropriada que esse cristianismo, com sua tolerância debilitante".[27] As outras religiões são preferíveis ao cristianismo precisamente porque não valorizam

---

26 Arendt, op. cit., p.180.
27 Speer, op. cit., p.138.

tanto a piedade pelos fracos, a compaixão. Além disso, Hitler cuidadosamente evita estabelecer qualquer ligação pessoal; Speer só fica sabendo de uma delas: com o seu cão. De fato, antes de se suicidar, Hitler o mata – sinal de distinção suprema!

Eicke, o responsável pela implantação dos campos, insiste sempre nesse ponto: "Fazer um ato de caridade com relação aos 'inimigos do Estado' seria uma fraqueza da qual estes se aproveitariam no mesmo instante. Um sentimento de piedade por esses homens seria indigno de um SS. Nas fileiras da SS, não há lugar para os 'moles'; estes fariam bem em se retirar para um mosteiro [Eicke imagina que os monges são tão fanáticos quanto os nazistas, mas sensíveis à piedade]. Precisávamos de homens duros e decididos".[28] "Um SS deve ser capaz", ele nos dizia, "de aniquilar mesmo seus parentes mais próximos, se estes se rebelassem contra o Estado ou contra as concepções de Adolf Hitler."[29] Na União Soviética, é o jovem soldado Pavlik Morozov que encarna esse ideal: denunciará seus pais se estes não estiverem de acordo com o pensamento do guia. Eicke, ainda, em outro discurso, recomenda aos SS que se livrem "das velhas concepções burguesas que a revolução hitlerista tornou caducas e que são sintomas de fraqueza e sentimentalismo, indignos de um *Führer* SS".[30] Sabemos que a maioria dos SS seguiu docilmente essas instruções, e que ela não deixou uma piedade deslocada entravar a despersonalização sistemática dos prisioneiros; um regime não pode cultivar simultaneamente a piedade e a tortura. A única piedade presen-

---

28 Hoess, op. cit., p.71.
29 Ibid., p.100.
30 Ibid., p.101-2.

te é aquela que os guardas sentem por si mesmos, de precisarem ser assim tão duros com os detidos. Acontece-lhes, como a Eichmann, de ficarem "nervosos", mesmo que nem por isso eles deixem de cumprir seu dever.

O ideal da dureza, ou, como é chamado às vezes, de virilidade, evidentemente não é reservado somente aos guardiões dos campos, mas é verdade que entre eles o arquétipo atinge seu paroxismo. Nós também sabemos despersonalizar nossos próximos, todavia os meios que empregamos são infinitamente menos espetaculares. Na maior parte do tempo, um olhar distraído basta.

## Submissão dos guardas

Os detidos não são os únicos a sofrer o processo de despersonalização. No sistema totalitário, e em especial nos campos, os guardas tendem para o mesmo estado, ainda que por outros caminhos. A finalidade do sistema é transformar cada um deles numa peça de uma imensa máquina, de modo que o sujeito não disponha mais de sua vontade. Os guardas dão testemunho dessa transformação, dizendo que se submetem às ordens, que consideram a obediência como um dever. Eles não se dão conta de que tal submissão implica a despersonalização deles mesmos, pois aceitam se transformar em meio, e não mais em fim.

Quando o sistema totalitário desmorona, os antigos guardas recorrem ao princípio de obediência como desculpa. "Só obedecíamos", bradam eles, considerando que essa fórmula basta para lhes retirar qualquer responsabilidade. Obediência ao guia do povo, ao *Führer*, às leis e às ordens. Seus acusadores, em reação, buscaram demonstrar que essa defesa não se sustentava, e que os guardas haviam agido por sua própria iniciativa – nesse caso, de fato, a falta teria sido maior. Independentemente dos casos particulares, é preciso constatar que a exigência de obediência cega, a demanda por se considerar uma simples engrenagem de uma máquina, é bem característica do sistema totalitário. Mesmo que tais propósitos nem sempre descrevam exatamente a realidade dos atos, eles são justos como evocação do estado de espírito dos sujeitos totalitários. Longe de rejeitá-los, é preciso retê-los como uma confissão preciosa. Os guardas só obedeciam às ordens: isso talvez diminua sua responsabilidade legal, mas ao mesmo tempo mostra a gravidade de sua transformação moral: um ser que só obedece às ordens não é mais uma pessoa. A novidade dos crimes totalitários consiste precisamente nessa possibilidade. A submissão é inicialmente apresentada como uma obrigação. Deixemos mais uma vez a palavra a Eicke: segundo ele, o verdadeiro SS "devia considerar cada ordem como sagrada e executá-la sem hesitação, mesmo que aquilo lhe parecesse penoso".[31] O cabeçalho de seu papel de cartas exibe: "Uma única coisa deve contar: a ordem dada",[32] e o *slogan* de todos os SS era: "*Führer*, ordene, nós o seguimos".[33] Essas palavras não estavam lá à toa. Entretanto, essa obediência não é apenas sofrida – é também reivindicada. Submeter-se às leis e às ordens é cumprir seu dever. Pode-se então ter orgulho disso, e mesmo se considerar particularmente virtuoso por tê-lo feito. Pôr-se de acordo com as exigências

---

31 Hoess, op. cit., p.95.
32 Ibid., p.100-1.
33 Ibid., p.196.

do Estado (que são aqui as exigências supremas) lhe dá boa consciência. Por isso Eichmann pode pretender que agiu segundo os princípios da moral, que cumpriu seu dever – o que só é possível, como observa Arendt, se primeiramente ele substituiu o imperativo categórico de Kant pela reformulação feita por Hans Frank, o governador nazista da Polônia: "Aja de tal forma que o *Führer*, se conhecesse sua ação, a teria aprovado".[34] A forma de execução do dever está bem presente. O que mudou foi seu conteúdo, pois no lugar das máximas universais aparece a vontade de um só. *"Führerworte haben Gesetzkraft"*, as palavras do *Führer* têm força de lei: esse é o princípio de Eichmann e dos outros cidadãos obedientes.

Essa submissão não se estende apenas aos comportamentos públicos, mas concerne também às crenças. Isso é óbvio nos campos, onde a ausência de qualquer autonomia é patente. No resto do Estado totalitário a coisa surpreende muito mais, pois diz respeito a toda a população (mas fora dos campos a oposição guardas/prisioneiros não é mais tão clara; então, cada um, ainda que em um grau mínimo, é ao mesmo tempo um e outro, dado que sofre o sistema e o impõe aos outros). Quando as acusações chovem sobre os cidadãos comuns, nos anos 1930 na URSS, os vizinhos descobrem com estupor que pessoas que até então acreditavam ser irrepreensíveis eram, de fato, inimigos pérfidos. É difícil de acreditar? "Era o próprio *Pravda* que o anunciava, portanto, nenhuma dúvida era permitida."[35] Se alguém era preso, era por ser culpado. A punição precede aqui o estabelecimento do crime, e mais: ela o indica com precisão.

---

34 Arendt, op. cit., p.15-6.
35 Guinzbourg, *Le Vertige*, p.13.

Em certos casos, os casais deixam de ter confiança: se um foi acusado, o outro acredita no testemunho da acusação, em vez de crer naquele de seu próprio senso. Guinzbourg conta a patética história de uma antiga comunista que se recusa a defender seu marido a partir do momento em que este se tornou "inimigo do Partido" e que, apesar dos sofrimentos que ela própria suporta, envia a Stálin uma carta "transbordando de amor e de fidelidade",[36] embora seja verdade que ela se suicida logo depois. Aliás, o próprio marido de Guinzbourg reage de maneira semelhante, pois não deseja que as infelicidades que atingem a esposa causem danos em sua confiança no Partido.

Na literatura dedicada aos campos nazistas, afirma-se frequentemente que a submissão cega às leis e às ordens é também uma qualidade "tipicamente alemã" ou "prussiana". Sua presença em outros países totalitários já seria suficiente para contestar a pertinência desta relação. Contudo, para dizer a verdade, o comportamento obediente é encontrado muito além desse país. Liberto de Buchenwald, Jorge Semprun volta para a França. No primeiro dia, ele ouve da boca de uma funcionária pública a frase que seus guardiões do campo não se furtavam a lhe dizer, e que também diziam a si próprios: "Se eu devesse ter opiniões próprias, senhor, eu não pararia mais de fazê-lo [...]. Eu me limito a executar as ordens da Administração".[37] Conhecemos também os resultados do famoso teste de Stanley Milgram precisamente a respeito da submissão à autoridade: uma amostragem representativa de cidadãos livres, educados e inteligentes dos Estados Unidos (e não de alemães dóceis)

---

36 Ibid., p.26.
37 Semprun, op. cit., p.131.

aceita de bom grado praticar a tortura em seus camaradas, por menos que acreditem se submeter às exigências da ciência e às ordens de seus professores. Mais que "tipicamente alemã", a submissão se mostra uma atitude geralmente humana – para tanto, basta que as circunstâncias sejam propícias.

Dentre essas circunstâncias, uma das mais poderosas é a assimilação da vida em seu conjunto a uma situação de guerra (a extensão da noção de inimigo). De fato, durante a guerra não se espera que você julgue por si mesmo, mas execute cega e pontualmente as ordens de seus superiores, inclusive quando elas se chocam com seus princípios dos tempos de paz: a guerra é o lugar do assassinato legal, ou até mesmo moral. Na medida em que o espírito prussiano está impregnado do ideal militar, de fato os nazistas podem reivindicar uma tradição nacional (mas, é claro, eles só preservam aquilo que lhes é conveniente). O exército é tradicionalmente o guardião desse espírito de guerra também nos tempos de paz. "Quando se está no exército, não se protesta", diz para se justificar Fritz Klein, médico de Auschwitz que participa das "seleções".[38] Podemos em primeiro lugar replicar-lhe que a assimilação do campo à guerra, aquela do "inimigo interno" ao "inimigo externo", é ilegítima. A "guerra" que os judeus teriam declarado ao Estado nazista é uma ficção cômoda disseminada por Hitler. Devemos acrescentar que, mesmo em tempos de guerra, todos os princípios anteriores não são revogados, pois correríamos o risco de não mais sermos humanos.

A atitude de submissão dócil – que despersonaliza aquele que se submete, transformando-o em pura engrenagem de

---

38 Langbein, op. cit., p.337.

uma imensa máquina –, a renúncia ao exercício de seu julgamento e de sua vontade: aí estão os traços de comportamento cotidiano que se encontram muito além das fronteiras dos campos, ou até mesmo dos Estados totalitários. As situações extremas só ilustram as consequências mais penosas. Uma vez mais, a verdade do indivíduo e a da humanidade se encontram do mesmo lado, que não é o da coletividade. As leis do país, a vontade do chefe, as ordens proclamadas pelo Estado serão contestadas pelo sujeito pensante, que reclama para si aquilo que chamamos, em épocas diferentes, de direito natural, de moral universal ou de direitos do homem. É aqui que repousa também a ideia dos "crimes contra a humanidade": ações que estiveram em perfeita conformidade com as leis em vigor são um dia consideradas como crimes, porque violam não as leis, mas as máximas não escritas subentendidas nas próprias ideias de direito e de humanidade. Buscando justificar seu comportamento como comandante em Auschwitz, Hoess toma um princípio que está em vigor também na Inglaterra democrática: "*Rigth or wrong – my country!*"[39] [certo ou errado – é o meu país]. Longe de desculpá-lo, esse princípio mesmo se encontra comprometido pela revelação dos atos a que ele pode conduzir. Se o interesse nacional é posto acima do da humanidade, Auschwitz se torna possível. A obediência à lei é necessária ao bom funcionamento do Estado, sem que por isso seja uma fonte de virtude; mas se a lei é iníqua, é preciso desobedecê-la e denunciá-la, o que é possível em algumas formas de governo e não em outras: aqui está um meio prático para distinguir entre os melhores regimes e os menos bons.

---

39 Hoess, op. cit., p.197.

## Retratos

Para tentar compreender melhor o mal, como vimos, a variante nazista do totalitarismo oferece uma matéria muito mais rica. Não há nada comparável, do lado comunista, aos documentos produzidos por certos agentes do poder nacional-socialista que foram mais ou menos obrigados a se explicar. Por esse motivo, gostaria agora de me voltar para alguns documentos que têm um interesse particular: a autobiografia de Hoess, o interrogatório de Eichmann e as memórias de Speer.

Rudolf Hoess, comandante de Auschwitz, descreve sua infância como uma aprendizagem da obediência – menos à lei que à figura que a incarna: em primeiro lugar seu pai, depois seus superiores hierárquicos, seu chefe militar. Para ele, o bem se confunde com a pessoa detentora do poder: "Aos nossos olhos, o *Führer* sempre tinha razão, e da mesma forma, seu suplente direto, o *Reichsführer* [Himmler]".[40] Suas ordens são executadas sem reflexão, e a desobediência é inconcebível. "Não creio que uma ideia semelhante pudesse resvalar o espírito de um único dentre os milhares de oficiais SS."[41] Ele exercita então a despersonalização de si mesmo e se torna, diante de seus próprios olhos, uma engrenagem da máquina. Certo dia, recebe a ordem concernindo à "solução final" da questão judaica. Sem hesitar um só instante, ele a põe em execução. Ele age assim por dever, e não pelo prazer de matar. Um episódio da evacuação final dos campos de concentração mostra bem isso. Os soldados que cruzam com os comboios de deti-

---

40 Ibid., p.197.
41 Ibid., p.196.

dos se divertem em atirar sobre eles, e por vezes atingem seu alvo. Hoess percebe certo atirador alvejando um preso. "Eu o interpelei violentamente, perguntando-lhe por que abatera aquele infeliz, sobre o qual não tinha responsabilidade. Ele me respondeu com um riso insolente e me declarou que isso não me dizia respeito. Peguei meu revólver e o matei."[42] O mesmo Hoess manda para a morte milhares de prisioneiros, mas é porque lhe haviam confiado essa responsabilidade! Mesmo que essa história não seja verdadeira, ela mostra bem como Hoess compreende a si mesmo.

O processo de despersonalização também é levado bem longe. Hoess não fala de nenhum amigo. Ele declara amar sua mulher, mas nenhum gesto que tenha narrado confirma isso. Ele tem uma amante entre as presas de Auschwitz; quando deseja se separar dela, não se contenta em deixá-la, mas tenta fazer com que seja morta. Os detentos são por ele reduzidos à pura função de trabalho; aqueles que, muito fracos, não podiam ter um bom rendimento, deveriam ser eliminados o quanto antes. "Eles morriam ao final de pouquíssimo tempo, sem ter sido da menor utilidade para a indústria do rearmamento. [...] Esses homens representavam uma carga para os campos, tomavam o lugar e a comida daqueles que eram capazes de trabalhar, e não serviam estritamente para nada."[43] De toda forma, eles estavam condenados a uma morte rápida (por esgotamento): então, por que não os mandar diretamente para as câmaras de gás? Inúteis para a indústria, estorvos para os campos: esses homens jamais são considerados como um fim,

---

42 Ibid., p.237.
43 Ibid., p.219.

podem apenas ser usados como meio e, se nem para isso servem, devem desaparecer.

Essa despersonalização dos outros, e mais particularmente das vítimas, estabelece estranhamente um parentesco entre a posição de Hoess e a de um cientista-naturalista. Em sua própria confissão, já sabendo de sua condenação à morte, ele não consegue evitar assumir esse papel com faceirice e comunicar aos seus leitores suas observações imparciais sobre o comportamento da espécie humana ou da raça judaica. Ele nos diz que durante seu serviço no campo de Sachsenhausen coletou "impressões variadas e pitorescas".[44] Com mais forte razão, em Auschwitz, laboratório imenso, recebeu "impressões inapagáveis e ampla matéria para reflexão".[45] Por que os membros da raça judaica morrem assim tão facilmente? Difícil questão, a qual Hoess tentará elucidar para nós. O tom que ele assume é inteiramente professoral: "Inspirando-me em minhas observações, afirmo categoricamente".[46] "A vida e a morte dos judeus efetivamente me punham muitos problemas que eu era incapaz de resolver."[47]

*(A cada vez, a leitura do livro de Hoess provoca em mim um profundo mal-estar. De nada adianta não ter mais surpresas — quando leio ou copio tais frases, sinto que se apossa de mim alguma coisa como uma náusea. Nenhum dos livros de que falo aqui me dá essa impressão tão fortemente. A que será ela devida? Sem dúvida, à conjunção de vários fatores: a enormidade*

---

44 Ibid., p.129.
45 Ibid., p.209.
46 Ibid., p.175.
47 Ibid., p.209.

*do crime; a ausência de verdadeiros arrependimentos por parte do autor; e tudo aquilo por meio de que ele me incita a me identificar com ele e a compartilhar sua maneira de ver. A primeira pessoa do singular é importante, e a ausência de qualquer outra voz, como a de Sereny ao lado de Stangl, de Less ao lado de Eichmann, ou mesmo do Speer velho ao lado do Speer jovem. Mas também a cumplicidade que ele cria ao convidar seu leitor a aproveitar sua experiência singular para observar os seres humanos como animais de laboratório, nessa fase particularmente interessante de suas vidas, as horas que precedem a morte. Lendo, aceito dividir com ele esse papel de voyeur da morte dos outros, e me sinto imundo.)*

Para Hoess, a categoria abstrata separou-se da realidade que deveria apreender, e doravante é a única que importa. Ele está completamente encantado pela ideia expressa pela divisa *Arbeit macht frei*, o trabalho liberta, e qualquer experiência macabra de Auschwitz que tenha diante dos olhos, mesmo que não indique nenhuma liberação, não pode abalar seu entusiasmo. A ironia quer que ele veja bem esse problema em geral (e nos outros), mas jamais em si mesmo, conquanto ele seja a melhor ilustração. "Estou convencido de que muitos prisioneiros teriam podido se aprimorar se os representantes da Administração se tivessem mostrado mais humanos e menos burocratas":[48] assinado, Hoess.

Hoess atinge esse grau de despersonalização ao sistematicamente cultivar em si mesmo a dureza e ao reprimir qualquer piedade ("moleza"). Ele interpreta esse traço de seu caráter como um amor pela profissão e pela vocação de soldado. Quando ele mata pela primeira vez, no *front*, tem o sentimen-

---

48 Ibid., p.48.

to de passar por um rito iniciático, do qual se lembra nestes termos: "Meu primeiro morto! Eu penetrara esse círculo mágico".[49] Até seu último suspiro, ele acreditará que a guerra revela a verdade da vida. Tendo sofrido os mesmos implacáveis tratamentos – em casa, no exército ou na prisão –, ele trata os outros com rigidez, encorajado nisso pelos discursos de Eicke. Nas primeiras vezes em que assiste às execuções ou às torturas, sente uma "emoção interior", mas nada deixa transparecer. "Eu não quis matar em mim os sentimentos de compaixão pela miséria humana. Eu sempre os senti, mas na maior parte das vezes não os levei em conta porque não me era permitido ser 'mole'. Para não ser acusado de fraqueza, eu queria ter a reputação de ser um 'duro'."[50] Ser forte, nesse sistema de valores, é ser duro, isto é, impiedoso. Constata-se a perfeição do mecanismo totalitário: Hoess é ainda mais eficaz em seu trabalho porque se consola com seu outro "eu", pleno de comiseração. "Eu também, eu tinha um coração...": é com essas palavras que ele termina sua confissão.[51]

Tendo conseguido despersonalizar suas vítimas, Hoess considera seu trabalho em Auschwitz o de um tecnocrata: somente interessam os desempenhos de sua fábrica e ele não se questiona sobre o produto final. Não é que duvide dos objetivos traçados por Hitler; ele está tão imbuído da doutrina nazista que, a despeito de seus esforços, não consegue evitar produzir um texto que respira antissemitismo. Apesar disso, ele faz questão de indicar: "Gostaria de sublinhar aqui que, pessoal-

---

49 Ibid., p.27.
50 Ibid., p.92-3.
51 Ibid., p.257.

mente, jamais senti ódio contra os judeus".⁵² De fato, é quando é executado sem ódio que o trabalho da morte é particularmente eficaz, como observava Seyss-Inquart. Ora, Hoess fez de tudo para que a fábrica da morte funcionasse bem, para que não houvesse falhas, para que as diferentes matérias-primas (veneno, seres humanos, combustíveis) chegassem de maneira sincronizada. Ele representa então uma primeira instância dessa prática do espírito repertoriado previamente: o pensamento instrumental. Essa não é a única forma de pensamento que ele conheça, mas a pratica já muito bem.

Adolf Eichmann, o responsável direto pela "solução final", pertence ao mesmo tipo de homens. Ele próprio se descreve como um "peão sobre o tabuleiro",⁵³ minúscula engrenagem desprovida de qualquer vontade ou iniciativa: um não sujeito. Se for possível acreditar, ele só obedeceu e executou ordens: "A minha vida toda fui habituado a obedecer [...], de minha mais tenra infância até 8 de maio de 1945 [...], uma obediência que se tornara incondicional".⁵⁴ Em sua declaração final diante do tribunal de Jerusalém, ele constata: "Minha culpabilidade reside em minha obediência, em meu respeito pela disciplina e pelas minhas obrigações militares em tempo de guerra, pelo meu juramento de fidelidade" – conjunto de características que habitualmente se têm em alta estima. "A obediência de todo subordinado era exigida naqueles tempos, como também o será no futuro. A obediência está colocada entre as virtudes".

---

52 Ibid., p.174.
53 Eichmann, op. cit., p.291.
54 Ibid., p.422.

Desobedecer era ao mesmo tempo inadmissível e impossível. "Ninguém teria tido coragem de agir assim."[55]

Eichmann, como se vê, orgulha-se daquilo que é particularmente devastador, sua própria despersonalização. Não somente ele obedece às ordens, mas também nunca *quer* fazer outra coisa. Toda iniciativa pessoal o amedronta e ele busca estar sempre "coberto". Se há uma coisa que realmente o choca, é que se possa imaginar que ele desobedeceu. "É o cúmulo de tudo o que vivi até agora!", ele exclama então,[56] e sabemos que isso não é dizer pouco. Sua ideia do dever e da virtude consiste na obediência. Apesar disso, ele não deixa inteiramente de se considerar uma pessoa, dado que se julga digno de piedade: se deseja, no final da guerra, interromper seu trabalho, é somente para deixar "de se cansar com todo esse negócio de deportações".[57]

Em seu espírito, a despersonalização dos outros é, portanto, finalmente mais radical. Mesmo durante o interrogatório, vinte anos depois dos fatos, sua linguagem guarda todos os traços disso. A ação (de deportação e de morte) é habitualmente designada por um eufemismo abstrato, sendo que o mesmo ocorre com seu objeto (os judeus). Quanto ao sujeito da ação, este se encontra, na maior parte do tempo, subentendido ou simplesmente ausente. A afirmação não diz respeito à própria ação, mas sim a algumas circunstâncias que aparentemente retêm toda a atenção de Eichmann. Veja-se, por exemplo, sua narrativa da conferência de Wannsee, em janeiro de 1942, em

---

55 Wieviorka, *Le Procès Eichmann*, p.184-5.
56 Eichmann, op. cit., p.317.
57 Ibid., p.314.

que se decidem as modalidades concretas do maior morticínio organizado da história alemã: "Tudo correu muito bem, todos estavam amáveis, muito polidos, muito gentis e muito corteses [...]. Os ordenanças nos serviram um conhaque e o negócio estava fechado".[58] Quem poderia adivinhar o que este termo vago, "negócio", recobre? Ou o relatório de outra conferência, em agosto de 1942, consagrada aos meios de acelerar a "evacuação": "Dificuldades de acomodação em vagões, devido à noite mais longa em outubro".[59] A coisa que é posta nos vagões sequer é identificada e a destinação e a razão da viagem também não. Toda a atenção concentra-se em um problema "técnico": como superar as dificuldades nascidas da obscuridade?

Eis ainda uma de suas obras-primas de despersonalização: "No quadro da solução da questão judaica na Europa, a Hungria deveria também ser entregue de qualquer maneira".[60] A tradução exata dessa frase é: "Devemos deportar também os húngaros para exterminá-los". Mas o "nós" é simplesmente omitido (quem deve "entregar"?), e os judeus são apenas a questão judaica (os seres são substituídos por uma abstração, que além de tudo toma a forma de um problema. Ora, diz o pensamento instrumental, onde há um problema, há solução) e as ações são designadas por eufemismos generalizantes ("entrega", "solução").

O próprio Eichmann considera seu trabalho algo puramente técnico e não se cansa de repetir isso. Recensear carneiros ou judeus é sempre "fazer seu trabalho" – o importante é fazê-lo

---

58 Ibid., p.119.
59 Ibid., p.272.
60 Ibid., p.292.

bem. A expressão "segredo profissional" corresponde, para ele, ao silêncio que cerca o extermínio, mas parece que jamais se dá conta de que sua "profissão" consiste precisamente em matar. No momento dos fatos, assim como durante o interrogatório, sua atenção só fica retida pelas modalidades de execução, e jamais pelo que está em jogo na própria ação. Se ouve falar de uma deportação de dez mil judeus por dia (da Hungria), ele não reage ao sentido, nem ao alcance de tal ação, mas somente ao "problema" técnico: não, não dispúnhamos de uma polícia suficientemente numerosa para operações dessa envergadura, deve ter ocorrido um erro em algum lugar...

No ponto de partida, as características de Eichmann são inteiramente comuns: obediência, abstração, pensamento instrumental. Contudo, esses traços assumem nele um grau excepcional, e a abstração não deixa mais *nenhum* lugar para os seres. Quanto a este aspecto, o próprio Hoess é mais humano que ele. Ele não tem menos razão ao dizer, em sua declaração final: "Não sou o monstro que querem fazer de mim".[61] Eichmann sabe que se distancia um pouco da norma, mas a interpreta positivamente: eu era um idealista, ele diz, e hoje sofro por causa do meu idealismo. Segundo sua definição, então, o idealista é aquele que prefere as ideias aos seres; nesse sentido da palavra, ele é realmente um. Por outro lado, uma detenta como Guinzbourg é o contrário de uma idealista depois de sua experiência nos campos, dado que resume assim a lição: "Toda ideologia é relativa. O que é absoluto são os tormentos que os homens infligem uns aos outros".[62]

---

61 Wieviorka, op. cit., p.187.
62 Guinzbourg, op. cit., p.111.

Com Albert Speer, aparentemente mudamos de registro: afinal, não se trata mais de um policial inculto, como Hoess e Eichmann, mas de um homem educado e refinado, arquiteto talentoso e, depois de sua libertação da prisão, escritor de sucesso. A despeito de tudo isso, sua personalidade revela muitas facetas que já nos são familiares. Ele também desejou ser a engrenagem de uma máquina, a vida "profissional", negligenciando, por exemplo, a vida familiar, ou qualquer reflexão sobre si mesmo. Ele também interiorizou a ideia de lei e de submissão, e renunciou a exercer seu próprio julgamento para interrogar a fundamentação das ordens que recebia. Ele era "o tipo de indivíduo que recebe uma ordem sem discuti-la".[63] Em 1947, ele julga que o processo de despersonalização de si é o efeito de forças históricas gerais. "O automatismo do progresso [técnico] deveria levar a um grau superior de despersonalização do homem, privando-o sempre mais de sua própria responsabilidade."[64]

Contudo, o que parece mais característico em Speer é o papel que ele dá ao pensamento instrumental: ele ocupa todo o seu ser. Ele recorda que, quando jovem, gostava de ser desafiado: aqui está o problema, busque a solução. A primeira notoriedade de que goza nos meios nazistas é devida à sua eficiência: ele consegue cumprir prazos impossíveis em diversos trabalhos de construção. Muito mais tarde em sua carreira (em abril de 1944), lê num jornal inglês um perfil de si mesmo que visivelmente o agrada naquele momento e o agrada ainda enquanto escreve suas memórias. Nele, é descrito como a en-

---

63 Speer, op. cit., p.713.
64 Ibid., p.717.

carnação do tecnocrata: "Ele simboliza um tipo que toma uma importância crescente em todos os Estados em guerra: aquele do puro técnico, do homem brilhante que não pertence a nenhuma classe e não se liga a nenhuma tradição, que não conhece outra finalidade senão seguir seu caminho no mundo somente com a ajuda de suas capacidades de técnico e de organizador [...]. Sua hora é chegada. Podemos nos livrar dos Hitlers e dos Himmlers, mas os Speers ficarão muito tempo entre nós, qualquer que seja a sorte reservada a este homem em particular".[65] Speer, ou o triunfo do pensamento instrumental.

O "problema" de Eichmann era a deportação dos judeus; sua "solução", a organização de seu reagrupamento, a "colocação em vagões", o cruzamento de trens. O "problema" de Speer, a partir do dia em que se torna Ministro do Armamento do Terceiro Reich, é produzir o máximo de armas, e da melhor qualidade. Eichmann não se questiona se era preciso ou não enviar os judeus para a câmara de gás — isso não é seu "problema". Speer não se pergunta se essa guerra é justa ou não; seu problema é "somente" a produção de armas, não sua utilização. Para atingir essa finalidade, todos os meios são bons: a deportação de mão de obra estrangeira para a Alemanha, a utilização dos prisioneiros de guerra ou dos detentos dos campos de concentração. Se Speer deseja que se poupe a vida dos prisioneiros ou que se aumente a ração alimentar dos detentos, não é por preocupação com o bem-estar deles, mas para assegurar o melhor rendimento de suas fábricas. Nos conflitos com a SS, ele conta, "para além de quaisquer considerações humani-

---

[65] Ibid., p.487.

tárias, todas as razões de bom senso estavam do nosso lado",[66] reduzindo assim o bom senso ao pensamento instrumental. As considerações humanitárias de fato jamais entram em conta: "Essa corrida desesperada contra o tempo, esse olhar de possuído que eu tinha perpetuamente fixado sobre os números da produção e as curvas de rendimento haviam sufocado em mim qualquer consideração e qualquer sentimento humanos".[67] E os "pragmáticos", entre os quais o próprio Speer se coloca, são finalmente tão responsáveis por infinitas mortes quanto os "fanáticos".

Embora Speer tenha decidido, no momento em que escreve suas memórias, condenar essa atitude, não consegue evitar recair nela constantemente e lamentar todos os empecilhos que os burocratas incompetentes, ou os SS fanáticos, ou os chefes indecisos (Hitler!) lhe impunham (nos caminhos da produção militar): se eles não tivessem constituído obstáculos, Speer teria podido aumentar ainda mais a produção, e a Alemanha teria combatido melhor, ou até mesmo ganhado a guerra. "Todos os meus bons argumentos subitamente esvaíram-se no ar."[68] "Mais uma vez as tergiversações de Hitler criavam obstáculos para minha intenção de promover uma economia de guerra total."[69] Entretanto, essa guerra, nos dizeres do próprio Speer, era um crime: por que lamentar não a ter ganho? Ele se põe a estimar as hesitações de Hitler! Nos campos, os trabalhadores e trabalhadoras conscienciosos, que colocavam

---

66 Ibid., p.523.
67 Ibid., p.528.
68 Ibid., p.313.
69 Ibid., p.315.

sua dignidade no trabalho benfeito, não podiam evitar trabalhar eficazmente e contribuir, assim, para o reforço do Estado que os envolvera. Vinte anos depois da guerra, e quaisquer que sejam seus julgamentos gerais sobre ela, Speer não consegue se liberar dos hábitos do pensamento instrumental: se ele tem uma tarefa, é preciso cumpri-la da melhor forma possível, mesmo que isso conduza ao reino do terror.

Nessas condições, os outros seres jamais serão um fim: eles só retêm a atenção de Speer na medida em que podem ser meios apropriados. A habitual separação entre o privado e o público completa o trabalho de eliminação das considerações humanitárias. "Percebo que a visão do sofrimento dos homens teve uma influência sobre meus sentimentos, mas não sobre minha conduta. No plano afetivo, só tive reações marcadas pelo sentimentalismo: no nível das decisões, por outro lado, os princípios de finalidade racional continuavam a me dominar."[70] Bem no fim da guerra, Speer começa a se sentir responsável: não pelas vidas sacrificadas dos alemães ou de seus inimigos, mas pelo potencial industrial alemão. Pela primeira vez ele se revolta contra Hitler e desobedece às suas ordens – para salvar da destruição as máquinas e os equipamentos. Seu gesto é um anúncio de uma nova arma, a bomba de nêutrons, que mata as pessoas, mas poupa os equipamentos.

As conclusões que Speer tira de seu destino concernem precisamente à capacidade do pensamento instrumental sobre o homem e o esquecimento dos fins. Ele afirma: "Fui o principal representante de uma tecnocracia que vinha, sem se ater a es-

---

70 Ibid., p.528.

crúpulos, engajar todos os seus meios contra a humanidade".[71] "Eu também permitira, por minhas capacidades e energia, prolongar [a guerra] durante vários meses [...]. Sem jamais estar completamente de acordo com Hitler, eu concebera edifícios e produzira armas que serviam aos seus propósitos."[72] Mesmo que Speer tenha tendência a minimizar seu próprio engajamento nazista, sua explicação me parece, no conjunto, justa, e ela ilumina também outros destinos que não o seu.

Speer, Eichmann, Hoess: engrenagens de uma única e mesma corrente. Suas personalidades diferem, como também seus meios sociais, mas suas condutas morais parecem variantes de uma mesma figura. Eles produzem narrativas que devem, aos olhos deles mesmos, desculpá-los e perdoá-los, ao menos em parte. Por esse motivo, eles tendem a embelezá-las, colocando em primeiro plano aquilo que julgam menos comprometedor. Contudo, e por isso mesmo, essas narrativas são particularmente reveladoras e dizem a verdade no momento em que seus autores acreditam dissimulá-la. Estes se mostram como mais obedientes, desprovidos de iniciativa e de convicções do que deveriam ser. Com isso, demonstram que, aos seus próprios olhos, a obediência e a despersonalização bastam para transformá-los em instrumentos eficazes com vistas a atingir finalidades criminosas. Hoess se mostra particularmente endurecido; Eichmann, excepcionalmente "abstraído"; Speer, mais eficiente que os outros. Todavia, os três deixaram de pensar em si mesmos como o sujeito de suas ações, e nas outras pessoas como devendo constituir seu fim. Os três aceitaram vê-las re-

---

71 Ibid., p.712.
72 Ibid., p.716-7.

duzidas ao estado de escravos ou de cadáveres, desde que isso servisse aos objetivos que lhes foram confiados. Nesse sentido, praticaram um "idealismo" diretamente oposto ao cuidado com outrem: as ideias prevaleceram aqui sobre os seres. Mas o jornalista inglês que esboçou o perfil de Speer tinha razão: qualquer que seja seu destino pessoal, o tipo que eles encarnam sempre tem um grande futuro diante de si. O pensamento instrumental descuidado dos fins e a despersonalização dos seres não se restringem somente aos campos de concentração.

# *Gozo do poder*

## O poder sobre outrem

A despersonalização pode atingir tanto a si mesmo quanto a outrem. De tanto considerar o outro como simples elemento de um projeto que o transcende, acaba-se por esquecer-se que ele é humano. Mas de tanto submeter a si mesmo às exigências do sistema, se é transformado em peça de uma máquina. De forma desatenta ou mecânica, abandona-se também a condição humana. Entretanto, há um caso particular de instrumentalização e de despersonalização que merece que lhe reservemos um lugar em separado. É aquele em que continuo a ser o fim da ação, e em que somente outrem é transformado em meio. Meio com vista a realizar não um projeto qualquer, mais ou menos abstrato, tal como a vitória do comunismo ou a purificação da terra com o extermínio de suas raças inferiores, mas a satisfação de um ser particular: eu. Desfruto diretamente de meu poder sobre ele, sem passar pela intermediação de uma racionalização que toma a forma de uma lei, de um dever ou da palavra do chefe – é uma *libido dominandi*.

O poder que exercemos em geral não concerne apenas aos seres humanos ao nosso redor. Ainda criança (e às vezes também mais tarde) desfrutei do poder que tenho sobre meu próprio corpo. Essa satisfação, apesar de não ser de ordem moral, tem a ver com a dignidade, pois provém do acordo entre diferentes segmentos de meu ser. Em muitas outras circunstâncias, tenho condições de desfrutar de meu poder sobre a natureza: é o sentimento que advém daquilo que sabemos para dominar as águas de um rio ou para construir um prédio que tangencie o céu. Nesse caso, esse gozo é o prolongamento da atividade do espírito. O poder que nos interessa aqui é ainda de outra espécie e concerne somente às relações intersubjetivas: é o poder de uma pessoa sobre outra, e o gozo que a primeira tira do próprio exercício desse poder (podendo também lhe servir de objeto os animais humanizados, como o cão ou o cavalo).

O importante, aqui, é que o outro dependa de mim, e não que ele viva uma ou outra experiência: esta pode ser o gozo ou o sofrimento, desde que seja eu o responsável. E é verdade que posso encontrar prazer em criar a felicidade de outrem. Na realidade, entretanto, há assimetria entre os efeitos que obtenho nos dois casos, e o desprazer do outro me traz uma prova mais segura da eficácia de meu poder. Sua felicidade tem mais chances de ser, ao menos parcialmente, o efeito de sua própria vontade. Seu sofrimento em geral não é por ele desejado e só provém do poder que exerço sobre seu ser. Ele não pode escolher (salvo em caso totalmente excepcional) sua própria tortura física. Nessa direção, há um absoluto, que é a morte do outro (ao passo que a felicidade não conhece o absoluto). Causar a morte a alguém é uma prova irrefutável de meu poder sobre ele.

*Diante do extremo*

O gozo do poder tem evidentes afinidades com o sadismo, mas não se confunde com ele. Em primeiro lugar porque, se o sofrimento de outrem é a melhor prova de meu poder, ela não é a única: sua felicidade também o é, mesmo que em um grau menor. Diferentemente do sadismo, não é a própria dor do outro que causa meu prazer (dor da qual, além de tudo, no sadismo, eu poderia não ser o autor), mas somente a consciência de exercer um poder sobre ele. Concorda-se atualmente em atribuir ao sadismo uma origem sexual; ora, o gozo do poder não é a transformação de uma experiência sexual. Freud, que fala a esse propósito em *Bemächtigungstrieb*, ou pulsão de dominação, quis marcar seu caráter não sexual (é quando se une à sexualidade que ela deriva para o sadismo) e a enxergava em ação, principalmente na crueldade infantil. Na origem, essa pulsão não encontra outra coisa senão a si mesma, não se tem interesse em "traduzi-la" num vocabulário diferente. O indivíduo aspira a realizar sua soberania total para assim reafirmar seu ser. O meio mais radical para fazê-lo é negar o outro, impondo-lhe o sofrimento e, no limite, a morte. Como diz Jean Améry, refletindo sobre as sessões de tortura às quais foi submetido (e lembrando-se das reinterpretações do sadismo propostas por Bataille): "No mundo da tortura, o homem só existe ao aniquilar a outra pessoa que tem diante de si [...]. Isso se chamava o poder, a dominação do espírito e da carne, a orgia de uma megalomania sem freio [...]. A pessoa torturada descobria que nesse mundo o outro podia existir como soberano absoluto, e a soberania se revelava como o poder de impor o sofrimento e a destruição".[1]

---

1 Améry, *At the Mind's Limit*, p.35-6; 39.

É esse gozo do poder que está abundantemente presente nos campos de concentração, e não o sadismo, tal como é habitualmente compreendido. É o gozo pelo fato de que o outro está à sua mercê, o que você prova ao lhe infligir penas ou, mais excepcionalmente, alegria (por isso evito aqui falar de um "prazer homicida", como por vezes outros o fazem). Entretanto, encontro poucos traços nas confissões dos guardas, sem dúvida porque elas sempre têm uma finalidade mais ou menos apologética, e porque o desfrute do poder pode ser confundido com o sadismo, que não tem boa reputação. Por outro lado, esse gozo é regularmente mencionado nas narrativas dos prisioneiros. Fania Fénelon narra a visita de uma inspetora a seu pavilhão; esta manda refazer todas as camas e confisca as magras propriedades das detentas. "Ela goza por ser a mais forte. Não será ela a mais inteligente pela graça do *Führer* que, semelhante a Deus Pai, reina sobre os pequenos e os grandes, enquanto em sua Suábia natal não passaria de uma doméstica?"[2] Um dos inspetores-chefe se aborrece: manda que mil mulheres saiam, dispõe-nas em grupos de cem, escolhe algumas para a morte e conserva as outras vivas. "Que gozo nesse poder!"[3] Outra detenta do mesmo campo, Anna Pawelczynska, conclui: "A ideia de aceitar um trabalho em Auschwitz era particularmente sedutora, porque a função respondia à necessidade que se tinha de sentir no dia a dia seu próprio domínio e sua própria força, o direito de decidir sobre a vida e a morte, o direito de impor a morte, pessoalmente e ao acaso, e o direito de abusar de seu poder sobre os outros detentos".[4]

---

2 Fénelon, op. cit., p.201-2.
3 Ibid., p.253.
4 Pawelczynska, op. cit., p.19.

Os guardas se mostram particularmente furiosos contra os detentos que não mostram de imediato sua submissão, que não baixam o olhar, e com mais ímpeto os que não executam uma ordem. Mas o que os campos de concentração têm de excepcional é que o desejo de soberania dos guardas não encontra nenhum limite, legal ou moral. Então cada um deles é tentado a levar a submissão do preso ainda mais longe (sendo o único limite a submissão absoluta: a morte). Os guardas não têm contas a prestar a ninguém, são inteiramente livres e soberanos, se embriagam com o próprio poder e se sentem pertencentes à raça dos super-homens. É isso o que os detentos chamam de "corrupção pelo poder". Vladimir Pétrov, um sobrevivente de Kolyma, constata: "O fato de dispor de um poder ilimitado, por assim dizer, sobre outros seres vivos, desprovidos de quase todos os seus direitos, não pode deixar de despertar os instintos específicos da tirania arbitrária: a intolerância absoluta a qualquer oposição por parte dessas 'criaturas inferiores', e uma irresponsabilidade total com relação a eles".[5]

Entre os que são apenas guardas e aqueles que são apenas detentos há uma massa de intermediários: é a "zona cinza", como é chamada por Primo Levi (uma zona que cobre a população inteira dos Estados totalitários, mesmo que o cinza possa ser mais ou menos espesso). Esses detentos-responsáveis, frequentemente recrutados dentre os criminosos de direito comum (os *kapos* dos campos nazistas, que também têm seu equivalente soviético), querem com mais forte razão exercer seu poder sobre os outros porque se sabem ao mesmo tempo submetidos ao poder dos verdadeiros guardas, milicianos ou SS. Eles

---

[5] Conquest, *Kolyma, The Artic Death Camps*, p.73.

próprios são escravos na direção do alto, e tiranos na direção de baixo. Sua soberania numa das direções deve compensar a ausência de liberdade na outra. Frequentemente são, portanto, os mais ávidos por fazer uma demonstração de seu poder sobre outrem – os relatos sobre isso são inúmeros.

Um gozo do poder que exige a tortura física ou a morte de outrem só existe em circunstâncias extremas, nos campos ou ainda no decorrer das conquistas coloniais, em que os vencedores dispõem de uma "liberdade de ação" semelhante. A partir disso, podemos nos questionar se se trata da mesma coisa quando encontramos, na vida cotidiana, tal aspiração ao poder, mas privada do limite absoluto, que é a morte. Jean Améry julgou que não: "A dominação da vítima por seu carrasco nada tem a ver com o poder exercido a partir do contrato social, tal como o conhecemos. Não é nem o poder do agente de trânsito sobre o pedestre, nem aquele do coletor de impostos sobre o contribuinte, nem aquele do primeiro tenente sobre o segundo".[6] Não fico convencido com essa afirmação: os exemplos de Améry são de fato diferentes, mas porque ilustram relações de hierarquia, não de poder. Os dois são compatíveis, mas distintos. E perceberemos uma transformação perversa da relação hierárquica em relação de poder naqueles casos em que os oficiais superiores exigem demonstrações de submissão para disso tirar um gozo pessoal; quando o coletor de impostos tortura psicologicamente o contribuinte, em vez de se contentar em receber o imposto; quando o agente de trânsito humilha os pedestres, em vez de lhes pedir que se conformem às regras de circulação.

---

6 Améry, *At the Mind's Limit*, p.39.

*Diante do extremo*

A prática da vida política nos Estados totalitários tem a vantagem de constituir um terreno intermediário entre o mundo que nos é familiar e o da tortura e da morte que reinam nos campos de concentração. Conhecemos a história de Chaïm Rumkowski, presidente do Conselho Judaico de Lodz que se toma por um rei e produz, no interior do gueto, uma caricatura do Estado totalitário alemão. Poderosamente seduzido pelo poder, em seguida intoxicado e corrompido por ele, Rumkowski comete práticas dignas dos campos de concentração. Ao mesmo tempo, nos oferece um espelho de aumento de nós mesmos. Como ele, escreve Primo Levi, "nós também ficamos tão ofuscados pelo poder e pelo prestígio que esquecemos nossa fragilidade essencial: pactuamos com o poder, de bom ou de mau grado".[7]

Albert Speer, que antes era um político, e não um agente subalterno, encontra coragem para ver o papel que o desejo de poder desempenhou em si. "Dentre todas as motivações que me haviam mergulhado de maneira tão surpreendente nesse círculo [dos íntimos de Hitler], o desejo de conservar a posição de força que eu adquirira certamente constituiu um móbile importante."[8] "Eu tomara gosto pela embriaguez que o exercício do poder proporciona. Entronizar os homens em suas funções, dispor de bilhões, decidir questões importantes, tudo isso me proporcionava uma satisfação profunda, à qual me seria penoso renunciar."[9] O poder é aqui um fim em si mesmo. É dessa mesma maneira que Grossmann interpreta o destino de

---

7 Levi, *Les Naufragés et les Rescapés*, p.68.
8 Speer, op. cit., p.483.
9 Ibid., p.484.

Lenin: "Todos os seus dons, sua vontade, sua paixão, estavam subordinados a um único fim: tomar o poder. Para tomar o poder ele sacrificou tudo", e apesar disso não tirou dessa ação nenhum proveito. "Ele não buscou conquistar o poder para si, pessoalmente."[10] A finalidade do poder não é o dinheiro, ou a bela vida, ou as lisonjas que lhe são dirigidas. A finalidade do poder... é o poder, e o gozo que ele oferece é imaterial.

Seria falso dizer que toda a vida política, e principalmente a dos Estados democráticos, é somente um jogo de poderes, exceto se estendermos ao infinito o sentido desse termo, mas é certo que a ambição descrita por Speer é familiar a qualquer homem político contemporâneo. Quanto ao prazer que se experimenta ao fazer o outro sentir o poder que se tem sobre ele, não é encontrado somente na vida política, tomada no sentido estrito. Em todas as relações sociais, o detentor de um poder, por mínimo que seja, pode dele se aproveitar para fazer que o outro, sobre quem o exerce, o sinta. Quem nunca sofreu uma descompostura vinda de um *concierge*[11] (espécie em vias de extinção), ou de guardas de estacionamento, ou de agentes da polícia, reprimendas que lhes dão, visivelmente, muito prazer? Além disso, as relações íntimas – de parentesco ou de afeição – também não são poupadas: o gozo do poder se encontra em toda parte, mesmo que ninguém confunda o assassinato cometido no campo de concentração com a admoestação sofrida no decorrer de um jantar.

---

10 Grossman, *Tout passe*, p.209.
11 Zelador, que na França tem funções e poderes diferentes de seus congêneres no Brasil. (N.T.)

As pessoas que, nos campos de concentração, desfrutam de seu poder sobre os outros, impondo-lhes sofrimentos, não têm nenhuma característica distintiva. Vários detidos chegaram a observar que elas, no início, ignoravam essas práticas, mas as adquiriam com uma rapidez surpreendente. "Para algumas de nós, era um joguinho amargo calcular o tempo que uma nova *Aufseherin*[12] levava para atingir seus ápices de brutalidade."[13] Uma jovem, que no dia de sua chegada em Ravensbrück diz "desculpe-me" para todo mundo, começa a tomar prazer na submissão dos outros ao fim de somente quatro dias. Outra, que chora no início de seu trabalho como supervisora em Birkenau, se torna idêntica às suas colegas também em poucos dias.[14] Não se trata do fato de essas jovens serem de uma espécie particular – em outras circunstâncias, elas nem saberiam que poderiam experimentar essas formas do gozo do poder.

## Vícios e virtudes cotidianas

Cheguei a uma lista dos vícios cotidianos da mesma forma que à das virtudes: com a ajuda de um recenseamento intuitivo – então nada me garante que ela seja exaustiva. Trata-se, simplesmente, dos traços mais frequentes que encontrei nas narrativas sobre a vida nos campos de concentração. Diferentemente das virtudes cotidianas, os vícios não formam entre si uma hierarquia complexa. É verdade que a despersonalização de si e o gozo do poder sobre outrem caminham em sentido inverso: não se

---

12 Superintendente, vigilante, inspetora. (N.T.)
13 Tillion, op. cit., 2.ed., p.94.
14 Langbein, op. cit., p.397.

pode ao mesmo tempo se considerar como inexistente e ser o beneficiário da submissão do outro. Contudo, se não se tem a consciência de seus próprios gestos, ou caso se tenha fragmentado sua personalidade, pode-se perfeitamente combinar os dois na prática. Muito provavelmente, era o caso de indivíduos como Eichmann e Hoess, que gostavam de se ver como simples executantes de ordens, como engrenagens da máquina, mas também deviam encontrar prazer em dispor da vida de milhões de pessoas. A harmonia da despersonalização e da fragmentação é justamente aquilo que produz o perfeito tecnocrata: ele tem tanta necessidade de separar suas reações privadas de seu comportamento público quanto se esquecer de que está lidando com seres humanos.

Nesse recenseamento dos vícios cotidianos que prepararam o caminho de uma das mais extremas manifestações do mal que a Terra já conheceu, nenhum lugar parece reservado a Satã, nem aos instintos assassinos dos homens... É que a novidade dos crimes totalitários reside menos naquilo que os chefes de Estado puderam imaginar de tais projetos — certamente houve outros indivíduos na História que quiseram suprimir frações substanciais da humanidade — que no fato de que puderam fazê-lo, o que exigiu a colaboração de inúmeros agentes do Estado. A questão essencial concerne menos ao projeto que às condições de sua realização. Ora, desse ponto de vista, o papel principal é desempenhado pelas transformações sofridas por esses agentes e que lhes fizeram suspender as reações habituais que tinham diante de outros seres humanos. Essas transformações procedem de duas fontes: a doutrinação ideológica e a necessidade de eficiência. Os guardas agem de tal modo porque lhes disseram que este era seu dever, que seria assim que contribuiriam para o advento do bem. Mesmo que não acreditassem nisso, tinham todo o interesse em agir como se estivessem convencidos. Também o fazem porque, uma vez aceita a tarefa, eles se referem a esquemas de pensamento habituais, que os ajudam a cumprir adequadamente todas as outras tarefas de trabalho: compartimentação do mundo, portanto profissionalismo, portanto fragmentação interior; e execução do pensamento instrumental, que não reconhece diferenças entre pessoas e não pessoas.

Nossas sociedades democráticas conhecem a pluralidade de ideologias (e também de fontes de informação), por isso o perigo de doutrinação fanática é menor, ainda que não seja inexistente, como pode ser comprovado pelo florescimento da extrema esquerda, há alguns anos, e da extrema direita nos dias atuais. Mas quanto ao profissionalismo e ao pensamento instrumental, fazemos mais que conhecê-los: nós os admiramos. Essa é a razão pela qual me detive muito mais longamente neste ponto que sobre as técnicas de doutrinação. Nas sociedades democráticas, a fragmentação e a despersonalização certamente não matam, mas nem por isso ameaçam menos a humanidade.

Ao mesmo tempo, devo admitir aqui que no surgimento de um mal tão extremo quanto o dos campos totalitários algo continua a ser enigmático. Entretanto, essa obscuridade não é própria somente às situações totalitárias, uma vez que a encontramos em nossa própria vida. Para formular de maneira um pouco provocadora: já que todos podemos compreender, a partir do interior, uma pulsão homicida ou o prazer sentido diante da tortura, por que há tão poucos assassinos e torturadores? Supondo que o gozo do poder sobre outrem seja mesmo o meio mais eficaz para exercer a soberania e nos confirmar em nosso ser, como é que somente alguns de nós ultrapassam o limite e matam ou torturam? Será preciso pensar que há, apesar de tudo, duas categorias de seres humanos? Não tenho uma resposta precisa para essa questão. Ora, é esse mesmo enigma que encontramos nos crimes totalitários. Podemos compreender como os vícios cotidianos e o regime político facilitam a proliferação do mal, mas não por que, nem como, um indivíduo decide, um belo dia, por vontade própria, espancar um bebê até a morte.

Os vícios cotidianos são, em certa medida, uma inversão das virtudes cotidianas. A dignidade é, antes de tudo, uma coerência interna; a fragmentação, sua ausência; os dois concernem ao indivíduo tomado isoladamente. O cuidado nos faz tomar o outro como fim de nossas ações; a despersonalização transforma qualquer sujeito, tanto a si mesmo quanto ao outro, em meio. O gozo do poder sobre o outro é, com relação a isso, um caso particular (mas crucial) da despersonalização e uma inversão rigorosa do cuidado: *eu* é meio aqui, e *tu*, fim; *eu* é fim lá, e *tu*, meio. A atividade do espírito não tem, então, contrapartida negativa, mas vimos que ela pode se voltar facilmente contra si mesma e contra o mundo que se supõe que ela deva compreender e embelezar. É o tema bem conhecido do aprendiz de feiticeiro, que em nossos dias somos tentados a aplicar aos cientistas, físicos ou biólogos, quando eles perdem de vista a humanidade a que devem servir.

## Heroísmo totalitário?

Sabemos agora que as virtudes cotidianas entram também em oposição às virtudes heroicas, o que leva a uma comparação destas últimas com os vícios cotidianos: não deveriam os dois contrários de uma única e mesma coisa ser, se não idênticos, ao menos aparentados? É claro que os Estados totalitários quiseram especular sobre o tradicional respeito aos valores heroicos, reclamando-os para si, e inúmeros são os testemunhos que atestam a assimilação entre as duas ordens. A propaganda comunista foi particularmente eficiente em seu culto aos heróis. Eles são, em primeiro lugar, todos aqueles que tombaram em combate pela vitória do regime e cujo nome, em recompensa póstuma, é atribuído às cidades, às ruas e às escolas. Vêm em seguida todos os personagens que o regime quer distinguir, e que são classificados, na URSS, em duas séries: os Heróis da União Soviética, pelos feitos militares ou políticos, e os Heróis do Trabalho Socialista, para aqueles que cumprem bem a norma. Há, é claro, o chefe do Estado: o morto, mumificado, é venerado no mausoléu; o vivo é incensado por meio de milhões de imagens, de canções, de poemas, de romances. Ele é a encarnação tangível da perfeição em todas as áreas. Esse culto dos heróis é praticado na escola, no local de trabalho, em todos os lugares públicos, e o conjunto das mídias participa deles.

O nazismo não atingiu a mesma perfeição, mas a ideologia dos heróis está presente também nele. "Hitler me parecia então como um herói das lendas antigas, que, sem a menor hesitação, consciente de sua força, se lançava nos empreendimentos mais aventurosos e deles saía vitorioso", lembra-se Speer,[15] e acrescenta em nota: "De fato, eu ordenara, nove meses antes, que se colocassem baixos relevos ilustrando a lenda de Hér-

---

15 Speer, op. cit., p.233.

cules no edifício da Chancelaria".[16] Hércules-Hitler, o amálgama é legítimo?

Notemos em primeiro lugar os pontos de similaridade. É verdade que Hitler devota um culto à coragem, e que suas ações políticas são frequentemente audaciosas. A vida não tem, para ele, o valor mais alto e, durante seu último encontro com Speer, alguns dias antes do desmoronamento total, ele declara: "Creia-me, Speer, para mim é fácil pôr fim à minha vida".[17] O SS ordinário gosta de proclamar sua familiaridade com a morte, até em seu uniforme. O servidor fiel do ideal comunista está igualmente pronto, se acreditarmos na literatura de propaganda, a sacrificar sua vida, se necessário. A luta contra o inimigo é implacável: os fiéis comissários, ou secretários das células, ou *tchékistas*,[18] morrem pela vitória de seu ideal, seja na guerra civil, seja na guerra contra a Alemanha, no decorrer da coletivização (atacados por pérfidos *koulaks* – sendo que essa mesma literatura nada fala sobre os milhões de camponeses assassinados pelos bolcheviques) ou durante os canteiros "socialistas" (atacados por misteriosos inimigos). Inúmeros romances abordam esse tema, com maior ou menor habilidade, oferecendo assim um ideal heroico para os adolescentes.

*(Quando criança, tive de ler ao menos doze vezes* Virilité, *de Vera Ketlinskaia, romance sobre o qual me lembro apenas de que fala de jovens*

---

16 Ibid., p.729.
17 Speer, op. cit., p.633.
18 Nome dado aos membros da polícia política soviética Ceka ("*tchéka*", abreviação de *Tchrezvytchnaïa Komissia*, "comissão extraordinária"). (N.T.)

komsomols[19] *entusiastas que construíram uma cidade nova na Sibéria e que estavam cercados por abomináveis inimigos, espiões chineses ou japoneses. Felizmente, os bons tchékitistas estavam de olho.*)

Vimos que o herói clássico tinha um ideal abstrato, e que em nome desse ideal praticava a fidelidade ao seu soberano e a lealdade aos seus camaradas ou à sua comunidade. A mesma configuração é encontrada na ideia moral em vigor nos Estados totalitários. Os servidores do regime combatem pela realização de finalidades abstratas (vitória do comunismo ou do Estado soviético, supremacia da raça ariana ou do Estado alemão), não pelo bem-estar de indivíduos que lhes seriam familiares. Por conseguinte, o destino das pessoas está submetido à promoção desses objetivos, e o fim justifica todos os meios (é o "idealismo" de Eichmann e de outros). Não é um acaso que essas finalidades sejam, muito mais que abstratas, particulares, isto é, a vitória de um país, de uma classe. A universalidade (como a da religião cristã, por exemplo) poderia conduzir à piedade pelos indivíduos, todos igualmente humanos, todos representantes da humanidade.

A submissão ao chefe, a lealdade em relação a ele são fundamentais na ética totalitária. O culto a Stálin, assim como a Hitler, é notório. Himmler escolhe como divisa das SS uma frase extraída de um discurso de Hitler: *"Meine Ehre heisst Treue"*, minha honra se chama fidelidade, que mostra bem o lugar particular dessa última qualidade. Mas será que ainda podemos falar de uma continuidade com a tradição heroica? Os nazistas

---

19 Membros da juventude comunista soviética. (N.T.)

gostam de reclamar para si a *Niberlungentreue*,[20] e numa de suas versões tradicionais o herói deve fidelidade ao soberano, mas ocorre que este é a encarnação de um ideal, a personificação da honra. No heroísmo clássico, inversamente, é a fidelidade que significa honra e a ela se submete.

Em relação às virtudes cotidianas, em todo caso, a inversão é completa. Nestas, as finalidades são seres humanos, mas continua-se a obedecer a alguns grandes princípios. Independentemente dos atos nos quais se está engajado, respeita-se a justiça, defende-se a liberdade individual, opta-se pela não violência. No ideal SS, ao contrário, os fins são abstrações, mas a fidelidade se direciona aos indivíduos, ao chefe-guia, aos camaradas. Talvez resida aí uma das razões da depreciação sistemática das mulheres no discurso nazista: seus valores, próximos das virtudes cotidianas, são percebidos como particularmente estranhos à ideologia reinante. Durante o processo de Nuremberg, Göring se refere com desprezo aos "valores humanitários efeminados"[21] e considera que o heroísmo é uma coisa estritamente masculina. O papel das mulheres seria, em rigor, admirar os heróis e recompensá-los pelas proezas que reali-

---

20 *Nibelungos* (mitologia nórdica): povo formado por anões cujo rei, Alberich, possuía um anel que roubara das ninfas do Reno e que tinha propriedades mágicas. A obra mais notável que trata do tema é uma tetralogia composta por Richard Wagner, a ópera *O anel dos Nibelungos* (*Das Rheingold*, O ouro do Reno; *Die Walküre*, A valquíria; Siegfried (homônima); e *Götterdämmerung*, O crepúsculo dos deuses). Inicialmente concebidas como obras individuais, a intensão de Wagner era apresentá-las em série. O substantivo *Treue* significa lealdade, fidelidade. (N.T.)

21 Gilbert, *Nuremberg Diary*, p.199.

zam (e nisso permanece fiel à tradição). Hitler também não é atraído por esse mundo do cotidiano e não busca valorizar as virtudes femininas. "Os homens muito inteligentes [como ele mesmo] devem escolher uma mulher primitiva e estúpida [...]. Eu jamais poderia me casar. Quantos problemas, se eu tivesse filhos!"[22]

A cega submissão ao chefe caminha de mãos dadas com a lealdade às outras pessoas engajadas no mesmo combate. Os membros do Partido, na URSS, se protegem mutuamente, pois desfrutam dos mesmos privilégios. Descrevendo os *Freikorps*,[23] prefiguração das unidades SS, Hoess se lembra: "Cada um de nós devia prestar juramento de fidelidade ao chefe de seu *Freikorp*. Ele personificava a unidade e sem ele o corpo deixaria de existir. É assim que se criava um 'espírito de equipe',[24] um sentimento de solidariedade que nada poderia romper".[25] Essa certeza de poder contar com os outros em caso de necessidade premente, essa capacidade também de se sacrificar por eles fazem parte das qualidades de que se orgulhavam os futuros nazistas, qualidades altamente estimadas durante qualquer guerra, mas transpostas e estendidas aqui à totalidade da existência. Porém, como vimos, a forte solidariedade entre membros de um grupo facilita a exclusão de todos aqueles que não fazem parte dele, inimigos externos ou internos.

---

22 Speer, op. cit., p.133.
23 Em francês, *corps francs* (livres, soltos): grupo (exterior ao Exército) de combatentes civis ou paramilitares, milícias compostas por voluntários de extrema direita que se unem em torno de alguns oficiais. (N.T.)
24 Em francês, *esprit de corps*, literalmente "espírito de corpo". (N.T.)
25 Hoess, op. cit., p.35-6.

Os generais poloneses queriam compensar a ausência de armamento com o sangue dos combatentes e seu espírito de sacrifício. Como os heróis da insurreição de Varsóvia, os dirigentes do Estado totalitário pensam que a vontade – em quantidade suficiente – pode se impor à realidade. No decorrer da ofensiva inicial alemã, Stálin busca entravar o avanço inimigo oferecendo o sangue russo, e dá ordens que praticamente obrigam os soldados do Exército Vermelho ao sacrifício de suas vidas – para eles, nessa época, mais valia ser morto que vencido. Ao agir assim, Stálin fez com que pagassem pelos erros dele: a confiança cega no Pacto Germano-Soviético, a desconfiança com relação a seus próprios militares, que provocou expurgos massivos, e a incompetência. Durante toda a última fase da guerra, os nazistas, por sua vez, se recusam a ver a derrota que se aproxima, pois isso contradiz seus desejos. Hoess descreve assim seus colegas na primavera de 1945: "Eles não queriam admitir a legitimidade de suas dúvidas. Era impossível que nosso mundo estivesse destinado a perecer, então precisávamos vencer".[26] Em setembro de 1943, Göring dá mostras da mesma síndrome. Quando lhe relatam que aviões de combate americano foram abatidos no interior do território do Reich, ele protesta sobre a impossibilidade do fato, se irrita e por fim explode, dirigindo-se ao portador das más notícias: "Ordeno formalmente que admita que os caças americanos não chegaram até Aix-la-Chapelle!".[27]

O próprio Hitler jamais capitula diante da realidade e, na primavera de 1942, declara: "Alguns autonomeados *experts*, homens que deveriam ter sido chefes, me diziam sem cessar: 'Isso

---

26 Ibid., p.234.
27 Speer, op. cit., p.412.

não é possível, isso não irá funcionar!'. Pois bem, não posso aceitar essa resposta. Há problemas que devem ser resolvidos a qualquer preço. Com chefes dignos deste nome, eles sempre foram e continuarão a ser solucionados".[28] "Eu repito: para mim, a palavra 'impossível' não existe."[29] A vontade do verdadeiro herói sempre avança sobre a realidade, proclama Hitler diante da aproximação dos Aliados. "Ele afirmara no passado que nossa inferioridade seria compensada por milagres de bravura, a partir do momento em que o soldado alemão combatesse em solo alemão."[30]

Por fim, como os heróis clássicos, suas contrapartidas no mundo totalitário necessitam de relatos que imortalizem sua glória. De onde o gosto bem conhecido, característico desses regimes, pelos monumentos de granito ou de aço. De onde também a necessidade que têm seus chefes de se cercar de poetas. São inúmeros os poemas, os romances, os quadros e as sinfonias em homenagem à glória de Stálin. Quando Göring declara[31] que para ele as exigências da grandeza histórica devem sempre se impor às considerações éticas imediatas, ainda tem em vista a necessidade de narrativas de glorificação: sem isso, de onde viria a ideia de grandeza? É também por esse motivo que Hitler deseja que se erijam placas de bronze que comemorem o extermínio dos judeus.

No célebre discurso pronunciado em Poznan, diante de dignitários nazistas, Himmler esboça o retrato do SS ideal. Numa

---

28 Ibid., p.316.
29 Ibid., p.317.
30 Ibid., p.591.
31 Gilbert, *The Psychology of Dictatorship*, p.89.

dezena de qualidades requeridas, somente duas não têm relação direta com as virtudes heroicas clássicas, mas sim com a eficácia do *manager*, avatar moderno do herói: ele deve ser um bom trabalhador e gostar de tomar iniciativas. Todas as outras traçam o parentesco entre o SS e o herói ou o santo: ele deve ser corajoso, ascético (evitando corrupções como o álcool) e, acima de tudo, leal, fiel – e, é claro, bom camarada. Como poderiam os SS não se sentir os herdeiros da tradição heroica?

Todavia, olhando mais de perto, é preciso constatar que se trata, na prática dos regimes totalitários, de um desvio do heroísmo, não de sua continuidade. Tudo acontece como se os pseudo-heróis totalitários imitassem a forma dos atos heroicos, quisessem captar a imagem deles, mas para melhor dissimular uma realidade completamente diferente. Em primeiro lugar, já há o brutal contraste entre o conteúdo da propaganda oficial e as práticas características dos regimes totalitários. A crer nos romances e nos filmes, o guardião é, assim como um santo, um ser incorruptível. De fato, a corrupção reina tanto nos campos de concentração quanto na vida fora dele. Aqueles que são apresentados como ascetas gozam de inúmeras vantagens materiais. Acostados a um poder enorme, jamais tiveram a ocasião de dar provas de sua coragem. Sua própria lealdade não vale grande coisa, pois se dirige a chefes que o Partido pode, de um dia para o outro, declarar como inimigos enfim desmascarados.

Em segundo lugar, a reivindicação do prestígio heroico repousa sobre uma falácia lógica. Ao estender a ideia de guerra a qualquer conflito, ou até mesmo a qualquer desacordo (ou simplesmente à ausência de uma submissão bem rápida), o regime totalitário assimila à defesa da pátria os atos de repressão e de extermínio. Mas não será isso uma perversão completa da concepção de heroísmo – confundir o soldado morto pela defesa de seu país com o agente da Segurança do Estado que tortura, num porão, os supostos inimigos do país? O herói é uma encarnação do poder posto a serviço de um ideal; mas no mundo totalitário (como também no dos negócios) aspira-se ao poder pelo poder, e não com vistas a um objetivo exterior.

A transformação mais sutil talvez seja aquela que consiste em deslocar para os outros a dureza e o sacrifício exigidos de si. O herói e o santo estão prontos para afrontar as intempéries e o desconforto, não se apiedando de seus próprios sofrimentos e aceitando se sacrificar para atingir sua finalidade. Os pseudo-heróis totalitários só conhecem, e isso é o cúmulo do desvio, um único sacrifício: aquele que consiste em mandar matar os outros, a fazê-los sofrer toda espécie de crueldades. E eles se orgulham de observar as tribulações alheias sem tremer! O discurso de Himmler em Poznan é perfeitamente explícito: segundo ele, o difícil não é morrer, mas sim matar; e deve-se ficar compadecido somente de seus próprios agentes. O extermínio dos judeus "é o que existe de mais duro e de mais difícil no mundo [...]. Foi, para a organização que deve executar essa tarefa, a coisa mais dura que ela tenha conhecido".[32] Os SS se sacrificam matando os judeus, e aceitam – para o bem de seu povo – executar essa tarefa particularmente difícil, de que somente os mais duros são capazes. Com mais razão são dignos de admiração, pois não podem desse fato tirar uma glória imediata, essa recompensa habitual dos heróis. Eles se sacrificam em segredo para que as futuras gerações possam viver na felicidade.

---

32 Himmler, *Discours secrets*, p.167-8.

O resultado final desses desvios é que as práticas nazistas se encontram no lado oposto da tradição cavalheiresca ou mesmo prussiana. O mesmo ocorre nos regimes comunistas, nos quais, uma vez adquirido o poder, rapidamente se desvencilha das figuras heroicas dos anos revolucionários. Hitler não deixa de notá-lo e de se referir com desprezo às tradições cavalheirescas – não será ele que poupará um inimigo muito fraco ou que terá como objetivo de honra a salvação de mulheres e crianças; também não serão assim seus guardiões. Se na URSS se é menos impiedoso, não é graças ao comunismo, mas à tradição caridosa russa. A ideia de um código de honra é incompatível com aquela da guerra total. Ora, é a esta última que aspiram os impérios totalitários. O pseudo-heroísmo ali cultivado mantém uma relação de homonímia com o heroísmo clássico: formas semelhantes remetem a sentidos diferentes. As virtudes heroicas talvez nem sempre mereçam respeito, mas não se saberia confundi-las com as práticas totalitárias. E não podemos imaginar Okulicki como um guarda num campo de concentração.

*Diante do mal*

## *Não violência e resignação*

### Imitar ou recusar

Em seu comentário a respeito do livro de Kogon sobre o "Estado SS", Germaine Tillion formula uma alternativa que diz respeito à conduta dos detidos, ou ex-detidos, diante do modelo oferecido pelos guardas: deve-se imitá-lo ou recusá-lo? "Deve-se concordar com o crime para salvar vidas e valores que, sem isso, serão sacrificados ou, dito de outra forma, deve-se *sujar as mãos*? Ou, ao contrário, deve-se lutar com todas as forças para não se deixar contaminar pela indignidade de um inimigo indigno? (De que serve destruir os inimigos se, para fazê-lo, devemos nos tornar as horríveis feras que neles odiamos?)"[1] Tillion se recusa, portanto, a engajar-se numa reflexão sobre esse ponto pela razão de os atores do drama seguramente já terem feito sua escolha por um ou por outro ramo

---

1 Tillion, op. cit., 2.ed., p.259.

da alternativa, e porque essa é portanto uma questão puramente acadêmica. Contudo, se é tarde demais para se pôr essa questão no calor da ação, não deixa de ser útil meditar sobre ela fora dos momentos de crise, dando-lhe uma forma suficientemente geral. Devemos combater o inimigo com seus próprios meios? Não corremos o risco, ao triunfar sobre ele, de lhe oferecermos esta sombria vitória subterrânea, de que nos tornamos seus semelhantes? É justo o combate desses homens – para retomar uma fórmula de Borowski – "que conspiram para que não haja mais conspirações, que voam para que não haja mais voos sobre a terra, que assassinam para que não mais se assassinem os homens?".[2] Essa questão se desdobra em outra: a recusa em se servir dos mesmos meios que o inimigo para combatê-lo não corre o risco de também modificar nossa finalidade e de nos fazer renunciar ao próprio combate?

Para explorar a primeira via que se abre diante de nós – a da recusa, de alguma maneira, a imitar os traços do inimigo –, gostaria de partir de uma história excepcional, aquela de Etty Hillesum. Em primeiro lugar, devo dizer que traio um pouco sua imagem ao tentar extrair de seus textos algo como uma doutrina e preceitos de conduta. Não é que faltem a seus escritos acuidade ou profundidade: é o ser humano escrevendo que nos choca e atrai antes de tudo, muito mais que o autor da doutrina. Essa jovem (que tem 27 anos no momento da ocupação e morre dois anos depois), que dá aulas particulares e sonha em se tornar escritora, nada tem de uma filósofa profissional. Contudo, oferece o exemplo raro de alguém que atinge a qualidade moral no mesmo momento em que o mundo ao seu

---

[2] Borowski, op. cit., p.144-5.

redor desmorona – no meio do mais profundo desespero, sua vida reluz como uma joia. Ela faz tudo o que está ao seu alcance para restabelecer a harmonia em seu meio ambiente imediato: primeiramente se ocupando dos seres que lhe são próximos e depois indo trabalhar em Westerbork, o Drancy[3] holandês. Entretanto, nunca se a ouve fazer sermões, pois dirige primeiramente as exigências a si mesma. Ela se apropria do preceito de Marco Aurélio e escreve em seu diário: "Eu faria melhor aprendendo a me calar, provisoriamente, e a 'ser'".[4]

Poderíamos imaginar que sua perfeição interior era acompanhada por um desprezo pela vida concreta, material, cotidiana; ora, nada disso acontece, e aí está, sem dúvida, o traço mais atraente de sua personalidade. Lendo as páginas que ela deixou, temos a impressão de sermos apresentados a uma pessoa com a qual gostaríamos de conviver, de ter como amiga, de amar. Ela soube encontrar as palavras para expressar sua ligação com os gestos mais simples – tais como dar uma aula, remendar meias, beber uma xícara de chocolate –, bem como com os seres que a rodeavam, seus amigos. Essa combinação da virtude com o amor pela vida, ou até mesmo com a sensualidade, faz de Etty um ser excepcional. Apesar disso, ela também tem necessidade de racionalizar sua própria conduta e recorre, para consegui-lo, a argumentos que retira dos livros ou de conversas. É essa racionalização que eu gostaria de examinar aqui, sabendo que

---

[3] Cidade a nordeste de Paris onde se situava um campo de confinamento de judeus. Eles lá permaneciam antes de serem deportados para os campos de extermínio nazista, sobretudo Auschwitz. Entre agosto de 1941 e agosto de 1944, de cada 10 judeus deportados da França, 9 tinham passado por Drancy. (N.T.)

[4] Hillesum, *Une Vie bouleversée*, p.158.

ela não esgota seu destino, mas é precisamente porque ela não lhe é própria que me interessa.

Em seu diário encontramos a transcrição de uma conversa que ocorreu nas ruas de Amsterdã, em setembro de 1942, na qual Etty discorda de seu amigo Klaas. O credo da jovem é o seguinte: "Não acredito que possamos corrigir o que quer que seja no mundo exterior se não o tivermos corrigido primeiramente em nós".[5] Ora, ela explica, "temos tanto a mudar em nós mesmos, que não deveríamos nos preocupar em odiar aqueles a quem chamamos de inimigos".[6] Os homens que ela encontra à sua volta têm uma opinião diferente, como este, no campo de Westerbork: "Ele dedicava aos nossos tiranos um ódio que suponho fundamentado. [...] Ele transbordava de ódio por aqueles que poderíamos chamar de nossos carrascos, mas ele mesmo teria sido um perfeito carrasco e um tirano modelo".[7] Klaas a escuta, mas não está de acordo com ela. "Klaas esboçou um gesto de cansaço, de desencorajamento, e disse: 'Isso que você quer fazer é demorado demais, e não temos tanto tempo!'. Ao que repliquei: 'Mas o que você almeja já é uma preocupação desde o início da era cristã, e mesmo há milênios, desde o início da humanidade. E o que você acha do resultado, se posso lhe perguntar?'"[8] Essa é uma observação que também encontramos em Soljenítsin: "Espancar o inimigo é algo que o homem das cavernas já sabia fazer".[9]

---

5 Ibid., p.102.
6 Ibid., p.204.
7 Ibid., p.203.
8 Ibid., p.204.
9 Soljenítsin, op. cit., t.II, p.459.

O programa de Etty Hillesum, se assim o podemos chamar, comporta então duas partes: proibir a si mesma de ter ódio do inimigo e combater o mal em si antes que no outro, ou seja, por uma pura atitude moral. "É a única solução, verdadeiramente a única, Klaas; não vejo outra saída: que cada um de nós se volte para sua própria pessoa, extirpando e aniquilando em si tudo aquilo que acredita dever aniquilar nos outros."[10] Certa manhã, ela é convocada pela Gestapo: espera, interrogatório, brutalidades deliberadas. Apesar disso, consegue vencer sua reação primeira: "Era isso que dava àquela manhã seu valor histórico: não por sofrer os rugidos de um miserável gestapista, mas por ter piedade dele, em vez de me indignar".[11] A vitória não deve ser colhida sobre o inimigo, mas sobre o próprio ódio: "Se um dia a paz se instalar, só poderá ser autêntica se cada indivíduo estabelecer primeiramente a paz em si mesmo, extirpar qualquer sentimento de ódio por qualquer raça ou por qualquer povo que seja, ou dominar esse ódio e o transformar em outra coisa".[12]

Se odiarmos o inimigo como ele nos odeia, só reforçaremos o mal no mundo. Um dos piores efeitos dessa ocupação, dessa guerra, pensa Etty, é que as vítimas dos nazistas começam a se tornar como eles. "Quando o ódio tiver feito de nós bestas ferozes como eles, será tarde demais."[13] Aquele que não percebe nenhuma semelhança entre si mesmo e o outro, que vê todo o mal neste e nenhum em si, está (tragicamente) condenado a

---

10 Hillesum, op. cit., p.204-5.
11 Ibid., p.104.
12 Ibid., p.128.
13 Ibid., p.155.

imitar esse inimigo. Por outro lado, aquele que se descobre semelhante ao inimigo, pois reconhece o mal também em si, este é verdadeiramente diferente. Quem se recusa a ver a semelhança é levado a reforçá-la, quem a admite já a diminui na mesma proporção. Se me creio outro, sou o mesmo: se me admito o mesmo, já sou outro.

Numa de suas surpreendentes cartas escritas em Westerbork, Hillesum descreve a experiência do campo de concentração; depois ela se dá conta de que, como Marek Edelman, talvez não produza a narrativa que dela se espera: "Percebo que se possa fazer outra, mais habitada pelo ódio, pela amargura e pela revolta". Porém, ocorre que, mesmo que não cesse de combater as iniquidades do campo, o ódio permanece seu inimigo principal: "A ausência de ódio não necessariamente implica a ausência de uma elementar indignação moral. Sei que aqueles que odeiam têm boas razões para isso. Contudo, por que deveríamos escolher sempre a via mais fácil, a mais repisada? No campo de concentração, senti com todo meu ser que o menor átomo de ódio acrescentado a este mundo o torna ainda mais inospitaleiro".[14]

Por esse motivo Hillesum vai de livre e espontânea vontade a Westerbork, primeiramente como empregada, em seguida como prisioneira, mas sempre animada pelo mesmo desejo de acrescentar a este mundo um pouco de bondade, ao invés de ódio e, dessa forma, se preocupar com os outros ao redor dela. Até que um dia chega sua vez: ela é embarcada num trem para Auschwitz, onde morrerá três meses mais tarde, em novembro de 1943. Quando pensa na vida depois da guerra, ela se dá conta de que

---

14 Id., *Lettres de Westerbork*, p.43.

aquilo contra o que luta não necessariamente terá desaparecido. "Depois da guerra [lhe diz alguém] uma onda de ódio se esparramará sobre o mundo'. Ouvindo essas palavras, mais uma vez tive a certeza que eu lutaria contra esse ódio."[15] Aí está a única guerra que Etty Hillesum aceitou lutar. Ela morre antes que esse dia chegue, mas seus escritos continuam, hoje, esse combate em seu lugar. Ela não foi a única a escolher o segundo termo da alternativa considerada por Germaine Tillion: dos campos russos, Guinzbourg, ou mais tarde Ratouchinskaïa, lhe fazem eco. "A violência só engendra violência, num movimento pendular que cresce com o tempo, ao invés de se amortecer", escreve, por sua vez, Primo Levi.[16]

Habitualmente permanecemos céticos diante de conselhos desse gênero, uma vez que de boa vontade os assimilamos à ideia de não resistência ao mal. Parece-nos sempre, assim como para Klaas, que já é tarde demais: quando o perigo está diante de nós, não o podemos prevenir com gestos de bondade. Não estamos de todo errados. Se os exércitos de Hitler irrompem pelas fronteiras, de nada serve propor-lhes a paz. Se Stálin decide condenar à morte os camponeses da Ucrânia, estes não podem se proteger tendo piedade dele. Há momentos em que a tomada de armas constitui a única resposta apropriada. Nem todas as fases da História são igualmente propícias à ação moral (que não se confunde com a ação política ou militar): a paz lhe convém melhor que a guerra. Não é menos verdade que essa ação talvez tenha um potencial de eficácia maior do que podemos suspeitar. Para ilustrar essa esperança, gostaria de lembrar duas

---

15 Hillesum, op. cit., p.200.
16 Levi, op. cit., p.197.

pequenas histórias verídicas, em que o movimento pendular de que fala Levi pôde diminuir por um simples ato de bondade.

Um SS de Auschwitz, Viktor Pestek, se aproxima de vários detentos com a proposta de ajudá-los a fugir. Ele tem um plano: dará ao candidato um uniforme de oficial e os dois deixarão juntos o campo, como se não fosse nada de mais. Os detentos desconfiam dessa oferta, temendo uma cilada; finalmente um deles, Lederer, aceita e a fuga é bem-sucedida. Mais tarde, Pestek volta a Auschwitz para preparar novas fugas, mas dessa vez é preso e executado. Por que ele se engajou nessas ações arriscadas? Vejamos sua história: combatendo no *front* russo, ele participa de uma ação punitiva contra um vilarejo no qual se tem a suspeita da presença de *partisans*. Pestek é ferido no decorrer da operação e abandonado por seus camaradas. No dia seguinte, uma família de russos o descobre no celeiro em que se esconde. Ele tem sede, e, ao invés de executá-lo, levam-no para perto do riacho. "Ele jamais se esqueceu dessas pessoas que lhe salvaram a vida, mesmo sem ter nenhum motivo para poupar um SS uniformizado, cuja unidade acabara de massacrar todos os habitantes do vilarejo."[17]

Outro SS, Karl, se alista, depois da guerra, na Legião Estrangeira e vai para a Argélia. Ele trabalha na enfermaria da penitenciária e os prisioneiros têm a grande surpresa de nele descobrir um ser discreto e delicado. Ele se arranja para que os cuidados durem o maior tempo possível e mima seus internos, preparando-lhes pequenos pratos. Essa gentileza também tem uma explicação. Feito prisioneiro no *front* russo, ele é enviado ao cárcere e depois à Sibéria, onde fica doente e quer se aban-

---

17 Langbein, op. cit., p.417.

donar à morte. "Houve então uma doutora russa que começou a cuidar dele e que o obrigou a se agarrar à vida. E ao cumprir seu trabalho de enfermeiro, ou supervisionando um chocolate, gingando de um pé ao outro, dizia em sua algaravia: 'Quero fazer a mesma coisa por vocês'."[18]

## A aceitação do mundo

Mesmo que eu não possa evitar admirar tais atos e que esteja pronto para reconhecer-lhes uma eficácia maior que aquela que em geral lhes é atribuída, nem sempre me sinto convencido pelo raciocínio de Etty Hillesum. O homem que odiava os nazistas, no campo de Westerbork, de fato se tornara semelhante aos próprios nazistas? Supô-lo implica não somente que se assimila o real e o virtual, mas também que não se percebe nenhuma diferença entre ataque e defesa, nem uma gradação na natureza do mal ou no poder dos meios de que se dispõe. Combatendo Hitler (ou seja, lutando pela justiça), não se o imita, dado que ele combate pela injustiça. Então há ódios que são não somente justificáveis, mas necessários. É verdade que, no próprio momento da ação, não dispomos do distanciamento nem da informação necessários para saber se o inimigo é nosso duplo invertido ou uma encarnação do mal. Mas será que podemos colocar no mesmo plano os insurgentes do gueto e os membros das divisões SS sob o pretexto de que uns e outros lançam bombas? É verdadeiramente justo se impedir de odiar os construtores dos campos totalitários, os comissários comunistas ou os funcionários nazistas, isto é,

---

18 Tillion, op. cit., 2.ed., p.268-9.

devemos ser tolerantes com o mal? Se devemos nos curar do ódio após a vitória, devemos por isso deixar de execrar aqueles que são responsáveis pela morte e pelo sofrimento de milhões de seres humanos? Combatendo o ódio em nós, não corremos o risco de esquecer o combate contra o ódio encarnado pelas potências totalitárias? Tudo ocorre como se, para Hillesum, a luta contra o mal interior viesse *substituir* o combate contra o mal exterior, no lugar em que uma serve de preparação para a outra. Seu duplo "programa" – não odiar o inimigo e começar por lutar contra o mal que está em si – não esgota o campo das possibilidades: nada é dito sobre um combate que seria intransigente, sem que por isso levasse à demonização do inimigo, à ideia de culpabilidade coletiva ou ao maniqueísmo. Podemos mesmo nos perguntar: tal atitude não corre o risco, afinal de contas, de facilitar a progressão do mal? Teria a "elementar indignação moral" de que fala Hillesum bastado para frear o avanço do nazismo? Questão instigante, pois ela não concerne apenas ao autor dessas palavras, mas a toda a resistência ao mal.

Etty Hillesum não manifesta nenhuma simpatia pelo combate militar contra Hitler. "Não acredito numa ajuda exterior, isso não entra em minhas previsões", ela escreve em seu diário.[19] Não se trata de pessimismo, mas de um ceticismo diante desse gênero de soluções. Se ela não coloca suas esperanças no desembarque dos ingleses, não é porque não acredite nele, mas sim porque nada espera de tal ação. Ela não compartilha da "opinião daqueles que ainda carregam em si uma esperança política. Creio que devemos renunciar a qualquer esperança

---

19 Hillesum, op. cit., p.179.

fundada no mundo exterior".[20] Isso não diz respeito apenas ao decorrer dos acontecimentos em geral, mas também ao de sua existência. Ela se recusa a aderir a qualquer movimento de resistência e nem mesmo deseja fazer algo para proteger sua própria vida, tal como se esconder ou fugir. "Sou incapaz de intervir ativamente para me 'salvar'; isso me parece absurdo, me inquieta e me torna infeliz."[21] Isso não quer dizer, de forma alguma, que ela se engana sobre seu destino ou o de seus semelhantes: "O que está em jogo", escreve em 3 de julho de 1942, "é nossa desgraça e nosso extermínio, não há nenhuma ilusão sobre isso. 'Querem' nosso extermínio total, é preciso aceitar essa verdade". Apesar disso, ao invés de buscar impedir a realização do horror, ela se contenta com a seguinte regra: "Se devemos perecer, que ao menos seja com graça".[22] Por quê?

Os argumentos empregados por Hillesum podem ser divididos em três graus ascendentes. O primeiro é o da *indiferença* por tudo aquilo que é exterior, pois somente conta o mundo portado em si. O sofrimento causado por fatores externos não conta. "As coisas do mundo exterior jamais me entristecem. É sempre este sentimento em mim – abatimento, incerteza ou outro – que dá às coisas exteriores sua coloração triste ou ameaçadora."[23] Basta dominar o perigo interior para que a serenidade adquirida sirva em seguida "como um muro protetor, pleno de oportuna sombra",[24] contra o qual vêm se cho-

---

20 Ibid., p.165.
21 Ibid., p.167-8.
22 Ibid., p.137; cf. p.221.
23 Ibid., p.122.
24 Ibid., p.113.

car as ameaças do mundo externo. "Esta vida se realiza num teatro interior: o cenário tem cada vez menos importância."[25] Ele tem mesmo tão pouca importância que Hillesum escolhe entrar voluntariamente no campo de Westerbork, para o que se preparara desde março de 1942: "Quando se tem uma vida interior, pouco importa, sem dúvida, de qual lado das grades de um campo de concentração se está".[26] Declaração extraordinária que, sem negar que a realidade dos campos seja um mal, funda uma atitude segundo a qual a diferença entre bem e mal no mundo exterior não tem importância.

Todavia, esse argumento é por vezes rejeitado em nome do equilíbrio necessário entre interior e exterior. Etty Hillesum escolhe então outro, e este é o segundo grau de sua resposta, o mais amplamente representado em seu diário: o mal é, em vez de indiferente, *aceitável*. Como ela o sublinha inúmeras vezes, isso de forma alguma quer dizer que esteja a ele resignada, isto é, mergulhada num desespero impotente. Seu comportamento extremamente ativo (cuidado com os outros e atividade do espírito na escritura) o confirmaria, se fosse necessário. "Não é verdade que eu queira ir em direção a meu aniquilamento com um sorriso de submissão nos lábios."[27] "Para mim, esse abandono não equivale à resignação, a uma morte lenta, mas consiste em continuar a oferecer todo o apoio que possa onde Deus quiser me colocar."[28] Contudo, por outro lado, ele também não equivale à resistência, à revolta, que para Hillesum sempre está

---

25 Ibid., p.186.
26 Ibid., p.106.
27 Ibid., p.164.
28 Ibid., p.153.

associada somente ao ódio pelo inimigo. "Não sou nem amarga, nem revoltada. Triunfei sobre meu abatimento e ignoro a resignação."[29] "Sou sobretudo grata por não sentir nem rancor, nem ódio, mas por perceber em mim um grande assentimento, o que é completamente diferente da resignação."[30] Que significa esse assentimento, essa capacidade de não sentir nem rancor, nem ódio, na doçura e na serenidade?

Hillesum recorre aqui a uma argumentação que ela acredita ter como fonte a tradição cristã, mas que com maior justeza ainda seria ligada ao estoicismo, ao quietismo ou, na tradição oriental (à qual ela também se refere), ao taoísmo. É preciso aceitar o mundo tal como ele é, com suas alegrias e seus sofrimentos (o que não quer dizer que não se distinga uns dos outros), pois é isso que forma a sua totalidade e sua beleza. "A vida e a morte, o sofrimento e a alegria, as bolhas dos pés machucados, o jasmim atrás da casa, as perseguições, as inúmeras atrocidades, tudo, tudo está em mim e forma um conjunto poderoso. Eu o aceito como uma totalidade indivisível."[31] Tudo o que é bom. "O que acontecer, será bom."[32] "Aceito tudo como vier."[33] A única coisa inaceitável (mas isso não recoloca em causa a doutrina?) é a vontade humana, o desejo de modificar a ordem universal, de afastar o mal e de só preservar o bem. "A partir do momento em que se recusa, se quer eliminar certos elementos, e se se segue o prazer e o capricho para admitir tal aspecto da vida e rejeitar outro, então a vida se torna de fato

---

29 Ibid., p.139.
30 Ibid., p.177.
31 Ibid., p.138.
32 Ibid., p.179.
33 Ibid., p.189.

absurda: assim que o conjunto está perdido, tudo se torna arbitrário."[34] Ela não sente uma particular simpatia pelos reformadores de quaisquer convicções: "Sinto sempre uma profunda satisfação quando vejo os planos humanos mais engenhosos desmoronarem como um castelo de cartas".[35] Mas não seria concebível querer eliminar "certo aspecto da vida" como, por exemplo, os campos de extermínio de judeus, em nome de outra coisa que não "seu prazer e seu capricho"?

Em Amsterdã, os sinais de desgraça se multiplicam: as privações, as denúncias, as prisões. Hillesum reage a essa escalada da violência e do mal não a rejeitando, mas absorvendo-a na harmonia pré-estabelecida do universo. Ela a deixa crescer no exterior, mas a suplanta em seu foro íntimo, encontrando um sentido para ela. Quanto mais a situação se agrava, mais se repetem em seu diário as anotações do gênero: sim, a vida tem um sentido, sim, a vida é bela. "Já sofri mil mortes em mil campos de concentração [...]. Apesar disso, acho a vida bela e rica de sentidos. A todo momento."[36] "Mas, sim, bela e rica de sentidos no próprio instante em que me encontro à cabeceira de meu amigo morto – morto jovem demais – e em que me preparo para ser deportada a qualquer momento para regiões desconhecidas."[37] "Sou uma mulher feliz e canto louvores a esta vida, sim, você leu corretamente, no ano da graça de 1942, o enésimo da guerra."[38] Nada mais pode abalar essa decisão:

---

34 Ibid., p.142.
35 Ibid., p.218.
36 Ibid., p.134.
37 Ibid., p.194.
38 Ibid., p.128.

"De uma vez por todas, este é meu sentimento sobre a vida, e creio que nenhuma guerra no mundo, nenhuma crueldade humana, por mais absurda que seja, nada poderá mudá-lo".[39]

O segredo de Etty Hillesum talvez esteja no fato de que ela conseguiu ultrapassar a ideia de sua própria pessoa, o hábito de se usar como um centro de observação ou como a medida de todas as coisas. Sua pessoa começou a se diluir no universo, e assim ela pôde pensar em nome desse próprio universo. "É preciso ousar dar o grande salto no cosmos: então a vida se torna imensamente rica."[40] Ela se vê como "o coração pensante do pavilhão",[41] ou até mesmo de todo o campo de concentração: ela se apercebe do exterior, tal como uma parcela do universo, bem útil, mas de forma alguma central. Por isso ela pode escrever frases tão surpreendentes quanto esta: "Que seja eu ou um outro que parta, pouco importa",[42] ela não mais se diferencia dos outros, mesmo em se tratando de partir para a morte (e parece negligenciar a possibilidade que havia de escapar a essa partida, tanto para si quanto para os outros).

Não é somente com os outros humanos que ela deseja se confundir, mas com toda forma de vida: "É preciso se tornar tão simples e tão mudo quanto o trigo que cresce ou a chuva que cai. É preciso se contentar em ser".[43] Essa universalização afeta também o que a cerca e ela lamentará se doar somente a alguns, e não a todos. Cada dia, afinal, é um condensado da

---

39 Ibid., p.116.
40 Ibid., p.156.
41 Ibid., p.190.
42 Ibid., p.164.
43 Ibid., p.158.

vida inteira, e cada lugar é equivalente a outro: "Em todos os lugares desta terra estamos em casa, quando se carrega tudo em si".[44] É assim que ela pode aspirar a esta finalidade: não esperar que Deus a ajude, à moda dos humildes crentes, nem buscar ajudar a si mesma, como os ateus empreendedores, mas aspirar a ajudar a Deus, buscar preservá-lo em si e, portanto, no mundo. "É tudo o que podemos salvar nessa época e é também a única coisa que conta: um pouco de Ti em nós, meu Deus."[45]

Em seguida a essa aceitação global do mundo, Hillesum pode (somente em certos momentos, é verdade) atingir um terceiro grau e declarar finalmente sua *preferência* pelo sofrimento. Parece-lhe que foram os ocidentais os mais relutantes a aceitar o sofrimento e a buscar extrair disso forças positivas, a aceitar a morte como parte integrante da vida. Pouco importa, em relação a isso, a fonte do sofrimento: seja a Inquisição ou os *pogroms*, Ivan, o Terrível, ou Hitler, as guerras ou os terremotos, "o que conta é a maneira de suportá-lo, saber lhe atribuir seu lugar na vida, continuando a aceitar esta vida".[46] Hillesum aceita o elemento de sofrimento na vida humana e considera que seu papel pessoal é fazer que os outros também o aceitem, assistindo-os, cuidando deles (mas não buscando eliminar as causas desse sofrimento), e dado que nesses tempos de adversidade o campo de concentração é a encarnação mais pura do sofrimento, ela decide, por sua própria conta, ir até ele.

Em Westerbork, ela se vê mais feliz que nunca e sofre apenas quando deve se ausentar, como se estivesse então privada

---

44 Ibid., p.199.
45 Ibid., p.166.
46 Ibid., p.136.

de um privilégio. "Queria tanto voltar ao campo já na quarta-feira, ainda que fosse apenas por duas semanas."[47] Os primeiros meses que aí passa são para ela "os mais intensos e mais ricos de minha vida e me trouxeram a confirmação luminosa dos valores mais graves, mais elevados de minha vida. Aprendi a amar Westerbork, e tenho saudades de lá".[48] Tanta felicidade acaba por nos tornar Etty Hillesum estranha, mesmo que possamos compreender sua exaltação diante das dificuldades a serem vencidas; é como se ela aspirasse ao aumento da infelicidade em torno de si para facilitar seu desabrochar pessoal. "Como pode esse pequeno pedaço de charneca, rodeado de arame farpado, atravessado por destinos e sofrimentos humanos que vêm aqui se quebrar em ondas sucessivas, ter deixado em minha memória uma imagem quase suave?"[49] Aí está, sem dúvida, um traço de mistério, e nos pomos a desejar que ela também saiba sofrer com o sofrimento, e não somente transmutá-lo em beleza ou em fonte de felicidade.

Eu quis citar longamente os textos de Etty Hillesum, pois eles me fascinam: ela era incontestavelmente um ser humano extraordinário. Contudo, não creio que a via que eles definem seja recomendável para todos. Há algo de sobre-humano em Etty, em seus momentos mais exaltados, e, por esse mesmo motivo, de desumano: ela não pertence inteiramente a este mundo. É claro que ela prefere as virtudes cotidianas (o cuidado) às virtudes heroicas (a guerra), mas vai muito mais longe: em vez de procurar agir sobre as causas do mal, ela se contenta

---

47 Ibid., p.216.
48 Ibid., p.196.
49 Ibid., p.201.

em curar as chagas, em "ser um bálsamo sobre tantas feridas".[50] Ela não vive na resignação, mas na aceitação alegre do mundo e, portanto, também do mal.

Ora, mesmo que eu não creia que um mundo sem mal ou sem sofrimento seja possível, não quero admitir que se acolha todo mal e todo sofrimento como uma fatalidade ou como o elemento de uma harmonia cósmica, intento da Providência ou artimanha da razão. É verdade que é preciso arranjar um lugar para a morte na vida, mas me recuso a crer que os mortos dos campos de extermínio pertençam à mesma categoria que aqueles devidos à velhice ou às doenças incuráveis. Hitler nada tinha de uma calamidade natural. A ideia de um mundo sem sofrimento é uma utopia perigosa, mas agradeço àqueles que inventaram meios (artificiais e não naturais) para que os seres humanos sofram menos, e àqueles que lutam para eliminar as causas de certos males que nada têm de inelutável. Sem cair na utopia, podemos ser contra certas mortes e pela diminuição de certos sofrimentos. Jamais admitirei que o totalitarismo e os campos de concentração tenham sido, num sentido cósmico ou histórico, "necessários". O mal não é somente doloroso; muito frequentemente, é também absurdo e, por isso mesmo, inaceitável.

A atitude definida por Hillesum não é de resignação, mas o resultado é semelhante: esse fatalismo e essa passividade levam por fim a se prestar ao projeto mortífero dos nazistas. Por isso, apesar de sua incontestável nobreza, eu me absterei de recomendá-la a todos os oprimidos desta terra.

---

50 Ibid., p.229.

## Política ou moral

Em que pese tudo isso, considerar a ineficácia política da não resistência com relação ao mal também não basta.

Resistência ou resignação: como estar seguro sobre o momento a partir do qual a segunda é preferível à primeira, ou ao menos tão justificada quanto ela? Em suas *Memórias de Auschwitz*, Rudolf Vrba, exemplo perfeito do resistente, conta sua perturbadora confrontação com Fredy Hirsch, um judeu alemão que se ocupou, em Auschwitz, das crianças deportadas de Teresin. Vrba sabe, pela organização clandestina do campo, que o extermínio das crianças (e de suas famílias) é iminente. Ele acha que os adultos desse grupo, em boa condição física, deveriam se revoltar, pois não têm nada a perder e poderiam infligir perdas aos guardas. Hirsch desfruta do maior prestígio nesse grupo e, se ele se puser à frente da revolta, esta acontecerá e trará frutos. É então que se desenrola o terrível diálogo entre Vrba e Hirsch: o primeiro tenta convencer o segundo a tomar a frente das operações; este objeta que, se o fizesse, participaria do sacrifício das crianças que estão ao seu encargo. "Mas elas vão morrer de qualquer jeito. – Sim, mas eu não as terei traído".

Fredy Hirsch é um sionista e professor de educação física bastante popular em Teresin. Depois da transferência para Auschwitz, ele se torna *Lagerkapo* no "campo das famílias" e se ocupa em particular da educação das crianças. Ele diz às autoridades do campo de concentração que as crianças poderiam aprender alemão, coisa eminentemente desejável. Sob esse pretexto, ele consegue que um pavilhão seja posto à sua disposição, para servir de escola. De fato, lá se estuda um pouco de alemão, mas também várias outras coisas; as crianças desenham, fabricam brinquedos e até chegam a montar um espetáculo sob a direção de Hirsch, *Branca de Neve*, que os SS presentes aplaudem calorosamente. Em seguida, um segundo pavilhão é posto à sua disposição, para as crianças menores. Hirsch cuida de tudo e as crianças o adoram.

*(Podemos bem imaginar com o que se pareciam os desenhos dessas crianças. Antes de partir para Auschwitz, ainda em Teresin, elas também desenhavam bastante: vários milhares dessas imagens foram preservados. Eu as vi em Praga, na sinagoga convertida em museu judaico, estreita, empoleirada acima do velho cemitério. A grande maioria das crianças que as desenharam pereceu em Auschwitz. Alguns desenhos se assemelham aos que as crianças do mundo inteiro fazem: borboletas, um gato preto, flores, uma casa. Outros são mais inquietantes. Aqui se veem armações de camas de três andares, com seus habitantes espremidos uns contra os outros; ali, uma cena de enterro; acolá, esqueletos. Outro deles mostra um enforcamento; vemos a estrela de seis pontas no peito do enforcado. As crianças que os fizeram, com os lápis improvisados, eram os pequenos protegidos de Fredy Hirsch.)*

Hirsch pede o prazo de uma hora para refletir. Quando Vrba volta, encontra-o caído e com espuma na boca: ele se suicidara, ingerindo luminol. Num primeiro momento, Vrba pensa em "salvá-lo", mas depois desiste. Ele se resigna então ao extermínio do "campo das famílias", sem revolta – o que lhe é muito mais doloroso, dado que, dentre os condenados, se encontra Alice Munk, seu primeiro amor, que lhe fora apresentada pelo próprio Hirsch. A sequência é contada pela narrativa de Filip Müller, o sobrevivente do *Sonderkommando*: a revolta não acontece, mas diante das portas da morte, os condenados se põem a cantar.

O suicídio de Hirsch lembra aquele de Czerniakov, o presidente do Conselho Judeu de Varsóvia. Ele também se mata quando compreende que não pode impedir o extermínio das crianças em Treblinka. Apesar de tudo, há uma diferença: Czerniakov se mata num momento em que nem tudo ainda está decidido. Os habitantes do gueto ainda têm uma (ínfima) possibilidade de escolha. Morrendo sem lhes dizer o que os espera, Czerniakov não contribui para despertar a resistência, sem a qual não podem sobreviver; vimos que é isso que Edelman ou Ringelblum lhe reprovam. Por outro lado, Hirsch se mata porque sua sobrevivência em nada teria ajudado as crianças. Se houvesse aceitado a proposta de Vrba, os revoltados teriam podido, no melhor dos casos, matar alguns SS antes de serem eles mesmos abatidos. Hirsch sabia que devia aceitar a proposta se ficasse vivo, pois seria o único a poder conduzir a revolta; contudo, se o houvesse feito, não somente não teria salvo a vida de nenhuma dessas crianças às quais era devotado, mas teria *escolhido* abandoná-las à própria sorte para se engajar em outro projeto. Então, lucidamente, ele preferiu morrer.

Nas ruas do gueto de Varsóvia, Pola Lifszyc e Mordehaï Anielewicz tomam dois caminhos distintos: Pola sobe, de livre e espontânea vontade, no trem que parte para Treblinka, para não deixar sua mãe sozinha; Mordehaï ataca as patrulhas alemãs e se lança na aventura da insurreição. Ela reage ao mal na esfera puramente privada; ele escolhe se colocar sobre o terreno da ação pública. Ele é o único a ter acelerado, ainda que parcamente, a derrota do nazismo. Pola, por sua submissão, contribuiu para a eficácia do extermínio. Devemos censurá-la por sua resignação e glorificar a resistência de Mordehaï? Penso que só se pode responder a essa questão depois de ter separado os planos moral e político. De um ponto de vista político, a atitude de Mordehaï é incontestavelmente preferível: é preciso combater o nazismo e, nas condições extremas do gueto, isso quer dizer que se deve atirar nos soldados alemães. Uma vez evadido de Auschwitz, Rudolf Vrba compreende o que deve fazer: ele se envolve com os *partisans* e participa das ações militares contra os SS. Fazendo isto, ele sente essa excitação juvenil de que falava Edelman: atirar no inimigo. "Eu corria, e lágrimas de alegria inundavam meu rosto, pois eu enfim me tornara um combatente."[51] Ele tem razão de contribuir assim para o desmoronamento de um regime odiento e de apelar para todas as suas virtudes heroicas. Apesar disso, a virtude cotidiana de Pola me parece superior à coragem de Mordehaï; seu gesto de cuidado por outrem não cede lugar a nenhum outro. Em certos casos extremos, não há reconciliação possível entre moral e política.

Com isso não quero dizer que basta ter uma bela alma para triunfar sobre o mal. A barreira mais eficaz contra o totalitarismo, que é um fato político, é também política: é a democracia ativa, que cuida ao mesmo tempo da liberdade dos indivíduos e da promoção do bem comum; uma democracia que aceita ser criticada e transformada a partir do interior, mas que ao mesmo tempo se mostra intransigente com seus verdadeiros inimigos. As ações morais não se situam no mesmo plano, mesmo que em certas condições (como entre os "dissidentes" nos países comunistas) possam ter também um alcance político. Elas não levam a um regime melhor, o que, no entanto, é altamente desejável. Todavia, elas encarnam uma dimensão da

---

51 Edelman; Krall, op. cit. p.329.

existência que não é menos essencial. Elas tornam o indivíduo melhor e contribuem, no limite, para a felicidade de todos de um modo mais positivo que a simples eliminação das ameaças exteriores. Elas trazem aquilo que o melhor regime político pode apenas tornar possível, mas jamais engendrar: uma superabundância de humanidade.

## *As formas de combate*

### Aceitar ou resistir

Se o personagem de Etty Hillesum é excepcional, o mesmo não se aplica, como já disse, à atitude que ela escolheu. Nos guetos, é de uma forma comparável que reagem os membros do grupo ortodoxo Agudah, que recusam a se armar ou a resistir. E farão parte das primeiras vítimas. Outros tentam buscar um sentido para o absurdo e, assim, torná-lo aceitável: a Providência exige mais dos judeus, tanto naquele momento quanto antes — ou, ainda, que esses sofrimentos excepcionais anunciam a chegada de um novo messias. Inúmeros são aqueles que preferem se render a se esconder ou resistir, para permanecer de acordo com a regra humana, se não com aquela do cosmos. "Não se escapa ao próprio destino", é a resposta fatalista que ouvem os defensores da resistência. Separada de Etty Hillesum por milhares de quilômetros, Evgenia Guinzbourg chega a conclusões próximas das daquela: "Estou profundamente convencida, nestes meados dos anos 1950, de que o mundo é racional, de que tudo tem uma significação superior e de que 'Deus vê a verdade, mesmo que não a diga de imediato'".[1] Essas diferentes formas de aceitação e de racionalização dos sofrimentos sobrevindos não deixam lugar para nenhum tipo de resistência.

Dessa constatação, frequentemente foram tiradas consequências que me parecem ilegítimas. Já se tratou de uma delas, que atribui essa passividade exclusivamente aos judeus, e que busca explicações em suas tradições ou em seu caráter nacional – e vimos por que ela era inadmissível. Outra delas consiste em chamar particularmente a atenção sobre a passividade das vítimas, mesmo no limiar da morte, nos campos de extermínio nazista. Gradowski, o membro do *Sonderkommando* de Birkenau que enterrou seu manuscrito, é obcecado por esse pensamento. "Ao invés de lutar como feras selvagens, a maioria das vítimas desceu pacífica e passivamente dos caminhões."[2] Com todo respeito que se deve a tal testemunho, penso que ele está errado. Uma vez presas e "selecionadas", as vítimas não tinham mais nenhuma chance de escapar, dado que a relação de forças era por demais desigual, mesmo que os números pareçam dizer o contrário (elas eram centenas de milhares, enquanto os guardas se contavam apenas às centenas). Nessas condições, parece-me tão digno morrer na cama quanto lutar como uma fera selvagem, e não vejo o que há a reprovar no rabino que diz aos outros, diante da porta das câmaras de gás: "Meus irmãos, resignemo-nos".[3] Esse gesto é tão respeitável quanto os raros

---

[1] Guinzbourg, *Le Ciel de la Kolyma*, p.472.
[2] Roskies (ed.), op. cit., p.460.
[3] Müller, op. cit., p.226.

casos de resistência eficaz levados a cabo nessas circunstâncias. Por isso convencionou-se que nos campos da morte não seria revelada a verdade às vítimas seguintes: isso em nada as ajudaria e só tornaria sua morte mais cruel.

Contudo, a questão toma um sentido completamente diferente quando a liberdade de ação das futuras vítimas é, de fato, limitada, mas não nula. Conhecemos as cruéis reprovações dirigidas aos Conselhos judaicos por nada terem feito para prevenir a catástrofe iminente. É claro que julgamos com uma lucidez retrospectiva, à qual seus membros não tinham acesso. Porém, sem mesmo lhes formular algum tipo de reprovação que seja, parece evidente que se os perseguidos tivessem tentado se salvar ao invés de, à maneira de Hillesum, se submeter apressadamente às convocações que recebiam, teriam tido uma melhor chance de sobreviver. Quando ainda se tem tempo, é imperativo agir: tal é a lição mínima da resistência ao nazismo. É por esse motivo que o pacifismo dos anos 1930, diante de Hitler, é culpado; é também por isso que só podemos simpatizar com o "tio Micha", futuro *partisan* na Ucrânia, que se revolta contra seus anciãos preocupados somente com as preces a serem recitadas pelos mortos: "Uma voz em mim grita: 'Não é por meio das preces que você apaziguará nosso luto pelos rios de sangue inocente que foram derramados, mas pela vingança'. Assim que o Kaddish terminou, esmurrei a mesa e gritei: 'Escutem-me, judeus infelizes e destinados a morrer! [...] Saibam que estamos todos condenados, em mais ou menos tempo. No entanto, eu não irei como um cordeiro para o abatedouro!'".[4]

---

[4] Suhl, op. cit. p.260.

Nesse contexto, assegurar a própria vida já é um primeiro ato de resistência.

*(No tempo em que eu estava sujeito a um país totalitário, a ideia de resistência não me tocou, devo mesmo admiti-lo. Em primeiro lugar porque tal empreendimento nos parecia, a mim e aos meus camaradas, evidentemente destinado ao fracasso: a desproporção era grande demais entre o poderio de um Estado policial e os indivíduos isolados que éramos. Revoltar-se teria sido a prova de uma grande ingenuidade, ou então de uma tendência a um masoquismo pronunciado. As condições que, mais tarde, tornaram a ação dos dissidentes possível – a dependência do regime em relação à opinião pública ocidental – ainda não estavam reunidas. Porém, havia uma razão ainda mais forte para nossa passividade. O regime totalitário nos dá a ilusão de "só" controlar a vida pública e de nos deixar senhores de nossa vida privada. Podíamos então desfrutar sem entraves – ou era assim que imaginávamos – das alegrias da amizade e do amor, dos sentidos e do espírito. Conversas apaixonadas sobre temas os mais elevados prosseguiam bem depois da meia-noite, o que nos permitia viver com a ilusão da liberdade. Éramos, sem dúvida, jovens demais para saber que a fronteira entre privado e público não era nem definitivamente evidente, nem impermeável, e que, acreditando escapar ao controle totalitário numa parte de nossa vida, na verdade o deixávamos de mãos livres para regular de acordo com sua vontade toda a vida social – portanto, toda a vida. Assegurando nossa sobrevivência e nosso bem-estar relativo, consolidávamos o próprio regime totalitário.)*

Dentre as testemunhas e os cronistas desse período, talvez ninguém tenha insistido tanto sobre a necessidade de resistência quanto Bruno Bettelheim. Ele lamenta que, uma vez condenados, os prisioneiros não tenham escolhido morrer "como homens", combatendo, e realça a célebre história de uma dançarina que mata um oficial da SS diante da câmara de gás;[5] este julgamento me parece ao mesmo tempo irrealista e injusto, mas suas análises encontram sua pertinência quando Bettelheim se volta para o período que precede as prisões. Aqueles que se recusam a admitir o perigo do nazismo, que se consolam dizendo que os homens são fundamentalmente bons e o mundo é harmonioso, ajudam involuntariamente a progressão do mal. A perseguição não tomou de início suas formas extremas, mas progrediu na medida em que não encontrava nenhuma resistência. Bettelheim ataca com violência particular aquilo que chama de "mito de Anne Frank", isto é, a admiração, ou até mesmo o culto, por uma família de judeus holandeses que buscou dissimular a gravidade da situação e continuar sua existência de antes do desastre, no conforto do amor familiar e da intimidade. "Seu destino não era inelutável", afirma Bettelheim.[6] "Anne, sua irmã e sua mãe sem dúvida morreram porque os pais não puderam se resignar a acreditar em Auschwitz."[7] Uma atitude mais ativa teria permitido salvá-las. E Bettelheim declara sua admiração pelos insurgentes do gueto de Varsóvia: eles, ao menos, souberam morrer como homens, "com a arma na mão".[8]

*(Março de 1990: Bettelheim acaba de se suicidar. Inúmeros sobreviventes, alguns célebres, outros não, o precederam nessa escolha, mas não tenho certeza de que esta tenha tido sempre a mesma significação. Em seu caso,*

---

5 Bettelheim, op. cit., p.338-40.
6 Id., *Survivre*, p.309.
7 Ibid., p.312.
8 Ibid., p.320.

*vejo sobretudo uma ilustração brutal dos preceitos que ele sistematicamente dirigira aos outros: o elogio da autonomia e da vontade, a necessidade de tomar o destino em suas próprias mãos, de não se deixar ser o joguete de forças sobre as quais não se tem nenhum domínio, de escolher sua vida e, portanto, sua morte. Aos 87 anos, ele devia temer o momento em que não mais seria capaz deste gesto, mesmo que o desejasse. Então, assegurou-se de que sua vontade fosse cumprida ao se dar uma dupla morte, drogando-se e asfixiando-se ao mesmo tempo. Ninguém poderá reprová-lo por não ter levado suas ideias a sério. Ele é a prova — se posso dizer, viva — de que o indivíduo pode decidir sobre tudo.)*

Jean Améry, que escolhera a morte doze anos antes por razões certamente aparentadas, também acreditava ver na insurreição do gueto o começo de uma nova era da história da humanidade. Porém, acima de tudo, ele não temia retomar, por conta própria, a ideia de vingança: a revolta de Varsóvia talvez fosse absurda no plano militar, ele escreveu. Ela "só pode se justificar no plano moral, como realização da vingança humana [...]. Somente a alguns foi concedido descobrir sua autenticidade na batalha e na vingança verdadeira".[9] "Era a instauração vingadora da justiça, a esperança de criar um novo reino do homem sobre a terra."[10]

## A tentação de vingança

O combate é certamente necessário. Nem por isso seria preciso esconder os perigos que ele oculta para aqueles que

---

9 Améry, *Radical Humanism*, p.26-7.
10 Ibid., p.35.

reivindicam uma justa causa, e podemos nos perguntar se a vingança merece ser colocada no lugar da justiça. Se toda mudança consistir, como o diz Améry, em tornar a antiga presa o caçador, podemos temer que o reino criado não seja tão novo assim. Conhecemos bem a história de resistentes que se tornaram tão duros quanto seus inimigos (e que, aliás, uma vez terminada a guerra, tiveram uma enorme dificuldade para se reintegrar à vida civil).

Depois da vitória sobre o inimigo, a questão continua a se colocar para aqueles que o combateram ou dele receberam sofrimento: que atitude escolherão em relação a ele, agora que a relação de forças se inverteu? Frankl conta um episódio peculiar. No alvorecer da liberação, ele caminha junto a um campo de aveia com um de seus camaradas. Este começa a pisotear com raiva as hastes da planta; Frankl tenta impedi-lo, mas o amigo se indigna: "Eles mataram minha mulher e meu filho na câmara de gás, além de todo o resto! E você quer me impedir de esmagar algumas hastes de aveia?".[11] Essa cólera inútil – e, aliás, inofensiva – ilustra a escolha de uma atitude comparável àquela que se sofreu: fui vítima da violência, *então* tenho o direito de a infligir. "De *objetos* do poder, da violência, do arbitrário e da injustiça, eles se tornaram agora *sujeitos*."[12] Ora, observa Frankl, "ninguém tem o direito de 'cometer injustiça', nem mesmo aquele que sofreu injustiça".[13]

Frequentemente a pessoa não se contenta com hastes de aveia, e sonha com uma reviravolta completa e simétrica dos

---

11 Frankl, op. cit., p.155.
12 Ibid., p.154.
13 Ibid., p.155.

papéis. O que se fará depois da liberação, se ela acontecer? "Eu comprarei uma metralhadora e matarei todos os alemães que encontrar", afirma uma prisioneira de Auschwitz;[14] evidentemente, ela nada fará. Outros sonham com o extermínio imediato desses "vermes" (termo nazista) pelos aliados, "por exemplo, com lança-chamas!".[15] Quando os soldados ingleses chegam a Bergen-Belsen e prendem os SS, os ex-prisioneiros gritam: "É preciso fazê-los sofrer, é preciso matar todos!".[16] Tais reações – puramente fantasmáticas – são perfeitamente compreensíveis, e até mesmo sadias, pois sonhando com a vingança o sujeito se mantém em vida. Como explica Borowski, "para os homens que sofrem injustiças, a justiça não é suficiente. Eles querem que os culpados também sofram injustamente. Aí está o que eles acreditam ser justo".[17]

Vrba, sobrevivente dos campos, defendeu na época do processo de Auschwitz, em Frankfurt, o seguinte ponto de vista: é preciso restabelecer excepcionalmente a pena de morte para poder punir de maneira apropriada crimes tão graves. Sua razão, ele diz, não é o desejo de vingança (que seria compreensível para alguém com sua experiência – porém é exatamente por isso que não se demanda às antigas vítimas que exerçam pessoalmente a justiça), mas o de ajudar a Alemanha a reencontrar sua dignidade. "Não se trata simplesmente de punir criminosos – que punição estaria à altura de tal crime? – mas de purgar publicamente a consciência de uma nação."[18] Con-

---

14 Fénelon, op. cit., p.308.
15 Ibid., p.373.
16 Ibid., p.19.
17 Borowski, op. cit., p.181.
18 Ibid., p.339.

tudo, não seria um projeto perigoso querer purgar uma nação de seus elementos indesejáveis pela morte – mesmo que não haja nenhuma comparação possível entre a "culpabilidade" dos judeus e a de seus carrascos? Não creio que nenhum de nós tenha o direito de reprovar os sobreviventes por odiar demais seus antigos carrascos, mas isso não significa que devamos retomar essa vingança por nossa própria conta.

A propósito da pena de morte, encontramos uma atitude semelhante à de Vrba em Hanna Arendt. Ela critica muitos aspectos do processo de Eichmann, mas aprova inteiramente a condenação dele à morte, e a justifica por sua vez no julgamento que propõe no lugar daquele que foi feito: "Dado que você apoiou e executou uma política que consistia na recusa em compartilhar a terra com o povo judeu e com os povos de certo número de outras nações [...], estimamos que ninguém, nenhum ser humano, pode ter o desejo de compartilhar este planeta com você. É por essa razão, e somente por ela, que você deve ser enforcado".[19] Em minha opinião, se essa é de fato a única razão, Eichmann deveria ser deixado vivo. Não compreendo este argumento: porque ele excluiu certos seres da humanidade, devemos por nossa vez excluí-lo. No que isso será um progresso em relação à lei do "olho por olho"? Algumas pessoas expressaram sua satisfação em saber que as cinzas de Eichmann, depois de sua execução, foram dispersas no mar, para que dele não permanecesse nenhum traço. Ora, esse já era o destino de suas vítimas, cujas cinzas eram jogadas na água, e com a mesma intenção.

---

19 Arendt, op. cit., p.305.

Decerto não é indiferente saber se o sonho de vingança é conduzido por um antigo prisioneiro ou por um homem de Estado, que dispõe de um grande poder. Sabe-se, por exemplo, que Henry Morgenthau, o secretário de Estado norte-americano do Tesouro durante a guerra, preparara um plano que previa que os antigos nazistas, os funcionários e os soldados alemães deveriam ser deportados e coagidos ao trabalho nos países vencedores; que os nazistas deveriam ser definitivamente expulsos da Europa (para Madagascar?), com suas famílias (as crianças menores de seis anos representavam certos problemas...); quanto aos principais dirigentes, Morgenthau queria que fossem imediatamente fuzilados, à medida do avanço das forças aliadas, sem nenhum julgamento.[20] Os ingleses tinham um plano semelhante. Paradoxalmente, eram os soviéticos que mais se atinham ao processo: com sua experiência, não deviam ter nenhuma dúvida quanto ao resultado.

*(Em 1968-1969, a nova universidade de Vincennes era o principal local de implantação de um grupo maoísta sobrevivente dos acontecimentos da temporada precedente. Seus criadores eram duas pessoas que eu conhecera anteriormente e que eram brilhantes intelectuais parisienses. Um dia, saindo do curso, fiquei retido por uma estranha procissão: um homem inteiramente nu, mas barbudo e peludo, abria caminho no meio de uma pequena multidão hostil, conduzida por meus antigos amigos. Antes de soltá-lo, tinham-no besuntado com um molho de tomate ou outros líquidos coloridos: era um linchamento simbólico. Em seguida fiquei sabendo que se tratava de François Duprat, militante e ideólogo de extrema direita, que alguns anos mais tarde encontraria a morte numa explosão que nunca foi elucidada, e*

---

20 Smith, *Reaching Judgment at Nuremberg*, p.23-4.

*que viera a Vincennes, nesse bastião da extrema esquerda, por razões que ignoro: espionar? Buscar a confrontação? A visão desse adulto nu, vaiado pela multidão, me fez sentir uma humilhação intensa. "Mas A., vocês são fascistas!", eu disse, com uma voz abafada, a um deles, que eu conhecia melhor. Ele me sorriu tranquilamente: "Ele é o fascista!". Os efeitos devastadores da "vingança" (de uma ofensa provavelmente inexistente, mas suposta possível) sobre aquele que a realiza nunca tinham me aparecido assim tão claramente antes daquele dia.)*

Primo Levi se debruçou sobre o conjunto dessas questões, com a escrupulosa honestidade que o caracteriza, na narrativa simultaneamente histórica e fictícia que ele intitulou *Maintenant ou jamais* [Agora ou nunca]. Este livro conta o percurso de um grupo de *partisans* judeus, da Bielorrússia à Itália, passando pela Polônia e a Alemanha, durante a Segunda Guerra Mundial. Mendel, o personagem principal, participa de uma ação punitiva numa cidade alemã, na sequência do assassinato de um de seus camaradas. "Essa vingança era justa? Há vinganças que o sejam? Não, não há; mas somos homens, e tudo em nós grita por vingança, então nos precipitam, destruímos, matamos. Assim como eles, como os alemães."[21]

Mendel se encontra então envolvido numa ação de vingança e aceita o fato. Contudo, não lhe basta dizer: somos homens, portanto, tudo é permitido. De nada lhe adianta se sentir melhor, aliviado por ter vingado uma morte que nada justificava, e a própria facilidade desse ato não permite que sua consciência repouse. "O sangue", ele diz, "não se paga com sangue. O sangue se paga com a justiça. Aquele que atirou em La Noire

---

21 Levi, *Maintenant ou jamais*, p.329.

é uma besta humana, e eu não quero me tornar uma delas. Se os alemães mataram com o gás, será que deveríamos também matar todos os alemães com o gás? Se os alemães matassem dez homens por um, e que agíssemos como eles, nós nos tornaríamos semelhantes a eles, e nunca mais haveria paz."[22] Que os perseguidores sejam, por sua vez, perseguidos, não apaga a dívida. Pelo contrário, isso a aumenta.

Mendel (ou Levi) é, portanto, capaz de manter o raciocínio de Etty Hillesum: a vingança é repreensível, pois nos faz semelhantes àqueles de quem queremos nos vingar. Todavia, essa tomada de consciência não o conduz à passividade e à aceitação do mundo tal como ele é, e ainda menos a um desejo simplório de reconciliação com os antigos carrascos, a uma fraternização nauseabunda entre vítimas e torturadores, e nem mesmo a um perdão cristão. A recusa da vingança não significa perdão, nem esquecimento: a justiça estaria indevidamente excluída dessa alternativa. Apesar de sua renúncia à vingança, apesar do cansaço de toda a guerra, apesar de sua profunda repugnância em matar, ele decidiu combater e, portanto, matar: "Combateremos até o fim da guerra", diz seu superior Gédal, "pois acreditamos que ela é abominável, mas que matar nazistas é a coisa mais justa que se pode fazer hoje sobre a face da terra".[23] Mendel escolheu agir assim não pelo gosto das armas, mas por um fundo de respeito por si próprio, por honestidade, dado que respeita a justiça ainda mais que a vida. O ódio ao mal é então legítimo e, nesse momento preciso da história, o nazismo encarna o mal; o mesmo ocorre com todos aqueles que integram

---

22 Ibid., p.331.
23 Ibid., p.229.

o aparelho hitlerista e que não deram provas de que com ele não mais se solidarizam. Combater o nazismo não é combater o mal por meio do mal, mas trabalhar pela erradicação do mal.

## A virtude dos salvadores

Então não é verdade que só se tem uma única escolha: se vingar do mal que se sofreu, e se deixar contaminar por aquilo mesmo que se reprova no inimigo; ou bem renunciar a resistir ao mal, preferindo aceitar o mundo tal qual ele é. Fora desses dois extremos, a imitação do inimigo e a resignação ao mal, a via permanece aberta à resistência e ao combate animado pelo apelo da justiça. Inúmeros foram os que agiram dentro desse espírito, como os *partisans*, os resistentes, e é graças a eles que o nazismo foi vencido.

A escolha da não violência em si mesma não necessariamente conduz àquela da não resistência ao mal. As ações não violentas daqueles que foram chamados de dissidentes, a recusa da mentira e a divulgação da verdade, revelaram-se um dos meios mais eficazes para se combater o totalitarismo comunista (é verdade que numa outra fase de sua evolução). Outra forma de combate não violento, dessa vez visando o nazismo, é ilustrada pelas condutas dos salvadores – os indivíduos que se dedicaram, no decorrer da Segunda Guerra Mundial, ao salvamento de indivíduos ameaçados, sobretudo judeus, acolhendo-os e escondendo-os em suas casas. Esses comportamentos são particularmente instrutivos em nossa perspectiva, pois se situam a meio caminho entre os atos cotidianos e os heroicos. Eu me apoiarei no exemplo de três grupos de salvadores – na França, na Polônia e nos Países Baixos – que foram objeto de estudos detalhados.

De um lado, então, os salvadores não se reconheciam no modelo heroico. Quando, muito tempo depois da guerra, vieram felicitá-los e lhes dizer que eles se comportaram como heróis, eles se defenderam enfaticamente. Por quê? Em primeiro lugar porque, contrariamente aos heróis, eles têm a vida do indivíduo como um valor intransponível e não devotam nenhum culto à morte. Além disso, um herói em princípio está morto, enquanto eles com frequência sobreviveram. Eles jamais buscam se sacrificar, e os riscos que tomam são calculados. Salvar vidas humanas é a própria definição de seu trabalho; em consequência, renunciam a tomar aquela de uns para defender a dos outros, escapando assim ao paradoxo formulado por Borowski. Os salvadores não estão armados e não sabem atirar, mesmo que reconheçam seus inimigos. Eles se recusam a fazer a guerra e só se entendem parcialmente com os outros resistentes, *maquisards* ou sabotadores. Magda Trocmé, a mulher do pastor que organizou o salvamento dos judeus no vilarejo *cevenol* de Chambon-sur-Lignon, explicou anos mais tarde: "Ajudar os judeus era mais importante que se opor a Vichy ou aos nazistas".[24] Por isso um soldado diz ao seu salvador, para cumprimentá-lo: "Sem jamais ter dado um único tiro, você deu uma nova dimensão ao termo 'herói de guerra'". Ao que o outro respondeu: "Não gosto desse termo. De nada adianta revirá-lo em todos os sentidos, pois ele continua a glorificar a guerra".[25]

Uma segunda grande diferença entre heróis e salvadores é que estes não combatem por abstrações, mas por indivíduos. Em sua ação, eles têm pouca afinidade com ideais ou deveres

---

24 Hallie, *Le Sang des innocents*, p.178.
25 Stein, op. cit., p.91-2.

que, aliás, na maior parte do tempo seriam incapazes de formular, mas sempre com pessoas concretas, que é preciso ajudar pelos gestos mais cotidianos. Magda Trocmé declara: "Não somente não sou de forma alguma uma heroína, mas nem sequer sou uma boa cristã. Tudo que fiz foi abrir minha porta quando bateram e dividir minha refeição com quem tinha fome".[26] Sua filha explica sua atitude: "Sua dedicação não vinha da religião, mas das pessoas...".[27]

Assim, diferentemente dos heróis, os salvadores não se veem como seres excepcionais. Eles não gostam que se os louve. Fizeram o que fizeram pois era para eles a coisa mais natural do mundo; o surpreendente (mas é uma surpresa rapidamente atenuada por sua frequência) é que os outros não tenham agido da mesma forma. Eles não têm o sentimento de ter feito uma proeza. Além disso, nunca se trata de um gesto único — matar o dragão, explodir a metralhadora inimiga —, mas de uma profusão de atos banais, repetidos cotidianamente, por vezes durante anos, e que por isso mesmo se prestam mal à narrativa: colher batatas, pôr a mesa, esvaziar as latrinas. Eles não compreendem o interesse de alguns historiadores e recusam a glória a ponto de não querer figurar sob seu verdadeiro nome nos livros que lhes são dedicados. É preciso dizer que essa rejeição da narrativa e da glória foi coroada de sucesso: cada país conhece e festeja seus grandes heróis guerreiros, responsáveis por inúmeras mortes, mas ninguém constrói monumentos para salvadores, e as cidades francesas não conhecem uma avenida chamada Magda Trocmé.

---

26 Hallie, op. cit., p.208-9.
27 Ibid., p.212.

Todavia, por outro lado, a atitude dos salvadores não pode ser assimilada àquela que observamos concernindo às virtudes cotidianas, e mais particularmente ao cuidado. Há uma diferença, e todos os salvadores a conhecem, entre arriscar sua vida por uma família judia desconhecida e preparar a refeição dos próprios filhos. A oposição, como vemos, é dupla: a primeira ação é sempre perigosa, e ela se dirige a pessoas que, mesmo que identificadas individualmente, continuam a ser desconhecidas (nisso, ela se assemelha à caridade); quanto ao cuidado, ele só excepcionalmente comporta riscos, e concerne aos próximos, não aos distantes. O sogro de um dos salvadores reprova suas atividades: seu genro tem mulher e filho, e deve primeiramente cuidar deles, prover às suas necessidades nesses tempos difíceis, e não arriscar sua vida para salvar desconhecidos. "Eu nada arriscaria por um estranho", afirma o sogro.[28] Mas um estranho é, evidentemente, uma categoria transitória: uma vez instalado na casa, o estranho deixa de sê-lo; aliás, ele pode desenvolver a mesma reação do sogro. Assim, o primeiro judeu escondido previne seu salvador contra o acolhimento de novos refugiados: "Onde isso vai parar, Tinus, eu pergunto: onde isso vai parar? Sua casa vai virar um clube privado para judeus clandestinos".[29] Ora, o salvador abre sua porta para desconhecidos. Mesmo que essa abertura haja limites (salvam-se judeus franceses na França, holandeses na Holanda; os judeus estrangeiros têm mais dificuldades), a diferença com relação às virtudes cotidianas é clara.

---

28 Stein, op. cit., p.65.
29 Ibid., p.268.

Para dizer as coisas de maneira mais positiva: a ação do salvador exige ao mesmo tempo a coragem e a generosidade do herói (ou do santo) e a concentração exclusiva sobre o bem das pessoas, como o quer a lógica do cuidado. Os salvadores não freiam a guerra, nem mesmo o genocídio dos judeus, e conseguem salvar apenas uma, duas, dez famílias, mas estas serão as únicas a sobreviver. Os salvadores arriscam suas vidas e seu bem-estar por pessoas desconhecidas, mas desconfiam dos grandes projetos, do "idealismo", que podem se transformar em práticas mortíferas: o mal médio se acomoda facilmente demais com o bem-finalidade. Sua ação é finalmente aquela cujo resultado é o menos contestável: vidas humanas poupadas. Um dentre eles conclui: "Não se pode racionalmente esperar pôr fim à guerra dessa forma, simplesmente porque é irracional matar [...]. Mas se você se diz: 'Vou salvar a vida de alguém além da minha', ou mesmo: 'Vou esconder uma família' [...], então aí você tem a possibilidade de uma vitória que tem sentido".[30] Essa lição de modéstia merece ser ouvida.

A ação dos salvadores escapa tanto à resignação quanto ao ódio. De fato, para se engajar numa ação de salvamento, não basta ser provido de retidão moral, não trair, não aceitar sujar as mãos: se ao mesmo tempo se decide que não se deve buscar modificar o curso do mundo, não se vem a ser um salvador. A resignação equivale, em fim de contas, à indiferença pela sorte dos outros. O salvador é um intervencionista, um ativista, alguém que acredita no efeito da vontade. Porém, por outro lado, ele se recusa a levar a cabo esse combate e imitar o inimigo

---

30 Ibid., p.69.

em seu ódio. "Nós não lhes aplicaremos suas próprias leis."[31] Ele sabe que os "inimigos" são seres humanos como ele, nem feras, nem monstros: o ser bom não ignora o mal; ele odeia o sistema, não os indivíduos. Dessa forma os salvadores, que lutam contra os alemães, não os odeiam. "Judeus ou alemães, para mim eram a mesma coisa, a partir do momento em que podia vê-los como seres humanos", diz um deles. "Não caí na armadilha que consiste em ver em cada alemão um inimigo."[32] "Sempre fiz a distinção entre nazistas e alemães", afirma outro.[33] E um terceiro conclui: "Se fechássemos os olhos diante de todos os alemães, tratando-os como se tivessem uma doença vergonhosa, em que seríamos diferentes deles?".[34] São os mesmos que salvam judeus e que conhecem alemães estimáveis: a coisa só é paradoxal à primeira vista. São os mesmos que durante a guerra, em meio a uma população geralmente submissa, correm risco pelos outros e que, no dia seguinte da guerra, em meio a uma população sedenta de vingança e de espírito de purificação, intervêm para impedir que as mulheres tenham seus cabelos raspados ou que os soldados alemães sejam linchados.

Os salvadores não são uma categoria abundantemente representada em nenhum povo. Apesar disso, não são seres excepcionais. Como explicar sua raridade? Quais são os traços de caráter, as convicções políticas ou religiosas, os meios socioprofissionais que predispõem a essa louvável atividade? Nechama Tec procurou respostas para essas questões, e para

---

[31] Ibid., p.94.
[32] Ibid., p.184.
[33] Ibid., p.227.
[34] Ibid., p.298.

tanto estudou uma amostragem relativamente importante de salvadores poloneses, que representam o grupo numericamente mais forte. Os resultados são em grande parte negativos: nenhum parâmetro permite predizer com certeza a realização desse ato que consiste em salvar um indivíduo ameaçado. Apesar disso, é possível entrever as razões da raridade dos salvadores: é que essa prática exige a posse de qualidades que, em certa medida, se opõem entre si. Os salvadores, em regra geral, não são conformistas, isto é, seres que regram suas condutas levando em conta a opinião dos vizinhos ou mesmo as leis. São antes pessoas que se percebem como marginais e como espíritos rebeldes à obediência. Entretanto, estão longe de rejeitar qualquer lei; ao contrário, trazem em si o meio para distinguir o bem do mal, são providos de uma consciência viva — e agem de acordo com ela. Ao mesmo tempo, não são entusiastas de princípios, que se contentariam em acalentar abstrações. São seres ao mesmo tempo levados à universalização, dado que estão prontos para ajudar desconhecidos, reconhecendo-lhes assim celeremente o pertencimento à comum espécie humana; e à individualização, na medida em que não defendem ideais, mas pessoas concretas.

Tal é provavelmente a razão pela qual os salvadores são habitualmente *casais*: dificilmente apenas um pode combinar todas essas qualidades. Um dos cônjuges será mais portador da moral de princípios: ele decidirá que convém ajudar todos aqueles que estão passando necessidade, e não somente os próximos; ele tomará a iniciativa de intervir ativamente, ao invés de se resignar a esperar. O outro será movido pela moral de simpatia: não pensará nos nobres princípios, mas sentirá a humanidade daqueles que passam necessidade e assegurará cotidianamente, sem precisar se forçar, o refúgio e a alimentação daqueles a quem é preciso ajudar. Sem o segundo, a própria ação de salvamento não ocorreria; sem o primeiro, seu beneficiário não teria estado presente. Os dois membros do casal são necessários, pois sua ação é complementar. Num grande número de casos, mas não em todos, o primeiro papel é desempenhado pelo homem, e o segundo, pela mulher. Os homens, mais à vontade na esfera pública, tomam a iniciativa do acolhimento e se encarregam da organização da ajuda mútua, mas também por isso frequentemente estão ausentes de casa, e não se ocupam de seus pensionistas. As mulheres, que frequentemente dominam a esfera privada, protestam no início contra a invasão de sua privacidade, mas em seguida asseguram a vida cotidiana, com paciência e engenhosidade. Não voltarei às razões que explicam essa repartição; de qualquer forma, é mesmo a combinação dessas duas ordens de qualidades que tornam os atos de salvamento mais prováveis, incitando então a ver no casal, e não no indivíduo, o ser moral completo.

Magda e André Trocmé, o pastor de Chambon, também ilustram essa regra. Quando se encontram, cada um deles não conhece senão uma forma de aspiração moral: ele tem tendência a praticar um amor ascético a Deus, e ela a manter uma suave preocupação pelos seres que lhe são próximos. Contudo, seu encontro os influencia mutuamente. "Magda compreendeu que se ele [André] não fosse de alguma forma contido, sua vida seria feita de êxtase, e não de ação, e que em vez de ajudar os outros, eles se enlaçariam num abraço vão."[35] Ao mesmo tempo, a própria Magda decide não se contentar com a interação direta,

---

35 Hallie, op. cit., p.100.

mas acreditar nesse homem animado por altos ideais. Apesar disso, até o fim eles permanecem mais complementares que semelhantes. André pensa em Deus, Magda nos próximos. André concebe imensos projetos, Magda os executa – sem colaboração, o oásis de Chambon não teria existido e alguns milhares de judeus suplementares teriam encontrado a morte.

Para dizer a verdade, a ação dos salvadores tem um beneficiário duplo: ela protege a vida das vítimas potenciais e, ao mesmo tempo, impede os eventuais carrascos de cometerem o mal, ou até mesmo os leva a se transformarem interiormente, respondendo ao bem pelo bem. Evidentemente, a ação dos Trocmé leva alguns membros da polícia de Vichy a colaborar com eles, e não com a Gestapo, dado que em Chambon se é constantemente avisado das razias iminentes. O próprio comandante da guarnição alemã na vizinha cidade de Puy fica visivelmente abalado por essa luta não violenta para salvar vidas humanas e se opõe eficazmente ao oficial SS que deseja o desmantelamento de toda a organização. Anos mais tarde, ele conta a Trocmé: "Eu disse a Metzger que esse gênero de resistência nada tinha a ver com a violência, que se pode reprimir pela violência. Com todo meu poder pessoal e militar, eu me opunha ao envio de sua legião a Chambon".[36] Isso significaria dizer que a guerra contra Hitler poderia ser ganha por esses meios? Não creio nisso, assim como os salvadores de Chambon também não acreditavam – esses meios só são eficazes em certas circunstâncias em que se pode estar seguro de atingir a pessoa do "inimigo"; quando os tanques rugem e os aviões esvaziam

---

[36] Ibid., p.331.

seus compartimentos de bombas, esse tipo de resistência não tem nenhum sentido: a não violência se torna então suicídio.

A recompensa da ação dos salvadores se encontra em seus resultados. Fora disso, eles não recebem muitas gratificações. A presença de estranhos em sua casa durante meses, ou às vezes anos, nem sempre é agradável, sobretudo porque os salvadores são em geral pessoas de condições modestas. Sem sequer falar dos riscos assumidos pela família acolhedora, há todos os inconvenientes da promiscuidade cotidiana, os inevitáveis ciúmes e desejos, a multiplicação das tarefas da casa que, além de tudo, devem ser feitas às escondidas. As pessoas salvas não necessariamente lhe são simpáticas (aliás, nem se lhes demanda isso, do contrário se trataria do habitual cuidado): uma jovem de boa família reclama que quer o café da manhã servido na cama, outro jovem exige que sua namorada possa ir encontrá-lo, um terceiro só quer comer alimentos *kosher*. Uma vez terminada a guerra, os salvadores não se veem cumulados de expressões de gratidão por parte dos resgatados. Em primeiro lugar, porque estes sempre se encontram numa situação precária, dado que perderam família e bens e que não se sentem mais pertencentes à sua antiga pátria, sem no entanto terem encontrado uma nova. Em seguida, os beneficiários de serviços, desde sempre, não gostam muito de se lembrar das antigas situações nas quais foram reduzidos à impotência e à dependência – essa evocação reaviva uma lembrança de humilhação.

Poderíamos ficar surpresos em saber que, depois do fim das hostilidades, o destino dos antigos salvadores raramente foi feliz. Naturalmente, eles têm o sentimento de ter agido justamente, mas inúmeros foram os que caíram em depressão, e raros foram capazes de retomar sua existência de antes da guerra como se nada tivesse acontecido. Pessoas de uma sensibilidade moral mais aguda que a média, elas desenvolvem reações semelhantes às dos sobreviventes, de culpabilidade e de vergonha. O mal que cotejaram foi por demais enorme para que não se sintam ameaçados dentro de si: se os outros puderam agir assim, por que eu não poderia, por minha vez, fazê-lo, dado que eles são humanos como eu? Se outros morreram, mas não eu, não teria sido porque me comportei de maneira egoísta? Nem por isso o fato os torna indulgentes para com seus compatriotas, no meio dos quais se encontram, e dos quais observaram a covardia e a indiferença durante os anos de ocupação. Estes, por sua vez, os olham com hostilidade, uma vez que são para eles uma reprovação viva, são a prova de que eles mesmos poderiam ter se conduzido de outra maneira. Os antigos salvadores frequentemente escolhem emigrar para terras longínquas, que não conheceram o mesmo grau do mal: o Canadá, a Argentina, a Austrália. Eles se portaram diferentemente de seus compatriotas nos momentos de sofrimento, e isso torna difícil, uma vez acabados os conflitos, a sua reintegração à comunidade. Contudo, uma vez emigrados, eles percebem que os países, assim como os indivíduos, se parecem, constituindo uma mescla de bem e de mal, que a maioria é sempre conformista e que os seres justos são pouco numerosos.

As histórias de salvamento, por mais positivas que sejam, não são de fato uma fonte de otimismo, precisamente porque demonstram que os seres capazes de realizar esses atos são muito raros, quase tão raros quanto os grandes heróis e santos (porém mais simpáticos que eles); e ninguém pode garantir sua conduta no futuro. Todos os sobreviventes sofrem desta certeza: se amanhã as perseguições fossem retomadas, apesar de todas as demonstrações oficiais de simpatia pelas vítimas e de reprovação aos carrascos, os salvadores seriam ainda tão raros quanto da vez precedente, e os bravos vizinhos que agora os saúdam todas as manhãs desviariam mais uma vez o olhar. "Diante de todos os que encontro, eu me pergunto: Será que ele me ajudaria a andar? E aquele outro, teria me dado um pouco de água? Interrogo todos os que vejo [...]. Aqueles que à primeira vista reconheço que me teriam ajudado a andar são tão poucos..."[37] Os Justos são, e continuarão a ser, excepcionais. Apesar de tudo, as virtudes cotidianas não são raras e todos, passada certa idade, descobrem o sentimento moral no fundo de si mesmos, mas poucos estariam prontos para arriscar sua vida para salvar outra, ou aquela de seus filhos para proteger os filhos e as filhas de um estranho. Como diz uma mulher salvadora: "Do holocausto não há boas notícias".[38]

---

37 Delbo, *Auschwitz et après*, t.III, p.42-3.
38 Stein, op. cit., p.85.

# *Narrar, julgar, compreender*

## A sabedoria dos sobreviventes

Nos campos totalitários realizou-se aquilo que, na época moderna, mais se parece com a encarnação do mal. Apesar disso, como vimos, seus agentes não são nem monstros, nem feras, mas pessoas comuns — pessoas que se parecem conosco. Nossa reação a esse mal, hoje, deve levar em conta essas duas constatações. Por um lado, não se deve renunciar aos princípios da justiça: os culpados devem ser julgados (isso quase não tem mais atualidade para a Alemanha, mas o é no mais alto grau para os antigos países comunistas), cada um segundo a natureza exata de seus atos e de suas responsabilidades; e podemos continuar a nos servir daquilo que ocorreu nos campos como um critério prático do bem e do mal. Por outro lado, é preciso renunciar à tentação de estabelecer uma descontinuidade radical entre "eles" e "nós", de demonizar os culpados, de considerar os indivíduos ou os grupos como perfeitamente homogêneos e coerentes.

Essa recusa, eu gostaria de precisar antecipadamente, não tem necessidade de tomar a forma de algum "perdão". Simon Wiesenthal escreveu um livro, *Le Tournesol* [O girassol], para nos convidar a refletir sobre nossa atitude diante do mal: deve-se ou não perdoá-lo? De minha parte, não me sinto concernido por uma questão formulada assim. Filio-me, uma vez mais, aos argumentos de Primo Levi, que recusa o epíteto de "perdoador" e a ideia de que seja preciso absolver os pecados porque os culpados também tiveram seus momentos de bondade ou de arrependimento; não obstante, ele nunca deixou de acreditar em nossa comum humanidade.

A atitude dos antigos detentos depois da liberação é instrutiva nesse aspecto. Certo número deles não pôde evitar raciocinar em termos de vingança, o que é bem compreensível. Contudo, é ainda mais notável que a maioria daqueles que se expressaram dessa forma, por escrito ou oralmente, recusaram explicitamente os julgamentos sumários e as atitudes maniqueístas. É verdade que certos atos são monstruosos, mas seus autores não são monstros, e seria lamentável que, em proveito de uma indignação fácil, se ignorasse sua complexidade, ou até mesmo sua incoerência. É nesse sentido que mesmo os guardas dos campos pertençam ao que Levi chama de "zona cinza". Os bravos têm seus dias de covardia e os carrascos sabem o que é um ato misericordioso. "Parece-me justo não deixar passar, em silêncio, todos esses pequenos gestos de bondade", conclui Ella Lingens-Reiner.[1]

O que é verdade para os indivíduos o é ainda mais para os grupos: nenhum deles é perfeitamente bom ou inteiramente

---

[1] Lingens-Reiner, op. cit., p.16.

mau (o que não quer dizer que eles se equivalham). Joe Siedlicki, sobrevivente de Treblinka, julga assim: "Em Treblinka, havia verdadeiros brutos; apesar disso, alguns eram bons [...]. É claro que havia os abomináveis [...]; bestas ferozes, sádicos. Contudo, havia gente assim entre os judeus também".[2] Langbein, sobrevivente e historiador de Auschwitz, recenseou todos os casos de SS que ajudaram os detidos – por vezes, até mesmo a fugir (apesar de não serem muito numerosos). Levi criou para si a regra de sempre realçar as exceções em detrimento dos estereótipos que ocorrem sobre o comportamento dos grupos. "Ao contar essa história depois de quarenta anos não busco desculpar a Alemanha. O fato de achar um alemão humano não saberia desculpar aqueles, inúmeros, que foram desumanos ou indiferentes, mas isso tem o mérito de romper um estereótipo."[3] Este é seu modo de proceder habitualmente: "A fim de mostrar o quanto os julgamentos globais me são estranhos, queria contar um caso: foi um feito excepcional, mas assim mesmo aconteceu".[4]

Esses mesmos sobreviventes não se contentaram em declarar que não se deveria excluir a humanidade dos seres cujos atos se condenavam, ou transpor para o grupo o julgamento feito sobre os indivíduos, e realizaram gestos concretos que mostram que, dessas decisões, fizeram princípios que regem suas próprias vidas. Gitta Sereny mostrou vários exemplos desse gênero em seu livro de entrevistas. Depois da guerra, Richard Glazer, sobrevivente de Treblinka, mandou seu filho estudar na

---

[2] Sereny, op. cit., p.201.
[3] Levi, *Moments of Retrieve*, p.92.
[4] Id., *Les Naufragés et les rescapés*, p.166.

Alemanha – nem todos os seus camaradas de detenção aprovaram esse gesto. Stanislaw Szmajzner, sobrevivente de Sobibor que foi testemunha de acusação no processo de Stangl, "permitiu que fotógrafos da imprensa tirassem fotos dele com Frau Stangl no fim da audiência em Düsseldorf [...]. 'Aceitei porque nada tinha contra a família de Stangl e sabia o quanto tudo aquilo era penoso para eles".[5] Joe Siedlicki casou-se com uma alemã que se converteu ao judaísmo para poder desposá-lo. Também aqui nem todos compreenderam adequadamente. Apesar disso, é claro: esses três sobreviventes se recusam a imitar os nazistas, que quiseram julgar os indivíduos em função de seu pertencimento a um grupo e o grupo em função de alguns indivíduos que dele fazem parte.

Encontramos os mesmos dilemas quando se abrem as portas dos campos comunistas. Em 1953, logo após a morte de Stálin, Evgenia Guinzbourg ainda mora em Magadan, a "capital" de Kolyma: ela já purgou sua pena de campo de concentração, mas relegaram-na por toda a vida a essa cidade. Certo dia, alguém lhe propõe ensinar língua e literatura russas para os oficiais da KGB local. Depois de uma longa luta interior, ela aceita e começa a trabalhar com eles. Todos os seus antigos camaradas de campo reprovam sua decisão; alguns lhe recomendam a hostilidade e até mesmo a vingança. Guinzbourg replica, numa dessas conversas: "Fazendo assim, jamais sairemos disso, você compreende? Eles contra nós, depois nós contra eles, e novamente eles contra nós... Até quando irá esse círculo vicioso de ódio?".[6] "Deveríamos [...] assegurar ainda e sempre

---

5 Sereny, op. cit., p.138.
6 Guinzbourg, op. cit., p.450.

o triunfo do ódio?"[7] Não se trata de perdoar a todos indistintamente, nem de amar seus inimigos, mas de não reproduzir os atos de desumanidade de que se foi vítima, de não interiorizar a intolerância da qual os inimigos deram prova com relação a você. Notaremos que essa escolha não tem a mesma significação que aquela de Etty Hillesum, ainda que seus termos sejam próximos: o momento em que ele se situa é essencial, a saber, durante ou depois do afrontamento. Seria ainda diferente se a conversa tivesse se desenrolado numa Rússia inteiramente liberada do comunismo.

É então inspirando-nos nessas atitudes características das próprias vítimas que poderíamos aproximar a questão de nossa reação, hoje, diante do mal dos campos de concentração.

## Falar disso hoje

Atualmente não há mais campos na Alemanha e nem, ao que parece, na União Soviética (mas eles se mantêm na China e talvez em outros lugares). Não é o mesmo combate que se precisa continuar; em que pese isso, o combate não está terminado. Ele ocorre em outro lugar: na manutenção da memória, no julgamento que fazemos sobre o passado, nas lições que tiramos dele.

Jean Améry sugeria que se inscrevesse no programa do ensino médio, no colégio, alguns testemunhos de antigos prisioneiros, para que todos tomassem conhecimento desse sofrimento. O grau de tribulações atingido nos campos, ultrapassando tudo o que as lembranças recentes da humanida-

---

7 Ibid., p.453.

de oferecem, revelou o profundo mal-estar do mundo anterior, responsável pelo surgimento dessas instituições. Se não desejamos que Auschwitz e Kolyma voltem algum dia, devemos escrutar as lições dos campos de concentração e tentar compreender quais são as razões profundas de sua existência.

Ao mesmo tempo, ressuscitar atualmente as histórias dos campos de extermínio é continuar um combate que foi instalado no momento em que estes ainda estavam em atividade. De fato, o bom funcionamento desses campos implicava que nem os prisioneiros, nem as testemunhas, nem mesmo os guardas tivessem um conhecimento preciso do que aí ocorria. Reciprocamente, a primeira arma contra os campos está justamente na coleta e na difusão de informações. Sabemos a que ponto os nazistas foram meticulosos na manutenção do segredo concernente à "solução final", o quão sistematicamente buscaram destruir os traços de seus atos. Os regimes comunistas, por sua vez, fundam toda sua existência sobre a impossibilidade, para a população, de ter acesso a uma informação livre, e sobre a onipresença da propaganda (o caso do navio *Déesse de la démocratie*,[8] que foi impedido de transmitir para a China, é um exemplo recente disso).

---

8 (Do nome da estátua erigida pelos estudantes da praça Tien An Men.) Com intuito de fornecer informações imparciais para o povo da China, esse navio-rádio pirata pertencente à associação francesa Federação pela Democracia na China, que ficaria ancorado em águas internacionais, se propunha a difundir, doze horas por dia, programas sem censura. Ricos chineses exilados financiaram o custo do empreendimento. Entretanto, Taiwan, por medo de represálias de Pequim, reteve por dois meses o material técnico na alfândega. Por fim, Wu-Meng-uu, um poderoso homem de negócios asiático, fez valer seus direitos sobre o navio, então detido no porto de Anping,

O fato de que Stálin e Hitler tenham conduzido, ao mesmo tempo que suas guerras de conquista, essa outra guerra, a da informação, de forma alguma é fruto do acaso. É próprio do totalitarismo aspirar ao controle da totalidade da vida social, de tudo fazer depender da vontade daqueles que detêm o poder. A força sempre deve predominar sobre o direito, e a interpretação sobre o fato. A existência de uma verdade autônoma, encarnada seja nos princípios universais, seja numa ciência dos fatos, é inadmissível num regime totalitário: ela representaria uma ilhota de independência sobre a qual o poder não teria domínio. A ideia de que é a vontade de poder, e não o conhecimento do objeto ou o acordo universal dos homens, que controla e orienta as interpretações é indispensável à filosofia totalitária; a verdade não é, então, nada mais que a consequência dessa vontade. Por isso, uma informação que escapa ao controle do poder não pode ser tolerada. Certamente os países totalitários dispõem de uma constituição e de leis, mas frequentemente se tem enormes dificuldades para acessá-las. Ao adágio: "A ninguém é dado ignorar a lei" se substitui o seguinte: "A ninguém é dado conhecê-la". Quanto à informação factual (dados ou estatísticas), esta é inacessível (eu me lembro de que a lista telefônica, em Sófia, era um dos volumes mais impossíveis de serem encontrados). Portanto, os atos de silêncio ou de fala não são neutros com relação aos campos de concentração. "Mantendo o silêncio", diz Bettelheim, "agimos exatamente como o desejavam os nazistas: como se nada tivesse acontecido."[9] "O silêncio é o verdadeiro

---

e pôs fim ao projeto das emissões radiofônicas a partir dessa embarcação. (N.T.)

9 Bettelheim, *Survivre*, p.125.

crime contra a humanidade", acrescenta Sarah Berkowitz, sobrevivente de Auschwitz.[10]

Ainda assim, é preciso dizer que os próprios prisioneiros e, em seguida, muitos de seus contemporâneos, se engajaram num combate pela informação e pela verdade, e que conseguiram, ao final das contas, obter a vitória. É verdade que esse "ao final das contas" pode demorar mais que uma vida humana – e por vezes as vidas são singularmente encurtadas, devido mesmo a esse combate. A vitória final deve-se ao fato de que a verdade, uma vez estabelecida, é indestrutível, enquanto as mentiras e as dissimulações devem ser sempre recomeçadas. Dado que, como afirmou Pasternak, todo o sistema repousa sobre a mentira, se pudermos dizer a verdade, ele acabará por desmoronar (é o que nos ensina também a experiência recente da *glasnost*).

É evidente que em nossos dias a ação que consiste em difundir informações sobre os campos de concentração não comporta mais perigos (e pode até mesmo ser comercialmente rentável). Não é menos verdade que, mesmo em nossa época, esse conhecimento se choca com resistências. Algumas delas são bem compreensíveis. Assim, os antigos guardas (restam poucos da época nazista, mas aqueles dos regimes comunistas são inúmeros) têm tudo a ganhar se seus dossiês não forem abertos. Por razões aparentadas, essa busca da verdade pode ser combatida tanto pelos partidos de extrema direita quanto pelos partidos comunistas: eles são diferentes escolas negacionistas, assassinos da memória, como os chama Pierre Vidal-Naquet. Por outro lado, e com motivações completamente diferentes, os antigos prisioneiros também podem opor resistência: por

---

10 Ibid., p.43.

vezes eles têm a impressão de que, ao estudar sua experiência única, ela é banalizada e rebaixada; assim, negam aos outros a capacidade de compreender o que eles viveram.

Mas a resistência mais cerrada e mais furtiva vem não dos sobreviventes, nem daqueles que combatem a democracia: vem de todos nós que, não fazendo parte desses dois grupos, somos simples pessoas exteriores. Não temos vontade de ouvir as histórias dessas experiências extremas, pois elas nos perturbam. Primo Levi conta que, em Auschwitz, tinha sempre o mesmo pesadelo: ele saía do campo, voltava para casa e fazia um relato minucioso de seus infortúnios. De repente, porém, percebia que nenhum dos assistentes o escutava: eles falavam entre si e sequer o notavam – para piorar, levantavam-se e iam embora sem dizer uma palavra.[11] O mesmo sonho voltou depois de sua libertação, e Levi descobriu que não era o único a tê-lo: quando encontrava outros sobreviventes, estes lhe faziam o mesmo relato. Infelizmente, esse sonho contém uma grande parte de verdade. Ainda quando existiam os campos de concentração, as narrativas que os concerniam abundavam, tanto nos países neutros quanto nos adversários de Hitler; eles também não estavam ausentes no tempo de Stálin ou de seus sucessores. Apesar disso, as pessoas se recusavam a acreditar neles, e finalmente a escutá-los, pois se o fizessem seriam obrigados a repensar radicalmente suas próprias vidas. Há dores que se prefere ignorar.

O mesmo cenário continua a ser verdadeiro após o fechamento dos campos: todos têm suas próprias preocupações, todo mundo está apressado. Não temos a impressão de já co-

---

11 Levi, *Si c'est un homme*, p.76.

nhecer de cor esses relatos? E, além disso, essas situações extremas não nos concernem, é o que nos dizemos. Se pertencemos à maioria trabalhadora, nossa existência, por mais que seja plena tanto de decepções afetivas quanto de frustrações espirituais, continua a ser relativamente suave. As guerras acontecem ao longe, as grandes calamidades são reservadas aos outros. Nossa vida não acontece nos extremos. Não obstante, uma das lições desse passado recente é precisamente a de que não há rupturas entre extremos e centro, mas sim uma série de transições imperceptíveis. Se os alemães, em 1933, houvessem realmente compreendido que dez anos mais tarde Hitler iria exterminar todos os judeus da Europa, não teriam votado tão maciçamente nele, como o fizeram. Cada concessão aceita por uma população, que de nenhuma forma é extremista, é em si mesma insignificante; tomadas juntas, elas levam ao horror.

Entretanto, se aceitarmos pensar que o totalitarismo faz parte de nossas possibilidades, que Kolyma e Auschwitz "aconteceram" para pessoas como nós, e que poderíamos nos encontrar nessa mesma situação algum dia, teríamos grande dificuldade em levar a vida tranquila que agora temos. Deveríamos transformar nossa imagem do mundo e modificar a nós mesmos – ora, tal operação é por demais onerosa. Acontece que a verdade é incompatível com o conforto interior e que, em nossa imensa maioria, preferimos o conforto. Os manuscritos escondidos no solo de Auschwitz e de Varsóvia escaparam dos guardas, resistiram à umidade e, ao termo de longos esforços, foram decifrados. Contudo, não há certeza de que consigam penetrar o novo muro de indiferença com o qual os cercamos. Não creio que se possa mudar esse estado das coisas, e nem sequer desejo isso, mas penso que devemos, periodicamente, perturbá-lo. Do contrário, corremos o risco de não permanecermos humanos.

Entretanto, não basta concluir que é indispensável narrar o passado, recobrar a memória. Não podemos ficar só nessa exigência – apesar de ela ser imperativa – por razões que dizem respeito à natureza da própria memória. Esta, de fato, evidentemente não pode ser uma restituição integral do passado – isso seria ao mesmo tempo impossível e indesejável –, mas sempre e somente uma seleção daquilo que, no passado, nos parece ser digno de ser lembrado. Os defensores do totalitarismo escolhem determinados segmentos do passado e ocultam todos os outros; seus inimigos combatem essa escolha e propõem outra no lugar. Se o fazem, é porque não desejam apenas restituir o passado, mas também de certa forma se servir dele no presente. Ora, não há relação de necessidade entre a própria designação do passado e o uso que dele se fará; da obrigação de restituir o passado não decorre que todos os seus usos são igualmente legítimos.

Para tomar um exemplo da atualidade política imediata: os povos da antiga Iugoslávia frequentemente nos dão a impressão de lutar porque fazem um uso indevido de sua própria memória, a dos sofrimentos que se infligiram mutuamente durante a Segunda Guerra Mundial, ou aquela de calamidades mais antigas. E não pretendem os sérvios lutar contra os muçulmanos iugoslavos porque não podem esquecer seu combate contra outros muçulmanos, os turcos, que ocorreram há muitos séculos? Pelo menos é o que argumentam na justificativa para não ouvir as razões que os levariam a estancar o conflito. Descobrir e narrar a verdade sobre seu passado é perfeitamente lícito, mas não justifica uma guerra de agressão.

Contudo, como proceder para distinguir entre os bons e os maus usos da memória recuperada? Devemos nos contentar em ficar gemendo diante do desaparecimento de uma tradição coletiva dolorosa, que selecionava alguns fatos e rejeitava outros? Ou ainda nos resignar à infinita diversidade dos casos particulares? Certamente não. Há sem dúvida diferentes maneiras de fornecer uma resposta positiva a essas questões. Pode-se aplicar os critérios do bem e do mal aos próprios atos que se fundam sobre a memória do passado e preferir, por exemplo, a paz à guerra. Também se pode, e é a proposta que desejo deixar aqui, distinguir entre várias formas de reminiscência. O acontecimento recuperado pode ser lido seja de maneira *literal*, seja de maneira *exemplar*. *Ou bem* esse acontecimento é preservado em sua literalidade, ele me é próprio, é único, inimitável — então as associações que lhe faço permanecem sempre no plano da contiguidade: realço as causas e as consequências desse ato, descubro todas as pessoas que podem ser ligadas ao agente inicial de meu sofrimento e os esmago, por sua vez estabelecendo também uma contiguidade entre o ser que fui e aquele que sou agora, ou entre o passado e o presente de meu povo, e estendo as consequências do traumatismo inicial a todos os momentos da existência. *Ou então* esse acontecimento recuperado é percebido como uma instância dentre outras de uma categoria mais geral, e pode-se dele se servir como um modelo para compreender situações novas, com agentes diferentes; faz-se dele um *exemplum* e tira-se uma lição — nesse caso, as associações que se evocam no espírito dizem respeito à semelhança e não mais à contiguidade, e a questão que se coloca não é a de assegurar sua própria identidade, mas a de justificar as analogias.

Podemos então dizer, em primeira aproximação, que a memória literal, sobretudo quando levada ao extremo, é portadora de riscos, enquanto a memória exemplar é realmente libertadora. Certamente nem toda lição é boa; entretanto, cada uma se deixa avaliar com a ajuda dos critérios universais e racionais que subentendem o diálogo humano, o que não é o caso das lembranças literais, incomensuráveis entre si.

Falei de duas formas de memória, pois a cada vez guardamos uma parte do passado. Contudo, o uso comum tenderia mais a designá-las por dois termos distintos que seriam, para a memória literal, simplesmente memória; e, para a memória exemplar, justiça. De fato, a justiça nasce da generalização da ofensa particular, por isso ela se encarna na lei impessoal, aplicada por um juiz anônimo e posta em ação por jurados que ignoram tanto a pessoa do ofensor quanto a do ofendido. É claro que as vítimas sofrem por se verem reduzidas a ser somente uma instância entre outras da mesma regra, enquanto que a história que lhes aconteceu é única. Elas podem, como frequentemente o fazem os pais das crianças violadas ou assassinadas, lamentar que os criminosos escapem de uma pena excepcional, a pena de morte. Mas a justiça existe a esse preço, e não é por acaso que ela não é aplicada por aqueles que sofreram a ofensa: é a *desinvidualização*, se assim o podemos dizer, que permite o advento da lei. Longe de permanecermos prisioneiros do passado, devemos pô-lo a serviço do presente, como a memória — e o esquecimento — se porão a serviço da justiça.

Narrar para estabelecer a verdade: esse é o dever da testemunha. Julgar, para que revivam os princípios da justiça: é a vocação do juiz. Mas isso ainda não basta: é preciso, custe o que custar, produzir um último esforço, e tentar ainda compreender. Por que e como o mal aconteceu? Se nos contentarmos em narrar o acontecimento sem buscar ligá-lo a outros fatos no passado ou no presente, faremos efetivamente um *monumento*; isso vale mais que ignorá-lo, é claro, mas nem por isso é suficiente, pois a memória dos campos de extermínio deve se tornar um *instrumento* que informe nossa capacidade de analisar o presente. Para tanto, é preciso reconhecer nossa imagem na caricatura que tais campos nos trazem, por mais deformador que seja tal espelho, por mais angustiante que seja esse reconhecimento. Poderemos nos dizer então que, do ponto de vista da humanidade, pelo menos, a horrível experiência desses campos não terá sido em vão: ela nos dará lições, a nós que acreditamos viver num universo inteiramente diferente. Recusar permanecer nessa celebração invertida do horror que é o ato de contar o passado sem buscar compreendê-lo e, portanto, compará-lo com outros acontecimentos, passados e presentes, não é querer virar essa página da história — é antes decidir, enfim, lê-la.

Seria possível objetar que compreender e julgar são atos mutuamente exclusivos, que aquele que compreende aceita, e que para julgar não se deve estar implicado; não diz um provérbio obtuso que "compreender tudo é tudo desculpar"? Ora, não é nada disso. Se tento compreender um assassino, não é para absolvê-lo, mas sim para impedir que outros repitam seu ato. Reciprocamente, julgamos mal se nada compreendemos: a impessoalidade da lei não deve levar a despersonalizar aqueles que ela condena. Tanto as determinações objetivas de um ato quanto as intenções subjetivas de seu agente devem pesar no julgamento que dele fazemos.

Ora, somos todos, por diferentes facetas de nosso ser, testemunhas, juízes e intérpretes — então é de nosso dever comum, de todos, que se trata, e não daquele dos profissionais especializados, narradores, juízes ou eruditos. Para nos oferecer uma chance de não reviver e repetir o passado, devemos submetê-lo a essa tripla prova e não hesitar em perseverar nos esforços uma vez mais.

## Primo Levi

Abordarei agora algumas dentre as inúmeras obras que descrevem a experiência dos campos de concentração, para tentar saber quais os problemas que se colocam àqueles que, hoje e não no momento de sua existência, falam desses campos e buscam deles tirar uma lição para nós.

O primeiro autor sobre quem me deterei é também sem dúvida a mais célebre entre as testemunhas dos campos nazistas: trata-se de Primo Levi. Este é um aprendiz de resistente quando é preso, na Itália, mas é na condição de judeu que é enviado a Auschwitz, onde permanece um pouco mais de um ano, antes de ser libertado pelo exército soviético. Quando volta para casa, redige seu primeiro livro de meditações sobre o universo concentracionário, *É isto um homem?* (1947), que ainda hoje continua a ser uma obra-prima dessa literatura. Mais tarde, ele contará como chegou a esse texto. No início, é levado à escritura por uma necessidade interior que não domina e na qual se mesclam dever de testemunhar, desejo de vingança, esperança de expulsar as lembranças insuportáveis e apelo à simpatia dos contemporâneos. Ele escreve febrilmente, mas essas páginas ainda não formam o livro que conhecemos. Ele deseja "voltar a ser um homem, um homem como os outros",[12] mas

---
12 Id., *Le Système périodique*, p.182.

não o consegue totalmente. Depois disso, dá-se um acontecimento em seu próprio presente: ele encontra a mulher que se tornará sua esposa. O fato de ser amado o transforma e o liberta da influência do passado: reconhecido pelo olhar e pelo desejo de outrem, ele é confirmado em sua humanidade. Pode enfim se distinguir de seu antigo personagem e vê-lo também do exterior. "Minha própria escritura se torna uma aventura diferente, não mais o itinerário doloroso de um convalescente, de um homem que mendiga a piedade e rostos amigos, mas uma construção lúcida, que deixara de ser solitária."[13] As atrocidades do passado não são esquecidas, mas agora formam a matéria de uma reflexão comunicável à qual são convidados os não sobreviventes como nós. Nasce o escritor Primo Levi. "À minha breve e trágica experiência de deportado se sobrepôs a de um escritor-testemunha, muito mais longa e complexa, e o balanço é claramente positivo."[14]

A posição de Levi com relação à experiência dos campos se caracteriza por uma dupla ultrapassagem: a princípio ele se situa além do ódio e da resignação (o que explica, entre outras razões, por que seu livro passou relativamente despercebido no imediato pós-guerra, numa época em que se preferia refugiar-se nas atitudes categóricas e nas soluções radicais — e não se tem certeza, aliás, de que essa época já tenha terminado...). Jean Améry acha que ele é um "perdoador", o que é injusto e nos informa mais sobre o pensamento de Améry que sobre o de Levi: quem não se encontra na vingança deve ter escolhido o perdão. "Nunca perdoei nenhum de meus inimigos de então", respon-

---

13 Ibid., p.184.
14 Ibid., p.265.

de Levi. "Demando justiça, mas não sou capaz, pessoalmente, de lutar com socos, nem de devolver as agressões."[15] Se o inimigo não se transformou radicalmente, "é nosso dever julgá-los, e não os perdoar"; contudo, prossegue Levi, ao mesmo tempo "podemos (devemos!) dialogar com ele".[16] Aceitando a conversa, recusamos dar prosseguimento à exclusão de que fomos objeto com uma nova, porém comparável, exclusão, marcando dessa vez o inimigo. Levi desconfia de tal repetição: "Não sou um fascista. Creio na razão e na discussão como instrumentos supremos do progresso, e o desejo de justiça é mais forte em mim que o ódio".[17] Ele não esquece então nenhuma das duas partes de seu projeto. Em outra ocasião afirma: "É necessário punir e execrar o opressor, mas se for possível, compreendê-lo".[18] Sua mensagem para os alemães que viveram a guerra é: "Gostaria de compreendê-los a fim de julgá-los".[19]

O produto desse esforço de compreensão e de julgamento são os livros de Levi dedicados à experiência concentracionária, principalmente o primeiro e o último, *É isto um homem?* e *Os afogados e os sobreviventes*, mas também inúmeras páginas de outros livros escritos entre estes dois, como *La Trêve, Le Système périodique, Maintenant ou jamais, Lilith, Le Fabricant de miroirs*. Um esforço sem igual na literatura contemporânea, tanto pela variedade das questões levantadas quanto pela própria qualidade da reflexão; não é por acaso que me referi a eles ao longo destas páginas. O que retenho, acima de tudo, é sua recusa do mani-

---

15 Id., *Les Naufragés et les rescapés*, p.134.
16 Id., *Le Système périodique*, p.265.
17 Ibid., p.235.
18 Id., *Les Naufragés et les rescapés*, p.25.
19 Ibid., p.171.

queísmo: "O mundo não é feito somente de branco e preto".[20] Também examina o que diz respeito tanto a grupos inteiros (os alemães, os judeus, os *kapos*, os membros do *Sonderkommandos*) quanto a indivíduos: tal antigo nazista não é "nem infame, nem herói", mas um "exemplar humano tipicamente cinza":[21] vimos a que ponto Levi estava atento às exceções que rompiam os estereótipos. Suas interpretações são prudentes, seus julgamentos são nuançados. Se é preciso buscar uma explicação para essas raras qualidades, de minha parte eu proporia vê-la em seu interesse pela experiência cotidiana: diferindo ainda nisso de um Jean Améry, ele não opõe sua própria experiência espiritual à indigência interior de seus companheiros, mas procura reconhecer a virtude humana nos atos mais comuns. Vimos que ele podia recitar Dante até mesmo para aqueles que nada conheciam desse autor. Sua humanidade o leva a essa proeza literária que são os romances cujos personagens principais são elementos químicos (*Le Système périodique*) ou estruturas metálicas, torres, pontes e gruas (*A chave estrela*).

Tudo seria simples e claro se Levi não tivesse se suicidado em 1987. Esse ato, diz o próprio Levi a propósito do suicídio de Améry, em 1978, "como todos os suicídios, permite uma nebulosa de explicações".[22] Nem todos os suicídios de sobreviventes têm a mesma significação, mas não podemos evitar buscar uma para eles: isso se passa com Améry, com Bettelheim, com Borowski. Algumas dessas explicações são particulares demais, ou pessoais demais, para que haja interesse em discuti-las

---

20 Id., *Le Fabricant de miroirs*, p.204.
21 Id., *Le Système périodique*, p.163.
22 Id., *Les Naufragés et les rescapés*, p.134.

em público, mas não consigo acreditar que não haja nenhuma relação entre o suicídio de Levi e a posição à qual ele chegara sobre a experiência concentracionária. Essa posição talvez não seja a causa do suicídio, mas mesmo que tudo o que se possa dizer dela no contexto é que não foi um freio suficiente para deter uma pulsão suicida, é preciso reler mais atentamente sua obra à luz desse ato. A impressão de serenidade que emana dessas páginas deve ser nuançada pelas conclusões menos visíveis e mais sombrias às quais teria chegado Levi?

Antes de interrogar sobre a significação exata de sua obra, é preciso lembrar que os sobreviventes dos campos de concentração se tornaram, em sua grande maioria, pessoas depressivas e sofredoras. A proporção dos suicídios é anormalmente elevada entre eles, assim como a dos doentes mentais ou físicos. O próprio Levi falou sobre isso, interpretando a fonte dessa amargura como um sentimento de vergonha por ter vivido o que se viveu, numa difusa e intransponível culpabilidade. Esse sentimento não tem relação direta com a culpabilidade buscada pelos tribunais: em regra geral, os culpados legais se sentem inocentes, mas aqui são justamente os inocentes que vivem na culpabilidade. As lembranças desses campos pesam muito mais sobre as vítimas que sobre os carrascos, observa Martin Walser,[23] depois de assistir ao processo dos guardas de Auschwitz em 1963. Pode-se distinguir, no interior dessa vergonha ou dessa culpabilidade, vários ingredientes.

Há, em primeiro lugar, a *vergonha da lembrança*. Nos campos, o ser individual é privado de sua vontade. Ele é obrigado a realizar uma série de atos que reprova ou, pior, que julga ab-

---

23 Langbein, op. cit., p.488.

jetos, seja porque deve obedecer às ordens, seja porque esse é o único meio de sobreviver. É a vergonha da mulher estuprada, como nota Améry: logicamente, é o criminoso-estuprador que deveria ter vergonha, mas na realidade é sua vítima, pois ela não pode esquecer que foi reduzida à impotência, à alienação total de sua vontade. Frequentemente, aos olhos dos próprios prisioneiros, os guardas saíram vitoriosos, pois conseguiram transformar indivíduos normais em seres prontos a qualquer coisa em nome dessa finalidade única: sobreviver. Levi descreveu esse sentimento no capítulo de *É isto um homem?* intitulado "O último", no qual um homem é enforcado no meio do pátio por ter ajudado a insurreição do *Sonderkommando* em Birkenau. É o último homem, e os que assistem à sua execução têm o espírito alquebrado, não mais se revoltarão, e nem sequer ousam expressar sua solidariedade para com ele. O mesmo ocorre mais tarde, durante os últimos dias antes da liberação, quando Levi está no hospital: "Os alemães [...] haviam realmente feito de nós uns animais. Aquele que mata é um homem [...], mas aquele que se permite chegar ao ponto de dividir seu leito com um cadáver, este não é um homem".[24] A lembrança de ter sido reduzido a só viver para comer, a habitar no meio de seus excrementos, a temer qualquer poder é insuportável, assim como a recordação de não ter agido na medida necessária para defender sua dignidade, de mostrar preocupação por outrem ou de manter seu espírito desperto — mesmo que se tenham feitos esforços, houve também, inevitavelmente, muitas falhas. Essa vergonha de ter sido o objeto de humilhações e de ofensas é indelével. Jean Améry, que foi torturado nos cárceres da

---

24 Levi, *Si c'est un homme*, p.227.

Gestapo, escreve: "Qualquer pessoa que tenha sofrido tortura não pode mais se sentir em casa no mundo. Não se pode apagar a vergonha da destruição".[25] Por meio dos antigos detentos, podemos chegar à descoberta de nossa própria imperfeição — basta ler seus relatos para adquirir a íntima convicção de que não saberíamos ter sido melhores que eles.

Uma segunda forma, mais específica com relação aos fugitivos dos campos, é a da *vergonha de sobreviver*. Os guardas frequentemente usam a seguinte tática: fixam previamente o número de indivíduos (a serem deportados ou mortos); se alguém escapa disso, sabe que outro será levado em seu lugar. Mas é de maneira muito mais ampla que essa vergonha é compartilhada pelos sobreviventes: o campo é um lugar onde cada ser luta para ter uma colherada de sopa ou um gole de água a mais. Contudo, isso significa que algum outro terá uma a menos, e essa falta pode matar. Se eu tivesse compartilhado, ele não teria morrido, e cada sobrevivente pensa que vive no lugar dos outros, daqueles que morreram. Não são de forma alguma os melhores que sobrevivem, mas sim aqueles que se agarram mais selvagemente à vida. "Os piores sobreviviam, isto é, os mais adaptados. Os melhores estão todos mortos."[26] Ou seja, o sobrevivente não tem do que se orgulhar. É óbvio que essa autoacusação é, na grande maioria dos casos, imerecida; nem por isso deixa de ser amplamente compartilhada. Eu não era melhor que os outros, então por que vivo, se eles estão mortos? "Temos a impressão de que os outros morreram em nosso lugar, de que subsistimos gratuitamente, por um privilégio que não merecíamos, por uma

---

25 Améry, *At the Mind's Limit*, p.40.
26 Levi, *Les Naufragés et les rescapés*, p.81.

injustiça que cometemos contra os mortos. Estar vivo não é uma falta, mas era assim que nos sentíamos."[27]

Por fim, existe uma terceira forma de vergonha, a mais abstrata, a *vergonha de ser humano*. Pertencemos a uma espécie cujos representantes cometeram atos atrozes, e sabemos que não podemos nos proteger contra as implicações desse feito declarando essas pessoas loucas ou monstruosas, pois somos todos feitos da mesma massa. Levi sente isso a partir de sua liberação, uma vez que ao voltar para a Itália, como conta, ele se sentia "culpado de ser homem, pois os homens haviam edificado Auschwitz".[28] Ele já fala sobre isso em *La Trêve*: "A vergonha que [...] o justo sente diante da falta cometida por outrem, supliciado pela ideia de que ela existe, de que foi irrevogavelmente introduzida no universo das coisas existentes".[29] Vergonha, em primeiro lugar, porque não pôde prevenir o aparecimento desse mal (não estamos aqui longe das teses defendidas por Hillesum). Em seguida, porque pertencíamos à mesma espécie que seus agentes, pois nenhum homem é uma ilha. É o que Jaspers chama de "culpabilidade metafísica": "Que eu ainda viva, depois que tais coisas aconteceram, pesa sobre mim como uma culpabilidade inexpiável".[30] O mesmo sentimento pode ser experimentado por seres que ignoram tudo sobre a metafísica. É assim que morre o silencioso pedreiro Lorenzo, que salvara a vida de Levi

---

27 Id., *Maintenant ou jamais*, p.319.
28 Id., *Le Système périodique*, p.181.
29 Id., *La Trêve*, p.14.
30 Jaspers, op. cit., p.61.

e de outros italianos em Auschwitz: ele leva a cabo uma espécie de suicídio passivo, deixando desertar de si qualquer desejo de viver. Ele viu o mal próximo demais de si para ainda acreditar na vida e buscar se agarrar a ela. Lorenzo é então não um sobrevivente, mas uma testemunha; ainda assim, como vimos, os sobreviventes são amiúde atingidos pela doença do sobrevivente, pelo "mal dos deportados".[31] E como todos nós somos, de certa maneira, testemunhas, ninguém pode se considerar imunizado contra essa doença. Outro sobrevivente, Rudolf Vrba, previra essa possibilidade na descrição dos sentimentos que o agitavam logo após sua evasão: "Nós nos perguntávamos se algum dia seríamos novamente felizes, ou se Auschwitz, tendo ganhado a partida, viveria em nós até nossa morte, indo em seguida assombrar aqueles que teriam compreendido".[32]

Às diferentes formas de vergonha que pesam sobre o sobrevivente vêm se juntar as decepções mais recentes, provocadas pela vida em liberdade. De volta à casa, ele não pode se impedir de aspirar a uma espécie de gratificação, depois dos sofrimentos desumanos que sofreu, mas não a encontra. A desolação também reina fora dos campos de concentração, então cada um se vê pressionado a curar suas próprias feridas e a esquecer os sofrimentos de ontem. Os sobreviventes, esses espectros, simbolizam um passado que se deseja afastar. Além mesmo dessa frustação pessoal, os sobreviventes encontram o mundo profundamente decepcionante em relação às suas esperanças, que eram grandes. Eles haviam sido submetidos a padecimentos fora do comum e esperavam, com o próprio retorno, que o

---

31 Levi, *Lilith*, 79.
32 Vrba, op. cit., p.322.

mundo estivesse modificado por essa experiência excepcional, "Nós conhecemos um extremo, o mal absoluto", diz uma sobrevivente de Auschwitz, Grete Salus, "e achávamos que em seguida conheceríamos o extremo contrário, o bem absoluto".[33] Ora, nada disso aconteceu. Tudo continua como antes: cada um permanece fechado em seu pequeno egoísmo, os arrivistas continuam a chegar (em primeiro lugar), a injustiça reina sempre, e novas guerras ameaçam. Os camaradas dos campos de concentração morreram por nada. Não conseguindo transformar o mundo, os sobreviventes traíram os mortos de outrora. Etty Hillesum já anunciava isso em 1942, contradizendo a concepção quietista que lhe era cara: "Se todo esse sofrimento não leva a uma ampliação do horizonte, a uma maior humanidade, pela queda de todas as mesquinharias e pequenezas dessa vida, então tudo terá sido em vão".[34] Os outros, a população do entorno, buscam recalcar a lembrança dos campos da morte. Quando aceitam guardá-la, é para simplificá-la e esquematizá-la até a caricatura, até que entre num dos estereótipos disponíveis, por exemplo o dos policiais e dos ladrões, ou aquele dos anjos e dos demônios.

Ou então, outra reação se instala: enquanto no campo de concentração era preciso expandir todas as forças, viver além de suas próprias capacidades, no mundo normal ocorre um abatimento geral. A vida nesses campos representa uma dificuldade extrema, mas precisamente por esse motivo ela tem alguma coisa de exaltante. Depois da intensidade da primeira experiência, tudo parece agora insosso, fútil, falso. As trapaças,

---

33 Langbein, op. cit., p.452.
34 Hillesum, op. cit., p.180.

os consolos habituais não mais agem para aquele que volta de uma viagem ao inferno. A própria sensação de viver se atenua, até desaparecer. É nisso que pensam os sobreviventes quando afirmam, algum tempo depois de seu retorno: acontece-me, que horror, de sentir falta dos campos de prisioneiros; uma parte de meu ser lá ficou, e agora alguma coisa em mim está morta, mesmo que não seja vista. Charlote Delbo transcreveu inúmeros monólogos desesperados de sobreviventes em *Mesure de nos jours* [Medida de nossos dias]: "estou morta" é o *leitmotiv* da maioria deles. Como, por exemplo, "Mado" (Madeleine Doiret): "Não estou viva. Eu me olho, exterior a esse eu que imita a vida".[35] "Vivo sem viver. Faço o que é preciso fazer."[36] "Não me sinto viver. Meu sangue pulsa como se corresse fora de minhas veias",[37] "Morri em Auschwitz e ninguém vê isso".[38]

Na existência que se leva, depois da guerra, não se encontra o absoluto. Há alguma coisa desproporcional entre a intensidade da vida (nos campos de concentração), mesmo que esta não seja feliz, e a mediocridade da felicidade (fora de lá), supondo-se que se aceda a ela. Uma mulher que viu seu marido e seus filhos serem massacrados, que conheceu a tribulação de Auschwitz e de Ravensbrück, sobreviveu e foi para Nova York em 1952. Ela refez sua vida. "Meu (novo) marido trabalhou todo esse tempo numa fábrica que produz blusões esportivos, e não vivemos nada mal. Temos um belo apartamento de três peças com todo conforto moderno. Lemos o *Post* e de vez

---

35 Delbo, op. cit., t.III, p.47.
36 Ibid., p.49.
37 Ibid., p.57.
38 Ibid., p.66.

em quando vamos assistir a um espetáculo."³⁹ Como comparar dois valores incomensuráveis? Apesar disso, não se deveria lamentar nada: a vida humana não deve obedecer às exigências heroicas do absoluto; seria preciso poder abordá-la com suas pequenas tristezas e suas alegrias simples. Todavia, nem sempre isso é fácil.

O antigo prisioneiro tem então inúmeras razões para se sentir deprimido, e alguns são levados ao suicídio. Levi nada ignorou, e escreveu em seu último livro: "Um oceano de dor, passado e presente, nos cercava. Seu nível subiu ano após ano, até quase nos engolir".⁴⁰ Essa confissão é terrível — e não seria este "quase" excessivamente frágil? Nem por isso consigo ficar satisfeito com essas considerações gerais para esclarecer a posição de Levi. Dado que sabe, mais e melhor que qualquer outro, descrever a dor moral tanto do detento quanto do sobrevivente, ele se torna, por isso mesmo, um pouco diferente dos outros. Os antigos prisioneiros se dividem em duas categorias: os que se calam e procuram esquecer e os que escolhem não esquecer nada e falam, para que os outros também se lembrem. Incontestavelmente, Levi pertence ao segundo grupo, e essa atitude, mais sã que a primeira, o protege, em certa medida, da "doença do sobrevivente" — ele conhece bem demais os sintomas. Parece-me que, para interpretar sua posição, devemos nos lembrar de alguns traços mais específicos de sua história, e não somente daqueles que ele compartilha com os outros sobreviventes.

O objeto das meditações de Levi é duplo: os detentos e os guardas. A proporção dessas duas preocupações varia segun-

---
39 Trunk, op. cit., p.129.
40 Levi, *Les Naufragés et les rescapés*, p.84.

do os anos. No início, como vimos, ele escreve para se reintegrar à comunidade humana, então é a experiência de cativo dele mesmo que está no centro de sua atenção. Apesar disso, paralelamente se mantém seu interesse pelos guardas, como ele anuncia no prefácio para a edição alemã de *É isto um homem?*, em 1960. "Não posso dizer que compreendo os alemães. Ora, uma coisa que não se pode compreender constitui um vazio doloroso, uma estocada, uma irritação permanente."[41] Esse outro objeto toma um lugar cada vez mais importante. Por outro lado, o projeto de Levi é compreender e julgar, mas como "julgar" não é problemático para ele (que pode até mesmo deixar a execução da justiça para os outros, os juízes profissionais), sua preocupação maior em seus últimos anos se torna precisamente esta: compreender os alemães.

Ora, tal projeto arrasta Levi para um caminho perigosamente escorregadio. Conhecemos suas conclusões: por um lado, não são monstros, mas pessoas ordinárias; por outro, o povo inteiro, e não somente este ou aquele indivíduo particularmente ativo, é culpado – não pelo próprio extermínio, mas pela cumplicidade silenciosa e pela covardia: por não ter buscado saber e, consequentemente, por não ter impedido aquilo que se passava bem perto de si. A conclusão que falta a esse silogismo poderia ser: se os outros são como eu, e são culpados, será que o sou também? Será que uma culpabilidade suplementar não recai sobre os ombros de Levi? Conclusão absurda, é claro, dedução insustentável, mas será que nosso inconsciente não favoriza precisamente esse gênero de erro? Levi assimila essa experiência particular àquela de um cão acostumado "a reagir

---

41 Ibid., p.171.

de certa maneira diante de um círculo, e de outra, diante de um quadrado, [e do dilema que sentia] quando o quadrado se arredondava e começava a ficar parecido com um círculo"[42] – o cão tende a se tornar neurótico. De tanto compreender, Levi acabou por tornar seu o desejo dos outros de destruí-lo. De tanto procurar o lado humano de seus assassinos, não encontrou mais forças para lutar contra o veredito de morte que eles tinham lhe imputado. Assim agindo, ele esqueceu seu próprio estado de vigilância: "Talvez aquilo que aconteceu não pode ser compreendido, e até mesmo não deva ser compreendido, na medida em que compreender é quase justificar".[43] Não creio que essa formulação seja perfeitamente exata: compreender implica somente que se é capaz de se pôr provisoriamente no lugar do outro, mas não de justificá-lo. Contudo, admito que deva ser aquilo que se diziam os sobreviventes.

A antiga vítima talvez não seja a melhor designada para conduzir adequadamente o projeto de compreensão do inimigo, não porque lhe faltem conhecimentos (ela os tem mais que qualquer outra pessoa), mas porque o processo corre o risco de lhe ser particularmente doloroso. O calvário é duro demais, mesmo para Primo Levi, o melhor dos homens: é como se ele se sacrificasse para o nosso próprio bem. Não se pede aos pais que viram seus filhos serem assassinados que se debrucem sobre a psicologia dos homicidas. Sobre esse ponto, a atitude incompreensiva dos outros antigos prisioneiros é certamente, naquilo que olhes concerne, mais sã. Para eles, mais vale odiar o inimigo, como vimos Rudolf Vrba fazer, que compreendê-

---

42 Ibid., p.179.
43 Id., *Si c'est un homme*, p.261.

-los. Jorge Semprun diz brutalmente: "Não há nenhum interesse em compreender os SS – basta exterminá-los",[44] e isso é bom, porque é Semprun quem o diz, pensando em sua reação naquele momento. Somos nós, todos os outros, que temos o dever de compreender.

Não obstante, Levi teria podido se dar conta de que seu projeto de compreensão dos antigos nazistas tinha algo de irrealizável, pois, a cada vez que um encontro real se esboçava no horizonte, ele entrava em pânico. Uma amiga alemã lhe mandou um livro de Speer ("eu teria de bom grado dispensado essa leitura") e, sobretudo, oferece o livro de Levi a Speer, prometendo-lhe transmitir as reações deste. Levi fica atormentado com isso. "Para meu grande alívio, essas reações jamais vieram. Se eu precisasse [...] responder a uma carta de Albert Speer, teria encontrado problemas."[45] Reticência singular? Não. Ao conhecer mais profundamente um nazista, Levi teria sido levado a reconhecê-lo em sua humanidade. Com esse reconhecimento, não mais teria armas para se defender contra a intenção homicida expressa pelos nazistas com relação a si. O episódio com o dr. Müller, narrado em *Le Système périodique*, é bem semelhante: Levi encontrara o químico alemão em Auschwitz, na época em que um pertencia à raça dos senhores, e o outro, à dos escravos. Muito tempo depois ele o reencontra por ocasião de um contato profissional. Levi lhe escreve para perguntar "se ele aceitava os julgamentos"[46] contidos em seu livro. Müller responde propondo lhe fazer uma visita. Levi

---
44 Ibid., p.85.
45 Id., *Les Naufragés et les rescapés*, p.191-2.
46 Id., *Le Système périodique*, p.269.

tem medo, não deseja encontrá-lo e evita a questão. O anúncio da súbita morte de Müller lhe traz, novamente, um grande alívio. Ele está coberto de razão: não lhe cabe desempenhar esse papel.

Ao mesmo tempo, não tenho certeza de que o projeto de Levi, no que concerne "aos alemães", se limite àquilo que ele mesmo enuncia, a saber, compreendê-los. No mesmo prefácio à tradução alemã de seu livro, ele prossegue: "Espero que este livro conheça algum eco na Alemanha [...], porque a natureza deste eco talvez me permita compreendê-los melhor e apaziguar essa irritação".[47] O eco veio, como dá testemunho o último capítulo de *Os afogados e os sobreviventes*, mas nem por isso lhe trouxe paz. Levi explicita um pouco mais sua intenção em *Le Système périodique*: "Fora meu desejo mais vivo e mais permanente, nos meus anos de pós-Lager,[48] encontrar-me de homem para homem para acertar contas com um dos 'outros'".[49] Ele chama esse momento de "a hora do diálogo",[50] mas o que descreve não se parece muito com um diálogo. Ele quer que seu interlocutor seja encurralado pelos fatos irrefutáveis – e que confesse seu erro. Mais que um diálogo, é um consentimento que ele demanda, mesmo que tenha renunciado a qualquer violência. O que ele busca não é apenas a compreensão dos outros, mas também sua conversão.

Conversão a quê? A uma humanidade melhor. Cada um deve começar por admitir sua culpabilidade e depois se transformar

---

[47] Id., *Les Naufragés et les rescapés*, p.171.
[48] *Lager*: campo [de concentração].(N.T.)
[49] Id., *Le Système périodique*, p.255.
[50] Id., *Les Naufragés et les rescapés*, p.165.

a partir de dentro para que Auschwitz se torne impossível no futuro. "Cada alemão, e mais, cada homem, deve recriminar Auschwitz e [...] depois de Auschwitz não é mais permitido ficar indefeso."[51] Doravante é preciso preferir a verdade ao conforto, e estar pronto para uma ajuda mútua. Se Levi toma ao pé da letra sua própria exigência, só pode ficar desesperado: ele colocou o patamar a ser atingido muito alto. A humanidade (pois é mesmo dela que se trata, e não somente dos alemães) não se reformou, ela já desvirtua e recalca até mesmo esse passado tão próximo, como Levi é o primeiro a observar. São sempre os inocentes que se sentem culpados, e os culpados, inocentes. É certamente por essa razão que Levi sente o oceano de dor subir a cada ano. Torna-se desesperadamente claro que qualquer que seja o destino de um indivíduo ou de outro, o ser humano não melhora. A humanidade, tomada como um todo, se recusa a ouvir a lição de Auschwitz e não há ilusões que se possa ter sobre isso.

Talvez os livros de Levi tenham contribuído mais que todos os outros para nos alertar sobre os perigos que hoje nos espreitam, porém o combate que consiste em ajudar a humanidade a mudar para melhor nunca estará definitivamente ganho. Nós combatemos porque é justo, e não porque veremos os resultados. Eu me pergunto se Levi por vezes não transpõe o ideal político democrático, aquele do debate racional e da intervenção voluntária, para a psicologia dos indivíduos – caso em que só poderia ficar decepcionado em suas expectativas. Como ele tão bem nos ensinou, o ser humano se deixa guiar pelas motivações mais obscuras e segue caminhos mais tortuosos que os

---

51 Id., *Si c'est un homme*, p.265.

recomendados pela correta razão, e rejeita se servir dos "instrumentos supremos do progresso". Não admitir esse fato conduz ao verdadeiro desespero.

## Shoah

A segunda obra para a qual me volto é o filme de Claude Lanzmann, *Shoah* (1985). É verdade que se trata de uma obra de cinema (mesmo que não exista uma transcrição de seu texto sob a forma de um livro) e que a especificidade da imagem exija uma análise particular. Por outro lado, o tema exclusivo desse filme são os campos de extermínio, que não se pode simplesmente assimilar aos outros campos totalitários. Todavia, creio que a repercussão – merecida – de *Shoah* justifica sua presença no contexto desta discussão.

*Shoah* é um filme essencialmente composto por entrevistas com três grupos de personagens: os sobreviventes (judeus) dos campos de extermínio; testemunhas (polonesas); e antigos nazistas (alemães). O tema do filme (o extermínio), assim como sua matéria (entrevistas) pertencem, então, à História. Apesar disso – e é sua primeira característica chocante – não se trata de um documentário no sentido corrente da palavra, mas, digamos, de uma obra de arte. Ademais, *Shoah* não busca estabelecer a verdade sobre seu tema, e ele parte daquilo que já é conhecido (a maioria das pessoas interrogadas apresentou anteriormente seu testemunho em outros lugares, e de maneira mais detalhada: Vrba, Müller, Karski publicaram livros; Glazar e Suchomel foram longamente interrogados no livro de Sereny, sem falar de Hilberg, autor de várias obras). Além disso, Lanzmann não tem muito respeito pelos documentários puramente factuais: "Lembranças são vistas todos os dias na televisão: sujeitos engravatados por trás de suas mesas, que contam coisas. Nada é mais tedioso".[52]

O projeto de Lanzmann é totalmente diferente: "Isto não é um documentário";[53] ele não aspira à maior exatidão na descrição do passado, mas a ressuscitar esse passado no presente. A escolha de tal fim exige os meios apropriados para levá-lo a cabo. Em primeiro lugar, Lanzmann escolhe, entre as testemunhas, aquelas que não se contentam em só relatar os fatos, e que então os vão reviver sob nossos olhos. Para chegar a esse resultado, ele as leva aos próprios lugares do crime (ou a lugares que lembrem os locais originais), onde espreita suas reações. Quando é preciso, pratica uma reconstrução do cenário: ele aluga uma locomotiva e nela instala o antigo maquinista, Gawkowski; ou um salão de beleza para reinserir na função o antigo cabeleireiro, Abraham Bomba. Em outros momentos, ele levanta questões provocadoras ou insidiosas para que se revelem lados insuspeitados de seus interlocutores. Cria então um filme no qual os personagens de outrora retomam, diante da câmera, a intensidade de sua antiga experiência.

A distância entre o passado e o presente é abolida. Lanzmann filma não o passado, o que é impossível (não há nenhum material de arquivos em *Shoah*), mas a maneira pela qual as pessoas se lembram dele, agora. A intensidade emotiva aumenta pela implicação do próprio cineasta no filme. Ele conta: "Precisei sofrer ao fazer esse filme [...]. Tinha o sentimento de que, se eu mesmo sofresse, uma compaixão impregnaria o filme

---

52 *Au Sujet de Shoah*, p.301.
53 Ibid., p.298.

e talvez permitisse aos espectadores passar, eles também, por uma espécie de sofrimento".[54] Ganhou a aposta: fazendo com que víssemos os mesmos rostos tensos, as mesmas paisagens, os mesmos trens, Lanzmann nos obriga a compartilhar – claro que de modo infinitamente mais leve – a angústia dos antigos viajantes. Essa decisão – produzir antes uma obra do que um testemunho a mais –, é finalmente responsável pela experiência perturbadora que a confrontação com o filme representa.

Todavia, mesmo afirmando que Lanzmann cria uma obra de arte, e não um documentário, isso não quer dizer que denegamos à *Shoah* a capacidade de nos narrar a verdade sobre uma época e sobre os acontecimentos que nela se desenrolaram. Primeiramente porque se trata de fatos históricos, e não imaginários; em seguida, porque também as entrevistas são reais, e não fictícias; por fim (e sobretudo), porque a arte representativa aspira também a nos desvelar a verdade do mundo. Quando a História serve de ponto de partida para suas ficções, o poeta pode tomar liberdades em relação ao desenrolar exato dos fatos, mas é para revelar sua essência oculta: nisso reside a superioridade da poesia sobre a História, já diziam os Antigos. Lanzmann pensa a mesma coisa. "O filme pode ser outra coisa que não um documentário, pode ser uma obra de arte – e também pode ser verídico."[55] Isso é incontestável. Ao mesmo tempo, a obra de arte é também uma afirmação de valores, portanto dá testemunho de um engajamento moral e político, e a escolha desses valores só pode ser imputada ao artista: os fatos, em si mesmos, não contêm lições, não são transparen-

---

54 Ibid., p.291.
55 Ibid., p.243.

tes com relação à sua significação. É a interpretação que deles oferece o artista que é a responsável pelos julgamentos contidos na obra. É aqui que *Shoah* se torna problemático para mim: não como obra de arte, mas como tentativa de dizer a verdade de um certo mundo, e como lição que disso se tira. Ele chega a nos *narrar* com muita força os acontecimentos do passado, mas não nos leva a *julgar* de maneira esquemática e, assim, nem sempre nos permite *compreendê-los*.

A maior parte das reservas já emitidas sobre *Shoah* fixaram-se na parte "polonesa" do filme. Com exceção de Karski, um polonês que foge de seu país, Lanzmann escolheu só mostrar poloneses antissemitas. Eles permanecem indiferentes ao sofrimento dos judeus, manejam sempre os mesmos clichês que os concernem, e finalmente se sentem contentes por ficarem livres dessa gente. Ora, essa é a lei da arte: o que não é mostrado não existe; por conseguinte, a mensagem de Lanzmann é: todos os poloneses são antissemitas. Sem procurarmos contestar a existência de tais sentimentos na população polonesa, podemos achar essa afirmação por demais simplista e maniqueísta. A situação real, como lembrei anteriormente, é muito mais nuançada. Além disso, a esse respeito, a mensagem é tão esquemática, que o governo polonês, na época do lançamento do filme, desejando se defender dessa imagem da Polônia, contentou-se em difundir na televisão as sequências polonesas, e somente elas: seu caráter parcial saltava então aos olhos. Ao não mostrar exceções para a regra que deseja ilustrar, Lanzmann abraça, certamente de maneira involuntária, a tese da culpabilidade coletiva. Não é então verdade que, como o pretende seu autor, *Shoah* mostre "a verdadeira Polônia, a Polônia profunda", e que o filme não deixe de lado "nada de essencial" concernindo a esse país.[56]

Se lermos os textos de Lanzmann, contemporâneos ou posteriores à elaboração do filme, compreendemos as razões dessa parcialidade. A Polônia não foi para ele um país real, mas algo como uma abstração ou uma alegoria, como o fora para os heróis da insurreição de Varsóvia: o lugar da morte de judeus, "o terreno de abate por excelência".[57] "Uma viagem para a Polônia é, em primeiro lugar e sobretudo, uma viagem no tempo", ele decide logo após sua primeira visita.[58] Ou mais tarde: "O Oeste, para mim, é humano. O Leste me dá medo".[59] Essa alegorização da Polônia real o leva a se dedicar exclusivamente à ilustração daquilo que chama de "minhas próprias obsessões" e a acusar a diferença entre os poloneses e os outros seres humanos. Vimos assim que, se acreditarmos em Lanzmann, os camponeses franceses jamais teriam admitido os campos de extermínio em suas terras, o que quer dizer que os poloneses são culpados por tê-los aceito. Dado que não podemos verificar essa comparação, somos capazes de estabelecer um paralelo a respeito de outro detalhe da mesma história. Lanzmann recrimina os poloneses por terem se precipitado nos lugares de extermínio, logo depois dos crimes, "para remexer a terra em busca de divisas, joias e coroas dentárias que sabiam lá estar enterradas".[60] Os camponeses franceses se voluntariaram para a triagem dos bens dos judeus presos no Loiret. Algumas mu-

---

56 Ibid., p.244.
57 Ibid., p.312.
58 Ibid., p.213.
59 Ibid., p.300.
60 Ibid., p.215.

lheres "às vezes arrancavam os brincos das orelhas [das detentas], quando o procedimento não ia rápido o bastante". Outras "se distinguiram ao passar o ancinho no conteúdo das latrinas, rastelando em busca de anéis, de braceletes e de colares".[61]

A representação dos alemães em *Shoah* é também maniqueísta e esquemática, ainda que os alemães não tenham feito críticas públicas a Lanzmann (ou então eu não as conheço). Todos, salvo os representantes contemporâneos da justiça, são invariavelmente nazistas, todos pretendem ignorar o que aconteceu, todos se comprazem secretamente pelo destino dos judeus. Os textos de Lanzmann explicitam a mensagem do filme: "No que diz respeito à Alemanha, o processo de destruição só pôde ser executado sobre a base de um consenso geral da nação alemã [...]. [Houve] a participação ativa e paciente da totalidade do aparelho administrativo".[62] Os alemães do pós-guerra não valem mais que seus antecessores: "Gorda e rica, a Alemanha não tinha um passado, seus jovens – aqueles que hoje têm entre trinta e quarenta anos – eram zumbis".[63] Não somente Lanzmann escolhe seus personagens de maneira tendenciosa, como também afasta de suas palavras tudo o que não contribui para sua tese: não é em *Shoah* (mas no livro de Sereny) que ficamos sabendo que Glazar enviou seu filho para estudar na Alemanha, que Siedlicki se casou com uma alemã, e assim por diante. Também não é a partir dele que podemos avançar na compreensão de um personagem como o SS Suchomel. Lanzmann reserva toda sua simpatia para os sobreviventes dos campos, e isso é

---

61 Conan, op. cit., p.66.
62 *Au Sujet de Shoah*, p.311.
63 Ibid., p.312.

natural. Mas sua hostilidade em relação a todos os outros nos impede de compreender os mecanismos graças aos quais tantas pessoas comuns puderam participar desses crimes. Ele nos acalma (e se acalma) confirmando as oposições familiares: nós e eles, amigos e inimigos, bons e malvados. No plano dos valores morais, pelos menos, tudo é simples e claro.

Outro aspecto contestável da atitude de Lanzmann é sua decisão de não levar em conta a vontade das pessoas que ele interroga. As entrevistas dos antigos nazistas não teriam podido ser realizadas sem alguma fraude (eles não sabiam que estavam sendo filmados, foi-lhes prometido o anonimato etc.). Aquelas dos antigos prisioneiros ou testemunhas continuam, mesmo que eles desmoronem e peçam um intervalo, então temos dificuldade em não achar que estão sendo um tanto manipulados. Lanzmann dá a impressão de que a experiência desses indivíduos lhe importa menos que o resultado que ele deseja obter (uma grande obra, um impacto mais poderoso). A arte, aí, ganha em emoção, mas os seres humanos são usados como instrumentos. A lição que Lanzmann transmite aos espectadores, por meio dessas cenas, acaba por se tornar a seguinte: vocês não devem considerar a vontade do indivíduo se ela os impede de atingir seu objetivo. Em qualquer outra circunstância, tal procedimento poderia passar despercebido, deixando-nos fascinados com sua eficácia, mas tratando-se da representação de um universo que tem como um de seus traços marcantes a denegação da vontade individual, começamos a desejar que Lanzmann tivesse sido um pouco mais circunspecto na escolha de seus meios.

É evidente que Lanzmann está consciente das reprovações que lhe podem ser dirigidas. Para afastá-las, sempre recorre aos mesmos argumentos: se eu tivesse feito diferente, o efeito artístico teria sido menor. Perguntado, por exemplo, por que não interrogou Bartoszewski, que participara do salvamento de judeus na Polônia e sabia muito sobre o assunto, "ele respondeu que encontrara Bartoszewski e que seu discurso era profundamente entediante: ele se contentava em recitar e era incapaz de reviver o passado".[64] Para se fazer uma bela obra de arte, não se deve respeitar as regras da boa sociedade, diz também Lanzmann. Verdade e moral são, portanto, submetidas a esse outro objetivo: chocar os corações, produzir uma obra de maior intensidade. Lanzmann procura mais nos fazer reviver o horror do que compreendê-lo. À sua maneira, *Shoah* participa dessa arte que Marek Edelman recusa, a arte que sacrifica o verdadeiro e o justo em função do belo. Seria um acaso o fato de o próprio Edelman, sobrevivente da insurreição no gueto, estar ausente do filme?

Há bem uma dimensão moral, como vimos, na própria atividade do espírito e, portanto, na produção de uma obra de arte. Por outro lado, há uma imoralidade inerente ao gesto criador, dado que o artista só pode obter sucesso caso se liberte de qualquer tutela dogmática e exterior. Porém, é ainda de outra coisa que tratamos aqui: além dessas características comuns a todas as grandes obras, cada uma também toma posição com relação aos valores do mundo, e ocorre que *Shoah* faz reviver um certo maniqueísmo, a tese da culpabilidade coletiva, uma falta de respeito pela dignidade da pessoa. Aí está, a meu ver, o paradoxo desse filme: no mesmo instante em que se propõe combater certos princípios, ele os mantem em vida.

---

64 Ibid., p.231.

Em várias circunstâncias, Lanzmann se declara hostil a qualquer tentativa de *compreensão* da violência que ocorreu. Ele aspira à encenação dessa violência, à sua *reprodução*... "Para mim, há algo que é um escândalo intelectual: a tentativa de compreender, historicamente, como se houvesse nisso uma espécie de gênese harmoniosa da morte [...]. Para mim, o assassinato, seja ele, inclusive, individual ou em massa, é um ato incompreensível [...]. Há momentos em que compreender é a própria loucura."[65] "Todo discurso que busca engendrar a violência [isto é, explicá-la] é um sonho absurdo de [ser] não violento."[66] É também por isso que Lanzmann recusa qualquer comparação do holocausto com um acontecimento passado, presente ou até mesmo futuro (!) e defende a tese de sua "singularidade única".[67] Contudo, mesmo que não exista gênese harmoniosa da morte, nem dedução lógica do acontecimento a partir de suas premissas, e mesmo que no judeicídio perpetrado pelos nazistas sempre reste, quaisquer que sejam nossos esforços, uma parte obscura, há também muitas coisas a serem compreendidas, e a compreensão permite impedir o retorno do horror, certamente melhor do que o faz a rejeição de seu entendimento. Seria o fato de se renunciar a qualquer esforço para compreender esses assassinatos a melhor maneira de permitir que eles recomecem? Enclausurar assim o acontecimento em sua singularidade, recusar-lhe qualquer semelhança com o presente ou o futuro não seria um modo de nos privar de suas lições para nossas vidas?

---

65 Ibid., p.289.
66 Ibid., p.315.
67 Ibid., p.308.

Numa página que acho aflitiva, Lanzmann conta que fez de sua a lição que um SS dera a Primo Levi em Auschwitz: *"Hier ist kein warum"*, aqui não tem porquê. "Não tem porquê": essa lei também vale para quem assume o encargo de uma tal transmissão, aquela de seu filme.[68] Mas seria correto se apressar em retomar assim, por sua conta, a lição de Auschwitz que Levi terá passado quarenta anos combatendo, mesmo que as circunstâncias, hoje tão diferentes, façam com que seu sentido não permaneça o mesmo? Ou a propósito do ódio: foi-lhe perguntado, numa entrevista, se acreditava que havia esse sentimento entre os nazistas. Ele descartou impacientemente a questão: esse gênero de considerações psicológicas não o interessava.[69] A despeito disso, mais tarde ele volta ao tema com relação a si próprio: — para rodar seu filme, ter-lhe-ia sido preciso o ódio (mesmo que não houvesse apenas isso): ele queria, diz a respeito de Suchomel, "matá-lo com a câmera".[70] Seria um acaso se aquele que se recusa a compreender o assassinato tenha sido também aquele que queria "matar"?

Seria possível achar deslocadas minhas reservas a respeito de uma obra tão poderosa como essa. Quando o horror do ato foi tão extremo, e a dor tão viva, devem-se colocar tantas questões e exigir julgamentos nuançados? Mas poderíamos refutar em sentido inverso: é precisamente naquele que foi assim tão longe no conhecimento do mal que se desejaria encontrar uma mais sabedoria ampla. É claro que Lanzmann tem razão em odiar o mal como ele o faz, e de preservar seu "ressentimen-

---

68 Ibid., p.279.
69 Ibid., p.282.
70 Ibid., p.287.

to" (para falar como Améry). Todavia, sua obra não é somente uma evocação do passado, mas também um ato realizado no presente, que devemos apreciar em si mesmo. Ora, a enormidade do mal não justifica um mal presente, mesmo que este seja infinitamente menor.

## "No fundo das trevas"

Para findar, gostaria de me deter num livro que me parece encarnar notavelmente bem o equilíbrio entre "narrar", "julgar" e "compreender": *No fundo das trevas*, de Guitta Sereny (1974). Este livro é constituído pela narrativa das entrevistas que Sereny, jornalista inglesa, fez na prisão de Düsseldorf com Franz Stangl, o antigo comandante de Sobibor e de Treblinka, e das investigações que ela conduziu, nos quatro cantos do planeta, com vistas a completar e esclarecer a informação assim recolhida.

Há então, em primeiro lugar, uma notável reconstrução dos fatos, neste caso, os dois campos de extermínio. Ela é acompanhada por um julgamento: o que, para Sereny, é claro e sobre o qual não tem nenhuma dúvida. Ela anuncia isso a Stangl durante sua primeira entrevista. "Também lhe disse que era importante que soubesse desde o início que considerava como um horror tudo o que os nazistas haviam feito e representado."[71] Mas condenar não lhe basta, então ela tira proveito dessa ocasião para interrogar o único comandante de um campo de extermínio que está acessível às questões, um dos homens, portanto, que participaram ativamente do mal mais extremo que nosso

---

71 Sereny, *Au Fond des ténèbres*, p.28.

século conheceu. Trata-se de uma tentativa de compreender o mal, com a colaboração – benevolente, mas tortuosa – de um de seus representantes mais completos. O objetivo de Sereny não é de forma alguma levá-lo à conversão, mas apenas o de buscar a verdade num terreno que até então era incompreensível. O filho de um SS que serviu em Treblinka diz, em certo momento: "Eu daria qualquer coisa para compreender".[72] Sereny faz a mesma coisa e nos convida a segui-la nesse caminho.

Quando descrevo o projeto de Sereny para alguém que não leu seu livro, essa pessoa habitualmente expressa certa desconfiança: não teria ela se tornado culpada por transigência em relação ao ex-verdugo? Não teria ela lhe concedido um excesso de honra ao se interessar tão de perto pelas explicações que ele pudesse fornecer? Compreender tudo não é perdoar tudo?

Essa reação revela, segundo me parece, o temor que certas pessoas sentem ao perceber que os portadores do mal não são radicalmente diferentes delas mesmas. O livro de Sereny jamais cai na indulgência. Claro que existe um perigo, mas ele se encontra em outro lugar, dado que ameaça o próprio autor. Para discutir com Stangl ou com outros nazistas, ela deve admitir um quadro de referência comum. O perigo é que o quadro se amplie sub-repticiamente, até invadir completamente o próprio quadro (é ainda o caso do cão neurótico de Levi, ou minha própria dificuldade em ler Hoess). O resultado não é que se venha a ser também um nazista, mas que nos sintamos culpados por ter aceitado tanta cumplicidade, e Sereny experimenta esse sentimento muitas vezes. Isso ocorre em suas discussões com Allers, um alto funcionário nazista, inteligente

---

[72] Ibid., p.88.

e desprovido de qualquer remorso ou, em certos momentos, com o próprio Stangl, a ponto de precisar interromper tudo para se questionar se ainda tem forças para escutar suas revelações. Falar *com* alguém, mais que falar *dele*, implica que eu reconheça para mim mesmo certa comunidade com essa pessoa, mesmo que minhas palavras sejam, em seu sentido, incompatíveis com as suas. É preciso ser capaz de uma incrível imparcialidade para manter o quadro de comunicação e, ao mesmo tempo, se dissociar do conteúdo dos argumentos (e dos atos por eles evocados).

Entretanto, se Sereny jamais cede em sua condenação, ela se recusa, por outro lado, a se servir dessas entrevistas como um meio de punir seus interlocutores, ou de lhes negar a dignidade e o direito de se conduzir de acordo com sua vontade. Nada lhe é mais estranho que o desejo de "matar com a câmera" proposto por Lanzmann (que, de qualquer modo, vigiou bem de perto a escolha de testemunhas). Ela decidiu, por si mesma, "interrogar, mas não ferir" e buscou, no melhor dos casos, "esclarecer" os culpados, mas não "fazê-los sofrer".[73] A filha de Stangl é pouco loquaz, porém "o pouco que Renate disse, fazendo um esforço enorme, disse-o voluntariamente".[74] Oberhauser, o garçom de cervejaria em Munique, se recusa a falar, e ela não procurará forçá-lo sob o pretexto de que é um antigo assassino. Suchomel colabora sem que seja preciso enganá-lo.

Essa atitude não é apenas mais respeitável, mas também é mais fecunda. Nenhum sujeito pode progredir em sua busca pela verdade se souber que será punido pelas descobertas que

---

73 Ibid., p.17.
74 Ibid., p.375.

não agradam ao seu interlocutor. Isso também vale para a entrevista de Stangl: "Qualquer que tivesse sido meu interesse profissional, jamais pretendi arrancar desse homem mais do que ele queria me dizer, cansando-o ou pela insistência de meus argumentos. Para que a totalidade daquilo que tinha a dizer e talvez a nos ensinar se revestisse de sua plena eficácia e de um valor autêntico, era preciso que ele a desse livremente e na inteira possessão de suas faculdades".[75] Por suas questões e comparações, Sereny faz Stangl sofrer, isso fica claro, enquanto ela cuida de não ferir os membros de sua família ou as vítimas. Contudo, ela não se permite *coagir* Stangl a dizer isso ou aquilo, sabendo que uma tal palavra não teria valor. É mesmo essa a razão pela qual esse livro nos levou mais longe no conhecimento do mal.

Em que consiste o método usado por Sereny para fazer progredir a compreensão? Desde o início, ela afasta qualquer discurso de autojustificativa por parte dos antigos guardas — as racionalizações dadas por uns e outros se tornaram, a partir de Nuremberg, apenas clichês, e nada mais revelam. Sereny pede um relato sobre si, no qual ela encoraja a franqueza. "É por uma coisa completamente diferente que vim, para ouvi-lo falar de si: da criança, do garotinho, do adolescente, do homem que ele foi. De seu pai, de sua mãe, de seus amigos, de sua mulher e de seus filhos, para aprender não aquilo que ele fizera ou deixara de fazer, mas aquilo que amara e o que detestara."[76] A isso se acrescentam, é claro, as qualidades que se esperam encontrar em todo bom historiador: um perfeito conhecimento das fon-

---

75 Ibid., p.274.
76 Ibid., p.27.

tes e uma implicação pessoal do autor. Se Sereny não se apressa em fazer julgamentos peremptórios, é porque se põe no lugar de uns e de outros, percebendo assim as dificuldades existentes naquilo que estamos prontos a considerar como evidências.

O que é menos comum são os dois outros traços do método de Sereny. O primeiro, podemos dizer, é passivo, e o segundo, ativo. Por um lado, ela tenta suspender, na medida do possível, seus próprios clichês e ideias preconcebidas. Dessa forma, como Levi, ela evita o maniqueísmo e a visão homogênea, tanto dos grupos quanto dos indivíduos. Ela não afasta as informações que à primeira vista são paradoxais, nem os gestos surpreendentes de seus personagens. Por outro lado, e isso é particularmente importante, se recusa a separar o excepcional do cotidiano, e o indivíduo de seu meio. Também se recusa a dividir a vida dos homens em dois vasos não comunicantes, ou seja, de um lado as coisas importantes, vida política e atos militares, e, de outo, os detalhes secundários, relações familiares ou de vizinhança, hábitos e práticas cotidianas. Tal separação já pré-julgaria os resultados a serem encontrados. Sereny, ao contrário, sabe colocar questões aparentemente bizarras, fora do assunto, das quais jorra, entretanto, a luz. É por esse motivo que se detém em todos os pequenos acontecimentos e gestos na vida de Stangl, mesmo que pareçam não ter pertinência. É também o motivo pelo qual interroga com tanta insistência todos aqueles que conheceram Stangl, dado que o indivíduo não existe fora de uma rede intersubjetiva. Sereny, como mais tarde Hanna Krall, com Edelman, se interessará mais pela memória que pela História, pela psicologia mais que pelas declarações políticas. O resultado dessa escolha é que, por mais monstruosos que tenham sido os atos de Stangl, ele próprio emerge desse livro como um ser humano. As opções metodológicas de Sereny já são então, em si mesmas, portadoras de moral. E ainda que o livro não formule conclusões abstratas, contém um pensamento filosófico autêntico.

Esses dois traços ainda não permitem diferenciar o empreendimento de Sereny daquele de Levi, que também é estrangeiro ao maniqueísmo e atento ao cotidiano. A diferença entre eles está em outro ponto, e é reveladora: Sereny não é uma vítima de guerra, nem uma judia. O testemunho dos participantes de uma situação é, certamente, indispensável para reconstituí-la, embora eles não necessariamente estejam numa posição de compreensão ótima. É difícil para a antiga vítima (e, ao mesmo tempo, como vimos, é pouco desejável) liberar-se de toda parcialidade, escapando assim à profunda severidade ou a uma clemência por demais marcada. Durante a guerra, Sereny, jovem de origem húngara, cuida – na França – de crianças abandonadas e de refugiados; depois do fim das hostilidades, segue com o mesmo trabalho na Alemanha. Sendo assim, tem conhecimento direto desses acontecimentos, mas não carrega uma identificação com as vítimas excessivamente penosa. Ao que tudo indica, tal distância intermediária deve ser mantida entre o mal e aquele que o tenta compreender: é preciso que se esteja "assombrado pelo horror de seu tema",[77] mas que não se encontre totalmente invadido por ele, se o objetivo for que ele se desvele e nos faça compreender o relato dessa viagem ao fundo das trevas.

O que ela nos trouxe, precisamente? Já abordei, ao longo destas páginas, os resultados da busca de Sereny, tanto no que

---

[77] Ibid., p.13.

concerne à conduta dos guardas (dentre os quais Stangl), quanto à dos prisioneiros, então me absterei de reproduzi-las uma vez mais. Porém, essa reticência tem também outra fonte. Sereny produz um relato impregnado de reflexões e de sabedoria humana, e não uma obra de filosofia ou um tratado político cujas teses seriam fáceis de resumir. Ela nos ensina como um ser humano médio – Franz Stangl – pôde se ver implicado num dos crimes mais monstruosos da história humana e, em seguida, como ele buscou se justificar aos próprios olhos e aos olhos de seus próximos. Esse relato de vida não ilustra uma teoria qualquer, embora seja rico de ensinamentos, e pratica antes o pensamento narrativo que a análise conceitual – e prova com isso mesmo a possibilidade de pensar e analisar narrando. Isto faz com que o livro de Sereny, assim como as obras de arte, se preste mal ao resumo.

Só há um meio de conhecer exatamente o conteúdo: ler seu livro.

# *Epílogo*

## O sentido do extremo

Neste livro, percebo agora, persegui (ou fui perseguido por) um triplo objetivo. Os campos, russos ou alemães, os regimes totalitários que os engendraram e a Segunda Guerra Mundial, que viveu sua expansão máxima — numa palavra, a História — constituem sua primeira faceta. Minhas próprias identidade e pequena história formam a segunda. A terceira é uma temática moral: as questões que escolhi formular a uma e a outra histórias. No presente, deixo de lado as reminiscências pessoais para me deter brevemente, nestas últimas páginas, sobre as duas outras facetas, menos para adicionar uma conclusão que para reunir as observações formuladas a respeito de casos particulares e tentar compreender aquilo que elas implicam, no plano conceitual. Não tenho aqui a intenção de me propor como teórico, mas somente lembrar algumas das lições que essas histórias me ensinam, naquilo que me concerne – sem prejulgar sobre aquelas que ensejariam que outros leitores delas tirassem.

O século XX chega ao seu fim, e todos nós ficamos tentados a perguntar: qual será seu lugar na História? Como as pessoas se lembrarão dele um dia? Assim como todo mundo, não conheço a resposta completa para tais questões, mas tenho certeza de que uma das invenções do século provavelmente estará ligada ao seu nome: são os campos de concentração. É também o primeiro tema deste livro.

Com toda evidência, os campos totalitários constituem uma situação extrema. Contudo, eu me interessei menos por eles que pelo fato de revelarem a verdade das situações ordinárias. Pode-se contestar a legitimidade dessa inferência e pensar que se trata aqui e acolá de substâncias (se assim posso dizer) diferentes. Dessa forma se condenará o interesse pelos casos extremos como se se tratasse de uma facilidade ou uma concessão ao sensacionalismo. Não é assim que sinto as coisas, então tentei me servir do tema como um instrumento, uma espécie de lupa que permitisse ver distintamente o que permanecia nebuloso na marcha habitual dos processos humanos. Espero não ter traído os próprios fatos.

A ideia de que os campos de concentração são uma situação extrema que pode nos informar sobre a condição humana já foi formulada por Bruno Bettelheim, nos primeiros artigos que escreveu em sua chegada aos Estados Unidos, em 1942, depois do fim de sua detenção. De minha parte, penso que os campos, e as experiências nos campos, são uma dupla extremidade, mas nos dois sentidos diferentes da palavra: os campos são a manifestação extrema dos regimes totalitários, os quais são a forma extrema da vida política moderna. Esse duplo sentido demanda uma explicação.

Para a população europeia, o acontecimento de dois regimes totalitários, comunista e nacional-socialista, é incontestavelmente o acontecimento político maior do século XX (a Europa não tem o monopólio do totalitarismo, mas foi aqui que ele desempenhou um papel capital). De durações desiguais (1917-1989 – sejamos otimistas – e 1933-1945), mas de intensidade comparável, esses dois regimes não somente são responsáveis por mais vítimas que qualquer outro na mesma época, mas, além disso, são portadores de um novo conceito de Estado, de suas instituições e mesmo do político enquanto tal. É uma das contribuições maiores de nosso continente (da qual abriríamos mão de bom grado) para a história universal e para o repertório das sociedades possíveis. No entanto, não é a única, pois fora dos regimes totalitários a Europa produziu outros, sobretudo aqueles que encarnam, mais ou menos perfeitamente, o ideal democrático. O totalitarismo é o extremo de nossa vida política, no sentido em que Horácio diz que a morte é o limite extremo das coisas e, portanto, da vida: uma negação e um contraste.

É em outro sentido completamente diferente da palavra que os campos representam o extremo dos próprios regimes totalitários: eles são sua manifestação mais intensa, mais concentrada, e contêm sua quintessência, o que quer dizer que eles constituem, dessa vez, um extremo central, e não mais periférico. Essa afirmação demanda ainda ser qualificada. Do ponto de vista político ou filosófico, pode-se hesitar antes de decidir quais são os traços do totalitarismo que definem sua identidade. Seria a existência de um único partido, ou a não separação entre Estado e ideologia, ou o projeto revolucionário? Mas, se partirmos da experiência dos indivíduos, o traço pertinente é incontestavelmente o terror, e é ele que se encontra ao mesmo tempo condensado e amplificado nos campos de concentração. É nesse sentido que é aceitável a tese de Hanna Arendt segundo a qual o terror é a essência do governo totalitário, mesmo que, ao dizer isso, se deixe na obscuridade outros traços importantes do totalitarismo.

Compreendo aqui por terror a violência sofrida pelo indivíduo por parte do Estado, com vistas a eliminar sua vontade como móbil de suas ações. O Estado totalitário persegue finalidades diversas, e além disso cambiantes, mas sempre tem necessidade da colaboração de seus assujeitados. Começa então por forçá-los a agir no sentido que ele deseja, exercendo tanto pressões sociais quanto violências físicas. Acaba por fazer dessa alienação das vontades individuais, buscada por todos os meios possíveis, uma finalidade em si. No totalitarismo, o terror age como princípio do governo, no sentido de Montesquieu: ele é o motor psicológico que se encontra por trás das ações variadas dos sujeitos do regime. Ou melhor, na ausência de qualquer princípio positivo, essas ações são executadas sob ameaça, seja ela aparente ou não. O mesmo ocorre com o temor, que Montesquieu já identificava como o princípio do despotismo, mas o terror é um temor estendido em todos os sentidos: ele ameaça a todos, o tempo todo, e não apenas os oponentes, nem apenas em tempos de revolta. Ele cobre toda a vida, ignorando a separação desta em esferas pública e privada, e não hesita em recorrer, tão frequentemente quanto possível, ao castigo supremo, a morte.

Os campos de concentração são o ponto culminante do princípio do terror; reciprocamente, os países totalitários são apenas campos do regime suavizados. Vassili Grossman constata isso a propósito da experiência soviética: "O campo de concentração era, de certa forma, o reflexo hiperbólico, aumentado, da vida fora dos arames farpados. Mas a vida levada de um lado e de outro, longe de se opor, respondia às leis da simetria".[1] Primo Levi descobre, pensando no fenômeno nazista, "o macrocosmo da sociedade totalitária reproduzido no microcosmo do *Lager*".[2] O campo de concentração não é uma extravagância, uma anomalia, mas antes o resultado lógico do processo. É, ao mesmo tempo, um modelo em miniatura do conjunto da sociedade e o meio mais eficaz de terror, de modo que também se poderia concluir que, se uma sociedade não dispõe desses campos, não é verdadeiramente totalitária. Não é preciso comparar prisões e campos de concentração para se constatar a que ponto estes últimos são uma encarnação do extremo. Na maior parte do tempo, se é lançado lá dentro sem julgamento, então não há nenhum motivo para sair. Sofre-se com o frio, com a fome e com o trabalho desgastante a que se é obrigado. Fica-se submetido ao poder e à arbitrariedade dos *kapos* ou de seus equivalentes, recrutados dentre os criminosos mais brutais. Vive-se continuamente sob a ameaça (ou a realidade) da violência, à sombra da morte. Comparado a isso, a prisão é um sanatório.

O campo de concentração é, ao mesmo tempo, um modelo deformador da sociedade, dado que só retém do regime tota-

---

[1] Grossman, *Vie et destin*, p.795.
[2] Levi, *Les Naufragés et les rescapés*, p.47.

litário a coação, o terror, e abandona, por exemplo, qualquer cuidado com a ideologia (ao ponto de, dizia Soljenítsin, os campos serem o único lugar da Rússia em que se pode pensar livremente). Por sua vez, esse terror é, assim como na sociedade, responsável por uma série de características mais particulares: a interdição de sair do campo, sob pena de morte (como ocorre, aliás, para todas as outras proibições); o segredo mantido tanto dentro quanto fora dele; a hierarquia rigorosa dos diferentes estratos sociais (o totalitarismo não é, de forma alguma, igualitário); a implicação de todos no funcionamento da máquina; a corrupção da alma sob coação; a presença constante da violência física e da morte.

Esse duplo sentido da palavra "extremo", central e periférico, explica por que é preciso manejar com precaução a afirmação segundo a qual os campos de concentração, em sua extremidade, nos revelam a verdade de nossa vida. O totalitarismo é o oposto da democracia, e não sua verdade. Não se pode comparar o terror com a violência legítima do Estado de direito que, com a concordância de todos, fixa um limite além do qual certos atos são punidos, tais como os assassinatos, espancamentos e agressões, estupros, roubos. Na democracia, o sujeito pode agir de acordo com sua própria vontade, quaisquer que sejam as pressões sobre ele exercidas; dispõe de sua vida pessoal como bem lhe aprouver e conserva sua liberdade de opinião; desfruta de garantias ou, dito de outra forma, de liberdades, asseguradas por seu próprio Estado. Não creio que vivamos todos num gueto, nem que o mundo inteiro seja um imenso campo de concentração. Também não me sinto, de forma alguma, de acordo com aqueles que veem em Auschwitz o resultado inelutável e apenas acelerado, a verdade enfim desvelada, de toda nossa modernidade. Se o termo "modernidade" cobre realidades tão distintas quanto a democracia e o totalitarismo, começo a duvidar de sua utilidade. Contudo, precisamente porque ele é seu extremo limite ou seu oposto, o totalitarismo pode nos ensinar muito sobre a democracia.

Foi ainda Primo Levi que bem soube se colocar nesse duplo ponto de vista. Por um lado, ele sente repugnância diante das comparações do mundo livre com aquele dos campos de extermínio. "Não, as coisas não são assim, não é verdade que a fábrica da Fiat seja um campo de concentração. Na Fiat, não há câmaras de gás. Pode-se sentir muito mal num hospital psiquiátrico, mas não há fornos, há uma porta de saída e sua família pode visitá-lo."[3] Por outro lado, ele próprio aspira a tirar de Auschwitz uma lição para o mundo inteiro, e não somente para a parte desse mundo que engendrou um tal lugar. Mesmo "um episódio tão excepcional da condição humana [...] pode servir para evidenciar os valores fundamentais".[4] Este livro então não é, por sua vez, nada mais que uma tentativa de seguir o preceito de Levi. Eu quis compreender melhor nossa vida moral e, para tanto, me debrucei sobre a vida nos campos de concentração, mas isso não quer dizer que esses dois mundos se confundam.

## Unidade ou unicidade

A inclusão dos regimes comunista e nacional-socialista numa mesma categoria, a do totalitarismo, foi inúmeras vezes debatida, ou até mesmo combatida, e continua sempre a levan-

---

[3] Camon, *Conversations with Primo Levi*, p.19-20.
[4] Levi, *Si c'est un homme*, p.113.

tar problemas. É evidente que os dois fenômenos têm tanto semelhanças quanto diferenças, e que tudo depende do lugar que atribuímos a umas e outras. Frequentemente insistimos, por exemplo, sobre os abismos ideológicos que os separam e que, à primeira vista, parecem intransponíveis. É verdade que eles diminuem assim que se atém não às declarações teóricas, mas à ideologia que se pode deduzir diretamente dos comportamentos: as ideias socialistas não estão ausentes do Reich hitlerista, assim como Stálin mostra inspirações nietzschianas. Pode-se, ao contrário, ficar chocado pela verdadeira emulação que existe entre os dois ditadores: antes da guerra, Hitler admira e imita Stálin, e procura, por exemplo, organizar a Gestapo à imagem da NKVD soviética. O massacre de Katyn prefigura, até nos detalhes, os massacres executados pelos *Einsatzkommandos*. Mais tarde, Stálin dará ordem de tratar sem piedade os soldados que hesitam em combater até a morte, inspirando-se diretamente nas ordens análogas dadas por Hitler. No fim de sua vida, ele retoma por conta própria o projeto de eliminação dos judeus. O entendimento entre os dois chefes finaliza no célebre Pacto Germano-Soviético em 1939-1941, configurando antes um momento de verdade que de insensatez. Mas essa análise, já tantas vezes retomada, não é aqui meu propósito, por uma razão particular: não são os próprios regimes, mas a experiência dos indivíduos que desejei interrogar.

Pode-se dizer a mesma coisa dos campos de concentração, pois segundo a perspectiva que se escolhe, se insistirá sobre os contrastes ou sobre as analogias. Albert Béguin recenseou certo número de uns e de outros em seu posfácio ao testemunho de Margarete Buber-Neumann, e outros autores também reiteraram a comparação. Podemos constatar, por exemplo, que não há equivalente soviético exato dos campos de extermínio. Mesmo que o número de vítimas seja comparável em Auschwitz e em Kolyma, o assassinato industrial não existe na URSS (aproxima-se um pouco mais do Camboja). Assim, a mortalidade é ali menos intensa; além disso, os cuidados médicos são menos inadequados. Na URSS, guardas e detentos provêm do mesmo país e compartilham (quase sempre) a mesma língua, o que é uma fonte de alívio. Por outro lado, os prisioneiros políticos alemães podem se tranquilizar mentalmente, pois sempre foram inimigos dos nazistas, enquanto os comunistas soviéticos são presos por outros comunistas, o que provoca o desmoronamento de seu universo mental. Os guardas soviéticos dão mostras de maior compaixão, mas também de mais arbitrariedades. Uma medida particularmente cruel instaura, nos campos comunistas – mas não nos nazistas – uma relação entre quantidade de trabalho fornecida e quantidade de comida recebida. Nos campos soviéticos reina uma miséria maior, mas nos campos alemães a aplicação da ordem pode ser particularmente homicida.

De maneira que, diferentes, campos comunistas e campos nazistas frequentemente se equivalem, do ponto de vista daquele que está preso em um ou em outro, e só podemos partilhar da perplexidade de Buber-Neumann, que experimentou os dois: "Eu me pergunto o que, no fundo, é pior: a cabana de pau a pique infestada de piolhos de Bourma [no Cazaquistão] ou esta ordem de pesadelo [em Ravensbrück]?".[5] Ou bem, como ela diz por ocasião de seu testemunho no processo David Rousset: "É difícil decidir o que é menos humanitário, matar

---

5 Buber-Neumann, *Deportée à Ravensbrück*, p.53.

pessoas em cinco minutos com o gás ou estrangulá-las lentamente pela fome num intervalo de três meses".[6] Encontramos uma confirmação suplementar e quase cômica (não fosse pela gravidade do assunto) desse paralelismo entre os dois grupos de campos de concentração nos argumentos apresentados contra Rousset em 1950, no decorrer desse mesmo processo, feitos pelos representantes do Partido Comunista Francês: o ex-detento dos campos nazistas que denuncia os campos soviéticos é acusado de mentir, e sugere-se que ele lançou mão de descrições dos primeiros para evocar os segundos, por simples mudança de nomes e de datas! Não seria essa uma declaração tão mais terrível exatamente por ser involuntária?

Por outro lado, não se pode negligenciar as inúmeras semelhanças entre os campos, não somente em virtude de sua posição idêntica nas duas sociedades totalitárias, mas também por causa da emulação e da contiguidade que se estabelecem entre eles. Hitler ainda se inspira em Stálin, e Rudolf Hoess relata: "A direção da Segurança (RSHA) tinha enviado às mãos dos comandantes dos campos uma documentação detalhada a respeito dos campos de concentração russos. Sob o testemunho dos evadidos, as condições que lá reinavam eram expostas em todos os detalhes. Enfatizava-se especialmente que os russos aniquilavam populações inteiras por meio do trabalho forçado".[7] Por sua vez, Stálin tira proveito da experiência de Hitler e, aliás, se incomoda tão pouco que reabre as portas de Buchenwald, de Sachsenhausen e de outros campos alemães, assim que o último prisioneiro se vai, para lá colocar, nova-

---

6 Rousset et al., *L'Univers concentrationnaire*, p.183.
7 Hoess, *Le Commandant d'Auschwitz parle*, p.224.

mente, todos os opositores do regime — nazistas, mas também outros não comunistas —, entre os quais certo número de ex-detentos! Estima-se em 120 mil o número desses novos habitantes dos antigos campos, e em 45 mil aqueles que morreram por fuzilamento ou em consequência da exaustão, das doenças e da fome.

Esses ex-detentos alemães, liberados pelos soviéticos e imediatamente em seguida presos por seus "libertadores", não são os únicos a ter conhecido os dois regimes, dado que os prisioneiros de guerra russos foram sistematicamente enviados para os campos da Sibéria, para puni-los por terem se rendido ao inimigo ao invés de morrer em combate. Após o Pacto, no sentido contrário, os soviéticos remetem a Hitler os comunistas alemães e austríacos que, num primeiro momento, os nazistas haviam deportado para os campos russos. Buber-Neumann faz parte deles, e nos deixa um relato dessa cena altamente simbólica que se desenrolou em Brest-Litovski, em 1940: "O oficial da NKVD e o da SS se saudaram com a mão no quepe".[8] Essa continuidade de fato sublinha uma semelhança em profundidade, e não nos surpreenderemos ao ver, depois da guerra, os próprios prisioneiros soviéticos fazerem a comparação de sua condição com a das vítimas do nazismo. O Pacto Germano-Soviético traz à luz a colusão dos dois regimes e representa, nesse sentido, o ponto culminante na história do totalitarismo no século XX, mas é também, para as vítimas, o momento mais desesperador. Gustaw Herling rememora sua impressão da época: "É com horror e vergonha que penso nessa Europa

---

8 Buber-Neumann, *Deportée en Sibérie*, p.213.

dividida em duas pelas águas do Bug,[9] tendo de um lado milhões de escravos soviéticos rezando para serem liberados pelos exércitos de Hitler e, de outro, milhões de vítimas dos campos de concentração alemães, depositando sua última esperança na vitória do Exército Vermelho".[10]

O que me chamou a atenção nessa situação extrema foi a conduta dos indivíduos. Ora, nessa ótica, e excetuando-se as reações diante dos assassinatos industriais praticados em certos campos nazistas, não há diferenças significativas entre as duas espécies de campos.

O mesmo tipo de conduta pode ser observado em Buchenwald e em Vologda, e mesmo nos campos da China ou de Cuba. Isso poderia bastar para justificar a perspectiva adotada neste livro. Mas ela também tem outra razão, sobre a qual já me expliquei: trata-se das vantagens que vejo ligadas à memória exemplar, em oposição à memória literal; ao passado considerado mais como instrumento (para agir no presente) que como monumento. Não há nenhum mérito em se colocar de uma vez por todas no papel de vítima, papel que se torna moralmente confortável uma vez que o perigo tenha passado. Por outro lado, há um mérito incontestável que consiste em passar de sua própria infelicidade, ou daquela de seus próximos, para a infelicidade dos outros, no fato de não reclamar para si o estatuto exclusivo da ex-vítima. Vassili Grossman, o grande escritor judeu soviético, recebera a notícia de que sua mãe

---

9 Rio com 772 km que nasce na Ucrânia e se dirige para o Oeste, separando este país da Polônia e da Bielorússia, lançando-se a seguir no rio Narew, no lago Zegrze. (N.T.)
10 Herling, *Un Monde à part*, p.217.

morrera nas câmaras de gás e, com os primeiros batalhões do Exército Vermelho, também viu com seus próprios olhos as instalações de Treblinka. Apesar disso, encontrou em si a força e a generosidade de compadecer-se dos armênios, vítimas de outro genocídio, e se deparou com o encorajamento de um idoso de Erevan: "Ele queria que fosse um filho do povo mártir armênio que escrevesse sobre os judeus".[11]

Ora, uma das consequências imediatas dessa clivagem entre memória literal e memória exemplar (ou entre memória e justiça) é a impossibilidade de proclamar, num mesmo fôlego, que determinado acontecimento é ao mesmo tempo absolutamente único e que deve nos servir de lição para interpretar e julgar muitas outras situações. Se o acontecimento é único, podemos guardá-lo na memória e agir em função dessa lembrança, mas ele não pode ser usado como chave em nenhuma outra ocasião. Reciprocamente, se tiramos de um acontecimento passado uma lição para o presente, é porque reconhecemos nos dois alguns traços em comum.

É verdade que, mais uma vez, o privado se distingue aqui do público. Para o indivíduo, a experiência é necessariamente singular e sobejamente a mais intensa de todas. Leio, no relato de um sobrevivente dos campos de concentração da Bulgária: "Durante anos [depois de ter deixado o campo], li e reli a literatura dedicada às repressões e às inquisições. Os campos de concentração — da Guiana Francesa, de Hitler e de Stálin, dos fascistas búlgaros — não conseguiram atingir aquilo que muitos funcionários responsáveis pela Segurança do Estado

---

11 Grossman, *Dobro vam!*, p.270

[na Bulgária] alcançaram nessa época".[12] Esse tipo de reação é perfeitamente compreensível, mas concerne apenas ao ponto de vista do indivíduo. Para que a coletividade possa tirar dela um benefício, é preciso reconhecer o que essa experiência tem em comum com outras. Para tomarmos um exemplo extremo, se nos dizemos que o judeicídio nazista se caracteriza por sua "singularidade única" e que é incomparável com qualquer outro acontecimento passado, presente ou futuro, estamos autorizados a denunciar os amálgamas praticados aqui e acolá, mas não a dele nos servirmos como um exemplo de iniquidade, cujas outras instâncias devemos também combater. É, apesar disso, animados pelas melhores intenções que defendemos ao mesmo tempo as duas teses: na realidade, elas se neutralizam mutuamente.

O exemplo de David Rousset, muitas vezes evocado nestas páginas, é particularmente significativo em relação a isso. Esse ex-prisioneiro político, deportado para Buchenwald, teve a sorte de sobreviver e voltar para a França, mas não se limitou a isso. Escreveu dois livros que lhe trouxeram notoriedade, nos quais se esforçou para compreender o universo concentracionário. Porém, mais uma vez, ele não se conteve: em 12 de novembro de 1949, publicou em *Le Figaro littéraire* um apelo aos antigos deportados dos campos nazistas para que tomassem em suas mãos a investigação sobre os campos de concentração soviéticos, que ainda estavam em atividade. Esse apelo produziu o efeito de uma bomba: os comunistas estavam fortemente representados entre os antigos deportados e a escolha entre duas lealdades postas em conflito não é elementar; na sequên-

---

12 Petrov, Godina i dva meseca v ada, *Democracijia*, 30, 23 mar. 1990, p.3.

cia desse apelo, inúmeras federações de deportados se viram cindidas em dois. A imprensa comunista cobriu Rousset de injúrias, o que o levou a constituir um processo por difamação que, aliás, ele ganhou. Em seguida, Rousset dedica vários anos de sua vida para combater os campos de concentração comunistas, reunindo e publicando informações a eles concernentes.

Se houvesse privilegiado a memória literal, Rousset teria passado o resto da vida imerso em seu passado, curando suas próprias feridas, nutrindo seu ressentimento com relação àqueles que lhe infligiram uma ofensa inesquecível. Ao privilegiar a memória exemplar, escolheu se servir da lição do passado para agir no presente, no interior de uma situação em que ele não é o ator, e que só conhece por analogia e a partir do exterior. É dessa forma que ele compreende seu dever de ex-deportado, e é por isso que se dirige prioritariamente, e isso é essencial, a outros ex-deportados. "Vocês não podem recusar esse papel de juízes", ele escreve. "Essa é precisamente sua tarefa mais importante, na qualidade de ex-deportados políticos [...]. Os outros, aqueles que jamais foram concentracionários, podem alegar a pobreza da imaginação, a incompetência. Quanto a nós, somos profissionais, somos especialistas. É o preço que devemos pagar pelo excedente de vida que nos foi concedido."[13] É dever dos ex-deportados investigar os campos presentes.

Rousset não ignora as diferenças entre os dois sistemas concentracionários, mas o próprio fenômeno lhes é comum, e elas não justificam o abandono da comparação. "Para os deportados, a diferença é vã, já que as mesmas condições de vida inevitavelmente levam à morte particular que foi a nossa, a morte

---

13 Copfermann, *David Rousset*, p.207.

sórdida e desesperada."[14] Uma segunda questão se coloca então: será que não devemos ainda generalizar e assimilar os sofrimentos nos campos à "universal queixa secular dos povos",[15] a qualquer sofrimento, a qualquer injustiça? De fato, há perigo para a memória exemplar de se diluir numa analogia universal, em que todos os gatos do sofrimento são uniformemente pardos. Isso seria não somente se condenar à paralisia diante da enormidade da tarefa, mas também desconhecer que os campos de concentração não representam somente uma injustiça entre outras, mas a maior degradação à qual o ser humano foi levado no século XX. Como afirma Rousset em seu processo: "O flagelo concentracionário não tem comum medida com todos os outros".[16] A memória exemplar generaliza, mas de maneira limitada. Ela não faz desaparecer a identidade dos fatos, mas somente os põe em relação uns com os outros. "Sem medida" não quer dizer "sem ligação": o extremo está em germe no cotidiano, mas também é preciso distinguir entre o germe e o fruto. Não se julga do mesmo modo o crime e o ato cometido.

Em nossos dias não há mais razias de judeus, nem campos de extermínio. Apesar disso, devemos manter viva a memória do passado, não para demandar reparação pela ofensa sofrida, mas para ficar alertas a situações novas e, apesar disso, análogas. O racismo, a xenofobia, a exclusão que atualmente atingem os "outros" não são idênticas àquelas de há cinquenta anos. Nem por isso, precisamente em nome desse passado, devemos deixar de agir sobre o presente.

---

14 Ibid., p.207.
15 Ibid., p.200.
16 Ibid., p.244.

Em que pese essa preferência pela generalização, meus exemplos não provêm de todos os campos de concentração, mas apenas de dois grupos, nazistas e soviéticos. Além disso, esses dois grupos não são igualmente representados, e isso por uma razão que diz respeito à história. O regime nazista foi esmagado em 1945; os antigos carrascos, quando não fugiram ou se esconderam, foram julgados. As antigas vítimas, mesmo não se tornando as vencedoras, se viram em países nos quais seu sofrimento foi reconhecido e tiveram sua liberdade protegida. Os regimes comunistas não foram vencidos a partir do exterior. Eles se desagregaram progressivamente (quando o foram) mantendo em atividade muitas estruturas antigas, assim como as pessoas implicadas nas repressões anteriores. No momento, não há nada comparável a um tribunal de Nuremberg em vista para os antigos países comunistas. Por diferentes motivos, os processos que aconteceram contra Ceausescu, Jivkov ou Honecker foram decepcionantes. Uma das consequências dessa diferença é que estamos infinitamente melhor informados sobre os campos de concentração alemães que sobre seus congêneres soviéticos, sobretudo naquilo que diz respeito à psicologia dos comportamentos. Dispomos, de um lado e de outro, de inúmeros depoimentos de ex-prisioneiros, mas não há, do lado soviético, nada comparável aos escritos dos antigos nazistas, confissões ou apologias. Faltam também, apesar dos esforços de alguns pioneiros, estudos detalhados e objetivos, feitos por observadores exteriores. Por esse motivo, meus exemplos, sobretudo no que concernem às manifestações do mal, foram mais frequentemente emprestados da história dos campos de concentração nazistas que daqueles comunistas. Em alguns anos, a documentação sobre estes últimos será grandemente enriquecida, isso é certo, mas será que deveríamos esperar por ela para começar a meditar sobre a lição desses campos? Eu decidi que não.

## Notas sobre a moral

Levado por minhas leituras sobre as insurreições de Varsóvia, anunciei sem maiores precauções que iria me ocupar aqui da vida moral dos indivíduos, sempre acrescentando que, mais que o próprio passado, era o esclarecimento que ele lança sobre nosso presente o que me interessava. Ora, essa junção de termos, "moral" e "presente", causa problemas. O que caracteriza nosso presente — poderiam me dizer gentilmente — é justamente o desaparecimento da moral. Mais exatamente, duas proposições distintas parecem evidentes no mundo contemporâneo, mesmo que não caminhem bem juntas. A primeira, que pode ser acompanhada por descontentamento ou satisfação, defende que a ausência de moral seja precisamente a característica das sociedades ocidentais de hoje: o dever está morto e, em seu lugar, celebra-se a autenticidade. A segunda se enuncia no imperativo: é passado o tempo de nos liberar dos últimos restos de uma moral opressiva. Diz-se também: cuidado, a moral retorna! Antes de abordar as lições morais dos campos de concentração, eu deveria então me questionar se não me enganei redondamente ao levantar questões de outro tempo ou de outro lugar.

Penso que essas duas proposições têm sua fonte em dois mal-entendidos distintos, que são relativos ao sentido e à extensão do próprio termo "moral". No primeiro caso (a constatação de ausência), me parece que se tomou a espécie pelo gênero: do desaparecimento de uma forma de moral (*grosso modo*, aquela que se cristalizava nas tradições) conclui-se aquele da moral em geral. Ora, tal como a compreendo, a moral não poderia desaparecer sem que ocorresse uma mutação na espécie humana.

Eu não poderia aqui abrir mão de uma brevíssima digressão na antropologia geral. Podemos classificar as atividades humanas de diversas maneiras, mas uma das distinções mais esclarecedoras me parece ser aquela entre atividades (para empregar inicialmente dois termos cultos) teleológicas e intersubjetivas. Por um lado, as ações que se definem por sua finalidade, em que se parte de um projeto e se segue na direção de sua realização, implementando diversas estratégias, ações que se avaliam a partir do resultado a que chegam, sucesso ou fracasso — mil e um gestos que dizem respeito ao mundo do estudo e da pesquisa, do trabalho e dos negócios, da política e da guerra (são elas que tiram proveito do pensamento instrumental). Por outro lado, ações que se definem pela relação que elas instauram entre dois ou mais indivíduos e que poderíamos chamar, no sentido mais amplo, de comunicação, mas que correspondem tanto à compreensão quanto à imitação, tanto ao amor quanto ao poder, tanto à constituição de si quanto à de outrem. Evidentemente se pode dar a esses dois conjuntos nomes diferentes, que engajam conceitos diferentes (mundo das coisas e mundo das pessoas, relações de objeto e relações de sujeitos, cosmos e *anthropos*, *eu* e *tu*, e assim por diante). O que me importa, no momento, é somente a própria existência dessa distinção e o fato de que não se pode conceber a vida humana sem a presença simultânea das *duas* séries de atividades — e penso que todo mundo estaria de acordo sobre isso.

A moral, tal como a compreendo, é uma das dimensões constitutivas do mundo intersubjetivo e o influencia profundamente, estabelecendo ao mesmo tempo seu ápice. Como é impossível imaginar a humanidade sem relações intersubjetivas, não se pode imaginá-la sem dimensão moral. Entendo por moral o que nos permite dizer que uma ação é boa ou má. E falo de "ápice", pois os termos "bem" e "mal" designam, de maneira quase tautológica, e qualquer que seja a escola filosófica que se reivindique, o que há de mais (ou de menos) desejável nesse mundo das relações humanas. A ação mais louvável é, por definição, a ação moral. Um universo privado de moral seria um mundo em que tudo, nas relações humanas, se tornaria indiferente — o que é quase impossível conceber. Os conservadores que lamentam o desaparecimento da influência das tradições sobre nós não contestariam a existência de julgamentos morais, nesse sentido da palavra, em nosso mundo. E os individualistas mais extremados não saberiam negar a rede de relações intersubjetivas na qual cada um de nós se encontra envolto. Se me perguntassem: "Mas por que agimos de forma moral?", eu seria levado a dar uma dupla resposta: porque assim sentimos uma alegria profunda; e por isso nos conformamos à própria ideia de humanidade, e dessa maneira participamos de sua realização.

A partir dessas evidências, darei agora um prudente passo à frente: os julgamentos morais não são arbitrários (não dependem do capricho de cada indivíduo, por isso é impossível reduzir a moral à intensidade de sua experiência), mas se deixam argumentar racionalmente. Os relatos dos campos de concentração me convenceram de que as ações morais são sempre assumidas por um indivíduo (nesse sentido, são "subjetivas") e destinadas a um ou a vários indivíduos (são "pessoais": considero o outro como uma pessoa, o que significa que ele se torna a finalidade de minha ação). Dei o nome de "cuidado" à ação moral por excelência, ou seja, uma ação pela qual um *eu* visa o bem-estar de um (ou de vários) *tu*. Porém, como constatamos, ela não é a única, pois seu destinatário pode ser modificado e ser o próprio sujeito, que nessa situação se desdobra (e então se fala de "dignidade"), ou um conjunto indeterminado de indivíduos ("meu povo", "meus contemporâneos", "meus leitores"), aos quais se dirigem as "atividades do espírito". A dignidade e o espírito só se tornam ações morais se preencheram a seguinte condição: visar o bem de determinados seres humanos. Um nazista coerente consigo mesmo não acede à dignidade moral, pois ao obedecer às suas próprias exigências não produz nenhum bem. Um cientista, por outro lado, não produz um ato moral ao escrever "$E = mc^2$" (ainda não há intersubjetividade), mas o faz na medida em que tenta tornar o mundo mais inteligível aos olhos da humanidade.

Assim, eu me vejo engajado em várias escolhas. Em primeiro lugar, quis compreender a moral comum, e não a dos seres excepcionais, dos santos ou dos monstros, ou daqueles que são apresentados como tais, e que atingem muito mais vivamente a imaginação. Em seguida, retive como decisiva a categoria "visar o bem de uma pessoa (ou o de várias)", preferencialmente a qualquer outra. Em outros tempos, ou sob outras óticas, podemos escolher outro traço e valorizá-lo acima de tudo, por exemplo, a pujança: física, como a de Aquiles ou a de Hércules, ou a de nossos campeões esportivos ou grandes exploradores. Ou espiritual, como a dos gênios da humanidade universalmente admirados, os pensadores, os cientistas ou os artistas. Por fim, ao falar antes de "ação" que de "atitude", subentendo que a moral não é um caso de aquiescência, de aceitação passiva do mundo, mas sim o de liberdade e de escolha, mesmo que o sujeito que produz o ato moral não tenha consciência disso no momento em que o executa.

Quanto à segunda proposição (a intimação da ordem de esquecer qualquer moral), creio que ela procede de um deslocamento semântico por contiguidade – confunde-se então a moral com uma ação aparentada, mas distinta. Insurgimo-nos, por exemplo, contra as tentativas de certos contemporâneos de nos "dar lição de moral"; mas dar lição de moral não é uma ação moral. Em outras vezes, tememos um retorno da "ordem moral", mas os chamamentos à ordem (moral) também não são ações morais.

Estas implicam, como afirmei, que sejam executadas pelo próprio sujeito da ação, um indivíduo (subjetividade), e que se dirijam a outros indivíduos (personalização). A amputação de um desses elementos dá lugar a uma dessas ações aparentadas à – e apesar disso bem distintas da – moral de que se trata aqui. Se a ação é executada pelo sujeito, e no entanto se dirige não a outros indivíduos, mas a uma abstração qualquer – tais como a pátria, a liberdade, o comunismo, ou mesmo a humanidade —, estamos lidando com o heroísmo ou um de seus derivados. Do ponto de vista moral, isto é, de um ponto de vista que leva em consideração os interesses dos indivíduos, as ações heroicas não são, em si mesmas, nem boas nem más, e podem ser tanto umas como outras. Vimos que certos heróis de fato se preocupam com o efeito de seus atos sobre seus próximos, e outros não. Para saber se uma ação heroica é moralmente louvável, devemos então dispor de elementos de informação suplementares. Se o destinatário humano estiver ausente, o heroísmo se transforma em ato de bravata ou de fanfarronada.

Se a ação é mesmo dirigida a um ou a vários indivíduos, mas não for executada pelo próprio sujeito, que se contenta em enunciá-la (recomendá-la), trata-se do moralismo (esse parente de fato pouco atraente da moral). Então se exige dos outros que se conduzam em conformidade com os códigos que reúnem um conjunto de interdições ou de prescrições (por exemplo, que os homens não usem calças justas, ou que as mulheres não vistam saias curtas). Ora, moralmente, só se pode exigir de si — ao outro só se pode dar (dentro da dignidade, em que *eu* é, ao mesmo tempo, fonte e destinatário da ação, também há essas duas instâncias: uma parte de mim dá, outra recebe).

Da mesma forma, podemos confundir a moral não com o moralismo pouco simpático, mas com a justiça, que é desejável. A justiça não é nem subjetiva (submeter-se a ela é uma obrigação, não um mérito), nem pessoal (ela dirige-se indiferentemente a todos os cidadãos, ou até mesmo a todos os seres humanos), mas pode reivindicar os mesmos princípios que a moral (a felicidade do indivíduo, o respeito pela pessoa, a universalidade de aplicação). Assim, a ação moral também não se confunde com a política, que — no melhor dos casos — é uma ação que visa a instaurar a justiça (ou mais justiça) no interior de um país, o que a moral não sabe fazer. Um pouco como o heroísmo, a ação política pode servir ou não ao interesse dos habitantes. Por fim, a moral também não se identifica com a *reflexão sobre a moral*, que é da ordem da busca pela verdade, e não pelo bem. Dessa forma, este livro mesmo, que fala de moral, não necessariamente constitui em si mesmo um ato moral, mas poderia sê-lo, ao mesmo título que qualquer outra atividade do espírito.

## Lições do passado

Chegado a este ponto, gostaria de reformular algumas das lições morais que emanam dos campos totalitários e das atividades que os cercam. Para maior comodidade, separo-as em algumas rubricas, ainda que elas sejam interdependentes.

*1. Crescimento do mal.* É difícil comparar o mal de um século ao de outro, já que não podemos conhecer ambos a partir de seu interior. Entretanto, tudo leva a crer que no século XX, na Europa, se assistiu a um desdobramento do mal que jamais (ou muito raramente) se tinha visto, não somente pelo número de mortos, mas também por causa do sofrimento infligido às vítimas e pela degradação sofrida pelos carrascos. Como explicá-lo? Não creio que o próprio mal tenha mudado de natureza — ele consiste sempre em negar a alguém o direito de ser plenamente humano. Também não acredito que a espécie humana tenha sido submetida a uma mutação. Por fim, não penso que um novo fanatismo, de uma potência jamais vista, tenha subitamente aparecido. O que tornou esse imenso mal possível foram traços completamente comuns e cotidianos de nossa vida: a fragmentação do mundo e a despersonalização das relações humanas. No entanto, esses traços mesmos são o efeito de uma transformação progressiva, não exatamente do homem, mas de suas sociedades: a fragmentação interior é o efeito da especialização crescente que reina no mundo do trabalho e, portanto, de sua compartimentalização inevitável.

A despersonalização provém de uma transferência do pensamento instrumental para o campo das relações humanas. Dito de outra forma, o que é próprio às atividades teleológicas (especialização, eficiência) se apodera também das atividades intersubjetivas, e é isso que multiplica por mil um potencial de mal que provavelmente não é muito diferente daquele dos séculos passados.

É nesse sentido que podemos responsabilizar nossa civilização industrial e tecnológica pelos campos de concentração, não porque os meios industriais particulares são necessários para executar os assassinatos em massa e provocar infinitos sofrimentos (na Alemanha não se foi muito mais além do que o uso da pólvora, do veneno e do fogo. A Rússia, muito mais pobre, matou pelo frio, pela fome e pelas doenças que estes provocam), mas porque uma mentalidade "tecnológica" invadiu *também* o mundo humano. Essa evolução é trágica, pois não podemos imaginar que seja freada: a tendência à especialização e à eficácia está inscrita em nossa história, e seu efeito nefasto sobre o mundo propriamente humano é incontestável. De fato, Rousseau já havia percebido isso, e esse é o motivo pelo qual sua visão da humanidade é tão desesperada. "Foram o ferro e o trigo que civilizaram os homens e puseram a perder o gênero humano", ele dizia.[17] Como tirar proveito das benfeitorias da tecnologia sem sofrer seus contragolpes sobre nossas maneiras de estarmos juntos? Essa é a questão que ainda pede uma resposta.

---

17 Rousseau, *Discours sur l'origine et les fondements de l'inégalité parmi les hommes*, p.171.

2. *Banalidade do bem*. O bem não cresceu em paralelo, mas também não creio que tenha diminuído. Contudo, nossa definição do que é bom poderia mudar e assim nos tornar um pouco mais otimistas. Parece-me que há muito mais atos de bondade do que a "moral tradicional" reconhece; ela tendeu a valorizar o excepcional, enquanto são eles que constituem o tecido de nossa vida cotidiana. Os campos de concentração confirmam essa onipresença, uma vez que, mesmo nas circunstâncias de maior adversidade que possamos imaginar, quando homens e mulheres se encontram desfalecidos de fome, petrificados de frio, esgotados de fadiga, espancados e humilhados, continuam a ter gestos simples de bondade: nem todos, nem a todo momento, mas suficientemente para que nossa fé no bem saia reforçada. Cabe a nós, então, em nossas existências tranquilas, reconhecer esses atos (de dignidade, de cuidado, de espírito), valorizá-los, encorajá-los mais do que o fazemos habitualmente, dado que, estando ao alcance de cada um, eles representam uma das execuções supremas da espécie humana – e temos muita necessidade disso num mundo ameaçado como o nosso. Como já afirmei, é a lição vinda das situações extremas que esclarece nossa condição comum: uma moral cotidiana na medida de nosso tempo poderia se fundar nesse reconhecimento da facilidade tanto do bem quanto do mal. Não é preciso imitar os santos, nem temer os monstros – tanto as ameaças quanto os meios para neutralizá-las estão exatamente ao redor de nós.

A experiência do bem nos campos totalitários também lança certa luz sobre uma antiga controvérsia a respeito da moral: na execução de um ato que diga respeito a ela, trata-se – como pensavam *grosso modo* os Antigos – de buscar cumprir sua natureza, de se conformar à sua destinação primeira ou, ao contrário – como afirmam os Modernos –, de se submeter a um sentido do dever que exige que se supere e se reprima suas tendências naturais? Se alguém faz o bem nos campos, certamente não é pelo sentido do dever. Todas as obrigações interiorizadas, provenham elas dos ensinamentos tradicionais ou das decisões da razão, desmoronam diante da pressão das circunstâncias. Se Milena Jesenska marcha fora das fileiras para manter sua dignidade, consegue entrar no calabouço para encorajar sua amiga, fala com ela sobre literatura e pintura à sombra das torres de vigilância dos campos de concentração, não é porque sua cultura ou sua razão lhe recomendam essas ações, mas porque é levada a elas por sua natureza humana de ser social, e porque nisso ela desfruta de uma alegria muito pura.

Também aqui eu estaria inclinado a dar razão a Rousseau (que, no entanto, pertence aos Modernos, é mesmo um dos maiores entre eles, e que acredita na perfectibilidade do homem). De fato, ele pensa que a *piedade* (atitude da qual, segundo ele, "decorrem todas as virtudes sociais") "precede o uso de qualquer reflexão" e não é aprendida pela tradição, que ela é mesmo "um sentimento natural". "Com toda sua moral, os homens sempre seriam apenas monstros, se a Natureza não lhes tivesse dado a piedade para apoiar a razão."[18] Porém, se é natural, nem por isso a piedade é encontrada em todos, nem em quantidade igual. Penso mesmo que os seres humanos só tardiamente a descobrem em si ou, em todo caso, não fazem dela um princípio ativo, a não ser quando já estão bem avançados na vida. Ela é quase ausente na criança e o adolescente faz,

---

18 Ibid., p.144-5.

em primeiro lugar, a descoberta da justiça. É somente quando adulto que concede à "simpatia", em seu sentido primeiro, um lugar bem especial, sem dúvida porque as circunstâncias da vida podem levá-lo a se ocupar dos outros, filhos ou pais, e a acalentar, no amor ou na amizade, os seres por si próprios, e não pelo prazer que eles podem lhe dar.

 A experiência moral nos campos pareceria então dar razão à tese "naturalista" sobre a moral. Na verdade, ela se situa um tanto além dessa oposição. Apesar de serem "naturais", as ações morais não são o efeito automático de um instinto animal, mas sim gestos voluntários e, portanto, livres. Simplesmente, simpatia (natural) e dever (voluntário) não necessariamente se opõem — o dever não é forçosamente um meio de superar nossas tendências, mas pode também ser sua sublimação, e podemos ter mais que um. A simpatia pelos outros, que nos leva a querer seu bem, e também por nós mesmos, que nos ajuda a nos conduzir dignamente, é, em certo sentido, "natural", mas também o são as nossas tendências à fragmentação e à despersonalização que, no entanto, se encontram na base dos "vícios cotidianos" e possibilitaram o mal extremo de nossa época. Também vimos isso a respeito da dignidade: não basta que uma ação satisfaça nossos critérios internos (que ela autorize o respeito de si) para que a possamos declarar como boa. Só porque uma tendência é natural, não podemos nos contentar em dizer que é preciso aderir a ela; devemos poder julgar o valor das tendências, de certa forma, a partir do exterior. A razão é a única capaz de fazer isso, e o critério do qual ela se serve é a possibilidade de universalização. Se quisermos nos submeter somente à natureza, então é preciso que esta seja de antemão um conceito normativo, um ideal. Ora, o melhor ideal aqui é aquele que podemos defender racionalmente e que todos podemos compartilhar. Não se trata, de forma alguma, de deixar cada um se conformar às suas próprias disposições. Deixamo-nos levar pela simpatia porque ela é natural, mas é a razão que nos informa se ela é um bem.

3. *Os valores sexuados.* Para dar conta das ações e das qualidades humanas no que se refere aos campos, mas também fora deles, precisei recorrer a uma série de oposições, sobre as quais constato agora que se englobam umas nas outras. No nível mais abstrato, distingui entre atividades teleológicas e intersubjetivas. Dentre estas, fui levado a separar esfera pública e esfera privada, oposição que leva àquela da política e da moral (segundo o princípio da "subjetividade" de toda ação moral). No próprio âmago da moral, opus virtudes heroicas e virtudes cotidianas (segundo o critério de "personalização"). Para estas últimas, recorri à distinção entre moral de princípios e moral de simpatia. Ora, enumerando assim essas oposições, várias observações saltam à vista.

Poderíamos formular a primeira como uma dupla exigência: conquanto se tratem de verdadeiras oposições que não admitem síntese, os dois termos são também necessários tanto à vida do indivíduo quanto à da sociedade. É preciso que o trabalho seja eficaz *e* que as relações humanas não lhe sejam sacrificadas; é preferível que a sociedade seja justa *e* os indivíduos, bons; que as virtudes heroicas ocorram em situações excepcionais *e* as virtudes cotidianas se deem na vida de todos os dias. Também vimos que a ação dos salvadores exigia ao mesmo tempo uma moral de princípios *e* uma moral de simpatia. Será possível vencer as tensões nascidas dessas duplas exigências?

A segunda observação seria que a resposta trazida pelas sociedades europeias (e talvez pelas outras) a esse desafio consistiu em repartir os valores ligados a cada um dos termos das oposições segundo os sexos — não exclusivamente, mas preferencialmente. Aos homens, o primeiro termo; às mulheres, o segundo. Aos homens, o mundo do trabalho, a política na praça pública, as virtudes heroicas, a moral de princípios. Às mulheres, as relações humanas, a esfera privada, as virtudes cotidianas, a moral de simpatia. Assim como a vida biológica tem necessidade, para se manter, de homens *e* mulheres, a vida social exigiria a interação dos valores "masculinos" *e* "femininos" (do *yin* e do *yang*, diria sem dúvida um chinês).

É preciso de pronto acrescentar, em seguida, que de maneira geral as duas séries de termos (e, portanto, de valores) não são igualmente apreciadas, mas que uma preferência é dedicada aos valores masculinos — a ponto de, em certos momentos da História, eles serem os únicos reconhecidos como valores. A vida privada, as conversas, os cuidados, a compaixão são "deixados" às mulheres, e dessa forma ignorados tanto pelo pensamento quanto pela moral. De forma que a emancipação das mulheres, como vimos com Etty Hillesum, poderia consistir no abandono dos valores femininos e na adesão aos valores masculinos. As coisas mudam já há algum tempo, é claro, mas temo que o façam mais rápido na lei que nos costumes, e mais nos costumes que nas consciências.

Que conclusões tirar dessas constatações? Em primeiro lugar, é preciso renunciar a um ideal de unidade (Rousseau, que chegara a essa mesma constatação, ficara bem contrariado). Os dois termos de cada oposição não são, propriamente falando, contraditórios, mas, encarnados em gestos concretos, não podem ser praticados pela mesma pessoa ao mesmo tempo. Ora, ambos são necessários – isso é verdade tanto para os comportamentos quanto para os valores; seria um desastre se todo mundo se alinhasse aos valores masculinos (ou, variante menos provável, aos femininos). Segue-se que o indivíduo deveria se aceitar como um ser heteróclito, portanto irremediavelmente imperfeito nos termos de cada uma das duas séries de valores; que deveria, em seu modo de vida, aceitar a alternância (ou, se preferirmos, a androginia) e a necessidade do compromisso. Enfim, devemos constatar, como já o fizemos a respeito dos salvadores, que o ser moral completo não pode ser o indivíduo, mas somente o casal que, por sua vez, também é construído sobre um compromisso entre as duas espécies de valores, sendo que uns servem para temperar os outros. Será que eu ainda deveria explicitar que o casal de que falo pode ser formado por dois homens ou duas mulheres e que, por outro lado, sua estabilidade não está em questão aqui?

Ademais, se as sociedades tradicionais deram prova de uma espécie de sabedoria inconsciente ao manter as duas séries, atualmente só podemos aceitar essa repartição se as submetemos a uma dupla inflexão. Por um lado, se a dualidade é necessária, a repartição tradicional segundo os sexos não o é, diferentemente do que acontece na biologia (por enquanto!). As mulheres trabalham e os homens falam. *Elas* desempenham um papel público, *eles* descobrem a vida privada, e assim por diante. O que é essencial é a salvaguarda das duas séries, e não sua encarnação em um ou outro sexo biológico. Por outro lado, os valores aqui chamados de "femininos" foram gravemente subestimados pelo discurso dominante ao longo da história europeia, e é preciso que eles adquiram o lugar que lhes cabe. O presente livro poderia ser um passo, entre outros, nessa direção.

*4. Raridade dos justos.* A virtude cotidiana é onipresente: é preciso dizê-lo bem alto e se comprazer com isso. Mas há, tanto na vida das sociedades quanto na dos indivíduos, situações em que ela se mostra insuficiente. São momentos de angústia e de desolação — nesses tempos, uma virtude maior se torna necessária. Então o sujeito deve não apenas assumir a ação que prescreve, mas também aceitar os riscos por sua própria vida ou por seus bens, assim como pelos de seus próximos. Nesse caso, ele deve não somente dirigir sua conduta a um indivíduo, mas aceitar que este seja um desconhecido, e não mais um próximo. Em suma, a coragem e a generosidade se tornam aqui igualmente indispensáveis. Ora — e esta é a última lição dos campos totalitários — o número dos Justos providos dessas qualidades é tragicamente limitado.

Não penso que aí esteja uma novidade histórica. Os códigos morais tradicionais prescrevem, às vezes, a ajuda aos desconhecidos (a caridade, a esmola), mas a generosidade que resulta disso permanece bem exterior, e não é mais que uma obrigação dentre outras que se deve apressar em saldar. De outro ponto de vista, nossos ancestrais não tinham, mais que nós, o gosto pelo risco. Será que deveríamos sentir uma vergonha, uma culpabilidade metafísica diante dessa incapacidade de fazer pelos estranhos o que de bom grado concedemos aos nossos próximos, e de aceitar o risco em vez da tranquilidade? Isso seria, a meu ver, revoltar-se em vão contra a condição humana. Todavia, o que podemos esperar é que sejam reconhecidos esses momentos de angústia e o apelo que nos são então dirigidos. Conta-se que os judeus perseguidos tinham muita dificuldade em se passar por não judeus, mesmo que nada em seus traços ou roupas os traíssem: eles tinham no olhar uma tal tristeza que os fazia serem reconhecidos de longe. Que possamos então ser capazes, quando surgir a ocasião, de captar esse olhar, ainda que de um desconhecido, e de sermos por ele tocados. Do contrário, pobre do estranho perdido longe dos seus...

# *Referências bibliográficas*

## 1. Textos ligados aos campos totalitários

ABELLA, I.; TROPER, H. *None is Too Many:* Canada and the Jews of Europe, 1933-1948. Toronto: Lester & Orfen Dennys, 1982.

_____. *L'Allemagne nazie et le génocide juif.* Paris: Gallimard-Seuil, 1985.

AMÉRY, J. *At the Mind's Limit.* Bloomington: Indiana UP, 1980.

_____. Les intellectuels à Auschwitz. *Documents:* revue des questions allemandes, 20, 3, p.12-33, 1965.

_____. *Radical Humanism.* Bloomington: Indiana UP, 1984.

ANTELME, R. *L'Espèce humaine.* Paris: Gallimard, 1957.

ARENDT, H. *Eichmann à Jérusalem.* Paris: Gallimard, 1966. [*Eichmann em Jerusalém:* um relato sobre a banalidade do mal. São Paulo: Companhia das Letras, 1999.]

*AU SUJET de Shoah.* Paris: Belin, 1990.

BATAILLE, G. *L'Érotisme.* Paris: Les Éditions de Minuit, 1957.

BAUMAN, Z. *Modernity and the Holocaust.* Ithaca (NY): Cornell UP, 1989.

BERKOWITZ, S. *Where Are My People?* Nova York: Helios, 1965.

BETTELHEIM, B. *Le Cœur conscient.* Paris: R. Laffont, 1972.

BETTELHEIM, B. *Survivre*. Paris: R. Laffont, 1979.
BLADY SZWAJGER, A. *Je ne me souviens de rien d'autre*. Paris: Calmman-Lévy, 1990.
BLANCHOT, M. Les Intellectuels en question. *Le Débat*, 29, p.3-28, 1984.
BOROWSKI, T. *Le Monde de pierre* (incluindo *Aux douches, messieurs-dames*). Paris: Calmman-Lév, 1964.
_____. *This Way for the Gas, Ladies and Gentlemen*. Nova York: Penguin, 1976.
BORWICZ, M. (Ed.). *L'Insurrection du ghetto de Varsovie*. Paris: Julliard, 1966.
BUBER-NEUMANN, M. *Déportée en Sibérie*. Paris: Éditions du Seuil, 1949.
_____. *Déportée à Ravensbrück*. Paris: Éditions du Seuil, 1988.
_____. *Milena*. Paris: Éditions du Seuil, 1986.
CAMON, F. *Conversations with Primo Levi*. Marlboro: The Marlboro Press, 1989.
CHALAMOV, V. *Kolyma*. Paris: Maspero, 1980.
CIECHANOWSKI, J. *The Warsaw Rising of 1944*. Cambridge: Cambridge UP, 1974.
COHEN, E. A. *Human Behavior in the Concentration Camp*. Nova York: Norton, 1953.
CONAN, E. Enquête sur un crime oublié. *L'Express*, 2025, p.60-70, 27 abr.-3 maio, 1990.
CONQUEST, R. *Kolyma, the Artic Death Camps*. Nova York: Viking Press, 1978.
JONG, L. de. The Netherlands and Auschwitz. *Yad Vashem Studies*, VII.
DELBO, C. *Auschwitz et après*. Paris: Éditions Renouveau, 1962. (t.I: *Aucun de nous ne reviendra*; t.II: *Une connaissance inutile*; t.III : *Mesure de nos jours*).
_____. *Le Convoi du 24 janvier*. Paris: Les Éditions de Minuit, 1965.
DES PRES, T. *The Survivor*. Oxford : Oxford UP, 1976.
DIAMANT, D. *Héros juifs de la Résistance française*. Paris: É. Renouveau, 1962.
EDELMAN, M.; KRALL, H. *Mémoires du ghetto de Varsovie* (incluindo *Prendre le bon Dieu de vitesse*). Paris: Éditions du Scribe, 1983.

EICHMANN, A. *Eichmann par Eichmann*. Paris: Grasset, 1970.
FÉNELON, F. *Sursis pour l'orchestre*. Paris: Stock, 1976.
FRANK, A. *Journal*. Paris: Calmann-Lévy, 1950.
FRANK, H. *Die Technik des Staates*. Munique: Deutscher Rechtsverlag, 1942.
FRANKL, V. *Un Psychiatre déporté témoigne*. Lyon: Éditions du Chalet, 1967.
GILBERT, G. M. *Nuremberg Diary*. Nova York: Farrar, Staruss, Cudatry, 1947.
_____. *The Psychology of Dictatorship*. Nova York: The Ronald Press, 1950.
GREY, J. G. *The Warriors*. Nova York: Harper & Row, 1970.
GROSSMANN, V. *Dobro vam!* Moscou: Sovetskij pisatel', 1967.
_____. *Tout passe*. Paris: Julliard-l'Âge d'homme, 1984.
_____. *Vie et Destin*. Paris: Julliard-l'Âge d'homme, 1983.
GUINZBOURG, E. *Le vertige*. Paris: Éditions du Seuil, 1967, 1980.
_____. *Le Ciel de la Kolyma*. Paris: Éditions du Seuil, 1980.
HALLIE, P. *Le Sang des innocents*. Paris: Stock, 1980.
HAAS, P. J. *Morality after Auschwitz*. Filadélfia: Fortress Press, 1988.
HERLING, G. *Un Monde à part*. Paris: Denoël, 1985.
HILBERG, R. *La Destruction des juifs d'Europe*. Paris: Fayard, 1988.
HILL, M. A. (Ed.). *Hannah Arendt, Recovery of the Public World*. Nova York: St. Martin's Press, 1979.
HILLESUM, E. *Lettres de Westerbork*. Paris: Éditions du Seuil, 1988
_____. *Une vie bouleversée*. Paris: Éditions du Seuil, 1985.
HIMMLER, H. *Discours secrets*. Paris: Gallimard, 1978.
HOESS, R. *Le Commandant d'Auschwitz parle*. Paris: Maspero, 1979.
HUSTON, N.; KINSER, S. *A l'amour comme à la guerre*. Paris: Éditions du Seuil, 1984.
JANKÉLÉVITCH, V. *L'Imprescriptible*. Paris: Éditions du Seuil, 1986.
JASPERS, K. *Culpabilité allemande*. Paris: Les Éditions de Minuit, 1948.
KAHLER, E. *The Tower and the Abyss*. Londres: Jonathan Cape, 1958.
KLEMPERER, V. *LTI*. Colônia: Röderberg, 1987.
KOGON, E. *L'État SS*. Paris: Éditions du Seuil, 1970.

KOGON, E.; LANGBEIN, H.; RÜCKERL, A. *Les Chambres à gas, secret dÉtat*. Paris: Éditions du Seuil, 1987.

KREMER, J. P. Diary. In: BEZWINSKA, J.; CZECH, D. (Eds.). *KL Auschwitz Seen by the SS*. Nova York: H. Fertig, 1984.

KREN, G. M.; RAPPOPORT, L. *The Holocaust and the Crisis if Human Behavior*. Nova York/Londres: Holmes & Meier, 1980.

KURZMAN, D. *The Bravest Battle*. Nova York: Putnam's, 1976.

LAKS, S. *Music of Another World*. Evanston: Northwestern UP, 1989.

_____; COUDY, R. *Musiques d'un autre monde*. Paris: Mercure de France, 1948.

LANGBEIN, H. *Hommes et femmes à Auschwitz*. Paris: Fayard, 1975.

LANZMANN, C. *Shoah*. Paris: Fayard, 1985.

LAQUEUR, W. *The Terrible Secret*. Nova York: Penguin, 1982.

LEITNER, I. *Fragments of Isabella*. Nova York: Dell, 1978.

LENGYEL, O. *Souvenirs de l'au-delà*. Paris: Éd. du Bateau ivre, 1946.

LEVI, P. *La Trêve*. Paris: Grasset, 1966.

_____. *Le Fabricant de miroirs*. Paris: Liana Levi, 1989.

_____. *Le Système périodique*. Paris: Albin Michel, 1987.

_____. *Les Naufragés et les Rescapés*. Paris: Gallimard, 1989. [*Os afogados e os sobreviventes*. São Paulo: Paz e Terra, 2004.]

_____. *Lilith*. Paris: Liana Levi, 1987.

_____. *Moments of Reprieve*. Nova York: Penguin, 1987.

_____. *Si c'est un homme*. Paris: Julliard, 1987. [*É isto um homem?* Rio de Janeiro: Rocco, 2013.]

LIFTON, R. J. *Les Médecins nazis*. Paris: R. Laffont, 1989.

LINGENS-REINER, E. *Prisoners of Fear*. Londres: V. Gollancz, 1948.

MACDONALD, D. The Responsibility of Peoples, *Politics*, 2, mar. 1945.

MAIER, C. S. *The Unmasterable Past: History, Holocaust and German National Identity*. Cambridge: Harvard UP, 1988.

MARRUS, M. *The Holocaust in History*. Nova York: New American Library, 1987.

MARTCHENKO, A. *Mon témoignage*. Paris: Éditions du Seuil, 1970.

MICHEELS, L. J. *Doctor 117 641*. New Haven/Londres: Yale UP, 1989.

MILGRAM, S. *Obedience to Authority*. Nova York: Harper & Row, 1974.
MILOSZ, C. *The Captive Mind*. Nova York: Vintage Books, 1981.
_____. *La pensée captive*. Paris: Gallimard, 1980.
MITSCHERLICH, A.; MIELKE, F. *The Death Doctors*. Londres: Elek Books, 1962.
MÜLLER, F. *Trois Ans dans une chambre à gaz d'Auschwitz*. Paris: Pigmalion, 1980.
NAUMANN, B. *Auschwitz*. Nova York: Frederick Praeger, 1966.
ORWELL, G. *Essais choisis*. Paris: Gallimard, 1960.
PAWELCZYNSKA, A. *Values and Violence in Auschwitz*. Berkeley/Los Angeles/Londres: University of California Press, 1979.
PETROV, B. Godina I dva meseca v ada, *Democracija*, 30, p. 3, 23 mar. 1990.
RATOUCHINSKAÏA, I. *Grise est la couleur de l'espoir*. Paris: Plon, 1989.
RAUSCHNING, H. *Hitler Speaks*. Londres: T. Butterworth, 1939.
RINGENBLUM, E. *Chronique du ghetto de Varsovie*. Paris: R. Laffont, 1978.
ROSKIES, D. G. (Ed.). *The Literature of Destruction*. Filadélfia/Nova York/Jerusalém: The Jewish Publication Society, 1989.
ROUSSET, D. *L'Univers concentrationnaire*. Paris: Les Éditions de Minuit, 1965.
_____; ROSENTHAL, G.; BERNARD, T. *Pour la Vérité sur les camps concentrationnaires*. Paris: Ramsey, 1990.
SARTRE, J.-P. *L'Existentialisme est un humanisme*. Paris: Nagel, 1970.
SEMPRUN, J. *Le Grand Voyage*. Paris: Gallimard, 1963.
SERENY, G. *Au Fond des ténèbres*. Paris: Denoël, 1975.
SMITH, B. F. *Reaching Judgement at Nuremberg*: Nova York: Basic Books, 1977.
SOLJENÍTSIN, A., *L'Archipel du Goulag*, t. II, Éd. du Seuil, 1974.
SPEER, A. *Au Cœur du Troisième Reich*. Paris: Fayard, 1971.
_____. *Inside the Third Reich*. Nova York: Collier Books, 1981.
STAJNER, K. *Sept Mille Jours en Sibérie*. Paris: Gallimard, 1983.
STEIN, A. *Quiet Heroes*. Toronto: Lester & Orfen Dennys, 1988.
STEINER, J.-F. *Varsovie 44*. Paris: Flammarion, 1975.
SUHL, Y. (Ed.). *They Fought Back*. Nova York: Crown, 1967.

TEC, N. *When Light Pierced Darkness.* Oxford: Oxford UP, 1986.
TILLION, G. *Ravensbrück.* 3.ed. Paris: Éditions du Seuil, 1988 (1.ed.: 1946; 2.ed.: 1972).
TRUNK, I. *Jewish Responses to Nazi Persecution.* Nova York: Stein & Day, 1979.
TUSHNET, L. *Les Comptables de la mort.* Paris: France-Empire, 1975.
VIDAL-Naquet, P. *Les Assassins de la mémoire.* Paris: La Découverte, 1987.
VRBA, R. *Je me suis évadé d'Auschwitz.* Paris: Ramsay, 1988.
WIESEL, E. *Nuit.* Paris: Les Éditions de Minuit, 1973.
WIESENTHAL, S. *The Sunflower.* Nova York: Schocken Books, 1976.
WIEVIORKA, A. *Le Procès Eichmann:* Bruxellas: Complexe, 1989.
WYMAN, D. *L'Abandon des juifs.* Paris: Flammarion, 1987.
ZAWODNY, J. K. *Nothing but Honour.* Londres: Macmillan, 1978.

## II. Outros textos

ANDERSEN, H. C. La reine des neiges. In: *Contes.* Paris: Livre de poche, 1963.
BOWRA, C. M. *Heroic Poetry.* Nova York: St. Martin's Press, 1966.
BROMBERT, V. (Ed.). *The Hero in Literature.* Nova York: Fawcett, 1969.
CAMUS, A. *Le Mythe de Sisyphe.* Paris: Gallimard, 1948. [*O mito de Sísifo.* Rio de Janeiro: Record, 2004.]
GOETHE, J. W. *Faust.* Paris: Flammarion, 1984. [*Fausto.* São Paulo: Martin Claret, 2016.]
HADAS, M.; SMITH, M. *Heroes and Gods.* Nova York: Harpeer & Row, 1965.
HOMERO. *L'Iliade.* 4v. Paris: les Belles Lettres, 1937-8. [*Ilíada.* São Paulo: Companhia das Letras, 2013.]
KANT, E. *Doctrine de la vertu.* Paris: Vrin, 1985.
_____. Fondements de la métaphysique des mœurs. In : *Œuvres philosophiques,* t. II. Paris: Gallimard, 1962. [*Metafísica dos costumes.* São Paulo: Vozes, 2013.]

PASCAL, B. *Pensées*. Paris: Garnier, 1965. [*Pensamentos*. São Paulo: WMF Martins Fontes, 2005.]

ROUSSEAU, J.-J. *Discours sur l'origine ou les fondements de l'inégalité parmi les hommes*. In: *Œuvres complètes*, t. III. Paris: Gallimard, 1964. [*Discurso sobre a origem e o fundamento da desigualdade entre os homens*. São Paulo: Edipro, 2015.]

VIRGÍLIO. *L'Enéide*. Paris: Garnier, 1965. [*Eneida*. Rio de Janeiro: Difel, 2009.]

VORAGINE, J. de. *La Légende dorée*. Paris: Garnier-Flammarion, 1967.

WHITMAN, C. *Homer and the Heroic Tradition*. Cambridge: Harvard UP, 1958.

# Índice onomástico

**A**
Alberto, 53
Allers, Dieter, 405
Améry, Jean, 45, 50, 79, 89-91, 93, 141-2, 161, 192, 206, 293, 296, 344-5, 367, 378, 380, 382, 404
Andersen, Hans Christian, 77
Anielewicz, Mordehaï, 28, 31, 35-9, 43, 115, 165, 335
Antelme, Robert, 55, 111, 124, 226
Arendt, Hanna, 184, 228, 271, 347, 416
Axionov, Vassily, 133

**B**
Bach, Johann Sebastian, 143, 147, 237
Barbie, Klaus, 242-3
Bartoszewaki, Wladislaw, 401
Bataille, Georges, 293
Beauvoir, Simone de, 121
Beckett, Samuel, 76
Beethoven, Ludwig van, 158
Béguin, Albert, 420
Benn, Gottfried, 197
Beria, Lavrenti Pavlovich, 183
Berkowitz, Sarah, 370
Bettelheim, Bruno, 92, 96, 102, 104, 156, 158, 192, 204-5, 215, 228, 230, 260, 342-3, 369, 380, 414
Blady Szwajger, Adina, 35
Blanchot, Maurice, 171-3
Boger, Wilhelm, 234
Boehm, Arno, 238, 245
Bomba, Abraham, 395
Bor-Komorowski, Tadeusz, 15, 18, 21

Boris, N., 142
Borowski, Tadeusz, 50, 52, 54, 59, 107, 146-7, 237-8, 316, 346, 352
Bostramer, 150
Bradbury, Ray, 139
Bradfisch, Otto, 245
Braun, Werner von, 152
Brecht, Bertolt, 81
Brinker, Hans, 73
Broad, Pery, 237
Bruegel, Pieter, 143
Buber-Neumann, Margarete, 58, 86, 98, 110, 112-3, 120, 132, 142, 167, 205, 213, 230, 420-1, 423
Bulawko, Henry, 245

C

Camus, Albert, 90, 196, 223-4
Ceausescu, Nicolae, 429
Cavani, Liliana, 229
Chalamov, Varlam, 51
Chamberlain, Neville, 80
Chaplin, Charlie, 76
Chicha, 115
Churchill, Winston, 80-1
Coudy, René, 55, 144
Czerniakow, Adam, 30-1, 35, 335

D

Daladier, Édouard, 80
Daniel, Youli, 115
Dante Alighieri, 140-1, 147, 380
David, 110

Delbo, Charlotte, 84, 129, 138, 147, 387
Des Pres, Terrence, 57, 61
Doiret, Madeleine, 387
Doenitz, Karl, 249
Dostoievski, Feodor, 139
Duprat, François, 348

E

Edelman, Marek, 26-35, 38, 40-1, 49, 138, 146, 216, 320, 335-6, 401, 408
Eichmann, Adolf, 150, 184, 198, 219, 228, 230, 237, 249-52, 264-5, 269, 271, 275, 278, 280-5, 288, 300, 305, 347
Eicke, Theodor, 187, 205, 268, 270, 279

F

Fanon, Frantz, 91
Fénelon, Fania, 118, 150, 239-41, 246, 294
Feodorovna, Evgenia, 100
Frank, Anne, 343
Frank, Hans, 201-2, 271
Frank, Willi, 235
Frankl, Viktor, 66, 132, 137, 154, 158, 256-7, 345
Freud, Sigmund, 198n.25, 293
Fuchrer, Mira, 37

G

Gajowniczek, Franciszek, 83
Galileu Galilei, 81

Gaulle, Charles de, 80-1
Gawkowski, Henrik, 395
Gepner, Abraham, 34
Glazar, Richard, 129, 213, 394, 399
Goebbels, Josef, 182
Goering, Hermann, 105
Goethe, Johann Wolfgang von, 168
Goliborska, Tosia, 33
Gradowki, Zalmon, 94, 115, 145, 340
Graf, Maria, 132
Gravras, Costa, 243
Grey, J. Glenn, 127, 129, 203
Grossman, Vassili, 44, 167-8, 174-5, 183, 192, 194-6, 231, 235, 243, 417, 424
Grot-Rowecki, Stefan, 20
Guinzbourg, Evgenia, 51, 55, 65, 95, 109, 111, 116, 120, 125, 127, 133, 137, 139-40, 143-4, 147, 181, 211-2, 215, 261, 272, 283, 321, 339, 366

# H

Hallie, Philip, 123, 171, 229
Hanke, Karl, 200
Heidegger, Martin, 173, 197, 248
Heine, Heinrich, 76
Heisenberg, Werner, 152
Hempel, Ella, 86-7
Herling, Gustaw, 60-1, 94, 100, 139, 142, 223, 423

Heydrich, Reinhardt, 182, 251
Hilberg, Raul, 192, 394
Hillesum, Etty, 121, 143, 147, 153, 204, 226, 230, 316, 319-21, 323-32, 339, 341, 350, 367, 384, 386, 442
Himmler, Heinrich, 105, 182, 259, 264-5, 275, 285, 305, 309, 311
Hirsch, Fredy, 333-5
Hitler, Adolf, 36, 43, 80, 86, 124, 148, 151, 173, 182-3, 189, 198, 201-2, 205, 221, 235, 248-9, 252, 257, 259, 267-8, 273, 279, 286-8, 297, 303-5, 307-9, 312, 321, 323-4, 330, 332, 341, 359, 369, 371-2, 420, 422-5
Hobbes, Thomas, 51, 61, 231
Hoess, Rudolf, 102, 104-5, 162, 185, 197, 239, 251-2, 262, 264-5, 274-80, 283-4, 288, 300, 307-8, 405, 422
Hölderlin, Friedrich, 141
Homero, 73, 164
Honecker, 429
Horácio, 415

# I

Irena, 217
Ivan, o Terrível, 330

# J

Jankélévitch, Vladimir, 206
Jaspers, Karl, 194, 206, 384

Jean le Pikolo, 53, 140, 142
Joana d'Arc, 28
Jesenska, Milena, 97, 112, 142, 439
Jivkov, 429
Jo, 111
Jodl, Alfred, 201
Jünger, Karl, 197
Juszek, 90-1

**K**
Kacenelson, Icchak, 159
Kafka, Franz, 97, 142
Kaltenbrunner, Ernst, 201
Kant, Immanuel, 90, 156, 171, 260, 271
Karl, 322
Karski, Jan, 42n.81, 394, 397
Kastner, Rudolf, 160
Kautsky, Benedikt, 180
Kesten, Hermann, 197
Ketlinskaia, Vera, 304
Kis, Danilo, 130
Klaas, 318-9, 321
Klein, Fritz, 273
Klepfisz, Michal, 28, 41
Koenig, Hans, 230
Kogon, Eugen, 315
Kolbe, Maxymilien, 83-4, 87, 128
Korczak, Janusz, 33
Kosciuszkowa, J., 107
Kostylev, Mikhail, 139
Krall, Hanna, 26, 30, 40-1, 408
Kramer, Josef, 150, 236, 239
Kremer, Johann Paul, 234

Kren, G., 253
Krug, Else, 97

**L**
Laks, Simon, 55, 144, 264, 304
Langbein, Hermann, 97, 365
Lanzmann, Claude, 218, 394-403, 406
Laqueur, Walter, 217, 221
Lederer, Vitezslav, 322
Lengyel, Olga, 64, 95, 108, 131
Lenin, Vladimir Ilitch, 187, 243-4, 259, 298
Less, Avner, 249-50, 278
Levi, Primo, 50, 53, 99, 101, 104-5, 111, 123, 140-3, 147, 159, 182, 187, 205, 210, 212, 214-5, 226-8, 231, 233, 295, 297, 321-2, 349-50, 364-5, 371, 377-82, 384, 388-93, 403, 405, 408-9, 417, 419
Lifszyc, Pola, 32, 41, 107, 134, 242, 335
Lifton, Robert J., 240, 255, 266
Lingens-Reiner, Ella, 55-6, 133, 166, 364
Lorenzo, 101-2, 111, 384-5
Lubetkin, Cyvia, 159
Lutero, Martinho, 246

**M**
Macdonald, Dwight, 183
Maier, Charles, 174
Mandel, Maria, 149n.28, 150, 237, 239

Marco Aurélio, 170, 317
Marie, 118-9
Martchenko, Anatoly, 52, 60, 63, 117, 119
Marx, Karl, 58, 247
Massarek, Rudi, 83
Mauriac, François, 19
Mengele, Josef, 105, 150, 183, 235, 237
Metzger, 359
Micha, tio, 341
Micheels, Louis, 134, 143, 149, 213
Mikolajczyk, Stanilslaw, 18, 25
Milgram, Stanley, 272
Milosz, Czeslaw, 59, 223
Miska, 143
Mitscherlich, Alexander, 198, 228
Moché-le-Bedeau, 213
Monter-Chrusciel, Antoni, 15, 21
Montesquieu, Charles de, 416
Morgenthau, Henry, 348
Morozov, Pavlik, 268
Mosche, 245
Müller, Filip, 94, 96, 115, 213, 334
Müller, Dr. L., 391-2, 394
Munk, Alice, 334

N
Neumeier, Hiasl, 97
Nietzsche, Friedrich, 58

O
Oberhauser, Joseph, 406
Ohlendorf, Otto, 245

Okulicki, L., 14, 16-21, 23, 25, 28-9, 35-6, 42, 165, 312
Orwell, George, 102, 159

P
Pascal, Blaise, 90, 126
Pasternak, Boris, 139, 370
Paulhan, Jean, 196
Pawelczynska, Ana, 129, 294
Pelczynski, Tadeusz, 15-7, 20-1, 25, 28
Pestek, Viktor, 322
Pétain, Philippe, 124
Petcherscki, Sacha, 81-4, 111
Petrov, Vladimir, 295
Píndaro, 147
Platão, 155
Popieluszko, Jerzy, 11-2
Porsche, Ferdinand, 104
Presserova, Maria, 132
Puccini, Giacomo, 150
Puchkin, Aleksandr, 139, 237

R
Rajman, Marcel e Simon, 85-6
Rappoport, L., 253
Ratouchinskaïa, Irina, 64, 66, 96, 101, 109-10, 112, 117, 131, 321, 340
Renan, Ernest, 76
Ringelblum, Emmanuel, 31, 37, 39, 42-3, 335
Rosé, Alma, 104, 157, 239, 246
Rosenberg, Alfred, 201-2
Rousseau, Jean-Jacques, 61, 152, 231, 245, 437, 439, 442

Rousset, David, 186, 222, 421-2, 426-8
Rumkowski, Chaïm, 297
Russell, Bertrand, 223

S
Sakharov, Andrei, 110
Salus, Grete, 386
Sartre, Jean-Paul, 162-3, 165-6, 222
Schmitt, Carl, 197
Schumann, Robert, 150, 236-7
Schwarzhuber, Johann, 234, 239
Semprun, Jorge, 63, 65, 272, 391
Sereny, Gitta, 208-9, 241-2, 262-3, 278, 365, 394, 399, 404-10
Seyss-Inquart, Artur, 185, 280
Shakespeare, William, 155, 159
Siedlicki, Joe, 365-6, 399
Siniavski, Andreï, 115
Sócrates, 73
Soljenítsin, Aleksandr, 54, 64, 84, 101-2, 223, 227, 318, 418
Sosnkowski, Kazimierz, 17-8, 31
Speer, Albert, 104, 131, 148, 183, 197-200, 235, 248-9, 252, 257, 267-8, 275, 278, 284-9, 297-8, 303-4, 391
Staf, Leon, 143
Stajner, Karlo, 130
Stálin, Josef Vissarionovitch, 43, 86, 94-5, 173, 189, 192, 202, 215, 223, 243, 252, 259, 272, 305, 308-9, 321, 366, 369, 371, 420, 422, 425

Stangl, Franz, 103, 148, 165, 197, 199, 207-8, 241-4, 251, 262-3, 278, 366, 404-8, 410
Stangl, Renate, 242, 406
Stangl, Thereza, 207, 208, 366
Steiner, Jean-François, 13, 15, 23, 25, 28, 34
Steinlauf, 99
Suchomel, Franz, 394, 399, 403, 406
Szmajzner, Stanislaw, 366

T
Tec, Nechama, 356
Tennenbaum, sra. e srta., 33, 35
Teresa, madre, 75
Thilo, 234
Tillion, Germaine, 57-8, 110, 116, 129, 134, 146, 181, 186, 193, 222, 315, 321
Tocqueville, Alexis de, 76
Trocmé, André, 229, 358-9
Trocmé, Magda, 352-3, 359

V
Vaillant-Coturier, Marie-Paule, 222
Valéry, Paul, 172-3
Vélikanova, Tatiana Mikhaïlovna, 112
Vercors, 196
Vicente de Paula, são, 75
Vidal-Naquet, Pierre, 370
Virgílio, 164
Vrba, Rudolf, 111, 230, 333-6, 346-7, 385, 390, 394

W
Wagner, Richard, 237, 306n.20
Walser, Martin, 381
Walter, Anton, 111, 217
Weiss, Ena, 55
Wiesel, Elie, 52, 134
Wiesenthal, Simon, 364

Wilner, Arié, 38
Wirths, Eduard, 340, 243-4
Wittenberg, Isaac, 56

Z
Zimmerman, 167
Zimetbaum, Mala, 96, 112

SOBRE O LIVRO
*Formato*: 14 x 21 cm
*Mancha*: 23 x 44 paicas
*Tipologia*: Venetian 301 12,5/16
*Papel*: Off-white 80 g/m² (miolo)
Cartão Supremo 250 g/m² (capa)
*1ª edição Editora Unesp*: 2017

EQUIPE DE REALIZAÇÃO
*Edição de texto*
Richard Sanches (Copidesque)
Nair Hitomi Kayo (Revisão)

*Capa*
Estúdio Bogari

*Editoração eletrônica*
Eduardo Seiji Seki

*Assistência editorial*
Alberto Bononi